WITH 바울

사도바울의 삶과
사역의 여정을 따라

김성운 지음

생명의 양식
THE BREAD OF LIFE

초판 1쇄 2021년 10월 20일
초판 2쇄 2022년 8월 19일

지은이 김성운
펴낸이 이기룡
펴낸곳 도서출판 생명의 양식
등록번호 서울 제 22-1443호(1998년 11월 3일)
주소 06593 서울시 서초구 고무래로 10-5(반포동)
전화 02-533-2182
팩스 02-533-2185
홈페이지 www.qtland.com
디자인 박다영

ISBN 979-11-6166-143-8

값은 뒤표지에 있습니다.

이 책은 저작권법에 의해 보호를 받는 출판물입니다.
기록된 형태의 출판사의 허락이 없이는 무단 전재와 복제를 금합니다.

WITH 바울

사도바울의 삶과
사역의 여정을 따라

사도바울의 삶과 사역의 여정을 따라
추천사

•

추천사1

　국내 방송 가운데 대표적인 해외 지역 소개 프로그램이 있다면 아마도 "걸어서 세계 속으로"라는 프로그램이 아닐까 생각됩니다. 이 프로그램이 유명한 이유는 PD가 현지에 직접 가서 사람들을 만나고 그 지역의 정보를 생생하게 전달하기 때문입니다. 이번에 발간되는 "사도바울의 삶과 사역의 여정을 따라" 책 역시 "걸어서 세계 속으로"를 능가하는 "걸어서 교회사 속으로"가 아닐까 생각됩니다. 저자 김성운 교수는 소아시아 지역 전문가로 오랜 시간동안 그 지역에 살고 사역하면서 역사와 문화를 연구하였습니다. 그리고 직접 발로 뛰면서 그 유적이 가지는 교회사 속에서의 의미만이 아닌 세계사 속에서 의미를 생생하게 전달해 줍니다. 그 결과 단순한 성경지역 답사가 아닌 과거를 통해 현재의 삶을 돌아보고 미래를 준비하는 놀라운 통찰력을 줍니다. 이 책은 성경을 보다 깊이 연구하기를 원하는 목회자뿐만 아니라 성경을 보다 생동감 있고 입체적으로 보기를 원하는 평신도들에게도 강력하게 추천하는 바입니다.

이기룡 목사 (예장 고신 총회교육원장)

추천사2

소위 말하는 먹방(먹는 방송) 프로를 이따금 보게 됩니다. 절로 군침이 흐릅니다. 나도 모르게 빨려 들어가 어느새 음식 앞에 앉아 있는 느낌입니다. 5년 전에 김성운 교수님의 강의를 처음 듣고 교인들과 함께 터키와 그리스를 여행할 때 그랬습니다. 2천 년 전의 사건들을 오늘의 이야기처럼 너무나도 생생하게 들려주었습니다. 사도 바울의 행적을 교수님이 직접 본 것처럼 그렇게 현장감 있게 말씀하였습니다. 말씀이 재밌고 맛있었습니다. 그래서 교수님의 강의를 들으며 가는 그 길이, 마치 사도 바울과 함께 걷는 길 같았습니다.

책도 마찬가지입니다. 어떤 책을 읽으면 저자와 책이 따로인 것 같은 느낌이 듭니다. 자신도 제대로 소화하지 못한 내용을 써놓은 것 같습니다. 이책 저책에 있는 내용을 짜깁기해서 그런 것 아닌가 싶습니다. 그런데 '사도바울의 삶과 사역의 여정을 따라'는 교수님 자신의 이야기 처럼 보입니다. 그래서 쉽게 책 속으로 빠져듭니다. 사도 바울이 걸었던 그 길을 교수님이 셀 수 없이 왕래해서 그런 것 같습니다. 이것은 소화가 잘되는 맛있는 책입니다. 이 책을 통해 교수님과 함께 사도 바울의 발자취를 따르며 주님의 은혜를 누리게 되면 좋겠습니다.

오병욱 목사 (하나교회 담임목사)

추천사3

사도 바울의 발자취를 따라 초대 교회 유적을 답사하려면 좋은 가이드와 동행해야 합니다. 동일한 곳을 답사했는데 어떤 분들은 돌만 보았노라고 말하고 어떤 분들은 고대로 여행을 다녀온 것 같다고 말합니다. 이런 차이를 만들어 내는 것은 가이드입니다. 저자는 숙련되고 능숙한 가이드처럼 독자들을 사도 바울의 선교 여정과 그가 활동했던 시대의 도시들로 안내합니다. 그리고는 풍부한 현장 경험과 정확하고 풍부한 자료를 바탕으로 고대 도시에 담겨있는 바울과 그의 동역자들의 이야기를 흥미롭고 생생하게 풀어내어 들려주고 있습니다. 그래서 이 책은 읽다 보면 사도 바울의 선교와 그가 세운 신약교회들에 대한 이해가 깊어짐을 발견하게 될 것입니다. 사도 바울의 자취를 찾아 답사를 나서는 분들에게는 여행 필수품으로, 당장 답사에 나설 여유가 없는 분들과 바울의 선교를 공부하는 분들에게는 필독서로 쉬우면서고 깊이가 있고 무거운 것 같으면서도 재미있는 이 책을 권합니다.

사이프러스에서 조용성 목사 (바울&바나바 연구소 소장)

추천사4

자칫 추상화되기 쉬운 바울의 가르침을 그 삶과 사역의 현장 속에서 현실감 있게 접해 본다는 것은 매우 흥미롭고 신선한 경험이 아닐 수 없습니다.

이 일에 매우 적합한 안내자인 김성운 교수님의 책을 기쁜 마음으로 추천합니다.

그의 해박한 지식과 현장감 넘치는 설명을 따라가다 보면 바울 사역의 현장을 직접 밟아보고자 하는 강한 욕구가 일어나는 것을 느끼게 될 것입니다.

바울의 발자취를 따라 복음의 변혁적 능력에 대한 기대가 새롭게 일어나고 선교적 열망까지 나눌 수 있게 된다면 이는 더 할 수 없는 유익이 되리라 믿습니다.

최승락 교수 (고려신학대학원 원장)

WITH 바울

사도바울의 삶과
사역의 여정을 따라

사도바울의 삶과 사역의 여정을 따라

머리말

•

이 책은 총회 교육원이 성경 대학에서 공부하는 교회 교사들을 위한 사도 바울의 선교 여정과 초대 교회의 배경을 담은 책을 써보라는 제안 덕분에 나오게 되었다. 총회 교육원의 제안을 받고, 사도 바울과 그의 선교 여정을 다루는 책들이 많이 있는데 거기에 또 하나를 더 해야 할 필요가 있을까 생각하다가 두 가지 이유로 이 책을 쓰기로 했다. 첫째는, 바울의 발자취를 따라 초대 교회 유적지 답사를 하시는 분들이 고대 도시의 폐허만 보고 오는 것이 아니라, 그곳에 남아있는 유적들이 전하는 것을 듣고 오는 데 도움이 될 것이라는 생각 때문이었다. 필자는 30~40대를 지금은 이즈밀(Izmir)로 불리는 소아시아 서머나에서 교회를 섬기고 공부하며 살았다. 소아시아는 사도 바울, 사도 요한, 사도 빌립이 복음을 전하다 순교했으며, 복음서(요한복음)에서 요한계시록에 이르기까지 신약전서의 절반 이상이 기록되었거나 보내어졌던 초대 교회들이 있었던 곳이다. 이곳에서 배나 자동차로 몇 시간만 가면 내륙으로는 갈라디아, 길리기아, 갑바도기아가 있고, 바다 건너에는 빌립보, 데살로니가, 아테네, 고린도가 있다. 이런 곳에 살다 보니 사도들과 초대 교회의 자취를 간직하고 있는 고대 도시들이 주는 호기심에 끌리지 않을 수 없었다. 그런 호기심으로 에베소를 시작으로 고대 도시들을 답사했고, 답사가 거듭될수록 궁금한 점들도 늘어났다. 궁금한 점들을 알아보기 위해 자료를 찾아보고 다시 그곳을 답사하는 일을 반복하면서 아는 만큼 보이고, 보이는 만큼 성경에 대한 이해와 복음에 대한 확신도 깊어진다는 사실을 깨닫게 되었다. 그래서 필자가 알고 보게 된 것을 초대 교회 유적지를 답사하시는 분들과 나눌 기회가 있었으면 하는 생각을 하고 있었는데, 총회 교육원의 제안을 그 기회로 삼기로 한 것이다.

이 책을 쓰게 된 두 번째 이유는, 터키와 그리스 현장에서 수업하는 학생들에게 적합한 책이 필요했기 때문이다. 필자는 매년 신학대학원 학생들과 함께 바울의 발자취를 따라 여행하면서 바울의 선교와 초대 교회에 대해 배우는 수업을 하고 있다. 이동하면서 하는 현장 수업이 추억으로만 남는 여행이 되지 않고 머리와 가슴에 새겨지도록 하려면, 미리 예습하여 현장에서 펼쳐보고, 돌아와서 복습할 수 있는 좋은 교과서가 있어야 한다. 신대원 학생들에게 이런 필요를 채워 줄 수 있는 책을 찾아보았지만, 어떤 책들은 바울의 신학에 무게를 두어 너무 무겁고 현장감이 없었으며, 어떤 책들은 여행을 위한 안내서나 답사기 정도의 가벼운 내용을 담고 있었다. 이런 책들에는 가이드들이 만들어 낸 것으로 보이는 근거 없는 추측들과 설들이 마치 사실인 것처럼 소개되어 있었다. 그래서 너무 무겁지도 가볍지도 않으면서도 바울의 선교 여정과 당시의 역사적 배경을 충실히 공부할 수 있는 책이 있었으면 좋겠다고 생각하고 있었는데, 총회 교육원의 제안을 그러한 책을 쓰는 기회로 삼기로 한 것이다.

바울의 선교 여정을 다루는 책들은 역사적 배경을 설명하는 데 상당한 지면을 할애한다. 바울의 선교 여정을 설명하는 책들이 역사적 배경 설명에 주의를 기울이는 것은 헬라-로마 역사가 사람들의 흥미를 끌기 때문일 뿐만 아니라, 아우구스티누스가 말한 것처럼 "비록 역사는 교회 밖의 소학에서 배우는 것이기는 하지만 거룩한 책들을 이해하는데 우리를 크게 돕기" 때문이다. 헬라-로마 역사는 30년이라는 짧은 기간에 바울이 어떻게 전 지중해 세계에 복음을 전할 수 있었는지 설명해주며, 성경에 기록된 바울과 교회의 이야기가 누군가에 의해 꾸며진 전설이 아니라 구체적인 공간과 시간에서 일어난 역사적 사실이라는 것을 알려준다.

그래서 이 책도 독자들을 바울이 사역했던 역사적 공간으로 인도한다. 이 책이 바울이 사역했던 공간으로 독자들을 인도하는 것은, 하이데거의 말처럼 "공간은 시간이 압축된 곳"이기 때문이다. 고대 에베소를 예로 들자면, 이 도시에는 주전 4세기부터 주후 8세기까지 1,200년 동안 있었던 일들이 압축되어 있다. 아고라, 연극장, 항구, 신전, 목욕탕, 길, 관공서에서부터 건물 벽에 그려진 낙서와 이리저리 뒹굴고 있는 대리석 조각들에 이르기까지 모든 유물은 압축된 시간을 풀어서 우리가 과거로 여행을 할 수 있도록 해주는 타임캡슐(time capsule)이다. 우리가 에베소의 거대한 연극장에 들어서면 바울과 동역자들을 위기로 몰아넣었던 소요를 떠올리고, 아고라 근처에 있는 가게들을 보면 천막을 만들고 있는 바울의 모습을 상상하게 되는 것은 이런 이유 때문이다.

하지만 고대 도시에 발을 들여놓는다고 해서 저절로 과거로 여행을 할 수 있는 것은 아니다. 유물을 타임캡슐로 삼아 바울과 초대 교회로 시간여행을 하려면 공간과 유물에 의미를 부여해야 한다. 그러기 위해서는 공간과 유물이 가지고 있는 사건과 사연들을 알아야 한다. 알지 못했을 때는 폐허가 된 집터에 지나지 않다가도, 그곳에서 어떤 일이 있었는지 아는 순간 그 집터는 의미를 갖기 시작하고, 우리를 과거로 데려가 사도들과 초대 교회의 자취와 숨결을 느끼게 해준다. 우리는 아는 만큼 공간과 유물에 의미를 부여할 수 있고, 의미를 부여하는 만큼 의미를 되돌려 받게 된다. 알지 못하면 볼 수도 없고 의미를 찾을 수도 없다. 그래서 유적지를 답사할 때는 몰랐던 것들을 알게 해주고, 보지 못하는 것들을 보게 해주는 탁월한 가이드가 필요한 것이다.

이 책을 쓰기 시작할 때는 독자들이 좋은 가이드와 함께 여행하는 느낌이 들게 해보겠다는 당찬 목표를 가지고 있었다. 하지만, 몇 페이지를 쓰기도 전에 나에게는 그럴만한 글재주가 없다는 사실을 알게 되었다. 현장 답사를 함께 다녀왔던 분들은 아마 필자가 말하는 것이 어떤 의미인지 알고 있을 것이다. 이런 아쉬움에도 불구하고 이 책이 바울의 선교 여정을 공부하거나 그의 발자취를 따라 초대 교회 유적지를 답사하는 분들에게 유익할 것이라는 생각에는 변함이 없다.

바울의 발자취를 따라 여행을 떠나려면 하나님께서 복음을 위해 준비해 두신 역사적 배경에 대한 기본적인 이해가 필요하다. 그래서 1장에서는 길을 은유로 삼아 하나님께서 예비해 놓으신 일들을 '종교의 길'(유대인 디아스포라), '문화의 길'(헬레니즘), '정치의 길'(로마의 정치적 통일) 그리고 '여행길'(육로와 해로)로 설명했다. 2장에서부터는 다소에서 시작하여 로마까지, 바울의 삶과 선교 여정의 순서를 따라 독자들을 안내했다. 그리스나 터키를 여행하면서 이 책을 읽는 분들은 여행 경로가 바울의 여정과 일치하지 않는 경우가 있을 것이다. 그런 경우에는, 방문하는 도시를 설명하는 부분을 찾아 읽으면 될 것이다. 이 책에서는 터키의 갑바도기아와 이스탄불, 그리스의 메테오라와 아토스 반도 등과 같이 잘 알려진 기독교 유적지들을 소개하지 않았다. 그 이유는 이런 유적지들은 바울의 선교 여정과 초대 교회를 배우고 이해하려는 이 책의 목적에 포함되지 않기 때문이다.

성경에 기록된 지명과 인명 표기는 한글 개역 개정을 따랐고, 영어 인명과 지명 그리고 현재의 지명은 괄호로 표기했다. 인용한 문헌이나 사진 그리고 필요한 설명은 미주로 처리했으며, 바울의 사역과 초대 교회의 배경을 이해하는 데 필요하다고 생각한 주제들은 박스글로 따로 설명했다. 이 책에서 인용한 참고문헌은 쉽게 읽을 수 있는 번역서를 중심으로 소개했으며, 한글로 번역되지 않은 책들은 영어본으로 대신했다. 그리고 최근 발굴되어 아직 출판되지 않은 정보들은 인터넷 자료를 소개했다.

이 책이 나오기까지 도움을 준 분들이 많았다. 무엇보다 지난 10년 동안, 사도 바울의 발자취를 따라 여행하면서 함께 배우고 좋은 질문으로 호응해준 제자들에게 감사드린다. 이들의 질문과 호응 덕분에 내용이 쌓이고 발전하여 이 책이 나올 수 있었다. 이 책을 제안한 총회 교육원 이기룡 원장, 출판과 편집으로 수고한 김은덕 목사, 박다영 자매, 원고를 꼼꼼하게 읽고 교정해 준 손지혜 SFC 간사, 터키와 그리스를 여행할 때마다 최고의 편의를 제공해 준 터키 윤 여행사 사장님과 직원들 그리고 사이프러스와 관련된 유용한 정보를 제공해 주시고 추천사를 써주신 '바울 & 바나바 연구소' 소장이신 조용성 목사님께 감사드린다.

무엇보다 2016년 7월, 사도 바울의 발자취를 따라 다소에서 시작하여 밧모섬을 거쳐 그리스 전역을 함께 여행한 후 이 책을 쓸 수 있도록 지원해주신 천안 하나교회 오병욱 목사님과 성도들에게 특별한 감사를 드린다.

바울의 자취를 따라 함께 일하고 여행해 온 나의 동반자이자 동역자인 아내 정순자에게 이 책을 바친다.

2021년 8월 천안 선지 동산에서
김성운

머리말

사도바울의 삶과 사역의 여정을 따라

목차

•

추천사   005

머리말   010

1장. 복음을 위해 길이 준비되다.   022

1. 유대인 디아스포라   023
2. 헬레니즘   030
3. 로마의 통치   050
4. 로마 가도와 바닷길   058

2장. 복음을 위해 사도 바울이 준비되다.   072

1. 다소   077
2. 다메섹   088
3. 다메섹에서 안디옥까지   095
4. 수리아 안디옥   096

3장. 1차 선교여행　　　　　　　　　　112

1. 구브로　　　　　　　　　　　　　　113
2. 버가, 앗달리아　　　　　　　　　　119
3. 비시디아 안디옥　　　　　　　　　　126
4. 이고니온　　　　　　　　　　　　　132
5. 루스드라　　　　　　　　　　　　　139
6. 더베　　　　　　　　　　　　　　　142
7. 예루살렘 공의회　　　　　　　　　　145

4장. 2차 선교여행　　　　　　　　　　152

1. 수리아, 길리기아, 브루기아,
   갈라디아에서 드로아까지의 여정　　153
2. 드로아　　　　　　　　　　　　　　158
3. 빌립보　　　　　　　　　　　　　　166
4. 암비볼리, 아볼로니아　　　　　　　177
5. 데살로니가　　　　　　　　　　　　179
6. 베뢰아　　　　　　　　　　　　　　190
7. 아덴　　　　　　　　　　　　　　　192
8. 고린도, 겐그레아　　　　　　　　　205

5장. 3차 선교여행　　　　　　　　　　　226

1. 안디옥에서 에베소까지　　　　　227
2. 에베소　　　　　　　　　　　　229
3. 에베소에서 앗소까지　　　　　　272
4. 앗소　　　　　　　　　　　　　275
5. 밀레도　　　　　　　　　　　　277
6. 밀레도에서 가이사랴까지　　　　284

6장. 가이사랴에서 로마 순교까지　　　298

1. 가이사랴에서 멜리데까지　　　　298
2. 멜리데　　　　　　　　　　　　300
3. 로마　　　　　　　　　　　　　302
4. 석방에서 순교까지　　　　　　　304

7장. 밧모 섬과 소아시아 교회들　　　　314

1. 밧모 섬　　　　　　　　　　　　321
2. 서머나　　　　　　　　　　　　330
3. 버가모　　　　　　　　　　　　337
4. 두아디라　　　　　　　　　　　357
5. 사데　　　　　　　　　　　　　363

6. 빌라델비아	385
7. 라오디게아	390
8. 히에랍볼리	406
9. 골로세	419

미주   429

참고 도서   446

박스글 목록   451

사도바울의 삶과 사역의 여정을 따라

WITH 바울

사도바울의 삶과
사역의 여정을 따라

1

복음을 위해
길이 준비되다.

"때가 차매 하나님이 그 아들을 보내사
여자에게서 나게 하셨다"(갈 4:4).

성경은 하나님이 정하신 때에 독생자 예수 그리스도를 보내셨다고 말씀한다. 구원 역사와 세상 역사 모두는 하나님의 주권적인 섭리 아래 있다. 아담의 불순종으로 인간과 세계가 죄와 저주 아래 놓이자, 하나님은 메시아를 여자의 후손으로 보내셔서 죄와 사탄의 권세를 깨뜨릴 것이라고 약속하셨다(창 3:15). 하나님은 아브라함과 모세와 선지자들을 통해 그 약속이 어떻게 성취될 것인지 더욱 선명하고 구체적으로 계시하시고 역사를 주관하셔서 메시아를 보낼 준비를 하셨다. 우리는 다니엘서 2장, 7장 그리고 8장에서 그에 대한 구체적인 한 예를 볼 수 있다. 하나님은 선지자 다니엘을 통해 네 제국, 즉 바벨론, 메데-바사(페르시아), 헬라, 로마가 흥망성쇠 할 것과 마지막 제국 시대에 그리스도를 보내셔서 하나님의 나라를 세우시고 그의 나라가 온 세계에 충만하게 될 것을 계시하셨다.

다니엘서에 예언된 대로 네 제국은 흥망성쇠를 거듭하면서 그리스도께서 오셔서 십자가를 통해 이루실 구원의 복음이 땅끝, 세계의 모든 민족에게 전파될 수 있는 길을 준비했다. 그리고 마침내 "때가 찼다." 복음을 위한 길이 준비되자 하나님께서는 독생자 그리스도 예수를 보내셨다. 그리스도 예수는 십자가에서 죽으시고 부활승천하셔서 인류의 죄를 구속하시고 구원을 완성하였다. 그리고 하나님은 또 다른 보혜사이시며 선교의 영이신 성령을 보내셨다. 하나님께서 복음을 위해 친히 준비하신 사도 바울은 성령의 이끌림을 받으며 하나님이 열어두신 길을 통해 예수 그리스도의 십자가 복음을 소아시아와 그리스 더 나아가 지중해를 둘러싸고 있는 모든 지역에 전파했다.

그러므로 바울의 발자취를 따라나서려면, 먼저 하나님께서 준비해 두신 길에 대한 이해가 있어야 한다. 그리스도와 그의 복음을 위해 준비된 길은 네 가지로 요약할 수 있다. '종교의 길'(유대인 디아스포라), '문화의 길'(헬레니즘), '정치의 길'(로마의 정치질서) 그리고 '여행길'(육로와 해로)이 그것이다. 하나님이 열어놓으신 이 네 가지 길을 이해하려면 역사를 들여다보아야 하는데, 아우구스티누스가 『그리스도교 교양』에서 말하고 있듯이 "비록 역사는 교회 밖의 소학에서 배우는 것이기는 하지만 거룩한 책들을 이해하는데 우리를 크게 돕기" 때문이다.[1]

1. 유대인 디아스포라

바울이 예루살렘에서부터 로마에 이르기까지 복음을 전하는 데 있어 유대인 디아스포라는 없어서는 안 될 중요한 교두보 역할을 했다. 바울은 디아스포라 출신 유대인으로 헬라어를 사용했고 복음을 전할 때 디아스포라 유대인들이 사용하던 70인 역 헬라어 성경을 인용했다. 그뿐만 아니라 어느 도시든 방문하면 먼저 회당을 찾아가서 그곳에 있는 유대인들과 하나님을 경외하는 이방인들에게 복음을 전했다.

유대인 디아스포라는 주전 586년 바벨론이 예루살렘을 멸망시킨 후 바벨론에 포로로 잡혀가거나 이집트로 도망한 유대인들에 의해 형성되었다. 바벨론에 잡혀갔던 유대인들 가운데 일부는 고레스가 주전 538년 내린 칙령으로(에 1:1~2) 유대로 귀환했지만, 바벨론에 정착했던 상당수 유대인은 그대로 그곳에 남아 있었다. 예루살렘 멸망 후 이집트로 갔던 유대인들은 나일강 상류 엘레판티네(Elephantine)라는 곳에 따로 성전을 건축하여 공동체를 이루고 살았다. 그러다 주전 411년 엘레판티네에 세운 성전이 파괴되고, 주전 331년 알렉산드리아가 건설되자 이집트에 거주하던 유대인들은 알렉산드리아로 이주했다.[2] 주전 320년에는 알렉산드리아에서 왕조를 일으킨 프톨레마이오스 1세가 예루살렘을 정복하고 많은 유대인을 이집트로 끌고 갔다.[3] 그렇게 해서 이집트 유대인 디아스포라는 신약시대 알렉산드리아 인구의 30% 정도를 차지할 만큼 크게 번성했다.[4]

또한, 오바댜 선지자는 유대인들이 바벨론과 이집트뿐만 아니라 스바랏(Sepharad, 소아시아 사데)에 사로잡혀 갈 것을 예언했다(옵 1:20). 오바댜의 예언대로 바벨론을 멸망시킨 고레스는 리디아 왕국의 수도였던 사데를 공격하기 위해 바벨론에 있던 유대인들을 동원했다가 전쟁이 끝난 후에 그들을 그곳에 남겨두었다. 이들에 의해 시작된 소아시아의 유대인 디아스포라는 주전 210년 안티오코스 3세가 유대인 2천 가정을 메소포타미아에서 소아시아 지방으로 강제로 이주시킴으로써 더욱 성장했다.[5]

헬라와 로마 시대에 이르러 유대인 디아스포라는 정치적, 상업적 이유로 인해 소아시아를 넘어 그리스와 로마에 이르기까지 지중해 연안 전역으로 퍼져나갔다. 바울이 복음을 전하던 주후 1세기 제국의 수도 로마에 거주하던 유대인들의 수는 4만에서 6만에 이르렀다. 이 숫자는 당시 예루살렘에 거주하던 유대인 숫자에 버금가는 것이었다. 로마에서 지금까지 여섯 개의 유대인 카타콤과 11개의 회당이 발굴되었다.[6]

디아스포라 유대인들은 헬라어를 사용했으며, 고린도에서 주님을 믿었던 회당장 그리스보(Crispus)처럼 헬라와 로마식 이름을 사용했다(행 18:8). 사도 바울도 '사울'(Saul)이라는 히브리 이름과 '바울'(Paullus)이라는 로마식 이름을 가지고 있었다. 디아스포라 유대인들은 성경도 히브리어가 아니라 헬라어로 번역된 70인역을 사용했다. 디아스포라 유대인들은 이방인과 결혼도 했는데, 디모데의 경우처럼 모친이 유대인인 경우에만 자녀에게 유대인 자격을 부여했다(행 16:1).[7] 디아스포라 유대인들은 주위에 사는 이방인들에게 하나님을 믿는 신앙을 전하여 그들을 유대교로 개종시키기 위해 노력했다. 신약성경에 "하나님을 경외하는 사람들" 혹은 "유대교에 입교한 경건한 자들"(행 13:16, 43)로 지칭된 사람들은 유대인들로부터 영향을 받아 하나님을 믿은 이방인들이었다.

바울이 복음을 전하기 위해 찾아간 거의 모든 도시에는 유대인 회당이 있었다. 바울과 동역자들은 새로운 도시를 방문하면 먼저 회당을 찾아가 복음을 전했다(행 13:5, 14; 17:1; 18:4, 19). 유대인 회당은 10명 이상의 남자가 있어야 구성될 수 있었으며, 예배 장소로서뿐만 아니라 교육과 지역의 산헤드린(Sanhedrin, 유대법 집행을 위해 구성된 재판관들의 회)으로서 유대인들을 태형에 처하고 파문 할 수 있는 권리를 가지고 있었다. 안식일 예배는 기도와 율법과 선지자들의 글을 읽는 것과 자리에 앉은 사람 중에서 권면의 말씀을 하는 순서로 진행되었다.[8] 예배에서 권면을 위한 특별한 사람이 지정되어있지 않았기 때문에 구약성경에 능통한 유능한 유대인 성인이면 누구나 성경을 읽거나 권면을 할 수 있었다. 회당은 방문자들을 환영했기 때문에 말씀을 전할 능력이 있다고 여겨지는 사람들은 누구든지 말씀을 전하도록 요청을 받았다.

• 고린도 회당 현판

• 사데 회당

바울은 회당예배의 이 마지막 권면 순서를 이용하여 유대인과 하나님을 경외하는 이방인들에게 복음을 전했다(행 13:14~41). 할례를 받고 결례(purification)를 행하고 지정한 희생 절차를 따르며 모세의 율법을 지킬 것을 서원한 개종자들과는 달리, 이방인 경외자들은 회당예배에 참여하면서 할례를 받지 않았고 모세의 율법을 세세하게 따르지 않았지만 유일하신 하나님을 믿는 유대교 교리를 받아들이고 성경의 가르침을 자신의 삶에 적용하여 상당한 수준의 도덕적인 삶을 살던 사람들이었다. 바울은 이방인 경외자들을 하나님께서 이방인들에게 복음을 전할 수 있도록 준비해 두신 교두보로 보았다.

● 70인 역(Septuagint) 헬라어 성경

70인 역은 디아스포라 유대인들이 사용한 헬라어 구약성경으로 주전 3세기 이집트 알렉산드리아에서 번역되었다. 『아리스테아스의 편지』(Letter of Aristeas)와 요세푸스의 『유대 고대사』 12권 2장에 있는 70인 역 번역 경위를 요약하면 다음과 같다. 이집트 통치자 프톨레마이오스 2세(Ptolemaios II, 주전 285~247)가 왕실도서관 무세이온(Museion)의 관리인 데메트리오스(Demetrios)에게 세상의 모든 책을 수집하도록 명령했다. 왕의 명령을 수행하던 데메트리오스는 유대인의 성경도 포함되어야 한다고 생각하고 왕에게 성경을 헬라어로 번역할 것을 제안했다. 프톨레마이오스 2세는 그 제안을 받아들여 당시 대제사장이었던 엘르아살(Eleazar)에게 히브리어 성경을 헬라어로 번역할 만한 학식과 덕망을 갖춘 학자들을 열두 지파에서 여섯 명씩 선발해 보내달라고 요청했다. 엘르아살은 황제의 요청대로 열두 지파에서 히브리어와 헬라어를 유창하게 구사하는 학식이 높은 사람 여섯 명씩을 선정하여 보냈다. 이들은 황제의 환대를 받은 후 데메트리오스의 안내로 알렉산드리아 인근에 있는 섬으로 들어가 하나님의 개입으로 72일 만에 번역을 마쳤다.

알렉산드리아 출신으로 로마 황제 칼리굴라(Caligula)의 대사를 지낸 유대인 학자 필로(Philo, 주전 30~주후 45)도 자신의 책 『모세의 생애』(Life of Moses)에서 70인 역 번역에 대해 언급하고 있다. 필로는 70인의 번역자들이 각각 따로 떨어져 번역했음에도 불구하고, 마치 보이지 않는 독자에게서 받아쓰기하는 서기관처럼 원본에 어떤 것을 더하거나 빼거나 변형시키지 않고 원형 그대로 번역해 적었는데 이들이 번역한 단어가 모두 같았으며, 따라서 이것은 하나님의 영감으로 기적적으로 이루어진 작업이었다고 말하고 있다. 이런 기록들은 헬라어 70인 역이 히브리어 성경과 동일한 권위를 지닌 것으로 인정되었음을 의미한다.

아리스테아스는 자신의 책에서 72명이 번역에 참여했다고 기록하고 있지만, 번역된 성경이 70인 역(라틴어로 Septuagint)으로 불리게 된 경위는 분명하지 않다. 요세푸스(Josepus, 주후 27~100)가 『유대 고대사』에서 번역한 사람이 70인이라고 말하고 있고,[9] 순교자 저스틴(Justine Martyr, 주후 100~165)도 70인이라고 밝히고 있는데, 이들은 아마 시내산에서 율법을 받고 모세와 함께 하나님 앞에 나아갔던 70인 장로들의 숫자를 따라 72인을 70인으로 언급했을 것으로 추측된다. 이들 이후 이 헬라어 번역본은 70인 역(Septuagint)으로 불리게 되었다. 신약시대 디아스포라 유대인들은 70인 역을 히브리어 성경과 동일한 권위를 가진 성경으로 받아들였다. 복음서의 저자들과 사도 바울이 인용한 구약 성경도 70인 역이었다.

• 주후 2세기 70인 역 여호수아서 사본[10]

2. 헬레니즘

사도 바울이 30년 정도의 짧은 기간에 복음을 지중해의 동쪽에서 시작하여 서쪽 끝까지 전파할 수 있었던 것은 우리가 헬레니즘(Hellenism)이라고 부르는 문화의 길이 준비되어 있었기 때문이었다. '헬레니즘'이라는 용어는 신약시대에는 존재하지 않았다. 이 용어는 1863년 독일 역사가 드로이젠(Droysen)이 『헬레니즘 역사』에서 처음 사용한 이후 신구약 중간기 문화와 사상을 정의하는 용어로 자리 잡게 되었다. '헬레니즘'은 알렉산더가 사망한 주전 323년에 시작하여 이집트 프톨레마이오스 왕조(Ptolemaic Dynasty)의 마지막 통치자였던 클레오파트라가 자살하고 로마가 이집트를 정복한 주전 30년까지 약 300년 동안 지속되었다.

알렉산더 대왕은 탁월한 군인이자 통치자였으며 자신의 가정교사였던 마케도니아 출신의 철학자 아리스토텔레스에게서 그리스 문화와 사상의 진수를 배운 사상가이기도 했다. 그는 동방의 점령지에 자신의 이름을 따라 수십 개의 '알렉산드리아'를 건설하고 이 도시들을 기점으로 그리스 문화, 언어를 전파하여 점령지의 문화가 그리스 문화와 통합되도록 문화 간의 상호작용을 일으키려고 했다. 그러한 목적을 이루기 위해 알렉산더는 오늘날 아프가니스탄 북부 지역에 있던 박트리아 출신 록사나(Roxana)를 아내로 맞이했다. 알렉산더 대왕의 생애는 짧았지만, 그가 추진한 문화 통합 작업은 그의 부하들을 통해 계승되어 우리가 '헬레니즘'이라고 부르는 거대한 문화적 유산을 남겼다.

• 알렉산더 대왕 두상[11]

• 주전 3세기 헬라 세계[12]

　신약과 구약의 중간기인 헬레니즘 시대 동안 지중해 동쪽 지역에 이집트의 알렉산드리아, 수리아의 안디옥, 길리기아의 다소, 소아시아의 버가모와 에베소 같은 수많은 헬라 도시들이 건설되었다. 이 도시들은 헬레니즘을 발전시켜 주위로 확산시키는 전초기지와 같았다. 바울은 헬레니즘의 중심지 가운데 하나였던 다소에서 태어나 자랐으며, 헬라 도시들을 방문하여 헬라어로 복음을 전했다. 신약시대 유대도 헬레니즘에 깊은 영향을 받았다. 예수님이 달리신 십자가에 붙인 "나사렛 예수 유대인의 왕"이라는 명패가 히브리어와 헬라어 그리고 라틴어로 기록되었다는 점이 그러한 사실을 보여준다(요 19:20).

　주전 323년 알렉산더 대왕이 33세의 나이로 죽자 부하 장군들이 후계자 자리를 두고 20년 동안 내전을 벌였다. 그리고 마침내 다니엘서의 예언대로 알렉산더의 제국은 수리아 안디옥의 셀레우코스(Seleucus), 이집트 알렉산드리아의 프톨레마이오스(Ptolemaios), 마케도니아의 카산드로스(Kassandros) 그리고 트라키아의 리시마코스(Lysimachos)가 이끄는 4개의 왕조로 분할되었다. 이들 가운데 신구약 중간기 동안 유대에 가장 큰 영향을 끼친 것은 셀레우코스 왕조였다. 셀레우코스 왕조는 주전 312년 수리아 안디옥을 수도로 삼고 유대를 포함해 소아시아에서 페르시아에 이르는 넓은 지역을 통치했다. 셀레우코스 왕조는 자신의 통치지역을 헬라화 하기 위해 여러 도시를 건설하였는데, 이후 이 도시들은 바울의 선교 사역의 중심지가 되었다.

셀레우코스 왕조의 통치자들은 유대를 헬라화 하기 위해 지속적인 압박을 가했다. 이 왕조의 8번째 왕이었던 안티오코스 4세 에피파네스(Antiochos Ephipanes, 주전 175~164)는 유대를 헬라화 하기 위해서는 유대교를 말살하고 대신 헬라의 종교를 심어 뿌리내리게 해야 한다고 생각했다. 그래서 그는 주전 167년 2만 2천 명의 군사를 이끌고 안식일에 예루살렘을 점령하여 성전에 제우스 신상을 세우고 번제단에 돼지를 제물로 바치는 만행을 저질렀다. 안티오코스 4세가 저지른 성전 모독 사건은 다니엘서에서 예언된 "성소 곧 견고한 곳을 더럽히며 매일 드리는 제사를 폐하며 멸망하게 하는 가증한 것을 세울 것이다"(단 11:31)는 말씀의 성취였다. 이 사건으로 극도로 분개한 유대인들은 성전이 더럽혀진 이듬해인 주전 166년 안티오코스 4세에 대항해 군사혁명을 일으켜 하스모니안 왕조를 세우고 약 100년간 독립을 유지하였다.[13] 유대인들은 예루살렘을 다시 회복하고 성전을 정결하게 한 이날을 기념하기 위해 '수전절'을 제정하였다. '봉헌절' 혹은 '하누카'라고도 부르는 이 절기는 기슬르월 25일부터 8일간 지켜졌다(요 10:22).

마지막 통치자가 클레오파트라였던 이집트의 프톨레마이오스 왕국의 수도 알렉산드리아는 명실공히 헬레니즘 최고의 도시였다. 알렉산드리아에는 헬라시대 최고의 학문기관인 무세이온(Museion)이 있었고, 이곳에서 구약성경 70인 역이 번역되었다. 학문의 도시라는 명성에 걸맞게 이 도시는 이후 알렉산드리아의 클레멘스(Clemens of Alexandria, 150~215), 오리겐(Origen, 185~254)과 같은 걸출한 신학자들을 배출했다. 헬라철학의 영향 아래 있었던 알렉산드리아 출신의 신학자들은 철학은 주께서 그리스 사람들을 부르시기 전 직접 그리스 사람들에게 주셨으며, 율법이 유대인들에게 그리스도에 앞서 했던 것처럼, 철학이 그리스인들의 정신을 키워주었다고 생각했다. 그래서 이들은 거리낌 없이 헬라철학을 성경을 해석하는데 도입하였는데, 이들에 의해 교회를 어지럽혔던 '영지주의'와 '알레고리적 성경 해석 방법'이 생겨났다.

바울의 발자취를 따라 터키와 그리스의 고대 도시들을 여행하다 보면, 헬레니즘이 남긴 수많은 유산을 만나게 된다. 바울은 헬레니즘이라는 문화적 환경에서 복음을 전하였고, 교회도 그러한 문화적 환경과 토양 가운데 뿌리를 내려 성장했다. 그러므로 바울의 발자취를 따라 답사를 시작하기 전, 먼저 헬레니즘이 남긴 문화적 유산 가운데 몇 가지 중요한 것들을 소개하고자 한다.

언어 (코이네 헬라어)

헬레니즘이 복음 전파를 위해 한 가장 중요한 공헌은 헬라어를 로마제국의 공용어로 만든 것이다. 유대인이었던 바울이 어디서든지 언어의 제재를 받지 않고 복음을 전할 수 있었던 것은 인도 접경에서부터 스페인에 이르는 광대한 지역의 다양한 민족과 인종이 코이네(koine) 헬라어를 공용어로 사용했기 때문이다. 코이네 헬라어는 주전 4세기경 아티케(아테네 지역) 그리스어와 이오니아(소아시아 에게해 연안) 그리스어가 지중해 지역의 여러 언어와 혼합하여 발전한 형태의 헬라어였다. 구약 70인 역과 신약성경이 코이네 헬라어로 기록되었고 바울이 쓰고 말한 언어도 코이네 헬라어였다. 바울이 복음을 전하던 당시 이탈리아 사람들은 라틴어를 사용했지만, 헬라어도 공용어로 사용했다. 바울이 20년 남짓한 기간에 "예루살렘으로부터 두루 행하여 일루리곤(오늘날 알바니아)까지 그리스도의 복음을 편만하게 전하고"(롬 15:19), 로마를 거쳐 서바나(스페인)까지 가려는 계획을 세울 수 있었던 것은(롬 15:23) 코이네 헬라어가 로마제국의 공용어로 사용되었기 때문이다.

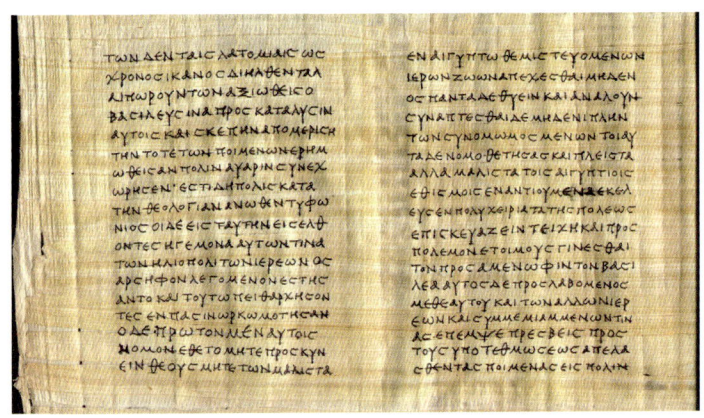

• 코이네 헬라어 파피루스 성경[14]

도시

헬레니즘 시대에 정치, 경제, 사회, 종교를 주도하던 것은 도시였다. 헬라의 지배 아래 있던 토착민들은 대부분 전원 지대의 소규모 마을에서 살았지만, 그리스인과 유대인 대부분은 도시에 거주했다. 도시 주위에 사는 토착민들은 자신들이 생산한 물품을 팔고 필요한 것들을 사기 위해 도시를 방문하는 일들이 잦았는데, 이들을 통해 헬라 문화가 도시 주변 지역으로 확산되었다. 헬라 세계가 로마의 통치 아래로 들어간 이후 도시의 중요성은 더욱 커졌다. 바울은 도시를 거점으로 일하면서 복음을 전파했다.

알렉산더 대왕은 자신이 점령한 지역에 그리스 도시를 건축했다. 도시 건설은 점령지를 헬라화 하는 중요한 수단이었다. 그리스인 철학자 플루타르코스(Plutarchus, 주후 46~120)는 알렉산더 대왕이 주전 331년 이집트에 알렉산드리아를 건설했다고 말하고 있다.[15] 알렉산더와 그의 부하들은 이후 많은 도시를 새로 건축하거나 기존의 도시를 헬라식으로 재건축했다. 헬라 도시들은 도시 전체를 두르는 성벽을 쌓아 방어와 치안을 유지했으며 고대 그리스 도시 국가들처럼 민회와 의회를 구성하여 도시의 문제를 독자적으로 결정할 수 있는 자치권도 가지고 있었다.

헬라 도시들은 밀레도(Miletus) 출신의 도시 건축가 히포다무스(Hippodamus, 주전 498~408)가 설계한 바둑판 모양의 형태를 따라 건설되었다. 히포다무스는 주전 479년 다리오 왕이 이끄는 페르시아 연합군에 의해 폐허가 된 밀레도를 도시 중앙을 관통하는 십자형 대로를 만들고 대로를 따라 관청, 아고라, 극장, 김나지움, 스타디움, 오디온, 도서관, 신전 등을 배치하는 바둑판 형태로 재건하였는데, 이 형태가 이후 도시를 건설하는 표준이 되었다. 현대 도시의 구조도 기본적으로 히포다무스가 설계한 형태를 따르고 있으므로, 우리도 이 천재 건축가의 영향을 받고 있다고 할 수 있다. 알렉산더 대왕과 그의 후계자들은 히포다무스가 설계한 구조에 따라 기존 도시들을 재건축하거나 새로운 도시를 건설했다.

헬라인들은 적의 공격으로부터 방어하기 좋은 위치에 도시를 건설했다. 헬라인들이 적들이 공격하기 어려운 위치에 인구가 밀집된 도시를 건설할 수 있었던 것은 상하수도시설을 고안해 내었기 때문이다. 좁은 공간에 많은 사람이 함께 살려면 물이 충분해야 한다. 그래서 비나 우물에 의존해서는 도시를 건설할 수 없고, 강에 의존하면 도시를 건설하는데 지리적 제약을 받게 된다. 그런데 헬라인들은 물을 높은 곳에서 떨어뜨려 그 힘으로 물을 밀어 올리는 사이펀의 원리를 알아내고 그것을 활용하여 입지 조건이 좋은 곳이면 어디든지 도시를 건설하고 수도관, 수로, 터널, 수도교를 놓아 물을 끌어들였다. 높은 산 중턱에 있는 비시디아 안디옥은 수로를 놓아 도시 북서쪽 10km 거리에 있던 샘에서 물을 끌어 왔고, 버가모는 그 길이가 무려 50km에 달하는 수로를 통해 아크로폴리스 산 정상으로 물을 끌어들였다. 에베소처럼 인구가 많은 도시는 여러 개의 샘에서 물을 끌어들였는데 지금도 에베소에는 3개의 수도교가 남아있다.

수로를 통해 끌어들인 물은 도시의 가장 높은 곳에 건설한 저수조 '카스텔룸'(Castellum)에 저장되었다가 여러 개의 관을 통해 도시 곳곳에 만들어진 '님파에움'(Nymphaeum)이라고 불리는 공동 수조와 목욕탕, 화장실 등에 공급되었다. 상수도 시설은 물에 섞여 있는 모래나 진흙과 같은 이물질에 수도관이 막히거나 물이 고여 세균에 감염되지 않도록 물이 계속 흐르도록 설계되어 있었다. 공동 수조에 공급된 물은 누구나 무료로 사용할 수 있었다. 에베소를 동에서 서로 연결하는 300m 남짓한 대로에 5개의 수조가 놓여있는 것을 보면 도시에 사는 사람은 누구나 부족함이 없이 물을 사용할 수 있었다는 것을 알 수 있다. 부유한 시민들은 사용료를 내고 집이나 가게로 수도를 끌어들이고 집안에 수세식 화장실도 놓을 수 있었다. 이미 2천 수백 년 전 헬라인들은 부엌에서 수돗물을 사용하고 집 안에 놓은 수세식 화장실까지 사용하고 있었다.

헬라 도시는 상수도 시설뿐만 아니라 하수도 시설도 완벽하게 갖추고 있었다. 도시의 지하에는 하수관이 거미줄처럼 연결되어 있어 공공장소나 가정에서 사용한 오수가 도시를 오염시키지 않고 밖으로 배출되었다. 이런 하수 시설 덕분에 인구밀도가 높은 도시에 전염병이 도는 것을 예방할 수 있었다. 버가모에서 발굴된 한 대리석 비문에는 도시의 도로 상황, 상수도 시설, 공공 화장실을 관리하는 행정관들의 임무와 함께 규정을 어겼을 때 부과하는 벌금의 내역이 상세하게 명시되어 있는데, 이 비문은 헬라 도시들이 현대 도시 못지않게 사회 기반시설을 잘 관리하고 있었음을 보여준다.

• 수도교(비시디아 안디옥)

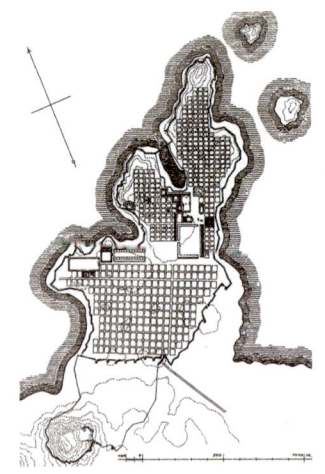
• 히포다무스가 설계한 밀레도 구조

바울이 복음을 전했던 바보, 비시디아 안디옥, 이고니온, 에베소, 빌립보, 데살로니가, 아덴, 고린도는 모두 로마 총독이 거주하는 속주 수도이거나 거기에 버금가는 도시들이었다. 바울은 한 지역의 중심도시에 머물며 복음을 전하고 교회를 세웠다. 그 결과 비시디아 안디옥에서부터 "주의 말씀이 그 지방에 두루 퍼졌으며"(행 13:49), 데살로니가로부터 "주의 말씀이 마게도냐와 아가야에 들렸고"(살전 1:8), 에베소로부터 "아시아에 사는 자는 유대인이나 헬라인이나 모두 주의 말씀을 들었다"(행 18:10).

아고라(Agora)

사도 바울이 복음을 전했던 모든 도시의 중심부에는 아고라(Agora)가 있었다. 한글 성경에는 아고라가 '장터'(행: 16:19; 18:17) 또는 '저자'(행 17:5)로 번역되어 있다. 아고라는 장터나 저자와 같은 상업적 기능만이 아니라, 정치와 사법, 행정, 종교를 관장하는 도시의 심장과 같은 공간이었다. 헬라인들은 상업, 행정, 정치, 사법, 종교 등 다양한 목적을 위해 아고라에 모였고, 이곳에서 공적인 사안을 함께 논의하고 결정했다. 로마인들은 아고라를 포룸(Forum)이라고 불렀다.

아고라는 독립적인 도시 국가(polis)를 형성하여 살았던 고대 그리스인들이 독창적으로 만들어 발전시킨 것이었다. 헤로도토스는 『역사』에서 "스파르타가 그리스를 공격하지 말라고 경고하기 위해 보낸 대사 앞에서 페르시아 고레스 왕이 도시 한가운데서(아고라) 이것저것 맹세하면서 서로 속이는 자들을 나는 지금까지 두려워해 본 적이 없다고 대답했다"라고 말하면서 고레스가 그런 말을 한 것은 페르시아에는 아고라가 전혀 없었기 때문이라는 설명을 덧붙이고 있다.[16] 시민들이 함께 모여 공적인 일들을 논의하고 결정했던 그리스 도시 국가들과는 달리 왕이 모든 것을 결정했던 페르시아 사람들은 아고라를 이해할 수 없었을 것이다.

아고라는 바울이 복음을 전하고 천막을 만들어 생활비와 사역비를 마련했으며

• 빌립보 아고라

(행 18:3; 20:34), 재판을 받고 매를 맞았던 선교 현장이었다. 빌립보에서 바울이 귀신을 쫓아낸 여종의 주인들이 바울과 실라를 붙잡아 "장터(아고라)로 관리들에게 끌고 갔던"(행 16:19) 이유는 법정이 아고라에 있었기 때문이다. 고린도에서 유대인들이 아가야 총독 갈리오에게 고소하기 위해 바울을 데리고 갔던 '법정'(Bema) 역시 아고라에 있었다(행 18:12). 골로새나 빌라델비아와 같이 규모가 크지 않은 도시들은 행정과 사법 그리고 상업 활동이 함께 행해지는 하나의 아고라를 가지고 있었지만, 아덴, 라오디게아, 서머나, 에베소처럼 항구를 끼고 무역을 하던 규모가 큰 도시들에는 두 개 이상의 아고라가 있었다.

바울이 아고라에서 복음을 전할 때 여자들은 잘 만날 수 없었을 것이다. 왜냐하면 헬라와 로마 시대에는 정치와 재판뿐만 아니라 물건을 사고파는 경제활동도 가장인 남자들의 활동 영역이었기 때문이다.

• 고린도 아고라

연극장(Thether)

헬라인에게 아고라가 생활의 중심지였다면, 연극장은 문화의 중심지였다. 바울이 방문했던 모든 도시에는 연극장이 있다. 연극장은 원래 디오니소스(Dionysos)를 숭배하던 장소였다. 그래서 아테네나 버가모에서 볼 수 있는 것처럼, 연극장 한편에는 디오니소스 신전이 자리하고 있다. 연극장은 도시의 의제를 논의하고 결정하기 위해 민회가 모이는 곳이기도 했다(행 19:39). 연극장 입구와 무대는 아름답고 정교한 대리석 조각으로 장식되어 있었다. 연극장과 무대를 장식했던 화려하고 정교한 대리석상들은 그리스 신화에 나오는 신들을 묘사하고 있지만, 기쁨과 슬픔, 공포와 고통과 같은 인간의 정서도 아주 자연스럽게 표현되어 있다. 무대를 장식했던 대리석상들은 훼손을 방지하기 위해 박물관에 옮겨져 보존되고 있다. 오늘날 우리가 보는 상들은 흰 대리석이지만, 원래는 표면이 실물처럼 채색되어 있었다.

헬레니즘 시대에 건축된 연극장 대부분은 반원 형태의 무대를 가지고 있지만, 원래 무대는 원형이었다. 우리는 빌립보에서 원형 무대를 가진 연극장을 볼 수 있다. 그리스 사람들은 원형의 무대를 오케스트라(Orchestra)라고 불렀으며, 합창단이 원형의 무대에 빙 둘러서서 디오니소스 신에게 바치는 합창곡 디티람보스(Dithyrambos)[17]를 불렀다. 오늘날 우리가 '오케스트라'라고 부르는 말이 여기서 유래했다.

연극장에서 열리던 연극 공연은 종교적이고 문화적 행사였기 때문에 국가나 시에서 관장했다. 겨울은 우기였기 때문에 연극은 봄부터 가을까지 공연되었다. 극장에서는 아이스킬로스(Aischlos, 주전 524~456)가 트로이 전쟁을 배경으로 쓴 『오레스테이아』나 소포클레스(Sophocles, 주전 496~406)가 만든 『오이디푸스』와 같은 비극 작품들 그리고 그 이후에 나온 희극 작품들이 공연되었다. 배우들은 가면을 쓰고 공연을 했으며 중요 대사들은 합창단이 합창으로 전달했다. 그리스인들은 비극을 드라마(Drama), 희극을 코모이디아(Komoidia), 합창을 코러스(Chorus)

라고 불렀는데 오늘날 우리가 사용하는 드라마, 코미디, 코러스라는 말이 여기서 유래했다.

연극장은 단순히 연극이 공연되는 곳이 아니라 그리스 종교가 전수되고 재생산되는 공간이었다. 그리스인들은 연극장에서 공연되는 연극을 보면서 인간의 활동에 강력한 힘으로 개입하는 신들을 배우고 경험했다. 고대 그리스 종교는 경전을 가지고 있지 않았다. 그리스인들은 호메로스(Homeros, 주전 8세기)의 『일리아드』, 『오디세이』와 호메로스보다 한 세기 후에 살았던 헤시오도스(Hesiodos, 주전 7세기)의 『신통기』, 『일과 날』 그리고 앞에서 언급한 작가들이 쓴 작품들을 통해 신들에 대해 배웠다. 그래서 헤로도토스는 『역사』에서 "호메로스와 헤시오도스가 그리스인들에게 신을 만들어 주었다"라고 말하고 있고, 크세노파네스(Xenophanes, 주전 570~480)는 호메로스와 헤시오도스가 인간에게 용납되지 않는 부도덕한 성질을 신들에게 부여했다고 불평했다.[18]

그리스 신화는 인간들이 자신의 영역을 초월해 있는 신적인 세계를 보고 설명하려는 시도의 결과물이었다. 그래서 신화는 끊임없이 새롭고 다르게 이야기되어야 했다. 그러한 일을 하는 것은 신전을 섬기는 사제들이 아니라 작가들의 몫이었다. 그리스 연극 작가들은 끊임없이 '신들에 관한 이야기'를 만들고 공연했으며, 그리스인들은 극장에서 공연되는 연극을 통해 신이 인간과 세계에 가지는 의미가 무엇인지 배우고 경험했다. 이것이 신화(mythos)이며, '신(theos)에 관한 이야기'(logos)인 '신학'이었다. 우리가 사용하는 '신학'(theology)이라는 용어도 여기서 유래했다.

로마가 헬라 세계를 통치하면서 극장에서 공연되던 연극의 인기는 시들해졌고 대신 검투 경기가 인기를 얻었다. 로마 시대 아시아에서 가장 유명하고 인기를 끌던 검투 경기가 열리던 도시는 에베소였다. 사도행전 19장에 기록된 소요 사건이 일어난 바로 그 연극장이 검투 경기가 열리던 주 무대였다. 에베소 성벽 밖 남서쪽에서 발굴된 검투사들의 무덤 묘비에 새겨져 있는 기록들은 여러 도시에 검투사 양성 학교가 있었고 검투사들은 현대의 스포츠 스타들처럼 엄청난 인기와 부를 누렸음을 알려준다.[19] 바울과 동시대를 살았던 작가 마르티알리스(Martialis, 주후 40~102)는 연극장에서 "사형 선고를 받은 사람이 그물에 묶인 채 황소 앞에 던져졌고, 어떤 사람은 십자가에 매달아두고 곰을 풀었다"고 증언하고 있다. 네로의 가정교사였던 세네카(Seneca, 주전 4~주후 65)도 로마의 연극장에서 "아침에는 사람들이 사자와 곰에게 던져졌고 정오에는 관중에게 던져졌다"고 말하고 있다.[20] 헬라시대 문화를 만들어 내고 전수하던 연극장이 로마시대에 와서는 인간의 생명을 가지고 즐기는 저급한 오락장으로 전락한 것이다.

• 히에랍볼리 연극장

• 빌립보 연극장[21]

김나지움(Gymnasium), 도서관, 학원

헬라 도시에는 국가나 시 정부가 운영하던 '김나지움'이라고 불리는 교육기관이 있었다. 헬라시대 최고의 김나지움은 버가모에 있는데, 이곳에서 우리는 헬라 도시들이 어떻게 자녀들을 교육했는지 엿볼 수 있다. 사데에는 화려한 대리석 조각으로 장식된 출입문과 실내 수영장을 가지고 있는 김나지움이 남아있다.

김나지움은 부유층 자녀들을 교육하기 위한 목적으로 만들어졌지만, 시간이 지나면서 시민 자녀들의 교육을 담당하는 공공기관으로 발전했다. 김나지움은 교육을 통해 세대 간을 연결하는 고리를 만들고, 그리스인 시민 자녀들과 바울과 같은 이방 출신 시민 자녀들에게 코이네 헬라어와 헬라 문화를 가르쳐 헬라인의 정체성을 갖도록 했다. 김나지움에서는 특별히 헬라어 교육이 중요시되었다. 그 이유는 헬라어가 공용어였을뿐만 아니라, 헬라인들은 "헬라어를 말함으로써 참 사람이 되고 야만인이라도 헬라어를 말하면 헬라인이 된다"고 생각했기 때문이다. 헬레니즘과 헬레니즘의 확산이 의미하는 것을 한마디로 표현하자면 바로 이것이라 할 수 있다. 김나지움은 헬레니즘을 유지하고 확장하는 산실이었기 때문에 도시의 고위직 행정관이 운영을 책임졌다.

서머나 근처에 있는 고대 도시 테오스(Teos)에서 주전 2세기경에 만들어진 한 대리석 비문이 발견되었는데, 이 비문에는 문학, 음악, 체육 교사를 모집한다는 공고에서부터 수업료가 얼마인지까지 김나지움의 운영에 관한 상세한 내용이 기록되어 있다.[22] 테오스의 비문 기록을 통해 알 수 있는 것처럼, 김나지움의 커리큘럼은 육체를 단련시키는 체육과 문학, 음악, 수사학, 수학 등으로 짜여 있었다. 김나지움에서 가르친 과목은 플라톤(Platon, 주전 428~348)이 세운 아카데미(Academia)와 주전 390년경 이소크라테스(Isokrates, 주전 436~338)가 세운 학교의 커리큘럼을 따랐다.

아테네에 있었던 이 두 학교는 교육목표를 학생들이 말하는 능력을 발전시키는데 두었다. 그 이유는 플라톤과 이소크라테스는 말이 로고스(logos)를 지니고 태어난 인간을 참된 인간으로 만든다고 생각했기 때문이었다. 그러나 말하는 능력을 키우는데 적합한 교육 과목이 무엇인가에 대해서는 두 사람의 생각이 달랐다. 이소크라테스는 로고스를 기르기 위해서는 수사술, 문법, 변증술을 배워야 한다고 주장했다. 그 이유는 도시 공동체 안에서 훌륭한 시민으로 살아가기 위해서는 토론을 통한 합의 과정이 필요한데 수사술과 문법이 토론의 능력을 함양해 준다고 생각했기 때문이었다. 그러나 플라톤은 삶의 균형과 행복은 수학적 질서에 근거한다고 생각했기 때문에 수학과 천문학, 음악과 같은 수학과 연관된 과목을 중요시했다. 테오스에서 출토된 비문은 김나지움이 수사학과 수학 모두를 가르쳤다는 것을 알려주지만, 헬레니즘 시대에는 이소크라테스의 교육이념이 더 인정을 받았다. 왜냐하면, 헬라인들은 로고스를 지닌 인간을 도시 공동체에서 공동생활을 하도록 만드는 매개체가 언어와 소통이라고 생각했기 때문이다.[23]

• 사데 김나지움

바울이 활동하던 도시들에는 도서관과 사설 학원들이 있었다. 도서관은 김나지움과 더불어 헬라의 문화와 정신을 발전시키고 재생산하던 기관이었다. 헬라 시대 최고의 학문의 중심지는 알렉산드리아와 버가모였다. 이 두 도시는 헬라 세계에서 최고 학문 도시라는 명성을 두고 서로 경쟁했는데, 그 경쟁의 중심에는 도서관이 있었다.

헬라 시대 가장 큰 도서관은 이집트 알렉산드리아에 있던 무세이온(Museion)이었다. 프톨레마이오스 1세가 주전 280년 건립한 무세이온은 '학술과 예술의 여신 뮤즈의 사당'이었지만 이후 학당으로 발전했다. 오늘날 박물관, 미술관을 의미하는 뮤지엄(museum)이라는 단어가 여기에서 나왔다.

프톨레마이오스 왕조는 무세이온을 인간이 기록한 모든 책을 소장한 학문의 중심지로 만들겠다는 목표를 가지고 막대한 비용을 들여 장서를 수집하고 뛰어난 학자들을 유치해 호메로스의 책들과 고전을 연구하여 각주와 주석을 달았다. 그리고 다른 언어로 쓰인 책들을 헬라어로 번역했다. 히브리어 구약이 헬라어로 번역된 것도 그러한 번역작업의 결과였다. 그 결과 무세이온은 50 만권이나 되는 장서를 소장했다.[24] 그야말로 무세이온이 당시까지 지중해를 둘러싼 세계에서 기록된 모든 책을 소장하고 있었다고 해도 과언이 아닐 것이다. 그런데 주전 48년 알렉산드리아를 공략하던 율리우스 카이사르가 무세이온에 불을 지르는 바람에 소장되어 있던 책 대부분이 소실되어 버렸다. 무세이온은 이후에도 한동안 명맥을 유지했지만, 주후 391년에는 도서관 건물마저 파괴되어 지금은 일부 흔적만 남아있다.

• 알렉산드리아 무세이온 복원도

헬라 시대 최고의 학문 도시의 명성을 놓고 알렉산드리아와 경쟁하던 버가모는 당시 세계에서 두 번째로 많은 장서를 보유한 도서관을 가지고 있었다. 주전 2세기 버가모 에우메네스 2세(Eumenes II, 주전 197~160)는 도서관을 건립하고 호메로스 연구자로 명성을 떨쳤던 크라테스(Krates)와 역사가 네안테스(Neanthes) 등 당대에 가장 뛰어난 학자들을 초빙하여 장서를 수집하고 필사와 번역을 하도록 했다.[25]

버가모 도서관이 무세이온과 경쟁하는 수준에 이르자, 알렉산드리아의 프톨레마이오스 5세(Ptolemaios V, 주전 204~180)는 버가모가 책을 만들지 못하도록 이집트에서만 생산되던 파피루스의 수출과 반출을 금지했다. 그러자 버가모 왕은 파피루스를 대체할 수 있는 양피지를 개발하여 책을 만들었다. 양피지는 파피루스보다 값은 비싸지만, 내구성이 뛰어나고 양면에 글을 쓸 수 있어 오늘날과 같은 제본된 형태의 책을 만들 수 있었다. 양피지는 버가모가 처음 발명하였기 때문에 페르가멘트(Pergament)라고도 불린다. 그러나 헤로도토스가 주전 420년경에 쓴 『역사』에 "이오니아인들이 이전부터 산양이나 양가죽을 '종이'라고 부르며 사용하고 있었다"라는 기록이 있는 것으로 보아[26], 버가모가 이미 사용되어 오던 양피지를 책으로 만들 수 있도록 발전시킨 것으로 보인다. 양피지는 신약시대 성경을 필사하는 데 널리 사용되었으며 사도 바울도 양피지 성경을 가지고 있었다(딤후 4:13).

무세이온처럼 버가모 도서관도 대리석 기둥 몇 개만 남아있지만, 에베소에 주후 2세기 초반에 건축된 셀수스 도서관(Celsus Library)이 복원되어 있어 당시 도서관이 어떤 모습을 하고 있었는지 짐작해 볼 수 있다.

바울이 방문했던 도시들에는 공립교육 기관이었던 김나지움과 도서관 외에도 유명 인사들이 가르치거나 그들의 이름을 내걸고 운영하던 많은 사설 학원이 있었다. 비록 옛 명성이 약해지기는 했지만, 아테네에는 주전 369년에 플라톤이 세운 아카데미(Academia)와 아리스토텔레스가 세운 리케이온(Lykeion) 그리고 주전 3세기 에피쿠로스(Epicurus, 주전 341~270)가 자신의 철학을 가르치기 위해 세운 학교가 운영되고 있었다. 아테네에는 또한 키프로스 출신인 제논(Zenon, 주전 332~262)을 따르던 사람들이 있었는데, 이들은 스토아를 거닐며 철학을 논의했다고 해서 스토아학파(Stoicism)라고 불렸다. 바울이 태어나 어린 시절을 보낸 길리기아 다소에서도 스토아 철학이 유행했는데, 다소 출신의 크리시포스(Chrysippos, 주전 280~206)가 자신의 고향에서 제논의 철학을 확산시켰기 때문이었다. 바울이 복음을 전할 당시 로마의 철학과 사상은 에피쿠로스학파와 스토아학파가 주도하고 있었다. 바울이 아테네 아고라에서 예수와 부활을 전하며 쟁론을 벌였던 사람들도 에피쿠로스학파와 스토아학파 철학자들이었다(행 17:18).

헬레니즘 시대에는 철학과 함께 수학과 기하학도 획기적인 발전을 이루었다. 알렉산드리아 출신 유클리드(Euclid, 주전 365~275)에 의해 체계화된 기하학과 '유레카'(Eureka)라는 말로 잘 알려진 시칠리아 시라쿠사 출신인 아르키메데스(Archimedes, 주전 287~212)가 발견한 수학과 과학의 원리들은 도시를 건설하는데

• 에베소 셀수스 도서관

응용되었다. 에베소에서 사도 바울이 두 해 동안 날마다 하나님 나라에 대하여 강론했던 두란노 서원은 수학이나 수사학을 가르쳤던 사설 학원 가운데 하나였다.

스타디움(Stadium)

헬라의 주요 도시들은 경기장(stadium)을 가지고 있었다. 그리스 도시 국가들 사이의 유대를 강화하기 위한 목적으로 주전 9세기 그리스 올림피아에서 시작된 운동경기는 이후 모든 헬라 도시로 확산되었다. 바울이 방문했던 여러 도시에는 스타디움이 있었다. 바울이 복음을 전하던 당시, 올림피아에서 4년마다 개최된 올림피아 경기(Olympia Games) 외에도 고린도에서는 2년마다 이스티미안 경기(Isthmian Games)가 열렸고, 델피와 네메아에서 피티아 경기(Pythan Games)와 네메아 경기(Nemes Games)가 열렸다. 이 4대 경기에는 그리스인들만 선수로 참가할 수 있었는데, 그리스뿐만 아니라 소아시아와 스페인 지역에 사는 그리스인들도 참가했다. 경기를 주최하는 도시가 참가자들에게 여행이나 숙박을 위한 경비를 지급하지 않았기 때문에 경비를 조달할 능력이 있는 선수들만이 경기에 참여할 수 있었다. 선수들은 옷을 입지 않고 경기를 했기 때문에 운동선수나 관람자는 모두 남자들이었다.

그리스에서 열리던 범 그리스 경기뿐만 아니라 각 지역에서도 경기가 열렸다. 지역 경기에는 그 지역 출신 선수들이 참가했으며 승리한 선수들은 범 그리스 경기에 참여할 자격이 부여되거나 다른 도시에서 개최되는 경기에 초청받기도 했다. 경기에서 우승한 자는 면류관을 상으로 받았다. 승리의 면류관이 모두 월계수로 만들어진 것은 아니었다. 올림피아 경기에서는 올리브 화관이, 피티아 경기에서는 월계수 관이 그리고 이스트미안 경기에서는 소나무 화관이 승리한 자에게 주어졌다. 우승 상금은 없었지만, 우승자를 배출한 도시가 우승자에게 자신들의 명예를 높인 것을 치하하기 위해 상당한 보상금을 주는 것이 관례였기 때문에 우승자는 명예와 부를 얻었다.

바울이 고린도에서 사역하던 동안 2년마다 열린 이스트미안 경기를 보았는지 알 수 없지만, 그 유명했던 경기에 관심을 두지 않을 수 없었을 것이다. 경기가 열릴 때면 그리스 각지와 멀리 소아시아와 스페인에서 찾아오는 경기자들과 관중으로 고린도 시가 북적거렸을 것이다. 그리고 그들 가운데 여행에 필요한 천막을 주문하거나 수리하기 위해 바울이 일하던 가게를 찾아오는 사람들도 있었을 것이다. 바울은 고린도 교회에게 보낸 편지에서 "운동장(stadium)에서 달음질하는 자들"과 "싸우는 자(권투 선수)" 그리고 승리한 자들이 받는 "승리자의 관"을 비유를 사용하고 있으며(고후 9:24~27), 디모데에게는 운동경기를 빗대어 "나는 선한 싸움을 싸우고 나의 달려갈 길을 마치고 믿음을 지켰으니 이제 후로는 나를 위하여 의의 면류관이 예비 되었으므로 주 곧 의로우신 재판장이 그날에 주실 것이다"고 말하고 있다(딤후 4:7~8).

사도 바울의 발자취를 따라 여행하다 보면 버가, 라오디게아, 사데, 에베소, 아테네에 남아있는 스타디움을 볼 수 있다. 이들 가운데 원래 모습이 가장 잘 보존된 곳은 버가 스타디움이며, 규모에서는 5만 명의 관중을 수용할 수 있는 아테네 스타디움이 가장 크다. 현대화된 아테네의 이 스타디움에서 1896년 제1회 근대 올림픽 경기가 시작되었고, 2004년 올림픽에서는 이곳에서 양궁 경기가 열려 우리나라 여자팀이 개인전과 단체전 금메달을 석권했다.

49 — 복음을 위해 길이 준비되다.

• 버가 경기장

• 아테네 경기장

3. 로마의 통치(Pax Romana, 로마의 평화)

로마가 지중해 전역의 패권을 차지하고 통치하던 때 예수님은 이 땅에 오셔서 성경이 예언한 대로 인류를 구원하시고 복 주시기 위해 죽으시고 사흘 후에 부활하셨고, 사도 바울은 그리스도께서 이루신 십자가의 복음을 전했다. 예수님은 재판을 받으실 때 로마가 책봉한 유대 왕 아그립바와 로마 황제가 임명한 유대 총독 빌라도와 대면하셨다. 바울도 복음을 전하면서 여러 번 로마 총독들 앞에 섰으며, 로마 시민으로서 자신의 권리를 사용했다(행 16:37; 22:24~29; 25:10~12). 로마가 이룬 정치적 통일과 평화는 로마 시민이었던 바울이 국경이나 비자와 같은 장애물에 제약을 받지 않고 넓은 지역을 비교적 안전하고 자유롭게 여행하며 복음을 전할 수 있도록 했다.

바울과 로마 시민권

바울은 선교여행을 하면서 두 번 자신이 로마 시민이라는 것을 밝혔다. 한번은 빌립보에서였고(행 16:37), 다른 한 번은 예루살렘에서였다(행 22:25). 로마 시민은 세 가지 권리를 가지고 있었는데, 바울이 그 권리를 사용한 것이었다. 로마는 시민권자에게 재판을 받지 않은 상태에서 고문을 당하거나 처형되지 않을 권리, 개별 도시나 지역에서 만든 법의 제재를 받지 않을 권리 그리고 로마에서 황제에게 재판을 받을 수 있는 권리를 부여했다.[27] 바울은 이 권리를 사용하여 빌립보 관원들에게 "로마 사람인 우리를 죄도 정치 아니하고 공중 앞에서 때리고 옥에 가두느냐"고 항의했으며(행 16:37), 예루살렘에서 군인들이 채찍으로 치려고 하자 "너희가 로마 사람 된 자를 죄도 정치 아니하고 채찍질할 수 있느냐?"라고 경고하여 채찍질을 못 하도록 했다(행 22:25). 또한, 바울은 가이사랴에 구금된 상태로 2년을 지내는 동안 자신의 신변과 관련된 재판에 진척이 없자 로마 시민의 권리를 사용하여 황제에게 항소했다(행 25:10~12).

바울과 같은 이방인이 로마 시민권을 얻는 데는 두 가지 방법이 있었다. 하나는 시민권을 소유하고 있는 부모에게서 태어나는 것이고, 다른 하나는 황제가 자신의 측근이 간청한 사람이나 국가에 공헌한 사람에게 시민권을 부여하는 것이었다.[28] 예루살렘에서 바울을 심문했던 천부장은 뇌물을 주어 시민권을 얻었지만, 바울은 태어날 때부터 로마의 시민이었다(행 22:28). 바울의 윗대 중 누군가가 어떤 경로를 통해 로마 시민권을 얻었을 것이다. 유대인이었던 바울의 부모 혹은 조부모가 어떻게 로마 시민권을 얻었는지는 알 수 없다. 바울은 상당한 재산이 있어야만 가질 수 있었던 다소의 시민권도 소유하고 있었으므로(행 21:39), 바울의 집안은 부유했던 것으로 보인다. 하지만 바울을 예루살렘에 보내어 가말리엘 문하에서 공부하게 했던 경건한 유대인 집안이 뇌물을 주고 로마 시민권을 사지는 않았을 것이다. 아마 폼페이우스 마그누스(Pompeius Magnus, 주전 75~45)나 안토니우스(Antonius, 주전 83~30)가 다소를 통치하고 있을 때, 바울의 조부가 어떤 중요한 공적을 세워 그들로부터 로마 시민권을 수여 받았을 것으로 추측된다. 이런 추측이 가능한 것은 바울의 조부 시대에 다소를 통치했던 폼페이우스나 안토니우스가 황제를 대신해서 로마 시민권을 부여할 수 있는 권한을 가지고 있었기 때문이다.[29]

• 로마 시민임을 증명하는 동패[30]

로마 시민권은 바울이 먼 거리를 자유롭게 여행하고 여러 도시에 머물며 사역하는 데 아주 유용하게 사용되었다. 로마 시민권자들은 로마 시민임을 증명하는 동으로 만든 작은 패를 받았는데, 바울도 이 시민증을 소지하고 있었을 것이다. 바울은 빌립보와 예루살렘에서 자신이 로마 시민이라고 주장하면서 증거로 시민증을 제시했을 것이다. 로마 관리가 외지에서 온 한 유대인이 로마 시민이라고 주장하는 것을 증명 없이 그대로 받아들이지는 않았을 것이기 때문이다. 바울의 2차 선교여행 동역자였던 실라도 로마 시민이었으며(행 16:37), 의사였던 누가와 글라우디오 황제 때 로마에서 추방을 당했던 브리스길라와 아굴라 역시 로마 시민권을 가지고 있었을 것이다(행 18:2). 디모데나 디도와 같은 바울의 동역자들은 로마 시민권을 갖고 있지 않았던 것으로 보이지만, 노예가 아닌 자유인이었기 때문에 아무런 제약을 받지 않고 로마가 통치하는 지역을 자유롭게 여행할 수 있었을 것이다.

신약시대 로마를 통치했던 황제들

예수님의 탄생에서 요한이 밧모 섬에 유배당할 때까지 모두 12명의 황제가 로마를 통치했다. 네로가 살해되고 베스파시아누스가 황제로 추대된 주후 68~69년 사이에는 세 황제가 권력투쟁의 제물이 되기도 했다. 이들 가운데 몇 황제는 신약성경에 기록되어 있고 몇 황제는 성경에 언급되어 있지 않지만, 예수님의 사역과 사도들의 활동에 상당한 영향을 끼쳤다. 바울의 발자취를 따라 여행하다 보면 곳곳에서 살아 있는 사람처럼 생생하게 조각된 로마 황제들의 상들과 이들의 치적을 기념하거나 숭배하기 위해 만든 신전과 건축물들을 만나게 된다. 신약시대 로마를 통치했던 황제들은 직접 혹은 간접적으로 신약성경과 사도 바울의 사역과 연관이 있으므로, 이들을 통치 순서대로 간략히 소개하려고 한다. 신약시대 로마를 통치했던 황제들에 관해 더 자세히 알기를 원하면, 트라이아누스 황제와 하드리아누스 황제 때 황실 비서로 일했던 역사가 가이우스 수에토니우스(Gaius

Suetonius, 주후 69~130)가 쓴 『열두 명의 카이사르』를 읽어보기를 바란다. 한글로 번역된 이 책은 율리우스 카이사르부터 사도 요한을 밧모 섬에 유배시켰던 도미티아누스까지 12 황제의 주요 행적을 기록하고 있다.³¹⁾

아우구스투스(Augustus, 주전 27~주후 14): 아우구스투스는 주전 27년 로마의 첫 황제로 등극하여 주후 14년까지 통치했다. 그의 원래 이름은 옥타비아누스(Octavianus)로 율리우스 카이사르(Julius Caesar)가 자신의 후계자로 지목한 인물이었다. 옥타비아누스는 로마 원로원이 공화정을 폐지하고 황제가 될 것을 두려워하여 카이사르를 살해하고 난 후 정적이었던 안토니우스를 제압하고 주전 27년 로마의 첫 황제 아우구스투스(Augustus)로 등극했다. 그는 주후 14년까지 로마를 통치하며 왕정의 기초를 놓았는데, 성경은 "가이사 아구스도(아우구스투스)가 천하로 다 호적을 하라 명하여," "요셉이 잉태한 약혼한 마리아와 함께 나사렛에서 베들레헴으로 호적 하러 올라가 예수님을 해산했다"라고 그의 이름을 언급하고 있다(눅 2:1~7).

● 아우구스투스³²⁾

티베리우스(Tiberius, 주후 14~37): 티베리우스는 아우구스투스를 뒤이어 주후 14년 황제의 자리에 올라 37년까지 로마를 통치했다. 예수님을 시험하기 위해 "가이사에게 세금을 바치는 것이 옳으니이까 옳지 아니하니이까?"라고 질문했던 사람들이 예수님께 건네었던 데나리온에 얼굴이 새겨져 있던 황제가 바로 티베리우스였다(마 22:17). 누가복음에는 "디베료(티베리우스) 황제가 통치한 지 열다섯 해 곧 본디오 빌라도가 유대의 총독으로 있을 때" 하나님의 말씀이 세례요한에게 임했다고 기록되어 있다(눅 3:1). 티베리우스는 유대인과 유대교를 멸시하고 적대시하였다. 티베리우스가 통치하는 동안 예수님은 공생애를 시작하셨고, 그가 유대 총독으로 임명한 본디오 빌라도에게 고난을 받아 십자가에 못 박혀 죽으시고 부활, 승천하셨다. 티베리우스 통치기에 바울은 교회를 핍박하고 다메섹에서 부활하신 주님을 만나 회심하고 다메섹과 아라비아에서 3년을 보내고 고향 다소로 돌아갔다.

칼리굴라(Caligula, 주후 37~41): 칼리굴라는 티베리우스의 조카 손주로 주후 37년 24세의 어린 나이에 황제가 되어 41년까지 3년 10개월 동안 로마

• 티베리우스

를 통치했다. 칼리굴라는 로마인의 환심을 사기 위해 끊임없이 축제를 벌여 재정을 고갈시키고, 그의 누이동생과 결혼하는가 하면, 총애하던 말을 원로원 의원으로 임명하고 군인들에게 창과 칼로 바다를 찌르고 공격하라고 명령한 성격이 괴팍한 독재자였다. 칼리굴라는 유대인들은 성전에 다른 형상을 두지 않는다는 이야기를 듣고 로마군에게 예루살렘 성전에 자신의 상을 세울 것을 명령했지만, 유대인들의 저항을 두려워한 로마 장군이 이를 주저하자 그를 직위 해제시키고 성전에 상을 세우라는 명령을 내렸다. 그러나 그의 명령이 유대에 도착하기 전 칼리굴라는 자신에게 반감을 품고 있던 군인들에 의해 암살되었다. 칼리굴라의 갑작스러운 죽음으로 성전에 자신의 신상을

• 칼리굴라

세우려던 시도는 불발 되었지만, 이 일로 유대와 로마 사이에 긴장이 고조되어 결국 주후 66년 유대 전쟁이 발발하게 되었다.

클라우디우스(Claudius, 주후 41~54): 클라우디우스는 칼리굴라의 삼촌으로 칼리굴라가 살해되고 난 직후 황제 근위대에 의해 50세의 나이로 황제에 추대되었다. 클라우디우스 황제는 사도행전에 두 번 언급되고 있다. 그의 이름은 사도행전 11:28에 처음 등장한다. "아가보라 하는 한 사람이 일어나 성령으로 말하되 천하에 큰 흉년이 들리라 하더니 글라우디오(클라우디우스) 때에 그렇게 되니라." 클라우디우스 때 발생한 "큰 흉년"은 요세푸스가 "예루살렘에는 큰 기근이 들어 많은 이들이 음식이 없어 굶어 죽어가고 있었다"라고 언급한 주후 46년경 유대 지역을 휩쓴 흉년이었다.[33] 이 흉년 때 안디옥에서 사역하고 있던 바울은 바나바와 함께 안디옥 교회가 유대에 사는 형제들을 돕기 위해 준비한 부조를 가지고 예루살렘을 방문하여 그것을 전달했다(행 11:29~30). 클라우디우스는 바울이 2차 선교여행 중 고린도에 도착했을 때 다시 언급된다. "바울이 아덴을 떠나 고린도에 이르러 아굴라라 하는 본도에서 난 유대인 한 사람을 만나니 글라우디오가 모든 유대인을 명하여 로마에서 떠나라 한 고로 그가 그 아내 브리스길라와 함께 이달리야로부터 새로 온지라 바울이 그들에게 가매"(행 18:1~2). 로마 역사가 수에토니우스는 클라우디우스가 "로마의 유대인들이 '크레스투스'(Chrestus)의 선동으로 끊임없이 소요를 일으켰기 때문에 유대인들을 로마에서 추방했다"고 말하고 있다.[34] 이 사건으로 로마에서 추방된 아굴라와 브리스길라는 고린도에 이주해 왔고 거기서 바울을 만나 함께 일하며 복음을 전했다. 성경이 직접 언급

• 클라우디우스

하고 있지 않지만, 클라우디우스는 요한의 형제 야고보를 칼로 죽이고 교회를 핍박했던 헤롯 아그립바 1세를 유대의 왕으로 세운 황제였다(행 12:1~2).35) 클라우디우스는 결혼하여 네로(Nero)라는 아들을 둔 칼리굴라의 여동생이며 자신의 조카인 아그리피나와 결혼하고 네로를 자신의 후계자로 지명하였지만, 아들 네로를 황제로 세우려는 아그리피나에 의해 독살당했다.

네로(Nero, 주후 54~68): 네로는 자신을 황제로 삼으려고 클라우디우스를 독살한 어머니 아그리피나의 후원으로 주후 54년 16세의 어린 나이에 로마의 황제가 되었다. 황제가 된 네로는 어머니 아그리피나와 철학자 세네카(Seneca)의 도움을 받으며 순조롭게 통치를 시작했지만, 59년 자신의 어머니를 살해하고 세네카를 유배시킨 후 폭정을 일삼았다. 이에 분개한 군인들과 원로원이 반기를 들자 68년 30세의 나이에 스스로 목숨을 끊었다. 성경은 언급하고 있지 않지만, 네로는 수많은 그리스도인을 박해하고 죽였던 황제이다. 로마의 역사가 타키투스(Tacitus, 56~117)는 『연대기』에서 64년 네로가 로마시를 방화하고 책임을 회피하기 위해 티베리우스 황제 통치 기간 중 유대 총독 본디오 빌라도에 의해 십자가에서 처형된 그리스도라는 사람의 이름에서 유래된 그리스도인이라는 사람들에게 죄를 뒤집어씌우고 아주 잔인한 방법으로 그들을 처형했다고 기록하고 있다.36) 그래서 유세비우스는 네로를 "하나님을 대적한 원수임을 드러낸 최초의 황제"라고 평가하고 있다.37) 바울이 가이사에게 재판을 받기 위해 상소했던 로마의 황제가 바로 "하나님을 대적한 원수" 네로였다. 네로가 속주에서 발생한 사건은 '콘술(consul, 집정관) 재판정'에서 다루게 될 것이라고 맹약했기 때문에38) 바울이 요

• 네로

구한 재판은 네로가 직접 맡지 않고 그해 집정관이 주재하던 '콘술 재판정'에서 다루었을 것으로 보인다. 바울은 2년 동안의 가택 연금(행 28:30)에서 풀려난 이후 지중해 지역을 돌며 사역하다가 다시 체포되어 네로가 그리스도인들을 핍박하던 66년경 로마에서 참수당한 것으로 전해진다. 교회의 전승에 의하면, 이때 베드로도 로마에서 십자가에 달려 순교했다.[39]

플라비우스 가문의 세 황제(주후, 69~96): 네로 사후 내전이 발발하여 로마는 불과 1년 동안 세 명의 황제가 바뀌는 정치적 격랑에 빠졌다. 이 혼란의 와중에 유대에서 전쟁을 치르고 있던 플라비우스 베스파시아누스(Flavius Vespasianus, 69~79)가 69년 황제로 추대되어 패권을 잡았다. 베스파시아누스가 죽은 후에는 그의 두 아들 티투스(Titus)와 도미티아누스(Domitianus)가 96년까지 로마를 통치했다. 1세기 말 로마를 통치했던 이 세 황제는 유대 역사와 밀접한 연관이 있다. 베스파시아누스는 네로로부터 유대에서 발생한 반란을 진압하라는 명령을 받고 유대를 공략하던 중, 이후 『유대 고대사』, 『유대 전쟁사』를 쓴 요세푸스를 체포하여 자신의 수하로 삼았다. 그는 갑작스럽게 군인들로부터 황제로 추대되어 로마로 가면서 장남 티투스에게 예루살렘 공격을 맡겼다. 티투스는 70년 예루살렘을 멸망시키고 로마로 개선했고 베스파시아누스가 죽은 후 황제의 자리에 올랐다. 티투스가 통치하는 동안 로마의 콜로세움(Colosseum)이 완공되었고 폼페이를 묻어버린 베수비오 화산이 폭발했으며 전염병이 로마를 휩쓸었다. 티투스는 즉위 3년 만에 사망했고, 81년 동생 도미티아누스가 그를 계승해 15년간 로마를 통치했다. 도미티아누스는 "하나님을 미워하고 적대하는 일에 있어 네로의 후계자"가 되어 그리스도인들에게 "박해를

• 도미티아누스

시도한 두 번째 황제"[40] 라는 평가에 걸맞게 그리스도인으로 밝혀진 친척을 살해하고 사도 요한을 밧모 섬에 유배시켰던 황제이다. 도미티아누스는 사도 요한과도 밀접한 관계가 있으므로 에베소를 설명할 때 좀 더 자세하게 언급할 것이다.

4. 로마 가도와 바닷길

복음이 단기간에 예루살렘에서 로마를 거쳐 지중해 전역으로 전파될 수 있었던 것은 로마가 건설한 도로와 해적들로부터 안전을 확보한 바닷길이 있었기 때문이었다. "모든 길은 로마로 통한다"라는 격언처럼, 바울이 복음을 전하던 당시 로마제국 전역은 약 8천km나 되는 도로망으로 연결되어 있었다. 로마 가도는 군인, 상인, 우편배달부, 신탁을 받으러 유명한 신전을 찾아가는 사람들, 병든 몸을 치료하기 위해 소문난 병원들이나 온천을 찾아 여행하는 사람들로 붐볐다.

소아시아 지역에 건설된 로마 가도의 기초를 놓은 것은 페르시아였다. 페르시아 황제 고레스와 다리우스는 리디아 왕국을 점령한 후 소아시아에 신속하게 군대를 파견하고 그리스를 견제하기 위해 수도 수사(Susa)에서 소아시아 사데(Sardis)를 연결하는 '왕의 길'(Royal Road)을 놓았다. 이 도로는 이후 헬라 제국이 통치하는 동안 더욱 확장되었고 예수께서 탄생하실 즈음 로마에 의해 확장되고 더욱 견고하게 정비되었다. 갈라디아와 브루기아 지역을 연결하는 터키 국도의 여러 구간은 페르시아가 기초를 놓고 로마가 확장한 길 위에 만들어져있다. 여행하는 사람들은 인식하지 못하지만, 자동차로 달리고 있는 도로의 여러 구간은 고레스와 다리오, 알렉산더와 그의 후계자들 그리고 로마의 황제들이 군대를 이끌고 행진했고 바울이 불타는 가슴으로 복음을 전하기 위해 오가던 길과 중첩된다.

왕의 길(Royal Road)

'왕의 길'은 페르시아 황제 고레스(Kyrus)가 건설했다. 고레스는 주전 586년 바벨론에 포로로 잡혀갔던 유대인들에게 귀환을 허락했던 페르시아 황제이다. 그는 중동의 패권을 두고 페르시아와 경쟁하던 소아시아 리디아 왕국을 점령한 후 사데에서 페르시아의 수사까지 이어지는 도로를 건설했다. 이 길은 페르시아의 서쪽 수도였던 사데에서 출발하여 알렉산더가 풀었다고 전해지는 '고르디아스 매듭'으로 유명한 프리기아의 수도 고르디온(Gordion)과 현재 터키의 수도인 앙카라, 갑바도기아를 거쳐 니느웨, 바벨론을 지나 페르시아의 수도였던 수사까지 이어졌다. 왕의 길은 다리우스와 에스더서와 에스라서에서 '아하수에로'라는 이름으로 기록되어 있는 크세르크세스 1세(Xerxes I)가 대군을 이끌고 그리스 원정에 나섰던 길이기도 하다. 페르시아와 그리스 사이의 전쟁이 끝난 지 얼마 후, 이 길을 따라 여행했던 '역사의 아버지' 헤로도토스(Herodotus)는 '왕의 길'의 길이가 2,414km이며, 111개의 숙박시설을 갖춘 역이 있고, 걸어서 3개월이 걸린다고 전하고 있다.[41] 헤로도토스는 또한 크세르크세스가 그리스와 전쟁을 하던 동안 사데에서 수사 사이를 오가며 소식을 전달하는 임무를 맡았던 황제의 파발꾼들이 각각 자신에게 할당된 구역을 전속력으로 말을 달려 9일 만에 소식을 전달했다고 말하고 있다. 그러면서 페르시아어로 안가레이온(angareion)이라고 불린 이 파발꾼 제도는 페르시아가 독자적으로 고안한 것이라는 설명을 덧붙이고 있다.[42]

다리우스와 크세르크세스는 이 길을 따라 페르시아에서 출발하여 그리스 원정에 나섰지만, 마라톤 전쟁과 살라미스 해전에서 패하여 그리스를 점령하지 못했다. 그로부터 150년이 지난 주전 334년, 이번에는 알렉산더가 페르시아 왕이 그리스를 정복하기 위해 만들었던 이 길을 따라 동방 원정에 나서 페르시아를 무너뜨리고 헬라 제국을 건설했다. 그 이후 '왕의 길'은 동서양의 문화가 만나 헬레니즘을 발흥시키고 퍼져나가게 만든 동맥이 되었다. 이 동맥을 중심으로 헬라의 통치자들은 지방과 도시들을 연결하는 새로운 도로들을 만들었고, 로마는 이 도로들을 더욱 확장하여 제국 전체를 서로 연결하는 광대한 도로망을 건설했다.

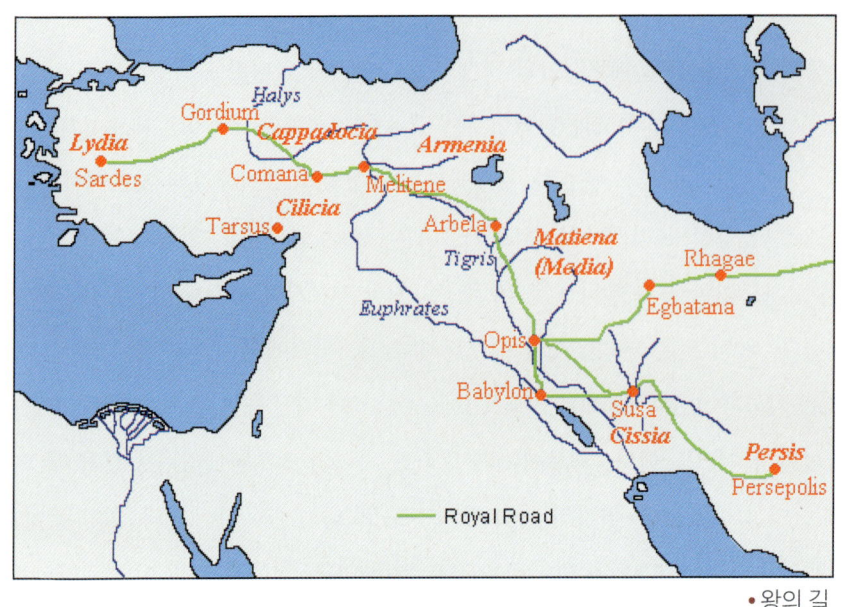

• 왕의 길

• 왕의 길(사데)

로마 가도(Roman Road)

바울보다 한 세기 이후에 살았던 그리스 철학자 아리스티데스(Aristides)는 주후 143년 로마 방문 강연에서 로마인들이 "로마의 통치하에 들어온 모든 땅을 측량하고 기록하여 강에는 다리를 놓고 평지와 산지에는 도로를 깔아 제국의 어느 지방에 사는 사람도 쉽게 왕래할 수 있도록 하고, 법률을 정비하여 서로 다른 인종과 민족이 함께 살아갈 수 있도록 만들어 대지는 만인의 것이라는 호메로스(Homeros)의 꿈을 현실로 만들었다"고 예찬했다.[43]

아리스티데스가 예찬한 것처럼, 로마가 마케도니아 안티고노스 왕조와 시리아 셀레우코스 왕조를 멸망시키고 그리스와 소아시아 전 지역을 통치하게 되자, 황제들은 페르시아와 헬라 제국이 만든 길들을 돌로 포장하고 다리를 놓고 터널을 뚫어 확장했다. 로마 가도는 오늘날 자동차 도로처럼 말과 마차가 통행하는 평균 10m 폭의 차도와 양옆에 사람들이 다니는 3m 전후의 인도로 구분되어 있었고 차도와 인도 사이에는 비로 인한 침수를 방지하기 위한 배수로가 놓여있었다. 로마는 이 길에 주전 120년경 셈프로니우스(Sempronius)의 제안으로 만들어진 '셈프로니우스 도로법'에 따라 밀리아레(miliare, 성인 1천 걸음에 해당하는 1,485m)마다 이정표(miliarium)를 세워 도로의 출발 지점에서부터 몇 번째 밀리아레에 있는지를 표시해 두고 가까운 도시와의 거리도 새겨두었다. 오늘날 경부 고속도로에는 출발 지점인 서울이나 부산에서 몇 km 지점이라는 표시가 있는데, 이러한 표기법은 고대 로마에서 유래했다. 로마 가도에는 숙박시설 만시오네스(mansiones, mansion이 여기서 유래했다)와 간이식당 타베르나(taberna) 그리고 국영 우편배달부가 말을 바꿔 타던 스타티오네스(stationes, station이 여기서 유래했다)가 설치되어 여행하는 사람들에게 숙식과 편의를 제공했다. 그리고 가도가 지나는 도시와 마을, 숙박시설을 표기한 지도 이티네라리움(itinerarium)을 만들어 여행하는 사람은 누구나 쉽게 구하여 사용할 수 있도록 했다.

로마는 도로를 건설하는데 기부한 사람의 이름을 따라 세바스테(Via Sebaste),

에그나티아(Via Egnatia), 아피아(Via Appia)와 같은 도로명을 부여했다. 이 도로들을 건설하고 관리하는 책임은 로마 군인들이 맡았다. 지금은 군에 공병부대가 따로 있지만, 로마 시대에는 도로를 놓고 보수하는 일은 모든 군인의 일상적인 임무 가운데 하나였다. 로마인들이 도로를 놓는 기술이 얼마나 뛰어났던지 남아있는 도로는 2000년이 지난 오늘날에도 따로 손을 보지 않고도 그대로 사용할 수 있을 정도다. 로마는 이 도로들을 따라 문제가 발생하는 지역에 신속하게 군단을 이동시켰고, 율리우스 카이사르가 페르시아의 '안가레이온'을 모델로 삼아 창안한 국영 우편배달부를 통해 황제의 칙령과 각지에서 황제에게 보내는 정보를 신속하게 주고받았다. 또한 상인들은 이 도로를 통해 각지에서 나는 산물들을 유통시켜 도시들을 발전시키고 로마가 경제적 활력을 유지하도록 만들었다.

아리스티데스가 예찬했듯이 로마 가도들은 치안도 잘 유지되었다. 바울이 겪었던 것같이 한적한 길에서는 산적들이 출몰하여 여행자들의 생명을 위협하기도 했지만(고후 11:25), 아우구스투스가 창설하고 티베리우스가 정착시킨 경찰제도 덕분에 여행자들은 비교적 안전하게 이 길을 여행할 수 있었다.

• 이정표

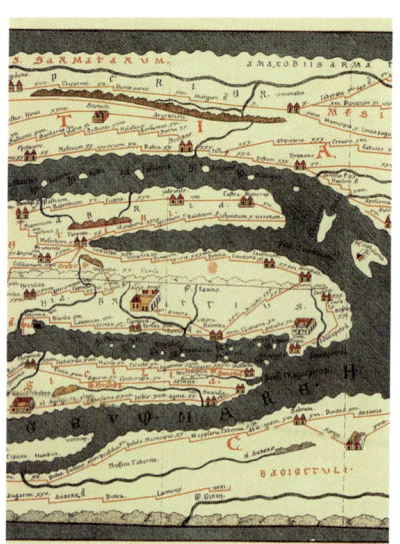

• 숙박시설이 표기된 여행지도[44]

사도 바울은 로마 도로를 따라 여행하며 복음을 전했다. 3차에 걸친 선교여행 동안 바울은 터키에 있는 세바스테 가도(Via Sebaste)와 그리스에 있는 에그나티아 가도(Via Egnatia)를 지나다녔다. 바울이 1~3차 선교에서 안디옥을 출발하여 방문했던 다소, 더베, 루스드라, 이고니온, 비시디아 안디옥, 드로아, 에베소는 모두 세바스테 가도 상에 있던 도시들이었다. 바울이 여러 번 지나다녔던 다소에서 비시디아 안디옥에 이르는 구간은 주전 6년 아우구스투스 황제가 건설했다. 아우구스투스는 다소에서 시작하여 험준한 타우루스산맥의 협곡을 관통하는 길리기아 관문을 지나 이고니온을 거쳐 비시디아 안디옥까지 이어지는 도로를 건설하고 세바스테 가도(Via Sebaste, 왕의 길)라고 명명했다. 이후 세바스테 가도는 남쪽으로 버가, 서쪽으로 에베소, 북서쪽으로는 오늘날 이스탄불까지 확장되었다. 다소에서 비시디아 안디옥으로 이어지는 터키 국도는 세바스테 가도와 중복되는 곳이 많아서, 이 길을 따라 여행하다 보면 곳곳에 남아있는 로마 가도의 흔적을 볼 수 있다.

• 세바스테 가도(다소근교)

에그나티아 가도는 주전 2세기 마케도니아의 총독이었던 에그나티우스(Egnatius)가 건설하여 자신의 이름으로 명명했다. 에그나티아 가도는 비잔티움(Byzantium, 현재의 이스탄불)에서 출발하여 트라키아를 거쳐 마케도니아의 주요 도시 빌립보, 암비볼리, 데살로니가와 일루리곤(롬 15:19)을 거쳐 이탈리아반도를 마주 보고 있는 아드리아해까지 이어졌다. 이 도로는 길이가 1,120km나 되었다. 바울은 2차 선교여행 동안 에그나티아 가도를 따라 네압볼리에서 빌립보, 암비볼리, 데살로니가를 거쳐 베뢰아까지 여행했다. 사도행전에는 언급되어 있지 않지만, 바울은 이 가도를 따라 일루리곤까지 여행한 것으로 보인다(롬 15:19). 데살로니가에서 빌립보를 거쳐 터키 국경에 이르는 국도와 고속도로는 지금도 '에그나티아'라는 옛 이름이 그대로 사용되고 있다.

• 로마 다리(버가모)

바닷길

사도 바울이 여행했던 주후 1세기, 지중해에 출몰했던 해적은 자취를 감추고 아마포로 만든 돛이 개발되어 배들의 항해 속도가 빨라졌다. 바울과 동시대에 살았던 로마의 정치가이자 문인이었던 가이우스 플리니우스 세쿤두스(Gaius Plinius

Secundus)는 『박물지』에서 아마포 돛 덕분에 7일이면 이탈리아에서 이집트에 도착할 수 있게 되었다고 경탄하고 있다.[45] 바울이 복음을 전하던 당시 로마의 내해가 된 지중해에는 수많은 배들이 화물과 군인, 상인, 휴가를 위해 여행하는 사람들을 실어 나르고 있었다.

바울은 1~3차 선교여행과 황제의 재판을 받으러 로마로 갈 때 바닷길을 이용했다. 사도행전에는 바울과 그의 동역자들이 항해했던 뱃길과 그들이 이용했던 배편, 항해 도중 들렀던 항구들과 섬들이 상세하게 기록되어 있다. 바울과 바나바는 1차 선교여행을 항구도시 실루기아에서 시작하여 배를 타고 구브로 살라미로(행 13:4~5) 갔다가 구브로 바보에서 버가로 항해했다(행 13:13). 그리고 앗달리아 항구에서 배를 타고 안디옥으로 돌아옴으로써 1차 선교여행을 마쳤다(행 14:26). 바울은 2차 선교여행을 하는 동안 드로아에서 사모드라게 섬을 거쳐 네압볼리까지(행 16:11), 베뢰아에서 아덴까지(행 17:14) 그리고 겐그레아에서 에베소(행 18:18)를 거쳐 가이사랴까지(행 18:21~22) 바닷길로 여행했다. 3차 선교여행 때는 에베소에 3년 동안 머물며 사역한 후 마케도니아로 가는 길에 드로아에서 네압볼리(행 20:1; 고후 2:12~13)로, 다시 네압볼리에서 드로아로(행 20:6), 그리고 앗소에서 에게해의 여러 섬과 밀레도를 거쳐 가이사랴까지(행 20:13~21:8) 먼 거리를 항해했다. 사도행전은 또한 바울 일행이 황제의 재판을 받기 위해 로마로 항해하던 중 바다에서 겪었던 일들을 상세하게 전하고 있다.

바울은 이 외에도 여러 번 바닷길 여행을 했다. 바울이 부활하신 주님을 만난 후 처음으로 예루살렘에 올라갔을 때 헬라파 유대인들이 그를 죽이려 하자, 예루살렘교회 형제들이 그를 가이사랴로 피신시켰다가 배에 태워 다소로 보냈으며(행 9:30), 에베소에서 사역하던 동안 있었던 것으로 보이는 고린도 방문(고후 2:1; 13:1)도 배편을 이용했을 것이다. 로마 감금에서 풀려난 후 바울은 배편으로 그레데(딛 1:5), 밀레도(딤후 4:20), 에베소(딤전 1:3), 드로아(딤후 4:13) 그리고 일루리곤 지역의 항구도시 니고볼리(딛 3:12)를 여행했으며 더 멀리 스페인까지도 갔을 것이다.

바울이 활동하던 당시, 수백 명의 승객과 화물을 실을 수 있는 큰 배들이 로마, 알렉산드리아, 안디옥, 에베소, 고린도, 드로아와 같은 주요 항구도시를 오갔고, 주요 항구도시에서는 그보다 규모가 작은 배들이 연안을 따라 오가며 화물과 여행객들을 실어 날랐다. 주전 51년 길리기아의 총독으로 발령받은 키케로는, 다소로 가기 위해 아테네에서 출발하여 중간에 있는 섬들을 여행하면서 두 주간 만에 에베소에 도착했다는 기록을 남겼다. 키케로는 에게해의 섬들을 둘러보며 여행을 하려고 연안 사이를 오가는 배를 이용한 것 같은데, 당시 아테네와 에베소 사이를 오가던 상선은 순풍을 만나면 3일 만에 이 거리를 항해할 수 있었다. 바울보다 한 세기 후에 살았던 한 아테네인은 곡물을 싣고 알렉산드리아와 로마 사이를 오가던 화물선의 길이가 55m 폭이 15m 높이가 13.5m이나 되었다고 증언하고 있으며,[46] 바울과 같은 시대를 살았던 요세푸스는 자신이 26세 때 600명을 태운 배를 타고 로마를 여행했다고 알려주고 있다.[47]

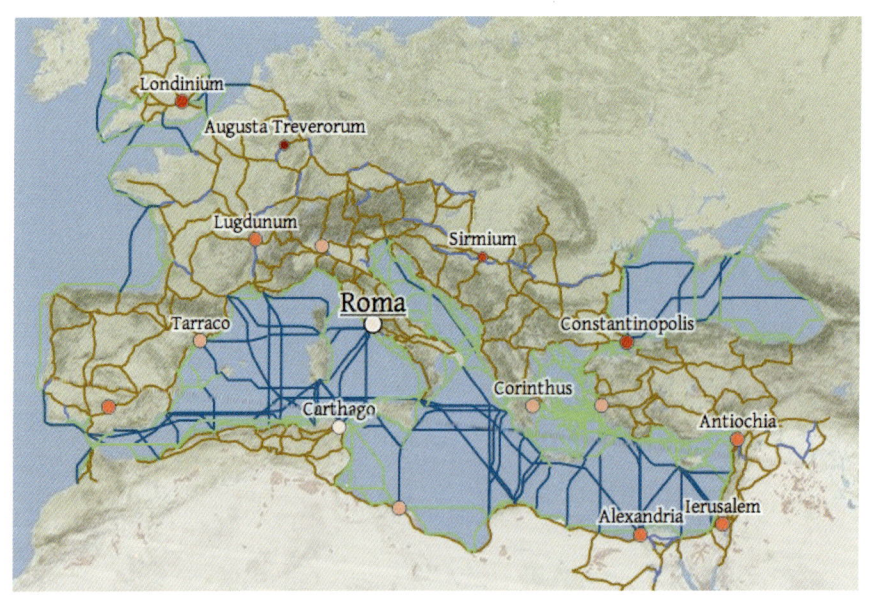

• 로마의 주요 도로와 바닷길

바울이 여행하던 시대에는 여객선이 따로 없었기 때문에 여행객들은 화물선을 이용했다. 화물선에는 승무원을 위한 선실이 있었지만, 승무원 외에는 귀족이나 특별한 사람만 이용할 수 있었다. 그래서 배가 항해하는 동안 여행객들은 갑판에서 지내야 했다. 화물선에는 음식을 사서 먹을 수 있는 식당도 없었으므로, 여행객들은 손수 음식이나 음료수를 준비해야 했다. 정기 여객선이 없었기 때문에, 여행자들은 항구에서 자신이 여행하고자 하는 목적지로 가는 배편을 수소문해서 찾아야 했다. 바울을 로마로 호송했던 백부장 율리오도 가이사랴에서 로마로 직행하는 배를 찾지 못했기 때문에 아시아 해변 여러 항구를 들러 버가모 북쪽에 있던 아드라뭇데오에 가는 배를 타고 루기아 무라 항구에 내려 거기서 알렉산드리아에서 로마로 향하는 화물선을 찾아서 그 배를 탔다(행 27:1~6). 바울 일행이 로마로 가기 위해 탔던 배는 많은 화물을 싣고도 승객을 276명이나 수용할 수 있었던 큰 규모의 배였다(행 27:37). 이 배는 아테네인이 언급했던 곡물 운반선과 같은 종류였을 것이다.

지중해의 겨울은 우기로 폭풍우가 잦고 봄에는 날씨의 변화가 심하므로 태양이나 별을 보고 항해하던 고대에는 4월 중순 이후 뱃길이 열려 10월 말경 닫혔다. 이 기간 외에 항해하는 것은 위험하다는 것을 바울도 잘 알고 있었다(행 27:9). 먼 길을 여행할 때는 육로보다 바닷길로 여행하는 것이 훨씬 빠르고 편안했지만, 위험한 일을 당할 가능성은 훨씬 더 컸다. 고린도후서에서 바울은 자신이 "세 번 파선하고 하루 밤낮을 깊은 바다에서 지냈다"고 밝히고 있다(고후 11:25). 바울이 언제 그러한 난파를 겪었는지 알 수 없지만, 고린도후서를 기록한 주후 55년 이전에 그러한 위험을 당한 것은 분명하다. 여기에다 로마로 항해하던 도중 '유라굴로' 광풍을 만나 파선한 것까지 더하면, 바울은 항해 도중 여러 번 생사를 넘나드는 위험을 겪었다는 것을 알 수 있다.

사도 바울은 어떤 방법으로 여행했을까?

소아시아 서머나에 살았던 그리스 철학자 아에리우스 아리스티데스(Aelius Aristides, 117~181)는 주후 143년 로마 시민권을 가진 사람뿐만 아니라 로마의 패권 아래 함께 사는 사람이라면 누구든지 신분증명서를 신청할 필요도 없이 자유롭고 안전하게 원하는 곳으로 여행을 할 수 있다고 노래했다. 바울이 복음을 전하던 당시 육로와 해로는 국가의 일로 이동하던 공무원, 아볼로와 같은 사업가, 운동경기에 참석하는 사람, 효험이 있다고 소문난 신전이나 병원을 찾아가는 사람들로 북적였다.

바울은 육지를 여행할 때면 오늘날 고속도로 격인 로마 가도를 이용했다. 로마 가도는 마치기 다니는 차도와 인도가 엄격하게 구분되어 있었다. 이 길을 따라 사람들은 말과 소, 당나귀 같은 가축을 교통수단으로 사용하거나 걸어서 여행했다. 바울 당시 국영 우편국이 운용하던 사륜마차가 있었고, 말이나 소가 끄는 수레 그리고 카루카(carruca)로 불린 침대차까지도 있었다. 또한, 마부가 영업하는 마차도 있었다. 마차는 도시와 도시 사이를 운행했고, 가도를 따라 일정한 간격으로 만들어둔 숙박시설 만시오네스(masiones) 사이를 운행하기도 했다. 마차로 승객을 실어 나르는 일은 꽤 돈벌이가 되었기 때문에 마부들이 이권을 지키기 위해 운송업 조합을 결성하기도 했다. 경제적 여유가 있는 여행자들은 마차나 자가 교통수단을 이용했지만, 형편이 넉넉하지 않은 사람들은 걸어 다녔다. 바울이 말이나 당나귀 같은 자가 교통수단이나 마차를 이용했는지 알 수 없지만, 가도 변에 있는 만시오네스에서 잠을 자거나 간이식당 타베르나(taberna)에서 식사를 했을 것이다.

바울은 1차 선교여행에서부터 황제의 재판을 받기 위해 로마에 호송될 때까지 여러 번 바닷길을 여행했다. 로마에서 풀려난 이후에도 먼 거리를 항해했다. 바닷길도 로마 가도에 못지않게 화물과 사람들을 수송하는 배들로 붐볐다. 바울이 로마로 호송될 때 탔던 배는 276명의 승객과 많은 짐을 실을 수 있는 규모였고(행 27:37), 한 척에 짐과 600명의 승객을 실어 나를 수 있는 큰 화물선들도 있었다. 규모가 좀 더 작은 배들은 연안을 따라 물자와 사람들을 실어 날랐다. 배에는 선실과 식당이 없었으므로 바울은 갑판에서 잠을 청하고 직접 준비한 음식과 물을 마셨을 것이다.

항해는 주로 낮에 했으며 바람을 이용했다. 바람이 잘 불어주면 항해가 빠르고 순탄했지만 바람이 불지 않거나 역풍이 불면 항해가 지연되었다. 2차 선교여행 때 바울 일행을 태운 배는 드로아에서 이틀 만에 빌립보의 항구도시 네압볼리에 도착했지만(행 16:11), 3차 선교여행 때 빌립보에서 드로아로 항해할 때는 닷새나 걸렸다(행 20:6). 로마로 호송되어 갈 때도 바울을 태운 배는 "맞바람"을 만나고 "풍세가 더 이상 허락하지 아니하여" 어렵게 항해를 계속해야 했다(행 27:4~7).

육로이든 해로이든 여행하는데 가장 큰 장애는 날씨였다. 겨울에 바닷길은 닫혔고 육로로 여행하는 것도 쉬운 일이 아니었다. 갈라디아 지역과 마케도니아 지역의 겨울은 추위가 매섭고 눈도 많이 내린다. 그래서 특별한 용무를 가진 사람이 아니라면 한겨울에 여행하지 않았다. 바울도 겨울에는 이동을 멈추고 한 도시에 머물며 사역했다. "내가 마게도냐를 지난 후에 너희에게 가서 혹 너희와 함께 머물며 겨울을 지낼 듯도 하니"(고전 16:5~6), "니고볼리로 내게 오라 내가 거기서 겨울을 지내기로 작정하였노라"(딛 3:12) 같은 구절들은 부득이한 경우가 아니면 바울이 겨울철에는 여행을 하지 않았음을 알려준다. 이런 상황을 고려해 볼 때 바울과 바나바가 이고니온에서 "오래 있어 주를 힘입어 담대히 말했다"(행 14:3)는 진술은 두 사도가 첫 번째 선교여행의 첫 겨울을 그곳에서 보냈다는 것을 알려준다.

로마 상선 복원도

• 앗소 항구[48]

WITH 바울

사도바울의 삶과
사역의 여정을 따라

2

복음을 위해
사도 바울이 준비되다.

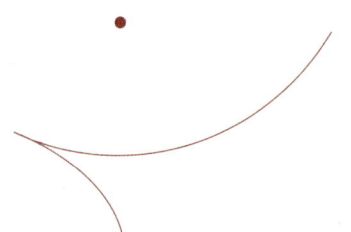

사도 바울은 예수 그리스도의 십자가 복음을 모든 족속에게 전파하기 위해 하나님이 택하시고 준비하신 "주님의 그릇"이었다(행 9:15).

부활하신 주님은 다메섹으로 가던 바울에게 나타나셔서 "내가 네게 나타난 것은 곧 네가 나를 본 일과 장차 내가 네게 나타날 일에 너로 종과 증인을 삼으려 함이니 이스라엘과 이방인들에게 보내어 그 눈을 뜨게 하여 어둠에서 빛으로 사탄의 권세에서 하나님께 돌아오게 할 것이라"라고 말씀하셨다(행 26:16~18). 하나님은 십자가의 복음이 모든 족속에게 전파되도록 문화, 종교, 정치, 육로와 해로를 준비하셨을 뿐만 아니라 바울도 준비하셨다.

부활하신 주님으로부터 사도로 부름을 받은 바울은 정치와 경제, 문화가 흐르고 교류하던 길을 복음이 흘러가고 전해지는 길로 바꾸어 놓았다. 그래서 바울의 발자취를 따라 여행을 시작하기 전, 먼저 바울이 어떠한 사람이었고 그가 복음을 위해 어떻게 준비되었는지를 살펴보려고 한다. 바울이 주님을 만나기 전 어떠한 삶을 살았는지는 구체적으로 알 수 없다. 하지만 성경은 안디옥 교회의 파송을 받고 1차 선교여행을 시작하기 전까지 바울의 삶과 행적에 대한 몇 가지 중요한 정보를 알려준다. 우리는 성경이 알려주는 내용을 기초로 바울이 어떤 환경에서 태어나 자랐으며 어떻게 복음을 위한 "주님의 그릇"으로 준비되었는지 추측해 볼 수 있다.

• 다소 바울의 우물

• 13세기 바울 초상화(바티칸 박물관)

사도 바울의 자기소개

사도 바울은 사도행전(21:39; 22:3~5; 22:28)과 갈라디아서(1:13~14) 그리고 빌립보서(3:5~6)에서 그리스도를 만나기 전 자신이 어떠한 삶을 살았는지를 알려주고 있다. 자기소개에 따르면, 바울은 디아스포라 유대인으로, 길리기아 다소에서 다소 시민권과 로마 시민권을 소유하고 있던 베냐민 지파의 한 가정에서 태어났다. 그의 부모는 베냐민 지파가 배출한 사울 왕의 이름을 따라 그에게 '사울'이라는 히브리식 이름과 당시 디아스포라 유대인들의 일반적인 관습을 따라 '바울'이라는 로마식 이름도 지어주었던 것 같다. 바울은 출생 후 팔 일 만에 모세의 율법을 따라 할례를 받고 유대인으로 철저한 교육을 받으며 성장했다. 소년기에 바울의 부모는 그를 예루살렘으로 보내어 가말리엘 문하에서 율법의 엄한 교훈에 따라 바리새파 교육을 받게 했다. 부모의 기대에 어긋나지 않게 바울은 바리새인으로 여러 연갑자보다 더 엄격하게 유대교를 믿어 구약의 율법의 의로는 흠이 없을 만큼 유대인의 전통을 열심히 지켰다.

그는 유대교에 대한 열정과 헌신에 사로잡혀 예루살렘(행 8:3)과 유대 지역에서(갈 1:22~23) 예수를 믿는 자들을 박해했다. 그리고 디아스포라 그리스도인들을 박해하기 위한 계획을 세우고 그것을 실행하기 위한 행동에 돌입했다(행 9:2~3). 바울이 예수를 믿고 따르는 유대인들을 박해한 것은 그들이 선포한 복음이 하나님을 모욕하는 경멸스러운 것이며, 모세에게 계시하신 율법을 통한 구원이라는 유대교의 토대를 무너뜨리려는 위협으로 인식했기 때문이었을 것이다. 바울은 예수를 따르는 자들을 저지하기 위해서는 단호한 조치가 필요하다고 확신했다.

부활하신 주님은 살기가 등등하여 예수를 따르는 자들을 박해하기 위해 다메섹으로 향하던 바울에게 나타나셔서 그를 이방인의 사도로 부르셨다. 바울은 유대인 가정에서 태어나 자라고 가말리엘 문하에서 수학한 정통 유대인이었을 뿐만 아니라, 헬레니즘의 중심도시 가운데 하나였던 다소에서 태어나 자랐기 때문에 헬라의 문화에 익숙하고 헬라인과 소통할 수 있는 자질과 능력을 갖추고 있었다. 이러한 자질은 바울이 유대인과 이방인들에게 예수 그리스도의 십자가와 부활의 복음을 전하는 데 요긴하게 사용되었다.

• 12세기 사도 바울 이콘

바울은 스데반의 순교 기사에서 처음으로 등장한다(행 7:58). 사도행전은 이후 바울이 다메섹에서 부활하신 주님을 만나 이방인을 위한 사도로 부름을 받았고, 세 차례 선교여행을 했으며, 로마에서 가택에 구금되어 이년을 지내면서 하나님 나라의 복음을 전했다고 말씀하고 있다. 그러나 바울의 사역은 사도행전 28장에서 끝나지 않았다. 목회 서신서들은 바울이 로마의 가택 구금에서 풀려나 그레데(디도서), 소아시아(디모데전서), 마케도니아, 아드리아해 근처의 일루리곤 지역을 여행하며 복음을 전했고(딛 3:12), 다시금 로마의 감옥에 투옥되었다는 것을 알려준다(디모데후서). 교회의 전승은 바울이 디모데후서를 보내고 난 후, 66~68년경 로마의 오스티아 가도(Ostian Way)의 세 번째 지계석 근처에 있는 트레 폰타네(Tre Fontane)에서 참수형을 당했다고 전하고 있다.

성경은 바울의 회심과 사역 연대에 관한 정보를 알려주지 않는다. 바울은 갈라디아서에서 자신의 행적에 관해 말할 때, "그 후 삼 년 만에"(갈 1:17), "십사 년 후에"(갈 2:1)와 같이 다메섹에서 부활한 주님을 만난 시점을 기준으로 삼고 있다. 사도행전은 바울이 방문했던 도시에서 머물며 활동한 기간이나 여행 시기에 관해서만 대략적으로 언급하고 있다. 그래서 바울의 사역 연대를 구성하기 위해서는 성경이 알려주는 내용을 토대로 해서 역사가들이 남긴 자료들을 참고해야 한다.

성경은 로마 역사에 등장하는 인물들이나 사건들에 대해 언급하고 있다. 헤롯 아그립바의 죽음(행 12:23), 서기오 바울의 구브로 총독 재임(행 13:7), 글라우디오 황제가 로마에서 유대인을 추방한 명령(행 18:2), 유대 총독 벨릭스(Felix)의 퇴임과 베스도(Porcius Festus)의 부임(행 24:27) 그리고 갈리오(Gallio)의 아가야 총독 발령(행 18:12) 등이 그것들이다.

로마의 역사가 타키투스와 유대 역사가 요세푸스는 주후 52년 글라우디오(클라우디우스) 황제가 해방 노예 출신으로 관직에 올라 자신의 총애를 받은 안토니우스 벨릭스(펠릭스)를 유대 총독으로 파견했으며, 54년 네로가 즉위하고 난 후 유대에서 일어난 소요와 폭동을 처리하는 과정에서 벨릭스가 비합법적인 방법을 사용했다는 명목으로 59년 로마로 소환하고 황제가 그를 대신해 베스도를 총독으로 파견했다고 기록하고 있다.[1] 바울은 벨릭스가 소환되기 전 2년 동안 가이사랴에서 구금된 상태로 지냈다(행 24:27). 이 기록들을 종합해보면, 바울은 57년경 이방 교회들이 준비한 헌금을 전달하기 위해 예루살렘에 방문했고, 59~60년경 가이사랴에서 로마로 송환되었다는 것을 알 수 있다.

바울의 사역 연대를 구성하는 데 도움을 주는 또 다른 중요한 역사자료는 갈리오의 아가야 총독 발령에 대한 기록이다. 사도행전은 "갈리오가 아가야 총독 되었을 때" 유대인들이 바울을 고린도 법정으로 끌고 갔다고 기록하고 있다(행 18:12). 그리스 델피에서 발견된 한 비문에 네로의 가정교사였던 스토아 철학자 세네카의 형제 갈리오(Lucius Junius Gallio)가 51년 아가야 총독으로 부임했다는 기록이 남아있다. 이 기록을 통해 우리는 바울이 51~52년 고린도에서 사역했으며, 데살로니가전후서가 51년경 쓰여졌다는 것을 알 수 있다. 이런 자료들과 사도행전과 바울 서신서들에 나타난 기록을 토대로, 우리는 33년경 바울이 부활하신 주님을 만나 회심했으며, 47년 안디옥 교회로부터 파송을 받아 57년까지 3차례 선교여행을 했고, 60년 로마로 호송되어 62년까지 그곳에 있었다는 사실을 알 수 있다.

1. 다소(Tarsus)

우리는 사도 바울의 발자취를 따라 떠나는 여행을 다소에서 시작하려고 한다. 그 이유는 다소는 바울이 태어나 어린 시절을 보낸 고향이며, 다메섹에서 부활하신 주님으로부터 사도로 부름을 받은 후 바나바의 요청을 받고 안디옥에서 사역을 시작하기 전 10년 동안 머물며 복음을 전했던 곳이기 때문이다. 터키의 동남부에 있는 다소는 오늘날에도 다소(Tarsus)라는 지명이 그대로 사용되고 있다.

바울은 사도행전(21:39; 22:3; 22:28)과 빌립보서(3:5~6)에서 자신이 소읍이 아닌 길리기아 다소에서 로마 시민권과 다소 시민권을 가지고 있던 베냐민 지파의 가정에서 태어나 팔 일 만에 할례를 받았으며, "히브리인 중의 히브리인"으로 가말리엘의 문하에서 철저한 유대 교육을 받았다고 밝히고 있다. "히브리인 중의 히브리인"이라는 표현은 바울의 부모가 바울에게 히브리어와 아람어를 사용하고, 율법 조항에 규정된 유대인의 생활 방식을 철저히 지키도록 가르쳤다는 것을 의미한다. 바울의 부모가 그를 예루살렘에 보내어 당시 최고의 율법 학자로 존경받던 가말리엘 문하에서 수학하게 한 것으로 볼 때(행 22:3) 그의 가문은 예루살렘에 있는 유대인 공동체와 긴밀한 관계를 맺고 있었을 것으로 추측된다.

바울이 말한 것처럼, 그가 태어났던 다소는 평범한 도시가 아니라 인구가 수십만에 이르는 로마제국의 길리기아 속주의 수도였다. 다소는 바울의 윗대가 유대인이면서 로마 시민권을 얻을 수 있었던 정치 경제적 조건을 갖추고 있었고, 학문 도시로서 명성도 높았다. 다소가 헬라-로마 시대에 길리기아 지방의 중심도시로 부상할 수 있었던 것은, 이 도시가 지리적으로 중요한 위치에 자리하고 있었기 때문이었다.

다소는 높은 산맥과 비옥한 평야가 만나는 지점에 있다. 다소 북쪽에는 3천 미터 이상의 고봉들이 동서로 수백 킬로 뻗어있는 험준한 타우루스산맥(Taurus)이 둘러서 있고, 남쪽에는 지중해 바다까지 펼쳐져 있는 비옥한 평야가 있다. 도시 한 가운데로는 시드누스 강(Cydnus)이 흐르고 있다. 타우루스산맥에서 발원한 이 강은 다소를 지나 비옥한 평야를 적시고 지중해로 흘러 들어간다. 터키 사람들은 시드누스 강을 탈수스 차여(Tarsus Cayi) 또는 벨단(Berdan)으로 부른다. 이 강은 길이가 142km밖에 되지 않지만, 기원전 334년 알렉산더 대왕이 더위를 식히기 위해 목욕을 했다가 감기가 걸려 죽을뻔했다는 이야기가 전해올 만큼 차갑고 수량도 풍부하다.[2] 그래서 예나 지금이나 다소에 사는 사람들은 40도를 웃도는 더위가 기승을 부리는 한여름이면 이 강에 발을 담그고 더위를 식힌다. 이곳에서 태어나 어린 시절을 보내고, 회심한 후 다시 돌아와 10년 동안 복음을 전하며 살았던 바울도 한여름이면 시드누스 강에 발을 담그고 더위를 식혔을 것이다.

• 시드누스 강

• 다소 전경 (고대다소 중심가)

다소를 길리기아 지방의 중심지로 만든 것은 길리기아 관문(Cilician Gates)이었다. 길리기아 관문은 다소에서 타우루스산맥 쪽으로 이어지는 도로를 따라 올라가다 보면 해발 1,050m 지점에서 만날 수 있다. 타우루스산맥을 가로지르는 수백 미터 높이의 암벽 사이로 마차 한 대가 겨우 지나갈 수 있었던 길리기아 관문은 남북으로 해양과 내륙을 연결하고 동서로 바벨론, 페르시아를 소아시아, 그리스와 연결하던 중요한 통로였다. 그러다 보니 역사에 이름을 남긴 많은 인물이 길리기아 관문을 지나갔다. 주전 334년 알렉산더 대왕이 마케도니아 원정군을 이끌고 이곳을 통과하여 페르시아로 진군했다. 아우구스투스 황제는 아나톨리아 내륙지역의 통치를 강화하기 위해 다소에서 길리기아 관문을 지나 비시디아 안디옥까지 이어지는 도로를 완성하고 세바스테 가도(Via Sebaste)라고 명명했다. 주후 212년에는 카라칼라(Caracalla) 황제가 험준한 암벽을 깨어내어 길리기아 관문을 넓히고 "카라칼라가 산들을 깎아 길을 넓혔다"라는 글귀를 헬라어와 라틴어로 바위에 새겨 두었다. 이 기념비는 길리기아 관문이 시작되는 옛 국도변에 남아있다. 지금은 협곡을 따라 철도와 고속도로가 건설되어 험준했던 옛 길리기아 관문의 모습을 볼 수 없지만, 고속도로 양쪽에 솟아 있는 거대한 암벽들은 이곳이 험난한 길이었음을 알려준다. 바울은 2차, 3차 선교여행 때 다소에서 세바스테 가도를 따라 길리기아 관문을 통과하여 더베, 루스드라, 이고니온, 비시디아 안디옥을 차례로 방문했다.

• 길리기아 관문의 옛 모습[3]

다소는 지정학적 요충지에 자리하고 있었기 때문에, 히타이트 제국은 이곳에 군사 주둔지를 건설했고, 앗수르 제국은 서쪽 지방의 수도를 이곳에 두었다. 알렉산더 대왕이 길리기아를 점령한 후 로마에 편입되기까지 다소는 헬레니즘의 중심도시로서 명성을 누렸다. 헬라시대 동안 다소는 스토아학파의 시조인 제논(Zenon, 주전 335~263)을 비롯해 여러 지식인을 배출했다. 바울과 같은 시대를 살았던 로마의 지리학자 스트라보(Strabo, 주전 63~주후 23)는 "다소 사람들은 학문을 열렬히 사랑하고 인근에서 공부하러 온 학생들로 거리가 붐볐다"고 말하고 있다.[4] 다소는 주전 102년 로마의 지배하에 들어갔으며, 주전 64년 길리기아 지역을 통치하던 로마 장군 폼페이우스(Pompeius Magnus, 주전 106~48)에 의해 길리기아 속주의 수도가 되었다. 폼페이우스는 주전 63년 예루살렘을 점령하고 성전에 들어가 지성소를 더럽혔고 이후 로마의 권력을 두고 카이사르와 내전을 벌였지만 패하고 이집트에서 죽었던 인물이다.

• 다소 근교 세바스테 가도

길리기아의 수도가 된 이후 여러 유명 인사들이 다소를 다녀갔다. 주전 50~51년 정치가이자 웅변가 그리고 문학가로 명성이 높았던 키케로(Cicero, 주전 106~43)가 길리기아 총독으로 발령받아 다소에 머물렀고, 주전 47년에는 율리우스 카이사르(Julius Caesar)가 방문했다. 주전 41년에는 카이사르의 후계자 자리를 두고 옥타비아누스와 내전을 벌이던 안토니우스(Antonius)와 그의 연인 클레오파트라(Cleopatra)가 이 도시에서 몇 달 머물렀다. 당시 다소가 클레오파트라를 환영하기 위해 만든 기념문이 지금도 남아있다. 클레오파트라 문으로 불린 이 문은 다소의 서쪽 성문으로 사용되었기 때문에 바울도 이 문을 지나다녔을 것이다.

바울은 이 유서 깊은 헬라 도시에서 로마 시민권을 가지고 있었던 베냐민 지파의 한 가정에서 태어났다. 바울 가문이 언제부터 다소에 정착해 살았는지 알 수 없다. 서방 교부 제롬(Jerome, 347~419)이 주전 63년 폼페이우스가 팔레스타인을 정복할 당시 갈릴리 기살라(Gischala)에 살던 바울의 조부가 전쟁포로로 잡혀 노예로 다소에 팔려 왔다고 전하며, 람세이(William Ramsay)는 바울의 조상들이 셀레우코스 4세 통치 기간에(주전 184~175) 다소에 정착했을 것이라고 주장했다.[6] 하지만 이런 주장들이 믿을 만한 근거가 있는 것은 아니다. 바울의 선대가 언제, 어떤 이유로 다소에 정착했는지 알 수 없다. 하지만 자신이 원하는 사람에게 로마 시민권을 부여할 수 있는 권한을 가지고 있었던 폼페이우스와 안토니우스가 다소에 머물며 통치하던 동안 바울의 조부가 어떤 특별한 공로를 세워서 로마 시민권을 얻었을 것으로 추측해 볼 수 있다. 바울은 로마 시민권뿐만 아니라 당시 부자들만 소유할 수 있었던 다소 시민권도 가지고 있었고 부모가 어린 나이에 그를 예루살렘에 보내 가말리엘 문하에서 수학하게 한 것을 보면, 그의 집안은 다소의 유력한 유대인 가문 가운데 하나였을 것이다.

• 폼페이 폴리스(다소 외항)

바울이 몇 살쯤 다소를 떠나 예루살렘으로 갔는지 알 수 없다. 다소에서 자라는 동안 바울은 디아스포라의 다른 유대인 아이들처럼 집에서는 부모로부터 히브리어와 아람어를 배웠고 집 밖에서는 헬라어를 사용했을 것이다. 바울의 탁월한 헬라어 실력은 그가 어린 시절 제대로 된 헬라식 교육을 받았다는 것을 알려준다. 성경에는 바울이 다소에서 헬라식 교육을 받았음을 추측하게 해주는 구절들이 있다. 아테네 아레오바고에서 그리스 철학자들 앞에서 행한 설교에서 바울은 그레데 출신 철학자 에피메니데스(Epimenides, 주전 6세기)의 시『크레티카』(Cretica)에 나오는 "우리가 그를 힘입어 살며 기동하며 존재하느니라"라는 구절과 길리기아 출신 시인 아라투스(Aratus, 주전 310~240)가 제우스를 찬양할 때 사용한 "우리가 그의 소생이라"는 구절을 인용했다(행 17:28). 또한 고린도전서에서 바울은 그리스 시인 메난더(Menander, 주전 342~290)의 희극『타이스』(Thais)에 나오는 "속지 말라 악한 동무는 선한 행실을 더럽히나니"라는 문장을 인용하여 부활이 없다고 가르치는 자들을 따르지 말라고 경고하고 있다(고전 15:33). 바울은 디도서에서 에피메니데스의『크레티카』에 나오는 구절을 다시 인용하였다(딛 1:12).

에베소 사역을 마치고 라틴어를 사용하던 로마와 스페인에 가서 복음을 전할 계획을 하고 있었음을 볼 때(롬 15:23~24), 바울은 라틴어도 구사할 수 있었던 것으로 보인다. 바울이 구브로의 총독(행 13:4~12), 에베소의 관원들(행 19:31)과 같은 로마의 고위 관리들과 친분을 맺을 수 있었던 것은 그의 탁월했던 인격과 함께 그가 다소에서 받았던 헬라 교육 덕분이었을 것이다.

바울은 다소에서 유대인의 전통을 따라 천막 만드는 기술도 배웠을 것이다. 유대인들은 아이들에게 유사시 생계를 유지할 수 있도록 전문 직업 외에 다른 기술을 하

• 다소의 한 신전에 있던 문[5]

나씩 가르쳤다. 다소는 천막을 만드는 재료인 킬리키움(Cilicium)이라는 염소 털로 짠 천이 유명했다. 킬리키움은 거칠고 뻣뻣해서 손질하기가 쉽지 않았다고 알려져 있다. 바울은 킬리키움으로 천막을 만드는 기술을 익혔을 것이다. 그 덕분에 바울은 "그리스도의 복음에 아무 장애가 없도록"(고전 9:12) 자신의 힘으로 생활에 필요한 비용을 벌어 충당할 수 있었다. 바울은 천막을 만들어 데살로니가(살전 2:9; 살후 3:8), 고린도(행 18:1~3; 고전 4:12), 에베소(행 20:24~35)에서 자신과 동료들의 생계비를 벌었다. 바울이 다소에서 태어나 보낸 기간은 길지 않았겠지만, 선교사역을 위한 기본적인 준비가 이곳에서 이루어졌다.

부모의 기대 속에 다소를 떠나 예루살렘 가말리엘의 문하에서 수학한 바울은 "율법의 의로는 흠이 없는 자"(빌 3:6)요, "여러 연갑자 보다 조상의 전통에 더욱 열심히 있는 자"(갈 1:14)로 성장하였다. 그러나 35년경, 바울은 율법이 아니라 예수 그리스도의 복음에 사로잡힌 자가 되어 다소로 돌아왔다. 그가 다소로 돌아온 것은 예루살렘에서 계속된 그의 전도로 유대인들이 그를 죽이려고 하자 믿음의 형제들이 그를 고향으로 피신시켰기 때문이다(행 9:29~30; 갈 1:21). 이후 바울은 바나바가 찾아와 안디옥 교회로 초청하기까지 10년 동안 다소에 머물렀다(갈 2:1).

혹자는 바울이 다소에서 보낸 10년을 '침묵 기간'이라고 말하지만, 바울은 다소에서 10년을 침묵하며 보내지 않았다. 바울은 다소에서도 주께서 맡기신 사명을 수행했다. 우리는 그 사실을, 바울이 다소에 있던 동안 유대의 교회들이 "우리를 박해하던 자가 전에 멸하려던 그 믿음을 지금 전한다 함을 듣고 있었다"(갈 1:22~23)는 말씀을 통해 확인할 수 있다. 예루살렘 교회를 섬기고 있었던 바나바도 바울이 길리기아에서 복음을 전하고 있다는 것을 듣고 있었다. 그래서 예루살렘 교회가 자신을 안디옥에 파송하자 다소까지 가서 바울을 찾아서 데리고 온 것이다(행 11:25~26). 예루살렘 공의회 이후 예루살렘 교회의 사도들과 장로들이 이방인 형제들에게 보낸 편지의 수신자들 가운데 "길리기아에 있는 이방인 형제들"(행 15:23)이 포함된 것과 바울과 실라가 2차 선교여행을 "수리아와 길리기아로 다니며 교회들을 견고하게"(행 15:41) 한 것은 이미 이 지역 여러 도시에 교회가 세워져 있었기 때문이다. 이 시기 길리기아 지역에 복음을 전해 교회를 세울 수 있었던 사람은 바울 외에는 없었다.

성경은 바울이 다소에서 10년을 머무는 동안 어떻게 복음을 전했는지 알려주지 않는다. 그러나 성경에는 바울이 고향에서 복음을 전하면서 친척과 동족들로부터 배척당하고 혹독한 고난을 받았음을 알려주는 구절들이 있다. 이 기간, 바울은 가족들에게 버림을 받았고(빌 3:8), 유대인에게서 사십에 하나 감한 매를 다섯 번 맞았으며, 한두 번 태장으로 맞았을 것이다(고후 11:23~27). 그리고 고린도후서를 쓰기 "십사 년 전," 그러니까 바울이 다소에서 지내던 42년경 "셋째 하늘에 이끌려가" "말로 표현할 수 없는 말을 들은" 신비한 경험을 했다(고후 12:2~4). 주님께서 바울에게 그런 놀랍고 신비한 경험을 하게 하신 것은, 온갖 고난과 역경 가운데 고군분투하며 복음을 전하던 바울을 격려하고 힘을 주시기 위해서였을 것이다.

아쉽게도 다소에는 바울의 발자취를 더듬어 볼 수 있는 유적이 거의 없다. 그것은 지난 2천 년 동안 여러 제국의 손을 거쳤고 옛 유적지 위에 인구 40만이 거주하는 현대 도시가 세워졌기 때문이다. 바울이 자라고 복음을 전했던 로마 시대 유적은 대부분 훼손되고 일부 남아있는 것들도 현 도시 아래 묻혀있다. 로마 시대의 유적을 발굴하려면 현 도시를 들어내어야 하는데, 그것은 현실적으로 가능한 일이 아니다. 그래서 바울의 발자취를 따라 다소를 찾는 사람들은 남아있는 몇 가지 유적들을 돌아보면서 아쉬움을 달랠 수밖에 없다.

다소에는 바울이 살던 시대의 모습을 상상해 볼 수 있는 몇 가지 유적들이 남아있다. 앞에서 언급한 것처럼, 주전 41년 안토니우스와 클레오파트라가 다소로 입성할 때 그들을 환영하기 위해 만든 '클레오파트라 문'이 남아있고, 문 앞에는 헬라시대 만들어진 대리석 비문이 하나 서 있다. 원래 다른 곳에 있었던 이 비문을 '클레오파트라 문' 앞에 옮겨 놓은 것은, 다소를 "길리기아 지역에서 가장 크고 아름답고 중요한 도시"라고 칭송하는 문구가 새겨져 있기 때문이다.

• 클레오파트라 문

    클레오파트라 문에서 동쪽으로 1~2km 정도 거리에 사도 바울의 우물(St. Paul's Well)이라는 표지판이 달린 로마 시대 집터가 있다. 로마 시대 집터를 발굴하는 과정에 집 안뜰에 있는 우물이 발견되어 '사도 바울의 우물'이라고 이름을 붙였지만, 이 집이 바울의 생가였음을 증명할 만한 어떤 증거가 있는 것은 아니다. 하지만 집터의 형태나 집 안에서 출토된 유물들은, 이곳이 바울이 살았던 로마 시대의 주거지였다는 것을 알려준다. 집터는 내부가 보이도록 유리로 덮여 있고 우물에는 방문자들이 물을 길어 올릴 수 있도록 두레박이 설치되어 있다. 우물가에 앉아 잠시 숨을 고르면서 두레박으로 길어 올린 물에 손을 담그면 바울의 고향 다소의 정취가 손끝에 와 닿는 것을 느낄 수 있을 것이다.

    '바울의 우물'에서 멀지 않은 곳에 로마 시대 다소의 중심가였던 대로와 상점 일부가 발굴되어있다. 고대 유적 위에 현대 건물들이 들어서 있어 발굴이 진척되지 않고 있지만, 이 근처에 아고라와 관공서들이 있을 것이다. 1장에서 설명한 것처럼, 아고라는 도시의 모든 중요 기관이 집중되어있는 공간이자, 바울이 사람들을 만나 복음을 전하던 장소였으므로 바울도 이 대로를 지나다녔을 것이다. 다소에는 또한 로마 시대 목욕탕과 목욕탕 가까운 곳에 '선지자 다니엘의 무덤'으로 불리는 모스크가 있다. 어디서 유래했는지 알 수 없지만, 이 지역 무슬림들은 선지자 다니엘이 바벨론에서 다소로 이주해와서 살다가 죽어 여기에 장사 되었다고 믿고 이곳을 신성하게 여긴다. '다니엘의 무덤'은 어떤 무덤에 성인의 이름을 붙여 신성시하는 민속 이슬람의 관행을 보여줄 뿐, 역사적 사실일 가능성은 없다.

교회 유적으로는 도시 중심에 1102년에 건축된 '사도 바울 기념교회당'이 남아 있다. 이 교회당은 13세기 다소를 점령한 무슬림들이 모스크로 개조하여 사용하다가 방치한 것을 터키 정부가 관광객들을 위해 복원한 것이다. 출입구가 서쪽에 있고 앱스(apse)를 동쪽에 둔 전형적인 바실리카 형식으로 건축된 이 교회당의 공식적인 명칭은 사도 바울 기념박물관(St. Paul Monument Museum)이다.

• 사도바울 기념 교회

2. 다메섹(Damascus, 33년)

다메섹(다마스쿠스)은 현재 시리아의 수도이다. 다메섹은 내전으로 인해 최근 방문 길이 막혀있는 도시이지만, 바울의 발자취를 따라 여행을 하려면 이 도시를 소개하지 않을 수 없다. 왜냐하면 다메섹은 "어머니의 태로부터 택정하신" 주님께서 "은혜로 바울을 부르신"(갈 1:15) 곳이자 바울이 처음으로 복음을 전한 곳이기 때문이다.

다메섹은 아브라함의 이야기에서부터 바울의 회심에 이르기까지, 성경에 자주 언급되는 유서 깊은 도시이다. 다메섹은 아바나와 바르발 강변(왕하 5:12)을 낀 교통의 요충지에 있어서 일찍부터 도시가 발달하였다. 요세푸스는 '아람의 아들 우스'(창 10:23)가 다메섹을 건설했다고 말하고 있다.[7] 아브라함은 조카 롯을 구하기 위해 이 도시에 갔고, 그의 충실한 종 엘리에셀이 다메섹 사람이었다(창 14:15; 15:2). 왕국 시대 다윗은 이곳에 수비대를 두고 조공을 받았다(삼하 8:6).

성경에는 이집트에서 출발하여 유대를 거쳐 다메섹에 이르는 두 길이 언급되어 있다. 하나는 '왕의 길'(민 20:17)로 이집트에서 에돔과 모압, 길르앗과 바산을 거쳐 다메섹에 이르는 길이며, 다른 하나는 '해변 길'(마 4:15)로 이집트에서 출발하여 블레셋(베니게) 사람들이 거주하던 지중해 연안 가사, 아스글론을 거쳐 갈릴리를 지나 다메섹에 이르는 길이었다. 이 '해변 길'을 로마 사람들은 '바닷길'(Via Maris)이라고 불렀는데 갈릴리 가버나움에 'Via Maris'라는 글이 새겨진 이정표가 남아있다. 다메섹은 또한 중국에서 출발한 '비단길'이 끝나는 종착지이자 아라비아 반도 남부에서 시작되는 '향료길'이 끝나는 곳이기도 했다.

다메섹은 이처럼 지리적으로 중요한 곳에 있어서 여러 문명의 흔적이 남아있다. 알렉산더 대왕이 다메섹을 점령한 후 셀레우코스 왕조가 약 200년 동안 이 도시를 통치했다. 주전 85년 나바테아 왕국이(Nabatean Kingdom) 다메섹을 잠시 통치했지만, 주전 64년 로마가 시리아를 점령하여 자신의 영토에 편입시켰다. 로마는 시리아의 통치를 나바테아에 맡겨 바울이 다메섹에 왔을 때 나바테아 왕

아레타스 4세(Aretas IV, 주전 9~주후 40)가 이 도시를 통치하고 있었다. 이후 다메섹은 비잔틴의 통치 아래 기독교화되었지만, 635년 이슬람의 수중에 들어가 최초의 이슬람 국가였던 무아위야 왕조의 수도가 되었다. 이후 다메섹은 여러 이슬람 왕조의 지배를 거치면서 전형적인 이슬람 도시로서의 모습을 갖게 되었다. 다메섹은 지정학적인 요인으로 인해 역사의 굴곡을 많이 겪었지만, 그 덕분에 많은 세계 문화유산들을 간직하고 있다.

다소가 바울의 육체적 출생지였다면, 다메섹은 바울이 부활하신 주님을 만나 다시 태어난 영적인 출생지였다. 바울은 율법과 유대교에 대한 열정에 사로잡혀 살기를 품고 "그리스도를 박해"하러 갔던 다메섹에서 "그리스도 예수께 잡힌 바"(빌 3:12) 되어 "그리스도의 사도"로 다시 태어났다. 바울 개인뿐만 아니라, 기독교 역사에서 너무나 중요한 이 사건은 사도행전 9장 외에 여러 곳에 기록되어 있다(행 22:3~11; 26:2~18; 고전 15:8; 고후 11:32~33; 갈 1:15~17). 다메섹에는 초대 교회의 후예인 동방교회가 존속하고 있어서 바울의 발자취가 남아있는 유적들이 비교적 잘 보존되어 있다. 성경에 기록되어 있는 순서에 따라 그 유적들을 찾아가 보도록 하겠다.

• 직가로 들어가는 문

주후 33년경, 스데반을 죽이는데 앞장섰던 바울은 대제사장을 찾아가 다메섹으로 피신한 그리스도인들을 예루살렘으로 잡아 오기 위해 다메섹 여러 회당에 가져갈 공문을 요청하였다(행 9:1~2). 다메섹은 나바티안 왕국의 아레다 왕이 통치하던 도시였음에도 불구하고 바울이 대제사장에게 그리스도인을 체포할 수 있도록 공문을 요청한 것은, 주전 47년 율리우스 카이사르가 대제사장에게 유대교 법을 어기고 도망한 사람들을 체포하여 유대교 법에 따라 처벌할 수 있는 권한을 주었기 때문이다. 대제사장에게서 공문을 받아 예루살렘에서 일주일 정도 걸려 다메섹 근처까지 온 바울은 갑자기 하늘로부터 빛이 자신을 둘러 비추고 "사울아 사울아 네가 어찌하여 나를 박해하느냐?"라고 말씀하시는 주님의 음성을 들었다.

다메섹에서 헬몬산 쪽으로 18km 정도 떨어진 거리에 바울 낙마교회(St. Paul Vision Patriarchal Abbey)라는 이름을 가진 동방정교회 교회당이 있다. 부활하신 예수님께서 바울에게 나타나셨다고 전해진 이곳에 오래전에 세워진 수도원 터가 있었는데, 2001년 러시아 정교회가 이 터에 현대식 교회당을 건축한 것이다. 다메섹에 존속하고 있는 동방교회가 아니라 러시아 정교회가 이곳에 교회당을 건축한 것은 시리아가 러시아와 친밀한 정치적 동맹 관계에 있기 때문이다. 바울이 부활하신 예수님을 만난 장소가 이곳인지 알 수 없지만, 예루살렘에서 다메섹으로 들어오는 가도에 있는 이 교회당 가까운 어디에선가 바울은 부활하신 예수님을 만났을 것이다.

• 바울 낙마교회당

해보다 더 밝은 빛 가운데 나타나신 주님을 보고 시력을 상실한 바울은 사람들의 손에 이끌려 '직가'(Via Recta 곧은 대로)에 있는 '유다의 집'으로 갔다. '직가'는 다메섹을 동서로 관통하던 길이 1.5km의 대로였다. 현재도 '직가'가 시작되는 개선문과 대로의 일부가 남아있다. 현지인들은 이곳을 '달브 알 무스타킴'(Darb al-Mustaqim)이라고 부른다.

바울이 유다의 집에서 보지 못하고 사흘 동안 식음을 전폐하고 기도하고 있을 때, 아나니아가 환상 가운데 나타나신 주님의 부름에 따라 바울을 찾아왔다. 아나니아는 바울을 안수하여 눈을 보게 하고 세례를 주었다(행 9:8~19). 바울이 아나니아를 "율법에 따라 경건한 사람으로 거기 사는 모든 유대인에게 칭찬을 듣는 자"(행 22:12)라고 소개하고 있는 것을 보아 아나니아는 스데반의 일로 일어난 박해를 피해 예루살렘에서 다메섹에 피해온 것이 아니라 이 도시에서 주님을 믿고 제자가 되었던 것 같다. 아나니아가 바울에게 안수하고 세례를 주었다고 알려진 유다의 집은 아나니아 교회(St. Hanania Church)가 되었다. 이곳은 '유다의 집'이었지만 아나니아가 바울을 안수하고 세례를 주었기 때문에 '아나니아 교회'로 불리게 되었을 것이다. 아나니아 교회당은 원래 주택이었기 때문에 규모가 작다. 이 교회당에 들어서면 바울이 아나니아로부터 안수를 받는 모습의 상이 있고, 지하에는 바울의 회심 장면이 묘사된 부조가 걸려있는 작은 예배당이 있다.

• 아나니아 교회당 입구

• 아나니아 교회당 지하

바울은 세례를 받은 후 음식을 먹고 기운을 회복하자 "즉시로"(행 9:20) 다메섹에 있는 유대인들에게 예수 그리스도를 전파했다. 예수의 이름을 부르는 자들을 결박하여 멸하려고 왔던 바울이 각 회당에서 예수가 하나님의 아들이심을 전파하자 다메섹 유대인들은 적잖이 당혹했다(행 9:18~22). 사도행전은 바울이 다메섹에서 "여러 날" 복음을 전했다고 말씀하고 있는데(행 9:23), 바울은 갈라디아서에서 이 "여러 날"이 "삼 년"이라고 밝히고 있다(갈 1:18). 바울은 이 "삼 년" 동안 "아라비아로 갔다가 다시 다메섹으로 돌아갔다"(갈 1:17). 바울이 다녀왔다고 말한 아라비아는 오늘날 사우디아라비아가 아니라 아레다 왕(아레타스 4세)이 통치하던 오늘날 요르단 인근에 있던 지역이었다. 바울이 다녀왔던 아라비아와 관련된 내용은 박스글에서 설명하였다.

• 창문 교회당

아레다 왕은 자신이 통치하는 다메섹과 아라비아에 있는 유대 회당을 찾아다니며 "예수가 하나님의 아들이심"을 전파하며 소동을 일으키는 바울을 그냥 내버려 둘 수 없었을 것이다. 바울이 "예수가 하나님의 아들이심을 전파하는" 것에 당혹하여 그를 죽이기로 공모한 유대인들이 아레다 왕을 부추겨 그가 신하들에게 바울을 체포하라는 명령을 내렸을 것이다. 그래서 아레다 왕의 고관이 유대인들과 힘을 합하여 바울을 잡아 죽이려고 밤낮으로 다메섹 성문을 지켰다. 그 소식을 들은 바울은 제자들의 도움으로 광주리를 타고 들창문으로 성벽을 내려가 그들의 손에서 벗어났다(행 9:23~25; 고후 11:32~33). 바울이 광주리를 타고 성벽을 내려갔다고 전해진 들창문이 있는 곳에도 교회당이 세워졌다. '창문 교회'로 이름 붙여진 작은 교회당의 천장에는 성령을 상징하는 비둘기 조각이 매달려 있고 내부 벽은 바울의 일대기를 묘사한 그림으로 장식되어 있다.

다메섹은 바울이 부활하신 예수님을 만나 새롭게 태어나 세례를 받은 곳이며, 예수님의 부름을 받고 처음으로 복음을 전했던 의미 있는 도시이다. 그런데 우리나라는 시리아와 수교를 맺고 있지 않아서 한국 사람이 다메섹을 방문하기가 쉽지 않았다. 2000년 이후 몇 년간 시리아 정부가 한국인에게도 비자 발급을 해주어서 다메섹을 답사할 기회가 있었지만, 내전이 발생해 다시 문이 닫혀버렸다. 내전이 속히 종식되어 시리아에 평화가 찾아올 수 있도록 독자 여러분들도 기도해 주시기를 바란다.

● 사도 바울과 아라비아

바울은 다메섹에서 부활하신 주님을 만나고 난 후 3년간 아라비아를 다녀왔다고 밝히고 있다(갈 1:17). 어떤 학자들은 바울이 예수님의 십자가의 죽음과 부활 그리고 가르침을 묵상하면서 다른 사도들이 주님께 배운 3년을 보상하기 위해 아라비아로 갔을 것으로 추측한다.[8] 그러나 바울이 그러한 목적으로 아라비아로 갔다고 추측하는 것은 바울이 밝힌 사실과 부합되지 않는다. 바울은 갈라디아서 1:15~17에서 자신의 사도권과 복음이 사도로서 받은 훈련과 사도들의 위임에서 나온 것이 아니라는 것을 분명하게 밝히고 있기 때문이다. 그러한 사실에 대한 분명한 증거는 바울이 부활하신 주님을 만나 회심 한 후 즉시 "각 회당에서 예수가 하나님의 아들이심을 전파했다"는 점에서 분명히 드러난다(행 9:20~22).

그렇다면 바울은 왜 아라비아로 갔으며, 그가 다녀온 아라비아는 어디였을까? 이 질문에 대한 가장 적절한 대답은 "복음을 전하기 위해서"일 것이다. 헹겔(Hengel)과 브루스(F.F Bruce), 레이몬드(Robert Reymond)와 같은 신약 학자들은 바울이 부활하신 주님으로부터 사도로 위임받은 후 다른 곳이 아니라 아라비아로 가서 복음을 전한 이유를 구약성경에서 찾았다. 이들은 바울이 아라비아로 간 것은, 열방에 빛과 구원을 전하도록 소명 받은 여호와의 종이 '게달'(북 아랍족으로, 이사야 60:7에서 이스마엘의 장자인 '느바욧'과 동일시된다. 요세푸스는 느바욧에서 '나바테아족'(Nabataean)이라는 이름이 나왔다고 말한다)과 '셀라'(헬라-로마 시대의 페트라(Petra) 주민들이 여호와를 찬양하도록 하는 이사야 42:11을 자신의 소명(행 9:15~16)에 비추어 해석했기 때문이라고 설명한다.[9] 실제로 70 인역은 '셀라'를 반석(Petra)으로 번역하고 있으며, 아람어 탈굼 역[10]은 '게달'과 '셀라' 모두를 "아라비아 광야"로 번역하고 있다. 요세푸스는 아레타스가 통치하는 아라비아가 유대 변경에 있으며 왕의 궁전이 페트라(Petra)에 있다고 말하고 있다.[11] 그렇다면 바울이 간 아라비아는 현재 요르단에 있는 페트라를 수도로 아레타스 4세(주전 9~주후 40년)가 통치하던 나바티안 왕국의 아라비아가 틀림없다. 성령이 강림하신 오순절에 예루살렘을 방문했다가 제자들이 각기 방언으로 말하는 것을 들은 유대인들 가운데 아라비아인들도 있었다는 것은(행 2:11) 아라비아에 상당한 규모의 유대인 디아스포라가 있었기 때문이다.

이러한 결론은 "다메섹에서 아레다(아레타스 4세) 왕의 고관이 나를 잡으려고 다메섹 성을 지켰으나 나는 광주리를 타고 들창문으로 성벽을 내려가 그 손에서 벗어났노라"는 바울의 고백과(고후 11:32~33), "여러 날이 지나매 유대인들이 사울을 죽이기로 공모하더니…, 그를 죽이려고 밤낮으로 성문까지 지키거늘"(행 9:23~25)이라고 말하고 있는 사도행전의 진술과도 일치한다. 만일 바울이 아라비아에서 피정 중이었다면 유대인들과 아레다 왕이 바울을 죽이려고 할 이유가 없었을 것이다.

• 페트라 '파라오의 보고'

3. 다메섹에서 안디옥까지(35~45년)

회심 이후 예루살렘 방문(35년)

다메섹을 탈출한 후, 예수를 따르는 자들을 박해하기 위해 예루살렘을 떠났던 바울은 3년 만에 예수의 사도가 되어 돌아왔다. 바울은 예루살렘에 15일을 머물렀다(갈 1:18). 이 보름 동안 바울은 유대인들에게 복음을 전하고 바나바의 주선으로 베드로와 야고보를 만났다(행 9:26~28; 갈 1:18~19). 바울이 예루살렘에 머문 기간을 '15일'이라고 밝힌 것은 자신이 전하는 복음이 "사람에게서 받은 것도 아니요 (사도들로부터) 배운 것도 아니요 오직 예수 그리스도의 계시로 말미암은 것이다"는 사실을 강조하기 위해서였다(갈 1:12).

바울은 예루살렘에 머무는 동안 성전에 올라가 기도했다. 성전에서 기도하던 바울은 "황홀한 중에 주님으로부터 속히 예루살렘에서 나가라 그들은 네가 내게 대하여 증언하는 말을 듣지 아니하리라" "떠나가라 내가 너를 멀리 이방인에게로 보내리라"는 말씀을 들었다(행 22:17~21). 예루살렘에서의 전도로 유대인들이 바울을 죽이려 하자, 예루살렘의 형제들이 그를 가이사랴로 피신시킨 후 거기에서 다소로 보냈다(행 9:29~30). 바울이 형제들의 제안에 따라 다소로 간 것은, 단순히 위험에서 벗어나기 위해서가 아니라 "떠나가라 내가 너를 멀리 이방인에게로 보내리라"는 주님의 말씀 때문이었다.

수리아/길리기아(35~45년)

유대인들의 위협을 피해 다소로 간 바울은 그곳에 10년을 머물며 수리아, 길리기아를 다니며 복음을 전했다(갈 1:21~24). 앞에서 언급한 것처럼, 바울이 다소에 머문 기간을 10년으로 추정하는 것은 "십사 년 후에 내가 바나바와 함께 디도를 데리고 다시 예루살렘으로 올라갔나니"(갈 2:1)라는 말씀에 근거한 것이다. 바울이 회심한 이후 두 번째 예루살렘을 방문한 것은 첫 방문이 있은지 11년 후였다. 이 방문은 바나바의 초청을 받아 안디옥에서 일 년 동안 사역한 이후에 있었으므로(행 11:25~26), 바울이 길리기아에 머문 기간이 10년이었다는 것을 알 수 있다.

혹자는 바울이 수리아/ 길리기아에서 보낸 기간을 '바울의 침묵기'였다고 말하지만, 바울은 고향 다소에서 10년 동안 침묵하면서 지내지 않았다. 바울이 이 기간에 예수 그리스도의 사도로서 자신의 사명을 감당했다는 것은 의심의 여지가 없다. 이와 관련된 내용은 앞에서 설명했기 때문에 여기서 반복할 필요가 없을 것이다.

바울이 다소에서 활동하던 10년 동안, 사도 야고보가 순교했으며 베드로가 옥에 갇혔다가 극적으로 탈출했다(행 12:1~19). 그리고 사도들을 박해했던 헤롯 대왕의 손자 아그립바 1세(Herod Agrippa I, 주후 37~44)가 주님의 사자가 쳐 "벌레에게 먹혀" 죽었다(행 12:23). 요세푸스는 헤롯 아그립바가 통치 7년째인 44년 54세의 나이로 갑작스럽게 배의 통증으로 죽었다고 전하고 있다.[12] 이 시점에서 사도행전은 "하나님의 말씀은 흥왕하여 더하더라"라고 말씀하고 있다(행 12:24).

4. 수리아 안디옥(45~46년)

스데반이 순교한 이후, 사울의 박해 때문에 도망하여 예루살렘을 떠난 헬라파 그리스도인들이 베니게와 구브로와 안디옥으로 흩어졌다. 그들은 피해간 곳에서 유대인들에게만 말씀을 전했지만, 구브로와 구레네 출신의 헬라파 그리스도인들 가운데 몇이 헬라인들에게도 복음을 선하기 시작했다. 이들이 헬라인들에게도 복음을 전한 것이 선교의 분수령이 되었다. 이들의 전도로 인해 복음은 유대인에게만 좋은 소식이 아니라, 이방인들에게도 똑같이 좋은 소식이라는 것이 분명하게 드러났다. 무명의 헬라파 그리스도인들의 전도를 통해 안디옥에 살던 수많은 이방인이 주 예수를 믿고 따르게 되었다(행 11:19~21).

이 소문을 들은 예루살렘 교회는 바나바를 안디옥으로 파송했다. 안디옥에 도착한 바나바는 하나님의 은혜의 손길이 그곳에 임했음을 보았다. 바나바는 대부분 헬라인으로 구성된 신생교회에 가장 필요한 것은 좋은 지도자라고 생각했던 것 같다. 그래서 바나바는 자신이 이전에 사도들에게 추천하였고, 길리기아와 수리아에서 복음을 전하고 있다는 소문을 듣고 있었던(갈 1:22~23) 바울을 찾아 다소까지 가서 그를 안디옥으로 데려왔다. 바나바와 바울은 일 년 동안 큰 무리를 가르쳤고 예수님을 따르는 자들이 안디옥에서 처음으로 '그리스도인'이라 칭함을 받게 되었다(행 11:22~26).

하나님께서 바울을 안디옥 교회에서 사역하게 하신 것은 이후 이방인 선교를 위한 두 가지 중요한 준비를 시키기 위해서였을 것이다. 첫째는 바울이 베드로와 예수님의 동생 야고보를 중심으로 이루어진 예루살렘 교회의 인정을 받는 것이었고, 둘째는 안디옥 교회의 파송을 받는 것이었다. 이 둘은 바울이 부활하신 주님으로부터 받은 내적인 소명을 외적으로 확인받는 중요한 일이었다. 만일 바울이 예루살렘 교회와 안디옥 교회로부터 공식적인 인정을 받지 않았다면, 갈라디아서에 언급된 것처럼 바울의 사도직과 그가 전한 복음은 끊임없이 의심과 도전을 받았을 것이다. 주님은 바울이 안디옥 교회에서 사역하는 동안, 유대인 교회를 대표하는 예루살렘 교회와 이방인 교회를 대표하는 안디옥 교회 모두로부터 예수 그리스도께서 그를 이방인의 사도로 부르셨으며, 그가 전한 복음이 사도들이 전하는 복음과 동일한 것임을 인정받게 하셨다.

바울이 예루살렘 교회로부터 공식적인 인정을 받은 것은 안디옥에서 사역하는 동안 있었던, 회심 후 두 번째 예루살렘 방문을 통해서였다. 이 방문은 안디옥 교회가 예루살렘 교회를 돕기 위해 모은 부조를 전달할 목적으로 이루어졌다. 사도행전은 안디옥에 와 있던 예루살렘 출신의 선지자 아가보가 성령의 지시로 "천하에 큰 흉년이 들리라"고 예언한 대로(행 11:28) 글라우디오(클라우디우스) 황제 재위(주후 41~54년) 중에 큰 흉년이 발생했다고 말씀하고 있다. 주후 45~48년 동안 계속된 이 큰 흉년에 대해 요세푸스는 "예루살렘에 큰 기근이 들어 많은 이들이 음식이 없어 굶어 죽어가고 있었다"[13]고 기록하고 있다. 흉년으로 고통을 당하고 있는 유대에 사는 형제들을 돕기 위해 부조금을 모은 안디옥 교회는 바나바와 바울을 보내어 예루살렘 교회 장로들에게 전달하도록 했다(행 11:30). 바나바와 바울이 부조금을 가지고 예루살렘을 방문한 것은 46년이었을 것이다.

바울에게 이 방문은 부조를 전달하는 것 이상의 의미가 있었다. 사도행전에는 기록되어 있지 않지만, 이 방문 중 바울이 갈라디아서에서 "십사 년 후에 내가 바나바와 함께 디도를 데리고 다시 예루살렘에 올라가"라고 말하면서 설명한 일이 있었을 것이다(갈 2:1~10). 바울은 부조를 전달하면서 사도들을 만나 자신이 지금까지 이방인들 가운데 선포해온 율법과 상관없는 복음을 그들 앞에 제시했고 사도들은 그것을 그대로 인정했다. 그뿐만 아니라 야고보와 게바와 요한은 바울의 사도로서의 소명이 자신들과 꼭 같은 것이라고 인정하고 그 표로서 바울과 바나바에게 친교의 악수를 청하였다.[14] 바울의 사도권과 그가 전하는 복음이 예루살렘 교회가 "기둥같이 여기는" 사도들에 의해 인정을 받음으로써, 바울은 이방인 선교를 위해 필요한 중요한 준비 하나를 끝냈다.

바나바와 바울은 안디옥 교회가 맡긴 임무를 완수하고, 사도들로부터 공적인 인정을 받은 후 예루살렘에 있던 바나바의 사촌 마가 요한을(골 4:10) 데리고 안디옥으로 돌아왔다(행 12:25). 바나바와 바울이 안디옥으로 돌아온 직후, 주님께서는 성령을 통해 "내가 불러 시키는 일을 위하여 바나바와 사울을 따로 세우라"고 명하심으로 이방인 선교를 위한 마지막 준비를 하도록 하셨다. 안디옥 교회는 성령의 명령에 순종하여 두 사람에게 안수하여 그들을 파송하였다(행 13:2~3). 바울은 예루살렘 교회와 안디옥 교회 모두로부터 공적인 인정을 받고 '예수 그리스도의 사도'이자 '교회의 사도'로서 이방인 선교를 위해 힘찬 발걸음을 내딛게 되었다.

첫 이방인 교회이자 바울을 파송한 안디옥 교회가 있었던 수리아 안디옥은 터키의 동남부 시리아 국경에 인접한 곳에 있다. 터키인들은 이 도시를 하타이

(Hatay) 또는 안타키아(Antakya)라고 부른다. 신약성경에는 안디옥이라는 이름을 가진 두 도시가 언급되고 있다. 하나는 수리아 안디옥(행 11:19~26)이고 다른 하나는 비시디아 안디옥(행 13:14)이다. 로마 시대, 이 두 도시 외에도 안디옥이라는 이름을 가진 도시가 14개나 더 있었다. 그 가운데 하나는 골로새와 에베소 사이에 있다. 안디옥이라는 이름을 가진 도시가 이렇게 많았던 것은 알렉산더 대왕의 부하 장군이었던 셀레우코스 니카토르(Seleucus I Nicator, 주전 305~281)가 주전 300년 오론테스강 주변에 수도를 건설하고 자신의 아버지 안티오코스(Antiochus)를 기념하기 위해 안디옥(Antioch)으로 명명했는데, 이후 왕들도 새로운 도시를 건설하면 아버지 혹은 자신의 이름을 따라 안디옥으로 명명했기 때문이다. 신약시대에 안디옥이라는 이름을 가진 도시가 16개나 있었기 때문에, 사도행전은 지역의 이름을 따라 '수리아 안디옥,' '비시디아 안디옥'으로 구분해서 부르고 있다.

수리아 안디옥은 세계사와 교회사에 중대한 영향을 끼친 도시였다. 셀레우코스 니카토르는 주전 300년 오론테스강(Orontes)이 흐르는 이곳에 이집트 알렉산드리아를 닮은 도시를 건설하여 제국의 수도로 삼고 부친의 이름을 따라 안티오크(Antioch)라 명명했다. 안디옥은 앞에서 소개했던 밀레도의 건축가 히포다무스가 설계한 바둑판 구조에 따라 건설된 전형적인 헬라 도시였다. 이곳에서 셀레우코스 제국을 통치했던 왕들은 신구약 중간기 동안 유대 역사에 중대한 영향을 끼쳤다. 셀레우코스 왕조의 8번째 왕이었던 안티오코스 4세가 예루살렘을 점령하고 성전을 더럽힌 만행을 기억한다면, 유대인들이 이 왕조로 인해 어떠한 고통을 겪었는지 충분히 상상할 수 있을 것이다. 셀레우코스 왕조가 통치하는 동안 라오디게아, 비시디아 안디옥, 두아디라 등과 같은 신약성경에 기록된 여러 도시가 건설되었다.

주전 65년 쇠약해진 셀레우코스 왕조에 자신들의 운명을 맡길 수 없다고 판단한 안디옥 주민들은 안티오코스 8세를 폐위시키고 신흥 강국 로마에 자신들의 미래를 맡겼다. 이듬해인 주전 64년 폼페이(Pompey) 장군이 안디옥을 로마의 속주로 편입시킴으로써 셀레우코스 왕조는 막을 내렸다. 로마의 지배에 들어간 이후 안디옥은 번영을 구가했으며, 도시는 더욱 확장되었다. 주전 47년 카이사르는 인구가 증가한 안디옥에 충분한 물을 공급하기 위해 동쪽 실피우스(Silpius) 산에서 성까지 이어지는 수로를 놓고 연극장과 판테온(Pantheon)을 건축했다. 아우구스투스도 로마의 첫 황제로 등극한 후 두 번이나 이 도시를 방문했다. 주후 37년 발생한 지진으로 도시가 대파되자 칼리굴라(Caligula) 황제는 재정을 지원해 안디옥 재건을 도왔다. 이처럼 로마 황제들이 안디옥에 관심을 기울인 것은, 로마제국이 번영과 안정을 누리는데 이 도시의 역할이 중요했기 때문이다.

바나바와 바울이 사역할 당시 수리아 안디옥은 로마제국 내에서 로마와 알렉산드리아 다음가는 세 번째 도시로 명성과 부를 누리고 있었다. 바울보다 반세기 앞서 살았던 그리스 지리학자 스트라보는 당시 안디옥 인구가 30만이라고 말하고 있다.[15] 이후 안디옥 인구는 더욱 늘어나 주후 1세기 말에는 50만에 이르렀다. 유대의 헤롯 대왕도 안디옥을 몇 번 방문했으며 도로 확장 공사에 자금을 희사하기도 했다.

안디옥은 정치, 경제, 문화적으로 크고 번성한 도시였지만, 도덕적인 평판은 좋지 않았다. 다른 헬라 도시들처럼 안디옥에도 제우스를 비롯한 여러 그리스 신들을 섬기는 신전들이 있었다. 그 가운데서 가장 유명했던 신전은 셀레우코스 1세가 건축한 다프네(Daphne) 신전이었다. 도시 중심에서 9km 정도 떨어진 거리에 있었던 다프네 신전에서 행해지던 다프네 숭배 의식은 헬라-로마 세계에 살던 사람이라면 누구나 알고 있었을 정도로 유명했다. 다프네는 그리스 신화에 등장하는 요정이다. 그리스 신화에 의하면, 사랑의 신 에로스가 자신을 깔보는 아폴론에게 처음 보는 사람을 사랑하게 만드는 금 화살을 쏘고, 다프네에게는 처음 본 사람을 미워하게 만드는 납 화살을 쏘았다. 그래서 아폴론은 다프네를 본 순간 그녀에게 반해 따라다녔지만, 다프네는 아폴론이 싫어서 도망 다니다가 강의 신인 아버지에게 부탁해서 월계수로 변해버렸다. 그래서 그리스 사람들은 다프네 신전을 월계수 숲에 만들었다. 안디옥 다프네 신전에서는 밤이면 여 사제들이 이곳을 찾아온 남자들과 함께 월계수 숲으로 가서 아폴론이 다프네를 뒤쫓는 장면을 흉내 내며 음행을 벌였는데, 고대인들은 안디옥에서 벌어진 이 음란한 행위를 '다프네 품행'이라고 불렀다.

• 안디옥 복원도[16]

• 오늘날 안디옥과 오론테스강

안디옥에는 큰 규모의 유대인 디아스포라가 있었다. 요세푸스는 셀레우코스 1세가 안디옥을 건설하고 난 후 이 도시에 유대인들을 유치하기 위해 유대인들에게 헬라인들과 동일하게 시민권을 가질 수 있는 특권을 주었으며, 그 덕분에 안디옥의 유대인들 가운데 일부는 아주 부유했다고 말하고 있다.[17] 안디옥에 복음이 전해질 당시 유대인 디아스포라의 규모는 인구의 10%인 3만 정도 되었을 것으로 추정된다. 이들에게 영향을 받은 이방인들이 회당에 출석했을 것이며, 이들 '하나님을 경외하는' 이방인 가운데 안디옥 교회의 일원이 된 사람들이 많았을 것이다.

수리아 안디옥에 복음이 전파되고 바나바와 바울이 이곳에서 사역함으로써 이 도시는 새로운 명성을 얻게 되었다. 수리아 안디옥은 최초로 이방인들과 유대인으로 구성된 교회가 세워지고(행 11:20~21), 최초로 '그리스도인'이라는 호칭이 사용되었으며(행 11:26), 최초로 바나바와 바울을 선교사로 파송한 명예로운 도시가 되었다(행 13:2~3).

다소가 바울의 육체적 출생지이고, 다메섹이 영적인 출생지라면 안디옥은 선교사로서 그의 출발지였다. 바울은 다메섹에서 주님으로부터 이방인의 사도로 부르심을 받았다(행 9:15; 26:16~17). 성령의 지시로 안디옥 교회가 그를 파송하기 이전에도 바울은 그리스도의 증인으로 다메섹과 아라비아 그리고 길리기아 지방에서 동족 유대인들에게 복음을 전했다. 그러나 '이방인을 위한 그리스도의 사도'로서 공식적으로 파송을 받은 것은 안디옥 교회에서였다. 그러므로 바울은 주님의 사도로서뿐만 아니라 교회의 사도인 선교사로서의 공식적인 사역을 안디옥에서 시작했다고 할 수 있을 것이다.

수리아 안디옥은 바울 이후에도 탁월한 교회의 지도자들을 배출해 내었다. 이들 가운데 가장 잘 알려진 인물로는 '속사도 교부'(Apostolic Father)로 불리는 이그나티우스(Ignatius, 110년경 순교)와 폴리갑(Polycarp, 160년경 순교) 그리고 동방 교부(Father of the Church) 요한 크리소스톰(John Chrysostom, 349~407)이 있다. 이그나티우스는 사도 요한에게서 배워 안디옥 교회의 감독으로 봉사했다. 교회를 박해하기 위해 열을 올리던 로마 당국에 의해 체포된 이그나티우스는 열 명의 군인으로 구성된 분경대의 호위를 받으며 로마까지 호송되어 110년경 순교했다. 그는 로마로 호송되어 가던 길에 소아시아 지방을 지나면서 에베소 교회를 비롯한 여러 교회와 서머나 감독 폴리갑에 모두 7편의 편지를 보냈는데, 그 소중한 편지들은 지금까지 전해온다. 사도 요한의 제자로 젊은 나이에 서머나 교회의 감독으로 임명되어 86세에 순교한 폴리갑도 안디옥 출신이었다. 폴리갑의 순교 상황을 기록해둔 『폴리갑 순교 사화』는 그의 순교가 장엄하고 감동적이었음을 증언하고 있다. 폴리갑이 쓴 『빌립보서』도 오늘날까지 전해지고 있다. 이 서신서는 목회자로서 폴리갑의 면모를 잘 보여준다. "열두 사도에 의한 이방인들에 대한 주의 교훈"이라는 문장으로 시작되는 『디다케』(Didache)도 1세기 후반 안디옥에서 작성되었다.[18] 속사도 이후에도 안디옥은 교회사에 중요한 자취를 남긴 크리소스톰과 같은 걸출한 인물들을 배출했다.

속사도 교부들을 비롯한 여러 중요한 신학자들을 배출한 안디옥은 알렉산드리아, 카르타고와 더불어 초기 교회의 신학의 흐름을 형성하고 주도한 신학의 중심지였다. 교회사는 안디옥과 소아시아를 중심으로 활동했던 신학자들을 '안디옥 학파'로 부른다. 이그나티우스, 폴리갑, 이레니우스(Irenaeus, 130~202)로 대표되는 안디옥 학파 교부들은 오리겐(Origen, 185~254)처럼 헬라의 신플라톤주의 철학의 관점에서 신학을 한 '알렉산드리아 학파'와 터툴리안(Tertullian, 150~225)처럼 로마의 스토아주의 철학의 관점에서 신학을 전개한 '카르타고 학파'와는 길을 달리했다. 이들은 특정한 문화나 철학을 성경을 해석하는 도구로 삼지 않고 목회적 관점에서 신학의 기초를 쌓았다.[19] 안디옥 학파의 신학이 후대 교회에 끼친 영향을 여기서 다 설명할 수 없다. 하지만 우리가 사도들이 전해준 바른 신앙과 신학을 이어받을 수 있었던 것은 안디옥에서 교회를 섬겼던 탁월한 교부들 덕분이었다는 것을 기억하고 그분들의 이름 정도는 알고 있어야 할 것이다.

안디옥 유적들

우리나라에서도 해마다 많은 그리스도인이 안디옥을 방문하지만, 실피우스 산 중턱에 남아있는 성벽 일부와 박물관에 있는 몇 가지 유물을 제외하면 바울의 발자취를 더듬어 볼 만한 유적은 거의 없다. 안디옥은 소아시아와 메소포타미아 그리고 아프리카를 연결하는 전략적 요충지에 있어서 수많은 전쟁을 겪었다. 이슬람이 출현한 뒤 아랍과 비잔틴, 십자군과 이슬람군이 안디옥에서 혈전을 벌였고, 여러 번 큰 지진까지 발생해 고대 도시 전체가 사라져버렸다. 그래서 초대 교회 유적이라 할만한 것도 '베드로 동굴교회' 외에는 없다. 당시의 도시 모습을 찾아볼 수 없어 아쉬움이 크지만, 안디옥과 주변에 남아있는 몇 가지 유적을 소개하도록 하겠다.

베드로 동굴교회당(St. Peter's Grotto): 안디옥에는 초대 교회 성도들이 박해를 피해 숨어 예배를 드린 곳으로 알려진 동굴교회당이 있다. 이 동굴교회당은 시내에서 가까운 거리에 있는 '하츠 다으'(Hac Dagı 십자가 산) 산 중턱에 있다. 이 교회당은 깊지 않은 동굴의 입구에 벽을 쌓아 예배를 드릴 수 있는 공간으로 만든 것이다. 혹자는 초대 안디옥 교회 그리스도인들이 로마의 박해를 피해 이 동굴에서 예배를 드렸다고 주장한다. 하지만 초대 안디옥 교회가 이곳에서 예배를 드렸을 가능성은 거의 없다. 왜냐하면, 초대 교회는 집에서 모였고, 사도행전과 바울 서신서들은 바울과 바나바가 사역하던 시기에 안디옥 교회에 박해가 있었다는 어떤 암시도 하지 않기 때문이다. 안디옥 출신의 교회사가로『연대기』를 쓴 요한 말라라스(John Malalas, 491~578)는 바나바와 바울이 판테온(Pantheon) 곁에 있는 시아곤(Siagon)이라는 거리에서 공개적으로 복음을 선포했다고 전하는데,[20] 지금은 로마 시대 흔적이 전혀 남아있지 않아서 어디쯤 '시아곤 거리'가 있었는지 알 수 없다.

이그나티우스가 순교한 1세기 말부터 4세기 배교자 줄리안(Jullian the Apostate)[21] 통치에 이르기까지 안디옥의 그리스도인들은 심한 박해를 겪었다. 200년 이상 지속된 박해기간 동안 이 도시의 그리스도인들은 사람들의 눈을 피해 이 동굴에서 예배를 드렸을 것이다. 동굴교회당 안에는 150명 정도가 예배를 드릴 수 있는 공간이 있고 전면 중앙에 돌로 만든 단과 베드로 석상이 놓여있다. 동굴 내부에는 자연적으로 형성된 한 사람이 들어갈 수 있을 정도의 작은 터널이 여러 개 있다. 그리스도인들이 예배를 드리다 위급한 상황이 발생하면 이 터널을 통해 산등성이로 피신했다고 전해진다.

이 동굴교회당이 사도 베드로의 이름으로 명명된 것은, 사도들 가운데 베드로가 처음으로 안디옥을 방문했기 때문이다(갈 2:11~14). 동방교회와 로마 가톨릭은 베드로가 안디옥에 와서 초대 감독이 되었다고 믿고 있다. 오리겐과 크리소스톰은 이그나티우스가 베드로를 이어 안디옥의 두 번째 감독이 되었다고 말하고 있지만, 이그나티우스가 베드로를 계승해 안디옥 교회의 감독이 되었다는 것은 역사적 사실이 아니다. 왜냐하면 에보디우스(Evodius)라는 분이 83년까지 안디옥 교

• 베드로 동굴교회당

• 동굴 내부 터널

회의 감독으로 봉사했다는 기록이 남아있기 때문이다. 이 교회당은 원래 동굴이었지만, 1차 십자군 전쟁 후 보에몽(Bohemond)이 세운 안디옥 공국(1098~1268) 시기에 동굴의 앞면에 석조 벽이 세워져 현재의 모습을 갖게 되었다. 베드로 동굴 교회당은 바티칸에서 파견한 신부와 수녀가 상주하며 관리하고 있다.

바울 교회당(St. Paul Church): 터키의 다른 지역과는 달리, 안디옥과 주변 도시에는 동방교회가 여전히 존속하고 있다.[22] 베드로 동굴교회에서 내려와 시내로 걷다 보면 왼쪽에 꽤 큰 규모의 교회당 하나가 있다. '바울 교회'로 불리는 이 교회당은 수리아 정교회에 속해있다. 지금은 터키인들이 주류를 이루고 있지만, 터키가 건국되기 이전 안디옥에는 아랍인이 살았다. 1923년 터키가 건국될 때 안디옥은 터키에 속하지 않았다. 이 지역은 1차 대전 이후 하타이 공화국이라는 작은 독립 국가로 있다가 1939년 국민투표를 통해 자발적으로 터키에 편입하였다. 터키 정부는 편입할 때 체결한 협정에 따라 안디옥 주위에 있는 아랍 정교회를 인정해오고 있다. '바울'의 이름을 간직하고 있는 안디옥의 한 교회당에서 아랍계 그리스도인들을 만나본다면 오랫동안 소중한 여행의 기억으로 남게 될 것이다. 이 교회당의 문은 항상 열려 있으므로 언제든지 방문할 수 있다.

실루기아(Seleucia): 안디옥 남서쪽으로 25km 정도 거리에 안디옥의 외항이었던 실루기아(Seleucia)가 있다. 실루기아의 현재 지명은 사만다(Samandag)이다. 바나바와 바울은 1차 선교여행 때 안디옥에서 이곳으로 내려와 배를 타고 구브로로 항했다(행 13:4). 그리고 1차 선교여행을 마치고 앗달리아에서 배를 타고 이 항구에 내려 안디옥으로 돌아왔다(행 14:26). 실루기아는 헬라-로마 시대에 안디옥의 항구로서 아주 중요한 역할을 했지만, 오

• 안디옥 바울 교회당

론테스강에서 유입된 토사가 쌓여 옛 항구의 모습은 거의 찾아볼 수 없다. 실루기아에는 고대 신전과 바위를 뚫어 만든 수로 터널이 남아있다. 바위를 뚫어 만든 수로 터널은 물 부족을 겪던 실루기아에 물을 공급하기 위해 만든 것이다. 베스파시아누스 황제가 공사를 시작하여 아들 티투스 황제가 완공하였기 때문에 베스파시아누스-티투스 수로 터널로 불린다.

• 실루기아 항구

• 베스파시아누스-티투스 수로 터널

안디옥의 요한 크리소스톰 (John Chrysostom, 349~407)

안디옥 출신으로 교회사에 큰 자취를 남긴 인물들을 소개할 때 빠뜨릴 수 없는 분이 요한 크리소스톰이다. 그는 안디옥 태생으로 397년 안디옥 교회의 감독으로 추대되었다. 뛰어난 설교자이자 신학자였던 크리소스톰이 남긴 글과 700여 편의 설교가 지금까지 전해지고 있다. 그의 설교가 얼마나 탁월했던지 교회는 그에게 '크리소스톰'(Chrysostom, 황금의 입)이라는 특별한 별칭을 부여하였다.

요한 크리소스톰의 인격과 설교를 높이 평가한 동로마 황제 아르카디우스(Flavius Arcadius, 395~408)는 398년 그를 동로마제국의 수도인 콘스탄티노플의 주교로 추대하였다. 크리소스톰은 콘스탄티노플 주교로 있던 동안 왕비 아일리아 에우독시아(Aelia Eudoxia)와 귀족들의 사치스럽고 방탕한 생활을 두고 볼 수 없었다. 크리소스톰은 그들의 삶을 비판하고 회개를 요청하다 왕비의 미움을 받아 흑해 지역으로 유배되어 407년 9월 14일 "하나님은 모든 일에 찬미를 받으소서!"라는 말을 남기고 58세의 나이로 생을 마쳤다. 그의 유해는 438년 콘스탄티노플 사도 교회에 이장되었다가 1204년 4차 십자군 원정대가 로마로 가져가 1626년 베드로 대성당에 안치하여 그곳에 있었다. 크리소스톰의 유해는 2004년 다시 콘스탄티노플(이스탄불) 정교회 총대교구 교회당으로 이장되어 현재 이곳에 잠들어 있다.

크리소스톰은 강해 설교의 대가였다. 그의 성경 해석과 설교 방식은 이후 아우구스티누스와 종교개혁자들에게 큰 영향을 미쳤다. 크리소스톰이 남긴 설교 가운데 『요한복음』, 『로마서』, 『에베소서』와 부자와 나사로에 대한 연속 설교인 『부자』[23]와 『참회』[24]가 한국어로 번역되었고, 목사직에 대한 신학 저서인 『성직론』도 번역되어 있다. 안디옥을 방문하는 그리스도인이라면 교회가 '교부'(교회의 아버지)와 '황금의 입'으로 부르는 요한 크리소스톰의 설교를 잠시 경청하는 것이, 그에 대한 예의일 것이다. 그래서 오늘날 우리 그리스도인이 마음에 새겨두어야 할 그의 설교의 한 부분을 소개하고자 한다. 요한 크리소스톰은 로마서 강해 첫 설교에서 다음과 같이 외치고 있다.

"무엇보다도 성경에 무지하면 마귀가 부지기수로 일어나 우리를 괴롭히게 됩니다. 여기서 이단이라는 괴질이 발생하고 여기서 방종한 생활이 시작되며, 여기서 실로 무익한 일들이 생기게 됩니다. 사람이 대낮이라 해도 빛을 볼 수 없을 때 올바로 걷지 못하는 것처럼 성경의 조명을 받지 못하면 계속 죄를 범하게 됩니다. 그리고 그러한 사람은 가장 혹심한 어둠 속을 살아가게 됩니다. 이와 같은 어둠에 빠지지 않기 위해 우리는 사도가 보낸 말씀의 찬란한 빛에 우리의 시선을 모아야만 합니다."[25]

• 크리소스톰(성 소피아 교회당)

○ 버가성문

WITH 바울

사도바울의 삶과
사역의 여정을 따라

3

1차 선교여행
(47~48년)

• 1차 선교여행 경로

1. 구브로(Cyprus)

안디옥 교회의 파송을 받은 바나바와 바울이 첫 선교지로 삼은 곳은 구브로였다. 구브로는 오늘날 사이프러스(Cyprus) 섬으로, 구약성경에 '깃딤'(민 24:24; 렘 2:10)이라는 이름으로 7번 언급되고 있다. 바나바와 바울이 구브로를 첫 선교지로 선택한 것은 이 섬이 바나바의 고향이었기 때문일 것이다(행 4:36). 이스라엘과 터키 사이에 있는 크고 아름다운 이 섬은 역사와 신화의 고향이라고 불릴 만큼 많은 이야기와 유적을 간직하고 있다. 스데반의 일로 발생한 박해를 피해 이 섬으로 간 그리스도인들과(행 11:19) 바울과 바나바의 선교로 이른 시기에 복음이 전파된 구브로에는 초대 교회의 유적이 많이 남아있다. 그런데 이 섬을 찾는 한국 사람은 거의 없다. 아마 구브로가 육지에서 멀리 떨어져 있기도 하고, 그리스계와 터키계 주민 사이의 유혈 충돌로 인해 섬이 남북으로 분단되어 여행이 쉽지 않기 때문일 것이다. 사이프러스 지도를 보면 바나바와 바울이 처음 도착하여 복음을 전했던 살라미(Salamis)는 북쪽 터키계 영토에 속해있고 총독에게 복음을 전하고 밤빌리아로 출발했던 바보(Paphos)는 남쪽 그리스계 영토에 속해있다.

•살라미 연극장

•살라미 유적

살라미(Salamis)

바나바와 바울 그리고 마가 요한으로 구성된 최초의 선교팀은 47년 부활절 직후 안디옥을 출발했을 것이다. 이들은 안디옥의 외항이었던 실루기아에서 배를 타고 210km를 항해하여 구브로 동쪽 살라미에 도착했다(행 13:4~5). 오늘날 그리스인들은 살라미를 파마구스타(Famagusta)로 부르며, 터키인들은 마고사(Magosa)라고 부른다. 구브로는 주전 58년 로마의 통치 아래 들어갔으며 아우구스투스 황제 때 로마의 속주로 편입되었다. 로마 시대 총독이 거주하던 구브로의 수도는 서쪽 바보(Paphos)에 있었고, 수리아, 길리기아와 마주 보고 있는 동쪽 살라미는 무역 도시였다. 살라미에 남아있는 항구, 극장, 아고라, 성벽, 목욕탕과 같은 로마 시대 유적들은 이 도시가 무역으로 번성했음을 알려준다. 살라미에는 여러 회당이 있을 만큼 많은 유대인이 거주하고 있었다(행 13:5). 바나바와 바울은 이곳에 있는 회당들을 찾아가 복음을 전했다.

앞 장에서 언급한 것처럼, 안식일 회당에서 드려졌던 예배는 기도, 율법과 선지서 봉독, 권면의 말씀을 전하는 순서로 진행되었다. 회당에서는 방문자들을 환영했기 때문에 말씀을 전할 능력이 있다고 여겨지는 방문자들은 권면의 말씀을 하도록 요청을 받았다. 바울은 이 관례를 기회로 삼아 다메섹과 아라비아 그리고 길리기아 회당들에서 유대인과 하나님을 경외하는 이방인들에게 복음을 전해왔을 것이다. 사도행전은 살라미에서의 회당 전도가 어떤 반응을 얻었고 어떤 결실을 거두었는지 알려주지 않는다. 바울 일행은 살라미에 오래 머물지 않았던 것으로 보인다. 구브로를 떠난 후 바울이 살라미를 다시 방문했는지는 알 수 없다. 하지만 2차 선교여행 출발 직전 바울과 헤어져 구브로를 향해 출발했던 바나바와 마가 요한은 이 도시를 다시 방문했을 것이다(행 15:39).

사도행전은 바나바를 "구브로에서 난 레위 족속 사람"(행 4:36)으로 소개하고 있는데, 살라미가 바나바의 고향으로 알려져 있다. 외경인 『바나바 행전』(Apocryphal Acts of Barnabas)은 바나바가 그의 고향인 살라미에서 복음을 전하다 61년경 폭도들이 던진 돌에 맞아 순교했다고 전하고 있다.[1] 그의 제자들이 해변에 버려

• 바나바 무덤

졌던 바나바의 시신을 수습해 장사지냈다고 전해지며, 후에 그가 묻힌 곳에 그를 기념하는 '바나바 교회당'이 세워졌다. 4세기에 건축된 이후 여러 번 증축된 바나바 교회당은 현재 '바나바 수도원 박물관'(Saint Barnabas Monastery Museum)이라는 이름으로 방문객들에게 개방되어 있다. 이곳에서 100m 정도 떨어진 곳에 바나바가 잠들어 있는 작은 예배당이 있다. 사도들로부터 '바나바'(위로의 아들)라는 칭호를 받고 그 이름에 걸맞은 삶을 살았던 요셉 바나바는 자신의 고향 살라미에서 순교하여 잠들어 있다.

• 바나바 교회당

살라미에서 사역을 마친 바울 일행은 "온 섬 가운데를 지나 바보(Paphos)에 이르렀다"(행 13:6). 바울 일행은 살라미에서 남쪽 도로를 따라 키티온(Kition), 아마투스(Amathus), 쿠리온(Kourion)과 같은 도시들에 들러 복음을 전하면서 수도 바보(Paphos)에 도착했을 것이다. 사이프러스 지도에 붉은 선으로 표시된 바울 일행의 여행 경로는 당시 로마 가도를 따라 필자가 구성해 본 것이다.

• 바울이 지나갔던 들판 정경

• 바울의 구브로 여행 경로

바보(Paphos)

구브로의 수도 바보에 도착한 바나바와 바울은 거짓 선지자 노릇을 하던 유대인 마술사 바예수(Bar-Jesus)를 만나 논쟁을 벌였다. 그리고 이곳에서 역사상 처음으로 한 로마 총독이 복음을 듣고 주님을 믿는 놀라운 일이 일어났다. 구브로 총독 서기오 바울(Sergius Paullus)이 "하나님의 말씀을 듣고자 하여"(13:7) 바나바와 바울을 소환했다. 로마 총독이 바나바와 바울을 부른 것은, 외지에서 온 어떤 유대인들이 예수의 죽음과 부활을 전하고 있다는 소식을 들었기 때문일 것이다. 바울과 바나바가 총독에게 복음을 전하자 궁정 마술사였던 것으로 보이는 바예수가 총독이 예수님을 믿지 못하도록 방해했다. 그러자 바울은 복음 증거를 방해하는 마술사를 성령의 능력으로 꾸짖어 그의 눈을 멀게 만들었다. 총독 서기오 바울은 자신이 눈앞에서 일어난 표적을 "보고 믿으며 주의 가르치심을 놀랍게 여겼다"(행 13:8~12). 바예수가 일시적으로 보지 못하게 된 이 사건은 성경에 기록된 바울이 성령의 능력으로 행한 첫 이적이다. 이때부터 "주께서 행하게 하신 표적과 기사"(행 14:3)는 바울이 전하는 복음이 진리임을 증명해주는 징표가 되었다.

구브로 총독 서기오 바울의 회심은 회당과 전혀 관계가 없는 인물이 전도를 받아 주님을 믿었다는 점에서 중요한 의미가 있다. 바울은 회당의 영향이나 방해를 받지 않고 직접 로마 총독에게 복음을 전했으며 이방인 총독이 믿었다. 바울은 이 일을 통해 유대인들에게 복음을 전하는 것을 소홀히 여기지 않으면서도 '이방인에게 직접' 복음을 들고 나아가야 한다는 것을 깨달았을 것이다.[2] 서기오 바울에게 복음을 전하던 바로 그 시점에 사도행전은 사울(Saul)을 가리켜 그의 로마식 이름인 '바울'(Paullus)로 부르기 시작한다는 점이 이러한 추측에 무게를 더한다(행 13:9). 바울이 서기오 바울에게 복음을 전하던 바로 그때 사도행전이 처음으로 그의 로마식 이름인 바울을 사용한 것은 "이방인의 사도로" 부름을 받은 바울이 유대인을 통하지 않고 본격적으로 이방인 사역에 돌입하고 있다는 것을 알려주기 위한 것으로 보인다. 그리고 이 시점에서 지금까지 사용되던 "바나바와 사울"이라는 표현이 "바울과 및 동행하는 사람들"(행 13:13)로 바뀌고 있는 것도 이제 바울이 선교의 전면에 나서게 되었다는 것을 알려준다.

비시디아 안디옥을 소개할 때 다시 언급하겠지만, 비시디아 안디옥과 로마에서 발굴된 사료들은 티베리우스 황제(주후 14~37) 때 갈라디아 지역에서 상당한 영향력을 가지고 있었던 서기오(Sergius) 가문이 로마 원로원에 진출했음을 알려준다. 사료들을 통해 볼 때, 서기오 바울은 비시디아 안디옥에서 출생했으며 그의 가족 가운데 일부가 그곳에 거주하고 있었을 것이다. 구브로를 떠난 이후 바울과 바나바가 밤빌리아의 주요 도시들을 놓아두고 내륙에 있는 비시디아 안디옥으로 올라간 것은, 자신의 고향에 복음을 전해 달라는 구브로 총독의 부탁 때문이었을 가능성이 있다.[3]

• 바보 아고라

• 바보 카타콤

구브로의 수도였던 바보에는 로마 시대 왕궁과 항구 그리고 초대 교회 그리스도인들이 박해를 피해 예배를 드렸던 여러 개의 카타콤이 남아있다. 바보에 있는 교회 유적들 가운데 가장 중요한 곳은 4세기에 건축된 성 키리아키 교회당(The Church of Ayia Kyriaki)이다. 이 교회당은 지금도 성공회 예배당으로 사용되고 있으며, 외양이 아름다워 결혼식 장소로 인기가 높다. 이 교회당 뜰에는 특이한 대리석 기둥이 하나 서 있는데, 이 지역에서 전해 내려오는 전승은 바울이 바보에서 복음을 전하다가 이 대리석 기둥에 묶여 채찍을 맞았다고 전하고 있다. 사도 바울의 발자취를 따라 여행을 하다 보면 자주 만나게 되는 고난과 영광의 현장이다.

• 성 키리아키 교회당   • 바울 기둥

2. 버가(Perga), 앗달리아(Attalia)

주후 47년 바울 일행은 구브로의 주요 도시에 복음을 전하고 바보(Paphos)에서 배를 타고 밤빌리아(Pamphylia) 지방에 있는 버가(Perga)에 도착했다(행 13:13). 버가는 지중해에서 험준한 타우루스산맥을 넘어 아나톨리아의 내륙으로 들어가는 몇 안 되는 관문 도시 중 하나였다. 현재 버가는 지중해 연안에서 13km 정도 떨어진 내륙에 있지만, 스트라보가 세스트루스강(Cestrus)이 수로처럼 버가와 연결되어 있다[4]고 말하고 있는 것으로 보아 바울 일행은 배를 타고 세스트루스강을 따라 이 도시에 들어왔을 것이다. 세스트루스강은 오늘날 악수(Aksu)로 불린다.

버가(Perga)

버가는 해양 문화와 대륙 문화가 만나 교류하는 지점에 있다. 버가는 마치 성벽처럼 생긴 바위산이 주위를 둘러싸고 있어서 히타이트 시대부터 도시가 형성되어 있었다. 알렉산더 대왕이 밤빌리아 지방을 점령하면서 이 도시는 밤빌리아 지역의 중심도시로 부상했다. 주전 334년 주민의 환영을 받으며 무혈입성한 알렉산더 대왕은 버가를 거대한 헬라식 도시로 재건했다. 버가를 상징하는 화려하고 육중한 원통형 성문과 길이가 300m나 되는 중심 도로, 아고라, 경기장, 연극장, 성벽이 이 시기에 건설되었다. 헬라 시대 동안 수학자 아폴로니우스(Apollonius)와 같은 유명한 인물들을 배출하며 번영을 구가하던 버가는 주전 188년 로마의 지배를 받게 되었다. 그리고 주전 6년 아우구스투스 황제가 이곳에서 내륙으로 연결되는 세바스테 가도(Via Sebaste)를 건설함으로써 버가는 밤빌리아의 수도가 되었다. 이곳에서 발굴된 수많은 라틴어 비문은 많은 로마인이 버가에 이주해 살았다는 것을 알려준다.

바울 일행은 높은 습도와 40도를 웃도는 무더위가 기승을 부리고 있었을 8월경 버가에 도착했을 것이다. 버가에 도착한 바울 일행은 복음을 전하기도 전에 심각한 내부 문제가 생겨나 마가 요한이 예루살렘으로 돌아가 버렸다(행 13:13). 사도행전은 마가 요한이 왜 버가에서 갑자기 예루살렘으로 돌아가 버렸는지 알려주지 않는다. 2차 선교여행을 준비하면서 마가 요한을 데리고 가자고 제안한 바나바와 "밤빌리아에서 자기들을 떠나 함께 일하러 가지 아니한 자를 데리고 가는 것이 옳지 않다"(행 15:38)고 주장한 바울이 심하게 다투고 서로 갈라서기까지 한 것을 보면, 마가가 버가에서 예루살렘으로 돌아가 버린 것은 무엇인가 심각한 문제가 발생했기 때문이었을 것이다(행 15:38~39).

• 버가 전경[5]

마가는 무슨 이유로 버가에서 선교를 중단하고 돌아갔을까? 성경학자들은 "두려움 때문이었다", "바울이 바나바보다 주목받게 되자 마가가 질투를 일으켰기 때문이었다", "바보에서 회당을 통하지 않고 직접 이방인들에게로 나아가고자 하는 바울의 결단으로 인해 예루살렘 교회와 팔레스타인의 유대인 전도에 부정적인 영향을 미칠 것을 두려워하였기 때문이었다"[6]고 추측하지만, 정확한 이유는 알 수 없다. 그러나 우리가 알 수 있는 분명한 사실이 있는데, 그것은 마가는 그 후 돌이켜 바울의 신실한 동역자로 사역했을 뿐만 아니라(골 4:10; 몬 24), 바울로부터 "그가 나의 일에 유익하다"(딤후 4:11)는 인정을 받았고, 베드로를 수행해 로마에 갔으며 마가복음을 기록했다는 것이다.[7]

바울과 바나바는 마가 요한이 예루살렘으로 돌아가 버린 후, 버가에서 복음을 전하지 않고 곧장 비시디아 안디옥으로 간 것으로 보인다. 두 사도는 갈라디아 지방에서 복음을 전하고 안디옥으로 돌아가는 길에 다시 버가에 들러 말씀을 전했다(행 14:25). 사도행전은 바울과 바나바의 버가 사역에 대해 "말씀을 전했다"는 간단한 진술만 하고 있어서 사도들이 전한 복음을 듣고 주님을 믿은 사람이 있었는지 알 수 없다. 하지만 사도행전에서 "말씀을 전했다"라는 동사가 사용된 곳은(행 13:42, 45; 14:1, 9; 16:6, 13:17, 19; 18:9) 예외 없이 복음을 들은 사람들이 회심하고 교회가 세워졌다는 것을 생각한다면, 버가에서도 복음을 들은 사람들 가운데 회심한 자들이 있었을 것이다.

• 헬라 시대 성문

바울이 이후 버가를 다시 방문했는지 알 수 없지만, 바울과 바나바가 복음을 전해준 이후 이 도시에도 복음의 역사가 왕성하게 일어났음은 의심의 여지가 없다. 버가에서 발굴 작업을 해 온 고고학자들은 지금까지 4개의 교회당을 발굴해 내었다. 이 교회당 가운데 두 개는 주후 5~6세기에 건축된 것이다. 교회사는 5세기 버가에서 태어나 부유했지만 포악했던 남편과 이단적인 교리를 강요한 아나스타시오스(Anastasios) 황제의 혹독한 박해에 맞서 믿음을 지킨 여성 지도자 마트로나(Matrona)에 관한 이야기를 우리에게 전해주고 있다. 마트로나는 교회사에서 처음으로 여성 수도원을 세워 여성 지도자를 양성했던 인물이다.

아나톨리아 반도는 크고 작은 지진이 끊임없이 발생하는 지진 다발 지역이다. 그래서 터키에 있는 고대 도시들은 거의 모두 지진으로 심한 손상을 입었다. 하지만 버가는 큰 지진대를 벗어난 안전한 지역에 있어서 고대 유적들이 비교적 잘 보존되어 있다. 헬라시대에 건축된 14,000명을 수용할 수 있는 극장과 12,000명을 수용할 수 있는 경기장 그리고 버가를 상징하는 웅장한 원통형 성문이 거의 원형을 유지하고 있다.

• 5세기 버가 교회당

원통형 성문 동쪽에 가운데 원형 신전이 있는 한 면의 길이가 75m인 정사각형 형태의 헬라시대의 아고라가 있는데, 상점에서 팔던 물건을 광고하기 위해 칼, 고리, 물고기를 새겨놓은 대리석이 남아있다. 성문 서쪽에는 터키에서 가장 온전한 형태로 남아있는 로마 목욕탕이 있다. 이 목욕탕은 프리기다리움(Frigidarium, 냉탕을 갖춘 홀), 칼다리움(Caldarium, 온탕을 갖춘 홀) 그리고 테피다리움(Tepidarium, 사우나 홀)을 갖추고 있다. 이 목욕탕을 오전에는 여자들이 오후에는 남자들이 사용했다. 바울이 방문했던 모든 도시에는 여러 개의 목욕탕이 있었다. 로마 시대 목욕탕은 몸을 씻는 것 이상의 기능을 했다. 목욕탕은 도시에 밀집해 사는 사람들이 매일 몸을 씻음으로써 전염병이 발생하는 것을 막는 공중보건 시설이었으며,

사업을 하는 사람들에게는 휴식과 거래를 하면서 사회적 관계를 맺는 장소이기도 했다.

버가에서 볼 수 있는 기독교의 유적으로는 부분적으로 복원된 4개의 교회 건물과 바울과 바나바가 버가에서 비시디아 안디옥을 오갈 때 걸었던 세바스테 가도가 있다. 버가에서 비시디아 안디옥까지 연결되는 이 로마 가도는 해발 3천 미터 이상의 험준한 타우루스산맥 협곡 사이로 흐르는 세스트루스강을 따라 올라가다가 이후에는 산맥 능선을 따라 이어져 있다. 세바스테 가도 곳곳에는 비시디아 안디옥까지의 거리를 알려주던 이정표(milestone)가 남아있다. 최근 이 길은 'The St. Paul Trail'라는 이름의 트레킹코스로 개발되어 찾는 사람들이 늘어가고 있다. 버가에서 비시디아 안디옥까지 트레킹코스를 완주하는 데는 8일 정도 소요되는데, 바울의 발자취를 따라 세바스테 가도를 걸어보는 것도 의미 있는 경험이 될 것이다.

• 세스트루스강과 세바스테 가도

앗달리아(Attalia)

바울과 바나바가 1차 선교여행을 마치고 안디옥으로 돌아가는 배를 탔던 앗달리아(Attalia)는 버가에서 서쪽으로 18km 거리에 있다. 현재 지명은 안탈랴(Antalya)이며 아름다운 해안과 높은 산으로 둘러싸인 인구 250만의 지중해 연안의 도시이다. 앗달리아는 로마 하드리아누스 황제가 두 번이나 방문했을 만큼 맑은 바다와 아름다운 풍경을 가지고 있어 매년 수백만의 외국인 관광객들이 찾아오는 터키의 대표적인 휴양지이다.

앗달리아는 주전 158년 버가모 왕 아탈로스 2세(Attalus II)에 의해 건설되었다. 아탈로스 2세는 밤빌리아 도시들이 소아시아로 침공하는 것을 막기 위해 이곳 해안가 암벽 위에 성벽을 쌓아 도시를 건설하고 자신의 이름을 따라 '앗달리아'로 명명했다. 앗달리아는 주전 133년 버가모 왕국이 로마에 편입되면서 로마의 소유가 되었으며, 아우구스투스 황제는 앗달리아를 로마화 하기 위해 이곳에 퇴역 군인을 정착시켰다. 앗달리아는 밤빌리아 지방에서는 찾기 어려운 좋은 천연 항구가 있었기 때문에, 로마는 버가에서 앗달리아까지 해안도로를 놓았다. 버가에서 앗달리아로 가다 보면 바다 쪽에 남아 있는 로마 다리를 볼 수 있다.

오늘날 칼레이치(Kaleiçi)라고 불리는 고대 앗달리아는 버가모 왕국 시대에 쌓은 성벽으로 둘러싸여 있으며, 주후 130년 이 도시를 방문한 하드리아누스 황제를 기념하기 위해 만든 '하드리아누스 문'이 아직도 출입문으로 사용되고 있다. 성벽 안쪽에는 교회와 모스크로 사용되었던 주전 2세기 신전이 남아있는데, 현재 복원 중이다. 해안 쪽 성벽 아래, 암벽으로 둘러싸인 작은 만에 방파제를 쌓아 만든 고대 항구가 있다. 주전 2세기 아탈로스가 만든 이 항구는 지금은 유람선 선착장으로 사용되고 있다. 1차 선교여행을 마친 바울과 바나바는 주후 48년 가을, 바로 이 항구에서 배를 타고 안디옥으로 귀환했다.

• 앗달리아 항구

• 하드리아누스 문

3. 비시디아 안디옥(Pisidian Antioch)

마가 요한이 예루살렘으로 돌아간 후 바울과 바나바는 세바스테 가도를 따라 험준한 타우루스산맥을 넘어 비시디아 안디옥으로 올라갔다(행 13:14). 비시디아 안디옥의 현 지명은 얄바츠(Yalvaç)이다. 두 사도가 비시디아 안디옥으로 올라간 시기는 불볕더위가 한창 기승을 부리고 있었을 한여름이었을 것이다. 바울과 바나바가 주후 43년 로마의 새로운 속주로 제정된 밤빌리아의 시데(Side), 아스펜도스(Aspendos), 에테나(Etena), 앗달리아(Attalia)와 같은 크고 중요한 도시들을 놓아두고 험준한 타우루스산맥을 넘어 내륙 고원지대에 있는 비시디아 안디옥까지 올라간 이유는 무엇일까?

비시디아 안디옥을 처음 발굴한 람세이(W. M. Ramsey)는 "내가 처음에 육체의 약함으로 말미암아 너희에게 복음을 전한 것을 너희가 아는 바라"(갈 4:13)는 바울의 말을 근거

• '서기오 바울의 아들'(얄바츠 박물관)

로, 바울이 당시 심한 병(안질, 말라리아 혹은 육체에 가시)을 앓고 있었기 때문에 무더운 밤빌리아 지역을 피해 시원한 내륙 고원지대로 갔을 것으로 추측한다.[8] 어떤 학자들은 두 사도가 비시디아 안디옥으로 간 것은, 복음을 듣고 회심한 구브로 총독 서기오 바울로부터 자신의 고향에 복음을 전해 달라는 부탁을 받았기 때문이었을 것으로 생각한다. 비시디아 안디옥과 로마에서 발굴된 사료들에는 비시디아 안디옥 출신의 서기오 바울(Sergius Paullus)이라는 인물이 글라우디오 황제(주후 41~54) 때 원로원에 진출했으며, 같은 가문의 서기오 바울리(Sergio Paulli)라는 사람이 비시디아 안디옥의 서북쪽에 넓은 사유지를 소유하고 있었다고 기록되어 있다. 비시디아 안디옥에서 발굴된 유물들이 전시되어 있는 얄바츠 박물관

(Yalvaç Museum)에는 라틴어로 '서기오 바울의 아들'(Sergius Paullus filio)의 이름과 '서기오 바울의 딸'(Sergia Paulla)이라고 기록된 대리석 비가 보관되어 있다. 바울과 바나바가 비시디아 안디옥으로 올라간 이유를 분명하게 알 수 없지만, 주님께서는 이 두 가지 이유 모두를 사용하셔서 두 사도를 갈라디아 지역으로 인도하셨을 것이다.

버가에서 비시디아 안디옥까지 여행은 일주일 정도 걸렸을 것이다. 바울과 바나바가 도착했을 당시 비시디아 안디옥은 인구 7만의 활기가 넘치는 로마의 식민 도시였다. 해발 1,300m 높이에 있는 이 도시는 주전 261년 셀레우코스 1세가 건설했다. 셀레우코스 1세는 수로를 놓아 도시 북동쪽 10km 떨어진 산 중턱에서 솟아나는 샘에서 물을 끌어들여 히포다무스(Hippodamus)가 설계한 바둑판 모양의 구조에 따라 아고라, 극장, 신전을 갖춘 크고 화려한 헬라 도시를 건설했다. 셀레우코스는 자신의 아버지 안티오코스 1세를 기념하기 위해 이 도시를 안디옥(Antioch)으로 명명했다. 이 도시는 안디옥이라는 동일한 이름을 가진 16개의 헬라 도시 가운데 하나였으며 비시디아 지역에 있었기 때문에 비시디아 안디옥이라 불렸다(행 13:14).[9] 주전 210년 안티오코스 3세는 이 지역에서 빈번하게 발생하던 주민 봉기를 차단하기 위해 메소포타미아에 살던 유대인 2,000세대를 이 지역으로 이주시켰다.[10] 이때 이주했던 유대인 후손들이 바울이 설교했던 비시디아 안디옥 회당을 설립했을 것이다.

• 비시디아 안디옥 남문

비시디아 안디옥은 동서로는 갈라디아와 아시아, 남북으로는 길리기아와 비두니아를 연결하는 교차로이자 군사적 요충지에 자리하고 있었다. 비시디아 안디옥의 군사적 중요성을 잘 알고 있었던 아우구스투스 황제는 주전 25년 로마 5군단을 이곳에 주둔시키고 7군단에서 퇴역한 군인과 그들의 가족을 이주시켰다. 그리고 난 후, 비시디아 안디옥의 지위를 '콜로니아 카이사레아'(Colonia Caesarea, 황제의 식민지)로 승격시켰다. 비시디아 안디옥이 '황제의 식민지'가 되었다는 것은, 이 도시의 시민들이 로마 시민으로서 권리와 특권을 가지게 되었다는 것을 의미한다. 그리고 주전 6년, 아우구스투스는 비시디아 안디옥과 버가를 잇는 세바스테 가도(Via Sebaste)를 완공했다. 바울과 바나바는 이 가도를 따라 버가에서 비시디아 안디옥으로 올라왔다.

비시디아 안디옥 주민들은 주후 25년 도시의 가장 높은 곳에 황제 신전을 건축하여 자신들에게 호의를 베풀어준 아우구스투스 황제를 숭배했다. 아우구스투스 신전 발굴에서 두 개의 아우구스투스의 대리석 두상이 발견되었는데 하나는 콘야(Konya) 박물관에 다른 하나는 이스탄불 고고학 박물관에 보관되어 있다.

• 아우구스투스 신전

바울과 바나바는 주후 47년 8월 말경 세바스테 가도와 연결되는 남쪽 문을 통해 비시디아 안디옥에 들어왔을 것이다. 바울과 바나바는 도착한 후 첫 안식일에 서쪽 성벽 근처에 있는 회당을 찾아가 설교했다(행 13:15~41). 사도행전에 기록된 바울의 이 첫 설교는 중요한 신학적 의미를 지니고 있다. 사도행전에 의하면, 바울이 비시디아 안디옥에서 설교하기까지 "오직 그리스도를 믿는 믿음만으로 하나님 앞에서 의롭다고 하심을 얻을 수 있다"라는 메시지를 명확하게 전한 사람이 없었다. 사도 베드로도 예수로 말미암아 죄 사함을 받는다고 선포하였지만(행 2:38; 10:43), 바울이 이곳 회당에서 선포한 복음의 내용에는 죄 사함뿐만 아니라, 하나님의 사면에 대한 종말론적인 가르침이 포함되어있다.

신약학자 도드(C. H. Dodd)는 바울이 비시디아 안디옥에서 선포한 내용이 바울서신서들에 기록된 복음 선포의 내용과 매우 유사하다는 사실에 주목하여, 바울이 방문했던 회당들에서 선포한 복음은 비시디아 안디옥 회당에서 전했던 것과 같은 형식과 내용이었을 것으로 추측한다.[11]

• 비시디아 안디옥 회당터

바울의 회당 설교는 유대인이나 유대교에 입교한 경건한 사람들뿐만 아니라 이방인들에게도 굉장한 반응을 불러일으켰다(행 13:42~44). 그러자 유대인들이 그들을 시기하고 반박하였다. 바울과 바나바는 복음을 거부하는 유대인들에게 이제 자신들은 이방인들에게로 향한다고 선언한 후 이방인들에게 복음을 전했다. 이방인들은 매우 기뻐하며 바울이 전하는 복음을 들었다(행 13:45~47). 그 결과 "영생을 주시기로 작정 된 자는 다 믿고, 주의 말씀이 그 지방에 두루 퍼졌다."(행 13:48). 그러자 유대인들이 유대교에 입교한 귀부인들과 도시의 유력자들을 선동하여 바울과 바나바를 박해하도록 하여 그 지역에서 쫓아내었다. 두 사도는 그들이 복음을 거부한 죄에 대해 자신들의 책임이 없다는 것을 보여주기 위해 그들이 보는 앞에 발의 티끌을 떨어버리고 이고니온을 향해 발걸음을 옮겼다(행 13:50~51).

비시디아 안디옥을 떠나 이고니온으로 향했던 바울과 바나바는 이듬해 다시 이 도시로 돌아왔다. 두 번째 방문에서 두 사도는 제자들의 마음을 굳게 하여 믿음에 머물러있으라 권하고, 하나님 나라에 들어가려면 많은 환란을 겪어야 할 것이라 권면하고, 장로들을 택하고 금식기도 하며 그들을 주님께 위탁했다"(14:21~23). 바울은 2차 선교여행 중 실라와 디모데와 함께 다시 비시디아 안디옥을 방문하여 "예루살렘에 있는 사도와 장로들이 작정한 규례를 주어 지키게 하였다." 그 결과 유대주의자들의 거짓 가르침에서 벗어난 비시디아 안디옥 교회는 "믿음이 더 굳건해지고 수가 날마다 늘어가게 되었다"(행 16:4~5). 바울은 3차 선교여행 중 에베소로 가는 길에 다시 비시디아 안디옥을 방문했을 것이다(행 18:23). 사도행전은 이 방문 기간 중 바울이 어떤 사역을 했는지 알려주지 않지만, 교회를 권고하고 예루살렘 교회를 위해 연보를 부탁했을 것이다(고전 16:1).

비시디아 안디옥은 1911년 람세이가 발견한 이후 여러 번 발굴이 이루어졌다. 그 결과 회당, 아우구스투스 신전, 아고라, 극장 등 도시의 주요 시설들과 주후 4세기에 건축된 세 개의 교회당이 모습을 드러내었다. 이 유적들 가운데 가장 주목할 만한 것은 바울이 1차 선교여행 때 복음을 설교했던 회당이다. 지금은 폐허로 변해버린 황량한 언덕 위 대리석 기초 몇 개만 남아있는 이 회당에서 바울은 모세의 글과 시편과 선지자들이 기록한 구약성경 전부가 예수님의 죽음과 부활을 가리키고 있다고 설명한 후 다음과 같이 증언했다. "그러므로 형제들아, 너희가 알 것은 이 사람을 힘입어 죄 사함을 너희에게 전하는 이것이며, 또 모세의 율법으로 너희가 의롭다 하심을 얻지 못하던 모든 일에도 이 사람을 힘입어 믿는 자마다 의롭다 하심을 얻는 이것이라"(행 13:38~39). 바울의 발자취를 따라 이 외진 곳까지 찾아온 그리스도인들은 고대 도시에 얽힌 이야기가 아니라, "예수를 힘입어 죄 사함을 받고, 예수를 힘입어 믿는 자마다 의롭다고 하심을 얻는 이 복음을 알아야 한다"고 외치는 바울의 목소리를 들어야 한다.

회당 바로 옆에는 주후 380년 이전에 건축된 폭 27m에 길이가 70m나 되는 큰 규모의 교회당이 있다. 이 교회당은 '사도 바울의 교회'로 불린다. 교회당을 발굴하던 중에 세례용 물을 담아두던 대리석 단이 발견되었는데, 그 단 윗편에 "Ο ΑΓΗΟΣ ΠΑΥΡΛΟΣ"(성 바울)이라는 글이 새겨져 있어서 붙여진 이름이다. 단의 정면에는 "여호와의 목소리가 물 위에 있도다"(시 29:3)는 시편 구절과 "예수님은 승리자시다"라는 문구가 나란히 새겨져 있다. 이 교회당 바닥에서 "감독 옵티무스(Optimus)가 이 교회당을 봉헌했다"는 문구가 새겨진 모자이크가 발견되었는데, 옵티무스는 375년에 비시디아 안디옥 교회의 감독으로 임명되어 381년 콘스탄티노플 공의회에 참석했던 인물이다. 이 모자이크 문구는, 이 사도 바울 교회당이 380년 근간에 건축된, 터키에서 가장 오래된 교회당 가운데 하나였음을 알려준다. 사도 바울의 이름이 새겨진 세례 단과 옵티무스 감독의 이름이 장식된 모자이크는 이곳에서 출토된 다른 유물들과 함께 유적지 아래에 있는 얄바츠 박물관에 보관되어 있다.

• 사도 바울 교회당

4. 이고니온(Iconium)

유대인들의 선동으로 비시디아 안디옥에서 쫓겨난 바울과 바나바는 세바스테 가도를 따라 동남쪽 150km 거리에 있는 이고니온으로 향했다. 비시디아 안디옥과 이고니온 사이의 도로는 험준한 산악지대를 지나기 때문에 두 사도가 이고니온에 도착하는데 일주일은 걸렸을 것이다. 비시디아 안디옥과 이고니온을 연결하는 현 국도는 세바스테 가도를 따라 건설되었는데, 이 도로는 해발 1,460m와 1,540m나 되는 지점을 통과하며 우기인 겨울에는 많은 눈으로 인해 폐쇄되기도 한다. 바울은 3차에 걸친 선교여행 동안 최소 4번 이 험난한 길을 지나갔다. 지금도 인적이 드문 세바스테 가도의 이 구간은 산적의 출몰이 잦았다고 알려져 있다. 어쩌면 바울은 이 길을 지나는 동안 "강도의 위험"(고후 11:26)을 겪었을는지도 모른다.

이고니온은 광활하고 비옥한 고원 평야 지대의 북서쪽 끝, 교통의 요충지에 있다. 이 도시의 현재 지명은 콘야(Konya)이며, 인구 200만의 내륙 거점도시이자 터키 신비주의 이슬람을 대표하는

• 세바스테 가도에 있는 대상 숙소

메블라나(Mevlana) 종파이 본산지가 있는 곳이다. 이고니온(Iconium, 이콘의 도시)이라는 이름은 그리스 신화에서 유래했다. 이 도시가 '이콘의 도시'라는 이름을 가지게 된 유래에 대해서는 두 개의 신화가 전해온다. 한 신화는 '이고니온'이라는 이름이 미케네의 왕 페르세우스(Perseus)가 메두사(Medusa)를 죽이고 그 형상을 이 도시에 가지고 온 것에서 유래했다고 전하며, 다른 한 신화는 인간에게 불을 준 프로메테우스(Prometheus)가 대홍수 이후에 이곳에서 진흙으로 인간의 형상을 만

들었기 때문에 이고니온이라 불렸다고 전한다.

도시의 이름과 관련된 신화는 오래전부터 이곳에 도시가 있었다는 것을 알려준다. 이곳에서는 주전 7400~6200년으로 추정되는 선사시대의 집단 거주지가 발굴되었다.[12] 주전 1500년 히타이트가 이고니온에 도시를 세운 이후, 이 지역은 리디아, 페르시아, 셀레우코스 제국의 지배를 받다가 주전 129년 로마의 영토에 편입되었다. 그리고 주전 25년, 아우구스투스 황제는 이고니온을 로마가 직접 통치하는 식민지로 삼았다. 바울과 바나바가 방문했을 때, 이고니온에는 각각 독립된 자치권을 가지고 있던 헬라 공동체와 로마 식민 공동체가 병존하고 있었다. 그러다가 주후 135년 하드리아누스 황제가 그리스 공동체를 로마 식민 공동체에 편입시킴으로써 두 공동체는 하나로 통합되었다. 하드리아누스는 이 통합 작업을 끝내고 도시의 이름을 '콜로니아 아에리아 하드리아나'(Colonia Aelia Hadriana)로 변경했다. 하지만 이 지명은 거의 사용되지 않았다.

• 이고니온 근교 로마 다리

바울과 바나바는 주후 47년 가을이 깊어갈 무렵 이고니온에 도착했을 것이다. 이고니온에 도착한 두 사도는 비시디아 안디옥에서처럼 회당에 들어가 복음을 전했다. 바울은 이고니온 회당에서도 비시디아 안디옥 회당에서 전했던 것과 동일한 내용과 형식으로 복음을 전했을 것이다. 바울의 설교를 들은 많은 유대인과 헬라인이 예수님을 믿었다(행 14:1). 그러자 이곳에서도 유대인들이 이방인들을 선동하여 두 사도의 사역을 방해하였다. 하지만 두 사도는 "오래 있어 주를 힘입어 담대히 복음을 선포했다." 주님께서는 "그들의 손으로 표적과 기사를 행하여 주사 자기 은혜의 말씀을 증언하셨다"(행 14:3; 15:12; 갈 3:5). 이곳에서 사용된 "오래 있어"라는 표현은 바울과 바나바가 이고니온에서 첫 번째 선교여행의 겨울을 보내었음을 알려준다. 해발 1,100m의 내륙 고원지대에 있는 이고니온의 겨울은 기온이 영하 10도 이하까지 내려가며 눈도 많이 내린다. 따뜻한 해안 지방 출신이었던 두 사도는 매서운 추위를 견디며 선교여행의 첫 겨울을 보내었을 것이다(고후 11:27).

두 사도의 전도로 주님께 돌아오는 사람들이 늘어갈수록 유대인들과 그들의 사주를 받은 사람들의 방해는 더욱 심해졌다. 그러다 도시가 두 사도를 따르는 자들과 그렇지 않은 자들로 양분되어 소동까지 발생했다. 그러자 다메섹에서처럼, 유대인들이 관리들과 합세하여 두 사도를 죽이려 했다. 유대인들과 관리들이 모의하여 바울과 바나바를 돌로 치려고 음모를 꾸미고 있다는 소식을 들은 두 사도는 급히 루스드라로 도피했다(행 14:4~6). 바울은 훗날 디모데에게 보낸 편지에서 이고니온에서 그가 당한 일과 겪은 박해에 대해 언급하고 있다(딤후 3:11).

• 알라띤 동산[16]

바울과 바나바는 루스드라와 더베에서 복음을 전하고 난 후, 자신들에 대한 적대감이 가시지 않았을 이고니온에 돌아와 제자들의 마음을 굳게 하고 장로들을 세워 그들에게 교회를 맡겼다(행 14:21~23). 바울은 두 해 뒤 다시 이고니온을 방문하여 "예루살렘에 있는 사도와 장로들이 작정한 규례를 주어 지키게 하였다"(행 16:2~4). 그리고 3차 선교여행 때 다시 이고니온을 방문하여 "제자들을 굳건하게 했다"(행 18:23). 바울이 세 번째 이고니온을 방문했을 때 교회는 든든히 성장해 있었을 것이다.

바울과 바나바가 극심한 박해와 고난을 견디며 세운 이고니온 교회는 많은 믿음의 사람들을 배출했다. 168년 이고니온 교회의 감독이었던 히에락스(Hierax)가 저스틴(Justin Martyr)과 함께 로마에서 순교했다. 235년에는 로마의 극심한 박해 가운데서도 이곳에서 갈라디아 교회들이 공의회로 모였다.

이고니온 출신으로 교회사에서 가장 널리 알려진 인물은 테클라(Thecla)라는 여성 지도자이다. 동방교회와 서방교회가 성인으로 추앙하는 그녀와 관련된 일화는 외경 『바울과 테클라 행전』(The Acts of Paul and Thecla)에 기록되어 있다. 『바울과 테클라 행전』은 이고니온에서 바울의 설교를 들은 테클라가 주님의 제자가 되기로 결심하고 약혼을 파기하자 화가 난 그녀의 어머니가 총독을 부추겨 딸을 화형 시키려 했지만 불붙은 장작더미에 폭우가 내려 총독이 그녀를 살려주었으며, 그 후 바울을 따라간 수리아 안디옥에서 한 귀족이 자신의 청혼을 거절했다는 이유로 테클라를 맹수 우리에 던져졌지만, 이번에는 사자가 그녀를 다른 맹수들로부터 보호하여 살아나 복음을 위해 헌신하다가 여든 살에 주님의 품으로 돌아갔다는 내용으로 되어있다.[13]

『바울과 테클라 행전』에는 신뢰할 수 없는 전설적인 이야기들이 많이 담겨있지만, 주후 150년경 이고니온에서 기록된 것으로 추측되는 이 문서에는 바울과 관련된 신뢰할 만한 전승들이 포함되어있다. 이 문서가 전하는 가장 흥미로운 내용은 바울의 외모에 대한 묘사이다. 『바울과 테클라 행전』 3장에는 바울을 자기 집에 모시기로 한 오네시포루스(Onesiphorus)가 왕의 길(세바스테 가도)에 서서 루스드라에서 오는 바울을 기다리다가 그를 만나는 장면이 나온다. 이 장면에서 오네시포루스는 길을 걸어오고 있는 바울의 모습을 다음과 같이 묘사하고 있다. "그는 단신에, 다리가 휘었으며, 대머리에 두 눈썹이 중간에서 만나며, 멧부리 코에 은혜가 충만하여, 어떨 때는 사람인 것처럼 보이고 어떨 때는 천사의 얼굴을 한 것 같았다."14) 이 기록은 초기 교회가 남긴 유일한 바울의 외모에 대한 묘사이다. 현재 알려진 가장 오래된 바울의 성화는 '바울과 테클라 이콘'으로, 에베소의 한 동굴 벽에 그려져 있다. 6세기 그려진 이 벽화는 바울을 대머리에 짙은 눈썹, 크고 약간 굽은 코를 가진 인물로 묘사하고 있다. 이후에 만들어진 동방교회의 이콘과 서방교회의 성화들에도 바울은 항상 대머리에 짙은 눈썹, 크고 약간 굽은 코를 가진 모습으로 묘사되고 있다. 동서양교회를 막론하고 바울의 외모를 이렇게 묘사하고 있는 것은 『바울과 테클라 행전』에 묘사된 바울의 모습을 따랐기 때문이다.

• 바울과 테클라 이콘15)

비잔틴 제국이 통치하던 11세기까지 이고니온은 기독교 도시였다. 그러나 중앙아시아에서 아나톨리아로 들어온 무슬림들이 세운 아나톨리아 셀축 제국(Seljuk Sultanate of Rum, 1097~1243)이 이고니온을 점령하여 수도로 삼음으로써 교회는 급격히 쇠퇴했다. 이후 아나톨리아를 침략한 몽골이 이고니온을 수도로 삼고 100년간 통치하는 동안 교회는 더욱 쇠퇴했다. 오스만제국 말기에 있었던 인구조사에 의하면 초대 교회의 후손인 동방교회 그리스도인 3,000명이 이고니온에 거주하고 있었지만, 1923년 터키가 건국된 후 이들은 모두 고향을 떠나 그리스로 이주했다. 현재 이 도시에 소수의 그리스도인이 있지만, 이들은 초대 교회의 후손이 아니라 근래에 주님을 믿고 회심한 자들이다.

이고니온 유적들

이고니온에는 바울의 발자취를 찾아볼 만한 유적이 거의 없다. 여러 제국이 이고니온을 수도로 삼을 만큼 많은 전쟁을 겪었기 때문이다. 그래도 바울 당시를 더듬어볼 만한 몇 가지 유적은 남아있다.

알라딘 언덕'(Aladdin Tepesi): 콘야 중심지에 '알라딘 동산'(Aladdin Tepesi)으로 불리는 고대 아크로폴리스가 남아있다. 이 동산 주변에 바울이 전도했던 이고니온이 있었다. 이 언덕에 372년부터 400년까지 이고니온 교회의 감독으로 봉사한 암필로키우스(Amphilochius)의 이름으로 명명된 큰 교회당이 있었지만, 지금은 교회당이 있던 자리에 셀축 제국의 왕들이 대관식을 거행했던 이슬람 사원이 자리하고 있다.

사도 바울 기념교회: 알라딘 동산 남쪽 아래에 '사도 바울 기념교회'가 있다. 이고니온을 방문하는 그리스도인들이 가끔 들리는 이 성당은 오스만제국이 수명을 다해가고 있던 1910년, 로마 가톨릭이 바울을 기념하기 위해 건축한 것이다. 이 성당에는 바티칸에서 파견한 신부가 상주하고 있다. 이고니온에는 또한 테클

라의 이름을 가지고 있는 자연 기념물이 하나 있다. 이고니온의 서쪽에 높이 솟아 있는 해발 1,700m에 이르는 두 개의 산 정상 가운데 하나가 그것이다. 이전 이 도시에 살던 그리스도인들은 왼쪽 봉우리를 성 빌립(St. Philip), 오른쪽 봉우리를 성 테클라(St. Thecla)로 불렀다.

헬레나 교회당(St. Helena): 콘야 시내 중심에서 북서쪽으로 8km 거리에 로마 시대 유적을 간직하고 있는 실레(Sille)라는 아름답고 작은 마을이 있다. 1923년까지 코이네 헬라어를 사용하던 그리스도인들이 살고 있었던 이 마을에 327년에 건축된 유서 깊은 헬레나 교회당(St. Helena)이 있다. 이 교회당은 콘스탄티누스 황제의 어머니 헬레나가 성지순례를 위해 예루살렘으로 가던 도중 이 마을에 머물며 건축한 것이다. 콘스탄티누스가 밀라노 칙령을 발표하여 그리스도인들에게 신앙의 자유를 주고 임종 때 세례를 받은 것은 어머니 헬레나의 영향 때문이었다. 이 역사적인 교회당은 헬레나가 처음 건축한 이후 여러 번 확장과 증축을 거쳐 현재의 모습을 갖게 되었다. 헬레나 교회당은 1923년 그리스도인들이 이 마을을 떠난 후 방치되어 있다가 최근 복원되어 방문객들에게 개방되고 있다. 바울의 발자취를 따라 이고니온을 방문하는 그리스도인들은 꼭 한번 찾아가 보아야 할 곳이다.

• 헬레나 교회당

5. 루스드라(Lystra).

바울과 바나바는 자신들을 죽이려고 음모를 꾸미고 있던 사람들을 피해 이고니온 남서쪽 35km 거리에 있는 루스드라로 갔다(행 14:6~7). 루스드라는 규모가 작은 도시여서 유대인 회당이 없었다. 그래서 바울은 바로 이방인들에게 복음을 전했는데, 청중들 가운데 날 때부터 걷지 못하는 한 사람이 있었다. 바울은 그에게 구원을 얻을 만한 믿음이 있는 것을 보고 "큰 소리로 네 발로 바로 일어서라" 명령하여 그를 걷게 하였다(행 14:8~10). 바울이 행한 이적을 목격한 루스드라 사람들은 제우스와 그의 전령인 헤르메스 신이 인간의 모습을 하고 왔다고 생각하여 흥분에 사로잡혀 소리를 지르며 바울과 바나바 앞에서 제사를 지내려 했다. 이들의 행동에 크게 당황한 두 사도는 제사를 준비하던 무리를 만류하고 그들에게 복음을 전했다.

사도행전은 바울이 루스드라 사람들에게 설교한 내용을 요약해서 전하고 있다(행 14: 15~17). 바울이 루스드라에서 행한 설교는, 아테네 아레오바고에서 행한 설교(행 17:22~31)와 더불어 사도행전에 기록된 이방인을 대상으로 한 두 편의 설교 가운데 하나이다. 바울은 유일하신 하나님과 성경을 알지 못하는 이방 청중들에게 예수님 안에서 구약의 예언이 성취되었다는 내용으로 설교할 수 없었다. 바울은 하나님을 모르는 이방인들을 향해 그들이 보고 경험하고 있는 자연계시를 사용하여 "헛된 우상숭배를 버리고 천지와 바다와 그 가운데 만물을 지으시고 살아계신 하나님께 돌아오라"는 메시지를 전했다. 바울이 루스드라 사람들에게 설교한 방법은 성경을 벗어난 것이 아니었다. 하나님을 창조주로 소개하는 것은 유대인들이 이방인들에게 하나님을 증거 할 때 사용하던 방식이었다(욘 1:9).[17] 바울은 루스드라의 이방인 청중들이 이해할 수 있는 방식으로 하나님을 증거 한 것이었다.

바울과 바나바가 루스드라에서 복음을 전하고 있던 동안 비시디아 안디옥과 이고니온에서 소동을 일으켰던 유대인들이 두 사도를 추적하여 루스드라까지 와서 무리를 선동했다. 루스드라에서 하룻길 거리에 있는 이고니온의 유대인들은 두 사도가 루스드라에 있다는 소식을 듣고 그들을 공격할 기회를 노리고 있었을 것이다. 먼 거리에 있는 비시디아 안디옥 유대인들이 루스드라까지 바울을 추격하여왔다는 사실은 그들이 예수 그리스도의 복음을 전하는 두 사도에게 얼마나 큰 분노와 적대감을 품고 있었는지를 여실히 보여준다. 유대인들과 그들에 의해 선동된 무리가 마침내 바울을 돌로 쳤다. 그가 전하는 예수 그리스도의 십자가 복음에 광분한 무리가 던지는 돌을 맞으면서 바울은 스데반을 생각하지 않았을까?

바울은 고린도후서에서 루스드라에서 있었던 이 일을 두고 "한 번 돌로 맞고"라고 말하고 있다(고후 11:25). 바울이 갈라디아서에서 자신의 몸에 지니고 있다고 말한 "예수의 흔적"(노예나 짐승이 지니고 있었던 낙인)도 루스드라에서 돌에 맞아 생긴 상처 자국이었을 것이다(갈 6:17).

돌로 바울을 치던 무리는 그가 죽은 줄 알고 도시 밖으로 끌어다 버렸다. 바울이 죽은 줄 알고 주위에 둘러서 지켜보던 제자들 앞에서 바울은 몸을 일으켜 다시 성에 들어갔다. 그리고 이튿날 몸을 추슬러 바나바와 함께 더베로 떠났다(행 14:19~20). 돌에 맞아 죽은 줄 알고 버려졌던 바울의 주위에 둘러서 있었던 제자들 가운데 디모데도 있었다. 이후 사도행전은 디모데를 "루스드라에 있는 제자"(행 16:1)로 소개하고 있고, 바울이 디모데에게 "루스드라에서 당한 일과 어떠한 박해를 받은 것을 네가 과연 보고 알았다"(딤후 3:11)라고 말하고 있는 것에서 그 사실을 알 수 있다.

바울과 바나바는 더베에서 복음을 전하고 돌아가는 길에 루스드라에 돌아와 제자들을 가르치고 장로들을 세웠다. 이 두 번 방문 중 디모데의 외조모 로이스와 어머니 유니게가 주님을 믿었을 것이다(딤후 1:5). 두 해 후 바울이 다시 루스드라를 방문했을 때, 디모데는 바울이 동역자로 삼을 만큼 "루스드라와 이고니온에 있는 형제들로부터 칭찬을 받는" 성숙한 지도자로 성장해 있었다(행 16:2~3).

사도행전은 루스드라와 더베를 "루가오니아(Lycaonia)의 두 성"이라고 소개한다(행 14:6). 스트라보는 "루가오니아는 갈라디아 속주의 남쪽에 속한 지방"[19]이라고 설명하고 있다. 주전 5세기 크세노폰은 "이고니온에서 '루가오니아'를 지나 행군하면서 적지라는 이유로 이 지역을 그리스인들에게 약탈하도록 넘겨주었다"[20]라고 말하고 있다. 이를 통해 '루가오니아'는 로마 시대 갈라디아에 속한 한 지역 명칭이었다는 것을 알 수 있다. 루스드라는 작은 시내가 흐르는 평야와 아크로폴리스로 사용되었던 언덕을 중심으로 형성된 도시였다. 바울이 방문했을 당시 루스드라 인구는 3천 명 정도 되었을 것으로 추정된다. 콘야 박물관에 있는 한 비문에는 로마인들이 'Gemina'라고 부르던 제13 군단에서 퇴역한 1,000명의 군인이 루스드라에 정착했다고 기록되어 있다.[21] 이곳에서 발굴된 비문들이 대부분이 라틴어로 기록되어 있는 것도 이 때문이었을 것이다.

• 루스드라 지명이 새겨진 비석[18]

• 루스드라

루스드라에는 이곳이 고대 도시였다는 것을 알려주는 흔적이 전혀 없다. 아크로폴리스 언덕 아래 고대 루스드라가 묻혀있겠지만 발굴이 되기 쉽지 않을 것이다. 그 이유는 터키 정부나 고고학계가 나서 발굴하기에는 도시 규모가 작고 관광객을 끌만한 중요한 것이 없기 때문이다. 루스드라 발굴은 이루어지지 않았지만, 주후 1세기의 것으로 추정되는 그리스도인의 묘비가 발견되었다. 이 묘비에는 "모두가 사랑하는 복되고 가장 소중한 아버지(papas)가 묻혀있다. 하나님의 사랑을 받으신 복되신 아버지 필타토스를 추모하며"라는 문구가 기록되어 있다. 묘비를 세운 사람들이 묘비의 주인 필타토스를 '아버지'(papas)라고 호칭한 것은, 그가 교회의 감독이었기 때문일 것으로 보인다. 초기 교회는 감독에게 '아버지'(papas)라는 호칭을 사용했기 때문이다.[22] 오늘날에도 터키인들은 사제나 목사를 '파파즈'(papaz)라고 부른다.

안내판 하나 없고, 몇 개의 대리석 조각이 이리저리 뒹굴고 있는 언덕이 우리가 루스드라에서 볼 수 있는 것의 전부이지만, 바로 이곳이 바울이 세 번이나 방문해 복음을 전하고, 돌에 맞아 죽음 직전까지 가고, 영적 아들 디모데를 낳은 곳이다. 루스드라는 아무 볼거리가 없어 오히려 바울과 그가 전한 복음과 그의 동역자들에 대해 더 깊이 묵상하게 되는 곳이다.

6. 더베(Derbe)

바울은 돌에 맞고 일어난 이튿날 바나바와 함께 더베로 갔다(행 14:20). 사도행전은 간단히 "더베로 갔다"라고 언급하고 있지만, 돌에 맞아 만신창이가 된 몸으로 루스드라에서 90km나 떨어진 더베까지 걸어가는 것은 바울에게 아주 고통스러웠을 것이다. 사도행전은 더베에서의 사역을 "복음을 그 성에 전하여 많은 사람을 제자로 삼았다"(행 14:21)라고 간략하게 언급하고 있다. 더베에서도 두 사도는 이고니온과 루스드라에서처럼 담대하게 표적과 기사를 행하며 은혜의 말씀을 증언했을 것이다. 그 결과 많은 사람이 주님을 믿었는데 그들 가운데 "더베 사람 가이오"[23]도 있었을 것이다. "더베 사람 가이오"는 3차 선교여행을 마치고 예루살렘으로 돌아갈 때 바울과 동행했다. 가이오는 디모데와 함께 갈라디아 교회들을 대표해서 이방 교회들이 모은 헌금을 예루살렘에 전달하는 임무를 맡았던 것으로 보인다(행 20:4).

오랫동안 더베의 위치가 어딘지 밝혀지지 않았다. 람세이는 더베가 갑바도기아에 인접한 이사우리케(Isaurice) 인접한 곳에 있다는 스트라보의 기록을[24] 토대로, 카라만(Karaman) 지방에 있는 한 고대 유적을 더베라고 추정했다. 그러다가

1956년 더베 근방에 있는 언덕에서 주후 157년에 기록된 비문을 발견함으로써 이 도시의 정확한 위치가 확인되었다.[25] 더베의 현재 지명은 에킨오쥬(Ekinözü)이다. 더베는 갑바도기아와 갈라디아 접경에 있는 도시로, 길리기아 관문에서 이고니온으로 가는 세바스테 가도에서 조금 떨어진 곳에 있다. 이 도시는 셀레우코스 왕조 때 헬라화 되었으며 주전 129년 로마에 편입되었다. 더베는 주전 65년 갑바도기아의 한 행정구역에 배치되었다가, 주전 25년 갈라디아가 로마의 새로운 속주가 되면서 갈라디아 지역으로 재편성되었다. 바울이 더베에서 복음을 전하기 몇 년 전, 글라우디오 황제가 이 도시에 자신의 이름을 붙여 '클라우디오더베'(Claudioderbe)라는 새 이름을 하사했지만 사용되지는 않았다. 루스드라처럼, 더베도 아크로폴리스 언덕만 방문자들을 맞이하고 있다.

• 더베

더베에서 사역을 마친 두 사도는 왔던 길을 따라 루스드라와 이고니온을 거쳐 비시디아 안디옥으로 되돌아왔다. 두 사도가 더베에서 길리기아 관문을 거쳐 수리아 안디옥으로 갈 수 있는 가까운 길을 놓아두고 유대인의 위험이 도사리고 있는 먼 길을 되돌아간 것은 신생교회들을 위해서였다. 두 사도는 루스드라, 이고니온, 비시디아 안디옥을 방문하여 제자들의 "마음을 굳게 하고, 믿음에 머물러 있도록 권하고 하나님 나라에 들어가려면 많은 환란을 겪어야 한다"고 당부했다(행 14:21~22). 바울과 바나바가 그리스도 예수를 위해 겪었던 환란을 직접 목격했던 제자들은 두 사도가 당부하는 말을 마음 깊이 새겨들었을 것이다. 두 사도는 또한 교회들을 위해 장로들을 택하고 자신들이 금식과 기도로 안디옥 교회에서 보냄을 받았던 것과 같이 금식하고 기도하며 그들을 주께 위탁하였다(행 14:23). 이렇게 해서 갈라디아 여러 도시에 주님의 몸 된 교회가 세워졌다.

이 일을 마친 두 사도는 이전에 왔던 세바스테 가도를 따라 밤빌리아 해안으로 내려왔다. 두 사도가 버가와 비시디아 안디옥을 오갈 때 걸었던 세바스테 가도는 해발 915m에 있는 길이 50km에 둘레가 150km나 되는 아름답고 웅장한 산정 호수를 지나간다. 바울 당시 호수의 이름은 '림나에'(Limnae)였지만 지금은 '에일디르 쾰류'(Eğirdir gölü, 에일디르 호수)로 불린다. 바울과 바나바는 이 산정 호수를 지나며 눈부시도록 아름답고 웅장한 호수를 만드신 하나님을 찬양하지 않을 수 없었을 것이다. 버가에 도착한 두 사도는 마가 요한이 예루살렘으로 돌아가 버린 바람에 그냥 떠났던 이 도시에 복음을 전했다. 그리고 앗달리아로 가서 배를 타고 지중해 연안을 따라 항해하여 수리아 안디옥으로 돌아갔다.

이로써 바나바와 바울이 함께한 1차 선교여행은 끝이 났다. 두 사도가 사역을 마치고 수리아 안디옥으로 돌아온 것은 48년 가을이었을 것이다. 안디옥에 돌아온 두 사도는 교회에 하나님께서 그들과 "함께 행하신 모든 일과 이방인들에게 믿음의 문을 여신 것을 보고하고 제자들과 함께 오래 있었다"(행 14:27~28). 바울이 안디옥에 머무는 동안 율법주의자들이 바울과 바나바가 세웠던 갈라디아 교회들을 거짓 복음으로 교란했으며(갈 1:7), 안디옥 교회까지 위협했다(행 15:1~2). 사도 바울이 계속해서 이방인에게 복음을 전하기 위해서는 먼저 이 문제들이 해결되어야 했다.

• 에일디르호수

7. 예루살렘 공의회 (49년경)

바울과 바나바가 이방인에게 복음을 전하여 교회를 세운 일은 예루살렘 교회에 새로운 문제를 일으켰다. 바울이 1차 여행을 마치고 안디옥에 머물고 있을 때 (행 14:28) 베드로가 안디옥에 방문했다(갈 2:11). 그때 "야고보에게서 온 어떤 이들이" 안디옥에 왔다(갈 2:12). 사도행전은 이들을 "유대로부터 내려온 어떤 사람들"이라고 부르고 있다(행 15:1). 베드로가 이방인 그리스도인과 함께 식사하던 중 유대로부터 온 이들이 도착했다. 그러자 베드로는 이 "할례자들을 두려워하여" 식사를 중단하고 나가버렸다. 그러자 다른 안디옥 교회의 유대인 그리스도인들도 자리를 피하였고 심지어 "바나바도 그들의 외식에 유혹되는" 상황이 발생했다(갈 2:11~13). 바울은 안디옥 교회 그리스도인들이 잘못된 길로 가지 않도록 그들 앞에서 베드로를 책망하고(갈 2:14), 바나바와 함께 안디옥을 찾아온 유대주의자들과 열띤 논쟁을 벌였다. 유대주의자들은 야고보의 권위를 도용해 바울과 바나바에게 맞섰다(갈 2:12). 논쟁은 쉽게 결론이 나지 않았다.

안디옥 교회가 이런 문제를 겪고 있을 때, 바울이 "가만히 들어온 거짓 형제들"(갈 2:4)이라고 부른 유대화주의자들이 갈라디아 교회들을 어지럽히고 있었다. 이들은 예루살렘 교회의 사도들과 장로들의 "지시도 없이 나가서 말로 이방 교회를 괴롭게 하고 마음을 혼란하게" 만들었다(행 15:24). 이들은 사도들과 장로들의 권위를 도용해 "모세의 법대로 할례를 받지 아니하면 능히 구원을 받지 못한다"고 가르쳤다(행 15:1). 이런 유대화주의자들의 가르침은 십자가의 복음을 왜곡시켜 이방인들 가운데 복음이 전파되는 것을 막고 유대인과 이방인 그리스도인들을 분열시키는 심각한 결과를 초래할 수 있었다. 안디옥 교회는 바울과 바나바와 함께 다른 몇 사람을 예루살렘에 보내어 사도들과 장로들과 함께 이 문제를 논의하도록 했다(행 15:2).

예루살렘 공의회에서 제기된 문제는 "이방인이 구원을 받을 수 있는가?"의 여부가 아니었다. 공의회에서 논란을 벌이던 모든 당사자는 이방인들도 예수님을 믿고 성령을 선물로 받아 구원을 얻을 수 있다는 사실에 이미 동의했다(행 11:18). 문제는 이방인이 구원을 얻기 위해서는 무엇을 해야 하느냐 하는 것이었다.

예루살렘 공의회에서는 서로 다른 세 가지 견해가 제시되었다. 첫째는 바나바와 바울의 견해로, 이들은 이방인은 할례를 포함한 율법의 행위와는 전혀 관계없이 오직 그리스도를 믿는 믿음으로만 의롭게 된다고 주장했다. 둘째는 "바리새파 중에 어떤 믿는 사람들"(15:5)의 견해로, 이들은 이방인들이 구원받기 위해서는 할례를 받고 율법을 지켜야 한다고 주장했다. 셋째는 예루살렘 교회의 "사도들과 장로들"(15:6)의 견해로, 일종의 '절충안'이었다.

공의회는 먼저 바나바와 바울이 하나님께서 자기들과 함께 계셔서 행한 일을 말하고, 유대화주의자들이 거기에 대해 반론한 후, 의회를 정회하고 사도들과 장로들이 그 일을 의논하는 방식으로 진행되었다(15:4~6). 이들 사이에 긴 논쟁이 오간 후, 베드로가 일어나서 자신이 이방인 고넬료에게 복음을 전한 일을 상기하며 이방인들도 유대인들과 동일하게 "주 예수의 은혜로 구원받는 줄을 믿는다"고 발언하였다(15:7~11). 그러자 바나바와 바울이 다시 한번 회중을 향하여 하나님께서 그들을 통하여 이방인 가운데 행하신 이적과 기사와 표적에 대해 말하였다(15:12). 하나님께서 그들을 통해 행하신 이적과 기사와 표적은, 하나님께서 율법과 상관없이 그들이 전한 복음을 승인하셨음을 입증해주는 표지였음을 주장한 것이었다.

바나바와 바울이 말을 마치자, 예수님의 동생 야고보가 나서서 베드로와 바울과 바나바가 이방인들 가운데 행한 사역은 선지자들의 말씀과 일치한다고 주장했다. 야고보는 자신의 주장에 대한 근거로 아모스서 9:11~12을 인용했다. 야고보는 아모스서를 인용하면서 베드로와 바울의 선교를 통하여 "그 남은 사람들"과 "내 이름으로 일컬음을 받는 모든 이방인"이 모여드는 교회를 "다윗의 무너진 장막"으로 지칭하고, 하나님께서 이방인들을 이끄셔서 그들을 교회의 일원으로 만드시는 방법을 통해서 "다윗의 무너진 장막을 다시 지으시고" 계시다고 말했다(15:13~18). 야고보가 교회를 "다시 지어 일으켜질 다윗의 무너진 장막"이라고 표현한 것은, 그가 선지자들이 신약시대의 교회에 관하여 말씀했으며, 이방인들이 "다윗의 무너진 장막"인 이스라엘 속으로 들어오고 있으며, 구약의 하나님의 백성과 신약의 그리스도인 사이에 단절되지 않은 연속성이 존재한다고 믿었기 때문이다.

야고보는 공의회를 향해 "그러므로" 이방인 중에서 하나님께 돌아오는 자들을 괴롭게 하지 말고 다만 이방인들에게 구원을 위해서가 아니라 교회의 연합을 위해서 우상의 더러운 것과 음행과 목매어 죽인 것과 피를 삼가도록 해야 한다고 결론을 내렸다(행 15:19~21). 공의회는 야고보의 견해를 받아들여 "만장일치로" '사도의 규례'(행 15:23~26)를 결정했다. 공의회는 바울이 수리아 안디옥에서 유대화주의자들을 상대로 논증했던 원리를 인정했을 뿐만 아니라, "우리가 사랑하는 바나바와 바울"(행 15:26)이라는 표현을 사용하여 바울을 공적으로 승인했다.

사도와 장로들은 공의회의 결정을 담은 편지를 "안디옥과 수리아와 길기기아에 있는 이방인 형제들"에게 전달하고, 또한 그 편지에 기록된 내용이 사실임을 "말로 전하도록" 유다와 실라를 택하여 바나바와 바울과 함께 안디옥으로 보냈다(행 15:27). 예루살렘 공의회에서 은혜의 복음이 수호되고 확인됨으로써 이방인 선교 앞에 놓여 있던 큰 걸림돌이 제거되었다. 예루살렘 공의회의 결정을 전달받은 안디옥 교회는 기뻐했다(행 15:31).

갈라디아서와 갈라디아 교회

사도 바울은 갈라디아서를 "갈라디아의 여러 교회에" 보낸다고 밝히고 있으며(갈 1:3), 수신자들을 "갈라디아 사람들"이라고 부르고 있다(갈 3:1). 갈라디아서의 수신자들은 누구이며 바울이 언제 갈라디아서를 기록했을까? 이 질문과 관련해 두 가지 견해가 있다.

첫째 '북 갈라디아설'로, 이 견해를 따르는 학자들은 바울이 3차 선교여행 말기인 56~58년경 에베소나 고린도에서 갈라디아서를 써서 현재 터키 수도인 앙카라와 주변 도시들에 있던 교회들에 보냈다고 주장한다. 이들은 '북 갈라디아설'을 주장하는 근거로 1) 갈라디아는 주전 3세기경 현재 프랑스에 살던 고울 인들이(Gauls) 아나톨리아 내륙으로 이주하여 앙카라 주변에 세운 왕국에서 나온 지명이라는 점, 2) 사도행전 16:6에서 "갈라디아 땅"이 언급되기 이전에 사도 바울이 이곳에 갔다는 기록이 없다는 점, 3) 갈라디아서의 내용이 로마서와 매우 유사하다는 점 등을 제시한다.

둘째 '남 갈라디아설'로, 이 견해를 따르는 학자들은 예루살렘 회의(행 15장)가 열리기 전인 49년경 바울이 안디옥에서 갈라디아서를 써서 1차 선교여행을 하는 동안 세웠던 비시디아 안디옥, 이고니온, 루스드라, 더베에 있는 교회들에 보내었다고 주장한다. '남 갈라디아설'을 주장하는 학자들은 갈라디아라는 지명이 민족적인 정의라기보다는 행정적인 정의라고 주장한다. 로마는 주전 25년 북쪽 갈라디아 왕국과 남쪽 루가오니아와 서쪽 비시디아 지역을 병합하여 갈라디아 속주를 만들었고, 주후 40~50년 초에 밤빌리아 지방도 갈라디아 속주에 편입시켰다. '남 갈라디아설'을 지지하는 사람들은 또한 1) '북 갈라디아설'은 갈라디아 교회들을 교란하던 유대주의자들이 왜 바울이 1차 선교여행 때 설립한 남부 갈라디아 지역의 교회들을 내버려 두고 성경의 다른 곳에서는 전혀 언급하고 있지 않은 앙카라와 같은 북쪽 지역에서 활동했는지에 대해 제대로 설명할 수 없으며, 2) 갈라디아서가 예루살렘 회의(행 15장) 이후에 기록되었다면 유대주의자들의 주장을 반박하기 위해 바울이 예루살렘 회의에서 내려진 "사도와 장로들이 작정한 규례"(행 15:19~20; 16:4)를 반드시 언급했을 것이고, 3) 예루살렘 회의 중 사도들이 이방인의 사도로서 바울의 권위를 공적으로 분명하게 인정했으므로 갈라디아서에서 길게 (1:11~2:21) 자신의 사도직을 변증할 필요가 없었을 것이라고 주장한다.

2차 선교여행의 서두에 나오는, 바울이 예루살렘 회의에서 결정한 "사도의 규례"를 1차 선교여행 때 세운 교회들에 알려 지키게 하여, 그 결과 "여러 교회가 믿음이 더 굳건해지고 수가 날마다 늘어가니라"는 진술은 '남 갈라디아 설'과 더 잘 부합하는 것으로 보인다(행 16:4~5). 그러므로 갈라디아서는 1차 선교여행을 마치고 예루살렘에 올라가기 전 어느 시기에 수리아 안디옥에서 비시디아 안디옥, 이고니온, 루스드라, 더베에 있는 교회들에 보낸 사도 바울의 첫 서신서로 보아야 할 것이다.[26]

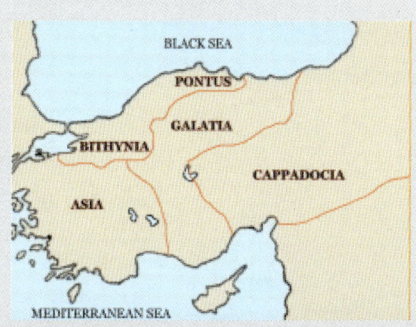

• 갈라디아 속주의 경계

• 갈라디아 영토 표기 비[27]

• 버가 중심 도로

WITH 바울

사도바울의 삶과
사역의 여정을 따라

4

2차 선교여행
(50~52년)

• 드로아에서 에베소까지 여행 경로

예루살렘 공의회에서 사도들과 장로들의 완전한 인정과 후원을 받은 바울과 바나바는 그 내용을 문서와 "말로 전하는" 임무를 띠고 파송 받은 유다와 실라와 함께 안디옥에 돌아왔다.

안디옥 교회는 사도들이 전한 "그 위로한 말"을 기쁘게 받아들였다(행 15:31). 예루살렘 공의회를 통해서 바울이 전파한 복음과 사도들이 전하는 복음이 동일하다는 사실이 다시 한번 확인되었다. 유다와 실라는 한동안 안디옥에 머물면서 이방인 형제들을 권면하여 그들의 믿음을 굳게 하고 예루살렘에 돌아갔다. 실라가 안디옥에 머물며 자신이 받은 사명을 수행하는 동안, 바울은 그의 신실함과 은사를 보았을 것이다.

1. 수리아, 길리기아, 브루기아, 갈라디아, 무시아를 지나 드로아까지의 여정

2차 선교여행은 바울이 바나바에게 1차 선교여행 때 주의 말씀을 전한 각 성으로 다시 가서 형제들이 어떠한가 방문하자는 제의를 함으로써 시작되었다(행 15:36). "방문하다"는 헬라어 동사가 아픈 자나 고아와 과부들을 방문하는 것과 같은 '목회적 돌봄'을 의미하는 단어임을 염두에 두고 볼 때, 바울이 1차 선교여행 때 세운 교회를 방문하려 한 것은 예루살렘 공의회의 결정을 전달하여 유대화주의자들로부터 그들을 보호하기 위해서였을 것이다.

그런데 출발을 앞두고, 1차 선교여행 도중 버가에서 돌아 가버린 마가의 동행 여부를 놓고 바울과 바나바 사이에 심한 다툼이 발생했다. 결국, 바나바는 바울과 결별하고 마가와 함께 구브로로 떠났다(행 15:39). 사도행전은 이 일 이후 바나바의 행적에 대해서 알려주지 않는다. 그러나 바울의 서신서들은 바나바가 고린도를 방문했고(고전 9:6), 사도들이 붙여준 "위로의 아들"(행 4:36)이라는 이름에 걸맞게 마가를 격려하여 신실한 사역자로 세웠다는 것을 알려준다(골 4:10; 몬 1:24; 딤후 4:11). 앞 장에서 언급했듯이, 바나바는 구브로에서 복음을 전하다가 순교하여 자신의 고향 마고사에 잠들어 있다.

바나바가 마가와 함께 떠난 후, 바울은 실라¹⁾와 함께 새로운 선교팀을 이루었다. 실라는 사도들과 장로들이 맡긴 사명을 마치고 이미 예루살렘으로 돌아갔기 때문에(행 15:33), 바울은 예루살렘으로 사람을 보내어 그에게 동역을 제안했을 것이다. 바울이 실라를 2차 선교여행의 동역자로 선택한 것은, 그가 안디옥에 머물던 동안 보여주었던 신실함과 예루살렘 공의회의 결정을 전달하고 설명하는 임무를 맡았던 자로서 유대화주의자들로부터 영향을 받은 사람들에게 사도와 장로들의 결정을 직접 보고 들은 대로 대답해 줄 수 있는 적격자였기 때문이었을 것이다. 실라는 또한 "로마 사람인 우리"(행 16:37)라는 표현이 암시하는 것처럼 로마 시민권도 가지고 있었다. 2차 선교여행 동안 실라가 가지고 있었던 이러한 장점들은 유대화주의자들의 영향으로 어려움을 겪고 있던 수리아, 길리기아, 갈라디아 교회들을 견고히 세우고 다른 이방 도시들에 복음을 전파하는 데 아주 유용하게 사용되었다.

바울의 제의를 받은 실라는 예루살렘에서 안디옥으로 돌아왔다. 바울과 실라는 1차 선교여행을 출발할 때와 동일하게 안디옥 교회로부터 "주의 은혜에 부탁함을 받고 떠났다"(행 13:3; 15:40). 안디옥 교회로부터 파송 받은 바울과 실라는 50년 부활절이 지난 직후 안디옥을 출발했을 것이다.

바울과 실라는 먼저 수리아, 길리기아 지역의 교회들을 방문하여 예루살렘 공의회의 결정을 전달하고 그곳의 교회들을 견고하게 하였다(행 15:41). 바울과 실라가 수리아와 길리기아 지방에 있는 교회들을 방문하여 견고하게 하였다는 사도행전의 진술은 바울이 다소에 머무는 동안 이 지방에 교회가 세워졌음을 보여준다. 이어서 두 사도는 길리기아의 관문을 지나 갈라디아 지경으로 들어가서 1차 선교여행 때 세웠던 더베와 루스드라 교회를 방문하여 "예루살렘에 있는 사도와 장로들이 작정한 규례를 그들에게 주어 지키게 하였다"(행 16:4). 예루살렘 교회가 이방 교회에 이 규례를 전달하고 설명하라고 파송했던 실라가 '사도의 규례'를 전달하고 설명하는 일을 했을 것이다. 유대화주의자들이 일으킨 혼란으로 어려움을 겪고 있던 갈라디아 교회들은 사도와 장로들의 결정을 기쁘게 받아들였고, 그 결과 "여러 교회가 믿음이 더 굳건해지고 수가 날마다 늘어가게" 되었다(행 16:5).

바울과 실라는 루스드라에서 디모데를 선교팀에 합류시켰다. 디모데는 바울이 처음 루스드라를 방문하여 복음을 전했을 때 예수를 믿고 제자가 되었다. 디모데는 유대인 어머니와 헬라인 아버지를 둔 혼혈 유대인이었다(행 16:1). 디모데는 모계로부터 경건한 믿음을 물려받았으며(딤후 1:5), 바울이 복음을 전하다 돌에 맞아 죽음의 문턱까지 갔던 것을 보았음에도 불구하고(행 14:19~20; 딤후 3:11) 복음을 위해 헌신한 젊은이였다. 그는 루스드라뿐만 아니라 이고니온에 있는 형제들로부터 인정을 받고 있었다(행 16:2). 바울은 바로 이러한 점들을 보고 아직 어린 디모데를 동역자로 불렀을 것이다. 복음을 위해 부름을 받은 디모데는 일생을 "바울과 함께 복음을 위하여 수고하였다"(빌 2:22).

디모데를 선교팀에 합류시킨 바울은 새로운 지역으로 나아가기에 앞서 디모데에게 할례를 행했다(행 16:3). 할례를 받아야 구원을 받는다고 주장하던 할례주의자들을 신랄하게 비판했던 바울이 왜 디모데에게 할례를 받게 한 것일까? 그 이유는, 디모데는 비록 부친이 헬라인이었지만 완전한 유대인으로 교육 받은(딤후 1:5; 3:14~15) 유대인이었다. 그래서 바울은 디모데가 유대인들에게 복음을 전하는 데 조금의 방해도 받지 않도록 할례를 받게 했을 것이다(행 16:3).[2]

디모데의 합류로 세 사람이 된 바울 일행은 이고니온과 비시디아 안디옥을 방문하여 '사도들의 규례'를 교회들에 알린 후, 계속 서쪽으로 나아가 소아시아의 수도였던 에베소로 가려고 했다. 바울 일행은 에베소로 가기 위해 비시디아 안디옥을 출발하여 세바스테 가도를 따라 스트라보가 "아시아에서 에베소 다음으로 큰 상업 도시"[3]라고 말하고 있는 아파메아(Apamea)로 갔을 것이다. 아파메아는 동서로는 시리아와 아시아를, 남북으로는 밤빌리아와 비두니아를 연결하는 네 개의 중요한 도로가 교차하는 지점에 있었다. 아파메아의 현재 지명은 디나르(Dinar)이며, 비시디아 안디옥에서 에베소가 있는 소아시아로 가려면 이 도시를 통과해야 한다. 아파메아에는 엄청난 양의 물이 솟아나는 메안더(Meander)강의 발원지가 있다. 이런 지리적 이점으로 인해 페르시아의 왕 고레스는 소아시아와 브루기아를 정복한 후 이곳에 자신의 궁전을 지었으며,[4] 알렉산더 대왕은 아파메아를 브루기아 주의 수도로 삼았다. 로마는 이 도시에 '아시아의 법정'(Conventus)을 두었다.

주전 62년 일어났던 한 고소 사건은 아파메아에 많은 유대인이 살고 있었음을 알려준다. 주전 62년 아시아의 유대인들이 총독 플라쿠스(Flaccus)가 자신들이 매년 모아서 예루살렘에 보내는 성전세를 아파메아에서 몰수했다고 황제에게 고소했다. 원로원 의원이었던 키케로(Cicero)가 총독의 변호를 맡아 아시아 총독이 라오디게아 유대인들이 성전세로 모은 금 20파운드와 아시아 유대인들이 모은 금 100파운드를 아파메아에서 몰수했다는 이유로 유대인들이 그를 고소했다는 기록을 남겨두었다. 당시 디아스포라 유대인 성인 남자들은 매년 반 세겔을 성전세로 내었으므로, 금 일백 파운드는 성인 남자 35,000명분에 해당하는 금액이다.[5] 이 기록은 아파메아에 상당한 규모의 유대인 디아스포라가 있었음을 알려준다.

사도행전에 아파메아에 대한 언급이 없지만, 비시디아 안디옥에서 아시아의 수도 에베소로 가려면 반드시 지나가야 하는 곳이었으므로 바울 일행은 이 도시에 갔을 것이다. 바울은 큰 유대인 공동체가 있었던 이 중요한 도시에서 복음을 전하고 골로새와 라오디게아를 거쳐 에베소로 가려고 계획했을 것이다. 그런데 "성령이 아시아에서 말씀을 전하지 못하게 하셨다"(행 16:6). 바울 일행은 아시아로 들어가는 길목인 아파메아에서 성령께서 자신들을 막으신다는 것을 알게 되었을 것이다.

• 안디옥에서 드로아까지 여행 경로[6]

　성령에 의해 아시아로 가려던 길이 막히자, 바울 일행은 방향을 바꾸어 니케아(Nicea), 니코메디아(Nicomedia), 칼케돈(Chalcedon), 비잔티움(Byzantium)과 같은 도시들이 있는 비두니아로 가려고 했다. 니코메디아는 콘스탄티노플이 건설되기 이전 로마의 동쪽 지역 수도가 있던 곳이었으며, 칼케돈과 비잔티움은 현재 이스탄불로 아시아와 유럽 그리고 지중해와 흑해가 만나는 지정학적 요지에 있다. 바울 일행은 아파메아에서 비두니아로 가려고 북쪽으로 로마 가도를 따라 브루기아와 갈라디아 지역을 지나(행 16:6) 오늘날 에스키셰히르(Eskişehir)로 불리는 도리라이온(Dorylaion)까지 올라갔을 것이다. 도리라이온에서 비두니아로 가려고 애쓰고 있던 바울 일행은 자신들의 계획을 "예수의 영이 허락하지 아니하신다"(행 16:7)는 것을 알게 되었다. 그래서 그들은 이번에는 서쪽으로 방향을 바꾸어 무시아(Mysia) 지방을 가로질러 아시아의 끝에 있는 항구도시 드로아로 갔다(행 16:7~8).

2. 드로아(Troas, Alexandria)

하나님의 뜻을 구하며 도착한 드로아에서 바울은 마침내 "와서 우리를 도우라"고 호소하는 마케도니아 사람의 환상을 보았다. 바울의 동역자들은 바울이 본 환상을 마케도니아 사람들에게 복음을 전하라고 부르시는 하나님의 뜻으로 인정했다(행 16:9~10). 여기서 우리는 "선교의 주인은 하나님이다"는 사실을 다시 한번 확인하게 된다. 성령께서 바울이 아시아와 비두니아로 가려는 것을 막으시고, 그가 전혀 계획하지 않았던 드로아로 인도하셔서 먼저 마케도니아와 아가야에 복음을 전하도록 하신 것이다.

헬라–로마 시대 마케도니아와 아시아를 연결하는 항구도시였던 드로아(Troas)는 호메로스가 쓴 『일리아스』의 주 무대인 트로이(Troy)와는 다른 도시다. 트로이는 드로아 북쪽 30km정도 거리에 있다. 트로이는 호메로스의 『일리아스』와 『오디세이』 덕분에 모르는 사람이 없지만, 드로아를 아는 사람은 거의 없다. 그러나 로마 시대 드로아는 트로이와 비교할 수 없을 만큼 크고 번성한 도시였다. 드로아는 아시아와 유럽을 연결하는 지점에 있었기 때문에, 이 도시는 아시아와 그리스를 오가는 배와 인파로 활기가 넘쳤다. 바울은 이후 여러 번 드로아를 방문했다.

• 신전 터

• 헤로데스 아티쿠스 목욕탕

드로아를 최초로 건설한 사람은 알렉산더의 부하 안티고누스(Antigonus Monophthlmos)였다. 그는 주전 310년 시게이아(Sigeia)라는 작은 촌락이 있던 곳에 헬라 도시를 건설하고 자신의 이름을 따라 안티고니아(Antigonia)로 명명했다. 그리고 주전 300년, 이 지역의 새로운 통치자가 된 리시마쿠스(Lysimachus)는 안티고누스가 건설한 도시를 확장하고 도시의 이름도 알렉산드리아 드로아(Alexandria Troas)로 바꾸었다. 그런데 당시 '알렉산드리아'라는 이름을 가진 도시가 18개나 있었기 때문에, 사람들은 혼동을 피하려고 이 도시를 '드로아'로 불렀다. 로마가 아시아를 정복한 후, 아우구스투스 황제는 이 도시를 로마의 식민지로 삼고 자신의 이름을 따라 콜로니아 아구스타 트로아덴시움(Colonia Augusta Troadensium)으로 불렀다. 바울 당시 드로아에는 5만의 주민이 살고 있었다. 드로아의 현재 지명은 달얀(Dalyan)이다.

드로아는 아시아와 유럽 그리고 지중해에서 흑해를 연결하는 헬레스폰토스 해협(Hellespontos) 입구에 자리 잡고 있다. 바울 당시 이곳에서 북쪽으로 이틀을 항해하면 흑해에 도달하고, 사흘이면 남쪽 에베소까지 갈 수 있었다. 또한 서쪽으로 이틀을 항해하면 에그나티아 가도(Via Egnatia)가 로마까지 연결되는 네압볼리(Neapolis)에 도착할 수 있었다. 사도행전은 바울의 일행을 태운 배가 드로아를 출발하여 이틀 만에 네압볼리에 도착했다고 기록하고 있다(행 16:11).

드로아는 이처럼 중요한 위치에 있었기 때문에 카이사르는 로마의 수도를 이곳으로 옮기려는 계획까지 세웠지만, 호라티우스(Horatius)의 강력한 반대로 무산되었다.[7] 콘스탄티누스 대제도 한 동안 비잔티움이 아니라 드로아에 새로운 수

• 성벽과 거주지

도를 건설하려고 계획하기도 했다. 만일 콘스탄티누스가 비잔티움이 아니라 드로아를 수도로 삼았다면, 이 도시는 전혀 다른 운명을 가지게 되었을 것이다. 주후 330년 로마가 수도를 콘스탄티노플로 옮기자, 아시아와 유럽, 지중해와 흑해를 연결하는 해로와 육로의 중심지가 콘스탄티노플로 옮겨갔다. 이후 지정학적인 이점을 상실한 드로아는 급속히 쇠락했다. 6세기에 토사가 쌓여 항구가 기능을 상실했고, 이후 오스만 시대에 이스탄불에 이슬람 사원들을 건축하기 위해 대리석 건물들을 헐어서 가져가 버려 도시는 완전히 폐허가 되었다. 드로아는 일찍 발굴이 시작되었지만, 외진 곳에 있고 찾는 사람도 거의 없어 지금은 발굴과 복원이 거의 중단된 상태로 있다.

화물과 사람을 실어 나르는 배들이 마케도니아를 오가고 해협 넘어 멀리 유럽 땅이 보이는 드로아에서 하나님은 바울에게 '마케도니아 사람의 환상'을 보여주셨다(행 16:9). 주님은 찬란한 헬라 문화와 알렉산더 대왕을 자랑하고 있었지만, 영적으로 어둡고 빈궁한 가운데 있었던 마케도니아 사람들에게 복음을 전하라고 바울을 부르신 것이다.

드로아에서 바울이 이끌던 선교팀에 새로운 동역자가 합류했다. 사도행전은 직접 언급하고 있지 않지만, 지금까지 사용해온 "그들"이라는 호칭이 드로아에서 "우리"로 바뀐 것에서 그 사실을 알 수 있다(행 16:10). 선교팀에 합류한 새로운 동역자는 바로 사도행전을 기록한 누가였다. 이후 사도행전은 여러 번 "우리"라는 표현을 사용하고 있는데, 이때는 사도행전을 기록한 누가도 그 자리에 함께 있었다는 것을 알려준다(행 16:10 -17; 20:5~21:18; 27:1~28:16). 누가가 드로아에서 바울을 만나 동역자가 된 것은 구속사와 교회사에 있어서 아주 중요한 사건이었다. 왜냐하면 누가가 성령의 영감으로 누가복음과 사도행전을 기록하여 후대에 전하여 주었기 때문이다. 성령께서 바울을 드로아로 이끌지 않으셨다면 누가복음과 사도행전이 기록될 수 있었을까? 성경에 이 두 권의 책이 없었다면 선교와 교회의 미래는 어떻게 전개되었을까? 하나님께서 바울이 아시아나 비두니아로 가려는 것을 막으시고 드로아로 이끄신 것은, 하나님의 계획 속에 누가가 포함되어있었기 때문임이 분명하다.

바울은 골로새서에서 누가를 "사랑을 받는 의사"(골 4:14)라고 부르고 있다. 우리는 이 구절을 통해 누가의 직업이 의사였다는 것을 알 수 있다. 우리는 골로새서를 통해 그가 헬라인이었다는 것도 알 수 있다(골 4:10~14). 드로아에서 누가가 선교팀에 바로 합류한 것은 그가 이미 그리스도의 제자였으며 바울과 친밀한 사이였기 때문일 것이다. 브루스는 사도행전 11:28의 '서방(Alexandria) 본문'[8]에 아가보의 예언 앞에 "우리가 함께 모였을 때"라는 문구가 들어있다는 점과 사도행전의 저자가 예루살렘 교회의 일곱 집사 이름 가운데 유일하게 니골라만을 "유대교에 입교했던 안디옥 사람"(행 6:5)이라고 밝히고 있는 점을 들어 누가가 안디옥 교회의 일원이었을 것으로 추측한다.[9]

누가는 직업이 의사였으므로 로마 시민권자였을 것이다. 그래서 로마로 압송되어가던 바울을 수행하고, 로마에서도 셋집에 구류되어 있던 바울과 함께 있을 수 있었을 것이다. 바울은 순교하기 전 마지막으로 쓴 디모데후서에서 "누가만 나와 함께 있느니라"(딤후 4:11)라고 말하고 있는 것으로 보아, 누가가 디모데후서를 대필했으며 형 집행을 기다리고 있던 바울 곁을 마지막까지 지켰을 것이다.

• 드로아 항구

● 사랑받는 의사 누가

바울은 골로새서에서 누가를 "사랑을 받는 의사"라고 부르고 있다(골 4:14). 1장에서 설명한 것처럼 헬라인과 로마인은 주로 도시에서 생활했다. 사람들이 밀집해서 사는 도시를 통치하던 황제와 관리들의 공무 가운데 하나는 공중보건을 유지하는 일이었다. 로마 시대 의료는 사적인 분야에 속했지만, 통치자들은 시민들에게 의료를 제공하는 것을 자신의 공무라고 생각했다.

헬라-로마의 의술은 히포크라테스(Hippocrates)에 의해 집대성되고 발전하였다. 소아시아에서 가까운 코스섬(Cos) 태생인 히포크라테스는 주전 5세기 자신의 고향에 세계 최초로 병원과 의학교를 설립했다. 의학이 발달하지 않은 시대에 병원에서 사용한 치료법은 주로 치유의 신인 아스클레피오스(Asclepius)에게 기도하면서 온천욕이나 심리치료를 하는 것이었다. 버가모에서 볼 수 있는 것처럼, 헬라-로마 시대 병원은 아스클레피오스에게 바쳐진 신전이기도 했다. 치료의 신 아스클레피오스는 뱀이 감고 있는 지팡이를 들고 있는 모습으로 표현되고 있는데, 이 지팡이는 오늘날 의학을 상징하는 로고로 사용되고 있다.

병원에서는 자연에서 채취한 재료들을 사용해 약을 만들고 상처를 봉합하는 간단한 수술을 하기도 했지만, 자연 치료요법과 심리 치료요법이 주로 사용되었다. 의사들은 심리적 치료를 위해 병이 나은 사람들이 감사의 표시로 신전에 바친 비석이나 토기로 만든 신체 부위를 사용했다. 버가모 아스클레피오스 신전에 서 있는 한 대리석 비에는 한쪽 눈의 시력을 상실했다가 회복한 암브로시아라는 한 여인의 수기가 기록되어 있다. 이 여인은 자신이 한쪽 눈이 멀어 그것을 치료하기 위해 여러 방법을 사용했지만 회복되지 않아 아스클레피오스 신전을 찾아와 기도하다 잠이 들었는데, 꿈에 신이 나타나 눈에 약을 넣어주어 낳았다고 간증하고 있다. 병원을 찾은 환자들은 아픈 신체 부위 모양으로 만들어진 토기들을 신전에 바치고 신전의 뜰에 즐비하게 늘어서 있는 비석들을 보면서 자신도 신의 도움으로 낳을 수 있다는 용기를 얻었다.

로마 시대 의료는 국가가 책임지는 공적인 사안이 아니라 각 개인이 사적으로 해결해야 할 문제였다. 국가가 의료를 책임지게 된 것은 로마가 기독교를 받아들이고 난 4세기 이후부터였다. 치료는 사적인 영역이었지만 카이사르는 로마의 의료수준을 높이고 시민들에게 의료 제공을 확충하기 위해 로마에서 일하는 의사에게 로마 시민권을 주었다. 카이사르를 뒤이어 초대 황제가 된 아우구스투스는 군 병원과 군의병 제도를 만들었다. 그리고 의사에게는 인종, 출신, 종교에 상관하지 않고 재판과 세금 면제, 밀을 무상으로 공급 받을 수 있는 특권을 부여했다. 수도 로마에서 실시된 이 정책은 곧 로마제국 전역으로 확대되었다.

로마 시대 의사를 양성하던 의학교는 버가모, 서머나, 에베소, 크니도스, 코스, 시리아 안디옥 그리고 이집트 알렉산드리아에만 있었다. 라오디게아에도 의학교가 있었지만, 안과만 있는 학교였다. 의학교가 있었던 이들 7개 도시는 모두 헬라 도시였고 알렉산드리아 외에는 모두 소아시아에 있었다. 주후 1세기에 살았던 아울루스 코르넬리우스 셀수스(Aulus Cornellius Celsus)가 집필한 의술에 관한 책 8권이 지금까지 전해오는데, 이 의학서는 모두 헬라어로 쓰여있다. 라틴어를 사용하던 로마인이 의사가 되기 힘들었던 것은 이 때문이었다. 의학교는 학생들에게 수업료를 받지 않았으며 속주 정부에서 의학교 운영에 필요한 모든 경비를 부담했다. 누가는 의학교가 있었던 수리아 안디옥에서 의술을 공부하여 의사가 되었을 것이다.

누가가 어떤 이유로 안디옥을 떠나 드로아에 머물게 되었는지 알 수 없다. 누가는 주후 50년 드로아에서 바울 일행과 함께 빌립보로 건너갔으며(행 16:10~18), 바울과 실라, 디모데가 빌립보를 떠날 때 혼자 그곳에 남아 교회를 돌보았다. 그리고 7년 후 누가는 이방 교회들이 모은 헌금을 가지고 예루살렘으로 가던 바울과 합류하여 예루살렘까지 함께 여행했다(행 20:5~21:18). 누가는 바울이 가이사랴에 감금되어 있던 이 년 동안 유대에 머물렀다. 이 기간에, 누가는 예수님의 어머니 마리아와 사도들에게서 예수님과 관련된 증언을 듣고 자료를 모아 이후 누가복음을 기록했을 것이다(눅 1:3). 그는 바울과 함께 가이사랴에서 로마까지 생사를 넘나들었던 그 위험한 항해를 했으며(행 27:1~28:16), 바울이 순교하기 직전까지 그의 곁을 지켰다(딤후 4:11).

2세기에 기록된 누가복음의 소개문은 누가를 안디옥 출신의 의사로서 사도들의 제자였으며, 바울이 순교할 때까지 그를 수행했으며, 결혼하지 않고 일심으로 주님만 섬기다가 84세의 나이로 그리스 테베(Thebes) 근교 베오디아에서 잠들었다고 소개하고 있다.[10] 그의 유해는 주후 338년 콘스탄티노플로 옮겨졌다가 다시 이탈리아 파두아(Padua)에 이장되었다고 알려져 있다.

• 병원 입구 아스클레피오스 조각

• 버가모 아스클레피온

드로아는 바울의 선교 여정에서 아주 중요한 도시였다. 바울은 2차 선교여행 때 이곳에서 마케도니아 사람의 환상을 본 후 빌립보로 건너갔다. 그리고 3차 선교여행 중 두 번 더 드로아를 방문했다. 첫 번째는 에베소에서 사역을 마치고 디도를 만나기 위해 방문했고(고후 2:12~13), 두 번째는 예루살렘으로 돌아가는 길에 방문했다. 이때 바울은 주일 밤에 드로아 성도들과 함께 떡을 떼고 늦은 시간까지 설교했으며, 설교를 듣던 중 졸다가 다락에서 떨어져 죽은 유두고를 살렸다(행 20:7~12). 바울이 주일 밤 드로아에서 형제들과 만찬을 나누고 그들에게 설교했다는 기사를 통해 우리는 이 도시에 교회가 있었다는 것을 알 수 있다. 드로아 교회는 바울이 디도를 기다리던 동안 복음을 전해 세워졌을 것이다(고후 2:12~13).

바울은 로마에서 풀려난 후 다시 드로아를 방문했다. 이때 바울은 겨울옷과 가죽 종이에 쓴 것을 "가보의 집"에 두고 갈 정도로 급한 상황을 만났던 것으로 보인다(딤후 4:13). 어쩌면 이때 바울은 당국에 의해 다시 체포되어 겉옷과 성경을 챙길 겨를도 없이 로마로 호송되었을 것이다. 만일 이 추측이 옳다면, 바울이 순교하기 전 마지막으로 사역한 도시는 드로아였을 것이다.[11]

바울이 마지막으로 드로아를 방문한 지 50년 후, 속사도 교부이자 수리아 안디옥 교회의 감독이었던 이그나티우스(Ignatius)가 드로아를 지나갔다. 그는 안디옥에서 로마로 호송되어 가던 도중 드로아에 잠시 머물면서 서머나 교회, 빌라델비아 교회 그리고 서머나 교회의 감독 폴리갑에게 보내는 3권의 편지를 썼다. 이그나티우스는 폴리갑에게 자신이 "즉시 드로아에서 네압볼리로 항해하기 때문에 모든 교회에 편지를 쓸 수 없음을" 사과하면서 자기를 대신해 소식을 전해 달라고 당부했다.[12] 그리고 이그나티우스는 바울이 걸었던 길을 따라 로마로 호송되어 그곳에서 장엄하게 순교했다.

드로아에는 도시 방어용 성벽과 목욕탕, 내항을 끼고 있는 아고라 그리고 주전 1세기 만들어진 경기장과 주택지역 일부가 발굴되어 있다. 발굴로 일부 모습을 드러낸 주택지역 어딘가에 '가보의 집'이 있었을 것이다. 바울은 주택가 사이에

나 있는 길을 걸었고, 지금은 모래에 묻혀있는 외항에서 배를 타고 빌립보를 오갔을 것이다. 관광객들을 위한 안내문도 없고 길도 정비되어 있지 않아서 유적을 돌아보기가 쉽지 않지만, 떡갈나무에 둘러싸여 있는 언덕 위에 서서 바다 건너편 유럽 쪽을 바라보면, 왜 주님께서 이 도시에서 마게도니아 사람의 환상을 보여주셨는지 이해할 수 있을 것이다.

3. 빌립보(Philippi)

드로아를 출발한 바울 일행은 하루 만에 사모드라게 섬(Samothrace)에 도착하여 밤을 보내고 다음 날 네압볼리(Neapolis)에 도착했다(행 16:11). 7년 후 바울 일행을 태웠던 배가 같은 항로를 반대 방향으로 여행하는데 닷새가 걸린 것을 생각하면(행 20:6), 이때 바울이 탄 배는 순풍을 만났음을 알 수 있다. 어느 역사가가 말했듯이, 이날 바울이 탔던 배는 바울만 싣고 간 것이 아니라 유럽의 미래를 싣고 갔다. 이후 유럽의 역사와 운명은 이날 결정되었다. 현재 카발라(Kavala)로 불리는 네압볼리에 도착한 바울 일행은 에그나티아 가도(Via Egnatia)를 따라 16km 거리에 있는 빌립보로 올라갔다(행 16:12).

빌립보는 주전 356년 알렉산더 대왕의 아버지 필립 2세(Philip II)가 건설했다. 사도행전은 빌립보를 "마게도냐 지방의 첫 성이요 또 로마의 식민지라"고 소개하고 있다(행 16:12). 사도행전이 소개하는 것처럼, 빌립보는 주전 167년 로마의 집정관 루키우스 아이밀리우스 파울루스(Lucius Aomilius Paullus)가 네 구역으로 나눈 마케도니아의 첫 번째 구역에 있던 로마의 식민 도시였다. 바울이 오기 한 세기 전, 이곳에서는 세계사를 바꾸어 놓은 중요한 일전이 치러졌다. 여름이면 해바라기꽃으로 뒤덮이는 빌립보 평원에서 주전 42년, 로마의 패권을 두고 옥타비아누스(Octavianus)와 안토니우스(Antonius) 연합군이 카이사르를 살해한 브루투스(Brutus)와 카시우스(Cassius) 동맹군과 일전을 치렀다. 이 전투에서 승리한 옥타비아누스는 그 여세를 몰아 안토니우스까지 제거하고 로마의 첫 황제로 등극했다. 빌립보 전투에서 승리한 옥타비아누스는 로마 28군단과 근위대에서 퇴역한 군인들을 빌립보에 이주시키고 이 도시를 로마의 식민지로 삼았다. 바울이 도착했을 때 빌립보에는 만 명 정도의 주민이 살고 있었다.13)

• 네압볼리(Kavala) 항구   • 네압볼리 에그나티아 가도

바울 일행이 빌립보에서 복음을 전한 기간은 짧았지만, 두 가정이 예수를 믿고 세례를 받았으며, 한 귀신 들렸던 점쟁이 여인이 구원을 얻었다. 사도행전은 바울이 방문했던 도시들에서 있었던 회심에 대해서는 "그들 중에 믿는 사람이 많고"(행 17:12), "수많은 사람도 듣고 믿어"(행 18:8)와 같이 일괄적으로 알려주지만, 빌립보에서 예수를 믿고 세례를 받은 사람들의 이야기는 상세하게 알려주고 있다. 그 이유는 사도행전을 기록한 누가가 빌립보에서 일어난 일들을 직접 목격했기 때문일 것이다.

빌립보에서 처음으로 복음을 받아들인 사람은 "하나님을 섬기는" 루디아(Lydia)라는 여인이었다. 그녀는 두아디라 출신으로 자신의 고향에서 생산된 '자색 옷감'을 가져와 부유한 퇴역군인들에게 팔던 사업가였다(행 16:14). 루디아는 고향 두아디라에서 유대인들을 통해 하나님에 대해 듣고 배워 "하나님을 섬기는 자"가 되었을 것이다. 두아디라에 있던 유대인 공동체와 자색 옷감에 대해서는 7장 '두아디라'를 보기 바란다.

빌립보에는 회당을 구성할 만한 유대인이 없었다. 회당이 없는 곳에서는 물이 흐르는 곳에서 기도하던 유대인의 관례를 따라 바울은 안식일에 기도할 곳을 찾아 강가로 갔다. 바울은 그곳에서 함께 모여 기도하던 하나님을 경외하는 여인들을 만나 그들에게 복음을 전했다. 루디아가 바울이 전하는 복음을 듣고 있을 때 "주께서 그 마음을 열어 바울의 말을 따르게 하셔서" 그녀와 온 집이 세례를 받았다(행 16:13~15). 세례를 받고 주님의 제자가 된 루디아는 바울 일행을 강권하여 자신의 집에 머물도록 했다. 이렇게 해서 마케도니아 최초의 교회가 루디아의 집에서 시작되었다.

바울이 복음을 전했던 빌립보 강기테스 강(Gangites)가에 루디아의 세례를 기념하기 위해 만들어 놓은 세례소와 교회당이 있다. 강기테스 강은 '강'이라고 부르기에는 폭이 좁고 수량도 적지만, 사철 차고 맑은 물이 흐른다. 루디아 기념 세례터와 교회당은 현대에 만들어진 것이다. 교회당 내부는 성경에 기록되어 있는 모든 세례 장면이 모자이크로 그려져 있다. 이 예배당은 유아 세례식을 행할 때만 사용되고 주일에 예배는 드리지 않는다. 기회가 닿으면 한국의 돌잔치처럼 온 마을 사람들이 함께 즐거워하며 세례받는 아이를 위해 기도하고 축복하는 세례식을 볼 수 있다.

• 강기테스 강과 루디아 기념 세례 터

• 루디아 기념교회당

바울이 빌립보에서 사역하는 동안, 두 번째로 예수를 믿는 사람은 점치는 귀신에게 사로잡혔던 여인이었을 것이다. "점치는 귀신"(행 16:16)의 원어는 '피돈의 영'(spirit of Python)이므로, 귀신 들린 여종은 델피(Delphi) 아폴론 신전에서 일하던 무녀였을 것이다. 이 무녀가 점을 치게 해 돈을 벌었던 주인들은 여인에게서 귀신이 나가 더는 돈벌이를 할 수 없게 되었다는 것을 알게 되었다. 그래서 화가 난 그들은 바울과 실라를 붙잡아 장터(agora) 관리들 앞에 끌고 갔다가 다시 치안 판사들에게 데리고 가서, 이 유대인들이 도시를 어지럽히고 "로마 사람인 우리가 받지도 못하고 행하지도 못할 풍속을 전한다"고 고소하였다(행 16:19~21). "로마 사람이 받아들이지 못할 풍속을 전한다"는 말을 들은 군중은 흥분에 사로잡혀 일제히 일어나 바울과 실라를 고발했다.

• 빌립보 아고라[15]

흥분하여 고함을 지르는 군중들 앞에서 판사들은 관리들에게 바울과 실라의 옷을 벗기고 그들을 치라고 명령했다. 판사들은 흥분한 군중들을 달래기 위해 바울과 실라에게 변호할 기회조차 주지 않았다. 두 사도는 관리들에게 심한 매를 맞고(ραβδιζω) 옥에 갇혔다(행 16:22~24). 바울이 세 번 맞았던 태장(ραβδιζω) 가운데 하나를 이때 맞았다(고후 11:25). 사도행전은 귀신의 압제에서 벗어난 이 가련한 여인이 주님을 믿고 세례를 받았는지 알려주지 않는다. 그렇지만, 누가가 귀신 들린 여종이 악한 영에서 해방된 사건을 루디아의 회심과 간수의 회심 사이에 자세하게 기록해 놓은 것으로 보아, 그녀 역시 주님을 믿고 빌립보 교회의 일원이 되었을 것이다.[114]

빌립보에서 회심한 세 번째 사람은 바울과 실라가 갇혔던 감옥의 간수였다. 바울과 실라는 심한 매를 맞고 감옥에 갇혔지만, 고통으로 신음한 것이 아니라 기도와 찬양을 했다. 그러자 큰 지진이 일어나 감옥의 문이 다 열렸고 죄수들을 묶고 있던 쇠사슬이 다 벗어졌다. 자다가 깨어 감옥 문들이 열린 것을 본 간수는 죄수들이 도망했다고 생각하고 자살하려던 순간 바울이 급히 크게 소리 질러 그를 말렸다. 놀람과 두려움에 사로잡힌 간수는 바울과 실라 앞에 엎드려 질문했다. "선생들이여 내가 어떻게 하여야 구원을 받으리이까"(행 16:30). 바울은 그에게 "주 예수를 믿으라 그리하면 너와 네 집이 구원을 받으리라"고 대답했다. 간수는 두 사도를 자기 집에 초청했고 두 사도는 주의 말씀을 그 집에 있는 모든 사람에게 전했다(행 16:31~32). 바울의 전도를 받은 간수와 그의 가족 모두는 그날 밤 예수를 믿고 세례를 받았다. 가족 모두가 하나님을 믿게 된 기쁨에 겨워, 간수는 한밤중이었음에도 정성스럽게 음식을 준비하여 두 사도를 대접했다(행 16:33~34). 바울이 로마 옥중에서 자신의 안위를 염려하는 빌립보 교회 성도들에게 "형제들아 내가 당한 일이 도리어 복음 전파에 진전이 된 줄을 너희가 알기를 원하노라"(빌 1:12)라고 말한 것처럼, 바울과 실라가 당한 고난으로 간수의 가족이 복음을 듣고 구원을 받았다.

날이 밝자, 관리들이 부하들에게 두 사람을 놓아주라 명령했다. 그러자 바울은 자신과 실라가 로마 시민임을 알리고 재판도 하지 않고 태장을 치고 감옥에 가둔 것에 대해 공개적인 사과를 요구했다. 관리들은 로마 시민을 재판도 하지 않고 처벌한 사실에 놀라 감옥에 찾아와 두 사도에게 정중히 사과하고 그들을 데리고 나와 그곳에서 떠나기를 간청했다(행 16:35~39). 관리들이 이렇게 정중한 태도를 보인 것은 바울과 실라가 총독에게 고발하면 자신들이 처벌을 받게 될 것을 두려워했기 때문일 것이다.

두 사도는 빌립보를 떠나기 전, 루디아의 집에 들어가서 형제들을 만나 위로하였다"(행 16:40). 두 사도가 루디아의 집을 찾아가 형제들을 만난 것은 빌립보 그리스도인들이 루디아의 집에서 모였기 때문일 것이다. 바울이 빌립보를 떠난 후에도 빌립보 그리스도인들은 루디아의 집에 모여 예배를 드렸을 것이다.

• 빌립보 감옥

바울이 빌립보를 떠나 암비볼리로 갈 때 "우리"가 다시 "그들"(행 17:1)로 바뀌고 있는 것은 누가가 빌립보에 남았다는 것을 알려준다. 누가가 바울과 동행하지 않고 빌립보에 남은 이유는 알 수 없다. 그렇지만 그가 빌립보에 남은 것은 신생 빌립보 교회에 큰 도움이 되었을 것이다. 사도행전의 "우리"로 시작하는 단락이 여기서 끝이 나고, 7년 후 "그들이 먼저 가서 우리를 기다리더라"(행 20:5)는 구절에서 다시 나타난다. 바울은 드로아에서 합류한 누가를 빌립보에 남게 하고 실라와 디모데와 함께 에그나티아 가도를 따라 암볼로니아와 아볼로니아를 지나 데살로니가로 내려갔다.

바울이 빌립보에서 복음을 전한 기간은 짧았지만, 이 도시에 성경에 기록된 유럽의 첫 번째 교회가 세워졌다. 빌립보 교회는 세워진 지 얼마 되지 않은 신생 교회였음에도 불구하고, 처음부터 바울의 선교에 동역했다. 그리고 12년이 지난 후, 바울이 로마에 구금되어 있던 동안에도 빌립보 교회는 바울을 돕고 있었다. 그러한 빌립보 교회를 향하여 바울은 "첫날부터 이제까지 복음을 위한 일에 참여하고"(빌 1:5) 있다고 감사를 표하고 있다.

바울은 빌립보를 떠난 이후, 이 도시를 여러 번 다시 방문했다. 사도행전이 직접 언급하고 있지 않지만, 바울은 3년 동안의 에베소 사역을 마치고 고린도 교회에 사절로 보낸 디도를 만나기 위해 드로아를 거쳐 마케도니아로 건너갔다(고후 2:12~13; 7:5~16). 이 여행 기간 중 바울은 빌립보를 방문했을 것이다. 바울은 그 후 고린도를 방문하여 겨울을 지내고 로마서를 써서 겐그레아 교회의 자매 뵈뵈 편으로 보냈다(롬 16:1). 그리고 배를 타고 예루살렘으로 돌아가려 계획했지만, 배에서 그를 죽이려고 음모를 꾸미고 있다는 제보를 받고 다시 육로를 따라 빌립보에 왔다(행 20:3~5). 바울이 빌립보에 왔을 때 다시 등장하는 "우리"라는 표현은 사도행전의 저자인 누가가 이곳에서 다시 합류했다는 것을 알려준다(행 20:7~12). 바울이 옥중에서 빌립보서를 보내고 난 후 다시 이 도시를 방문했다는 기록은 없지만, 로마에서 풀려난 후 이곳을 다시 방문했을 것이다.

사도시대 이후에도 빌립보 교회는 복음에 대한 첫 열정을 잃지 않았다. 우리는 그러한 사실을 사도 요한의 제자이며 서머나 교회 감독이었던 폴리갑이 빌립보 교회에 보낸 편지에서 읽을 수 있다.[16] 빌립보 교회는 고난을 받으며 자신들에게 복음을 전해준 바울을 잊지 않았다. 그래서 신앙의 자유를 얻게 되자 교회당을 건축하고 '사도 바울 교회당'으로 명명했다. 343년 빌립보 교회의 주교를 지낸 포르피리오스(Porphyrios)가 '사도 바울 교회당'에 대해 언급하고 있으므로, 이 교회당은 그리스도인들이 313년 신앙의 자유를 얻은 직후 건축되었을 것이다. 아쉽게도 이 '사도 바울 교회당'은 소실되어 버렸다. 비록 교회당은 남아있지 않지만, 고고학자들은 교회가 있었던 자리에서 아래 사진에 있는 "사도 바울 교회"라는 이름이 새겨진 모자이크를 발견했다. 이 모자이크는 아고라에 있는 옥타곤(팔각형) 형태의 교회 바닥에 옮겨져 전시되고 있다. 이후 빌립보에는 6세기까지 7개의 교회당이 건축되었는데, 고고학자들이 '바실리카 B'라고 이름 붙인 아고라 맞은편에 있는 큰 교회당은 이스탄불 소피아 교회당과 비교될 정도로 웅장했던 것으로 알려져 있다.

빌립보는 지정학적 요충지에 있었기 때문에 수많은 우환을 겪었다. 5~6세기에 고트족과 슬라브족의 침공을 받았으며, 619년에는 대지진까지 발생해 빌립보는 쇠락을 거듭했다. 이후에도 불가리아의 침공을 받았고 14세기 오스만 터키의 공격으로 빌립보는 완전히 폐허가 되었다. 이후 이곳은 사람들이 살지 않는 폐허로 방치되어 있었기 때문에 바울의 발자취를 간직한 여러 유적이 땅 아래 묻혀 보존될 수 있었다.

• 바실리카 B 교회당

• '바울 교회'가 새겨진 모자이크

● 가정 교회(Family Church)와 가택 교회(House Church)[17]

빌립보, 에베소 등 초대 교회가 있었던 도시들을 답사하는 그리스도인들은 바울이 세웠던 교회가 어디에 있는지 궁금해한다. 그래서인지 종종 성경에 기록된 교회가 어디에 있는지 질문하는 분들이 있다. 만약 초대 교회 성도들이 예배를 드렸던 교회당이 남아있다면, 바울과 초대 교회 성도들의 모습을 떠올리면서 큰 감격을 맛볼 수 있을 것이다. 도시 어디엔 가에 그리스도인들이 함께 모여 예배를 드리고 떡을 나누고 기도한 곳이 분명히 있겠지만, "여기가 초대 교회 그리스도인들이 예배를 드렸던 곳이다"라고 분명하게 말할 수 있는 곳은 없다. 초대 교회는 가정집에서 모였기 때문이다.

신약성경에는 가정집에서 모였던 교회 6곳이 기록되어 있다. 예루살렘 마리아의 집(행 12:12), 에베소 아굴라와 브리스길라의 집(고전 16:19), 골로새 빌레몬의 집(몬 1:2), 빌립보 루디아의 집(행 16:40), 라오디게아 눔바의 집(골 4:15) 그리고 로마의 브리스길라 아굴라의 집(롬 16:5)이 그것이다. 이 외에도 고린도의 스데바나 집(고전 1:16)과 같이 한 도시 안에서 가정에서 모이는 여러 교회가 있었을 것이다. 한 도시에 있었던 이런 가정 교회들은 "하나님의 교회"(고전 11:22) 혹은 "온 교회"(고전 14:23; 롬 16:23)로 연합되어 있었다.

이러한 교회들 가운데는 골로새 빌레몬의 집에서 모였던 교회처럼 직계 가족으로 이루어진 '가정 교회'(Family Church)가 있었고, 직계가족을 넘어 친척이나 친구 그리고 하인들로 이루어진 '가택 교회'(House Church)도 있었다. 초대 교회는 빌립보처럼 가정 교회에서 시작하여 가택 교회로 성장하고 도시 교회로 발전하였을 것이다.

가정 교회나 가택 교회는 집에서 모였다. 헬라식 단독 주택이나 도무스(Domus)로 불렸던 로마식 단독 주택은 그림에서 볼 수 있는 것처럼, 여러 개의 방과 사방에 주랑으로 둘러싸여 있는 넓은 사각형 안뜰을 가지고 있었다. 로마 주택의 큰 방은 30명 이상을 수용할 수 있었으며 이 층이 있었다. 집안에는 여러 명이 사용할 수 있는 수세식 화장실도 있었다. 헬라인이나 로마인들은 여러 개의 방 가운데 하나를 가정 제사용 신당으로 사용했다. 로마인들은 집 안에 있는 신당에서 가정 수호신 라레스(lares)에 기도하고 가족이나 가까운 사람들을 불러 함께 제사를 지냈다. 안뜰 역시 가정 제의를 위한 모임 장소로 사용되었다. 바울이 복음을 전하던 당시, 가택은 종교 의례의 장소로 사용된 것이다. 유대인들도 회당을 건축하기 전 먼저 '가택 회당'에서 모였다. 이처럼 헬라-로마 시대 개인의 집에서 종교적 모임을 하는 것은 자연스럽고 일상적인 일이었다.

초대 교회가 개인의 집에 모여 예배를 드린 것은 4가지 이유 때문이었다.[18] 첫째, 회심한 이방인이나 유대인의 집을 예배 장소로 사용하기 위해 리모델링을 할 필요가 없었다. 성도들의 모임이 예수님의 몸인 성전이었으므로 이방 종교와 같이 모임을 위한 어떤 건축적 특징을 갖춘 장소가 필요하지 않았기 때문이다. 둘째, 유대인과 헬라, 로마인들은 개인 집에서 종교적 모임을 하는 것에 익숙하였다. 그래서 회심한 사람들이 예배와 기도를 드리고, 성경을 배우기 위해 집에서 모이는 것을 조금도 어색하게 생각하지 않았을 것이다. 셋째, 개인 집은 성찬이나 공동식사와 같이 예배와 모임에 중요한 요소들을 제공할 수 있는 조건들이 갖추어져 있었다. 넷째, 개인의 집은 초청 받은 사람들만 들어갈 수 있었으므로 최소한의 보안이 유지되었다.

바울의 선교에서 '오이코스' 즉 개인 집과 집주인의 가족은 사역의 기초이자 지역교회 설립의 토대였고, 예배를 위한 모임 장소이자 선교사들과 동역자들의 숙박을 비롯하여 성도들의 삶과 신앙의 성장이 이루어지던 일차적이고 결정적인 공간이었다.[19]

• 에베소 주택 내부

• '로마 주택 복원도'[20]

4. 암비볼리(Amphipolis), 아볼로니아(Apolonia)

암비볼리(Amphipolis)

빌립보를 떠난 바울 일행은 에그나티아 가도를 따라 암비볼리(Amphipolis)로 향했다(행 17:1). 바울 일행이 빌립보에서 45km 거리에 있는 암비볼리까지 여행하는 데는 하루가 걸렸을 것이다. 에게해 연안에 인접한 암비볼리는 주전 5세기 아테네 장군 하그논(Hagnon)이 건설했다. 이 도시는 스트리몬강(Strymon)을 끼고 있고 강어귀에는 좋은 항구가 있었다. 그래서 주전 335년 알렉산더 대왕은 페르시아 원정을 나서면서 트라키아 원정본부를 암비볼리에 두었으며, 소아시아를 공격할 때는 이곳을 해군 본부로 사용했다. 암비볼리는 알렉산더가 죽은 후 아내 록산나와 아들 알렉산더 4세가 알렉산더의 후계자 중 한 사람인 카산더(Cassander)에 의해 유배되었다가 살해당한 곳이기도 하다. 주전 168년 피드나 전투(Battle of Pydna)에서 승리하여 마케도니아를 점령한 로마는 마케도니아를 네 개의 행정구역으로 나누고 암비볼리를 첫 번째 구역의 행정수도로 삼았다.

•4세기 교회 유적

•암비볼리 입구 사자상

사도행전은 바울 일행이 "암비볼리와 아볼로니아로 다녀가(지나가)"(행17:1) 라고 언급하고 있으므로, 바울 일행은 이 도시에 머물며 복음을 전하지 않았을 것이다. 바울이 암비볼리에 머물며 복음을 전하지 않은 것은, 유대인 회당이 없었고 멀지 않은 거리에 있는 마케도니아 수도 데살로니가를 마음에 두고 있었기 때문일 것이다.

암비볼리에 바울과 관련된 유적은 없지만, 4세기 교회당 터와 도시 입구 에그나티아 가도에 세워져 있는 사자상이 남아있다. 이 사자상은 주전 2세기에 건축된 것으로 바울 일행이 암비볼리로 들어갈 때 이 사자상 앞을 지나갔을 것이다.

아볼로니아(Apollonia)

아볼로니아는 암비볼리에서 44km 떨어진 볼레(Borl) 호수 남쪽에 있다. 바울 일행은 암비볼리를 출발하여 하루 만에 아볼로니아에 도착하였을 것이다. 아볼로니아와 관련된 역사적 사건이나 기록은 거의 없다. 법정(베마)이 있는 규모가 작은 아고라와 온천수가 공급되던 로마 목욕탕 건물이 남아있는 것으로 보아, 이 도시는 에그나티아 가도 변 온천지대에 있던 작은 휴양도시였던 것으로 보인다. 이 도시는 오늘날 네아 아폴로니아(Nea Apollonia, 신 아폴로니아)라고 불리는 도시 가까운 곳에 있다. 호수 주변이 온천지대로 개발되면서 옛 도시가 호수 주변 신도시로 이전되면서 붙여진 이름이다.

유적지에 남아있는 로마 목욕탕은 아볼로니아가 온천 휴양지였음을 알려준다. 바울 일행은 이곳에도 머물지 않았을 것이다. 유적지 한쪽에 작은 그리스정교회 채플과 법정으로 사용된 바위가 있는데, 바위에 그리스어와 영어로 "여기에서 바울이 복음을 선포했다"라는 문구가 새겨진 안내판이 설치되어 있다. 바울이 이 바위에 서서 복음을 선포했는지 알 수 없지만, 이곳이 법정이었기 때문에 바울과 관련된 전승이 유래된 것으로 보인다. 바울은 2차 선교여행 때 암비볼리와 아볼로니아를 지나간 이후, 몇 번 더 이 도시들을 지나갔다. 앞에서 언급했듯이, 3차 선교여행 중 에베소 사역을 마치고 디도를 만나기 위해 마케도니아로 왔을 때, 이방교회들이 준비한 헌금을 가지고 고린도를 출발하여 예루살렘으로 갈 때 그리고 로마 감금에서 풀려난 후 다시 에그나티아 가도를 따라 암비볼리와 아볼로니아를 지나갔기 때문에 아볼로니아 법정에서 복음을 전했을 가능성은 충분히 있다.

• 바울이 복음을 전했다는 법정

• 로마 목욕탕

5. 데살로니가(Thessalonica)

아볼로니아를 떠난 바울 일행은 에그나티아 가도를 따라 마케도니아의 수도였던 데살로니가(Thessalonica)에 도착했다. 데살로니가는 오늘날 그리스에서 수도인 아테네 다음으로 큰 도시이다. 그리스는 빌립보에서 데살로니가까지 이어지는 국도와 고속도로에 에그나티아 도로(Egnatia Odos)라는 옛 도로명을 그대로 사용하고 있다. 고속도로는 새롭게 건설되었지만, 국도는 옛 에그나티아 가도와 중첩되는 구간이 많다.

데살로니가는 알렉산더 사후 마케도니아를 지배했던 카산더(Cassander)가 건설했다. 필립과 알렉산더 시대에 마케도니아의 수도는 펠라(Pella)였지만, 카산더는 안전한 항구가 있던 이곳에 도시를 건설하고 알렉산더의 이복누이이자 자신의 아내 이름을 따라 데살로니가로 명명했다. 데살로니가

• 에그나티아 가도 표지석

는 주전 146년 로마의 영토가 되었다. 데살로니가는 비잔티움(이스탄불)에서 시작

하여 알바니아 디라키움(Dyrrachium)까지 이어지는 에그나티아 가도의 중간 지점에 있으면서 에게해와 흑해로 연결되는 좋은 항구를 가지고 있던 발칸반도의 지정학적 요충지였다. 주전 42년 데살로니가는 한글 성경에 '읍장'(행 17:6, 8)으로 번역된 시 관리(πολιταρχας)가 다스리는 자유시가 되었다. 그리고 바울이 방문하기 얼마 전인 주후 44년 클라우디우스 황제가 마케도니아를 원로원 직할 속주로 삼고 데살로니가를 마케도니아의 수도로 지정했다.

그 이후 4명의 황제가 로마제국을 나누어 통치하던 시대에 데살로니가는 정치 행정수도로, 비잔틴 시대에는 콘스탄티노플 다음가는 두 번째 도시로 명성을 이어갔다. 하지만 데살로니가는 지정학적 위치로 인해 수많은 전쟁을 겪었고 주인도 여러 번 바뀌었다. 오스만제국이 비잔틴을 멸망시킨 후 이 도시는 수백 년 동안 무슬림의 지배를 받았다. 1차 세계대전 후 이 도시는 다시 그리스의 영토가 되었지만, 2차 세계대전 때 이탈리아군에게 점령되어 이곳에 살던 유대인 5만이 나치 독일에 의해 학살당하는 비극을 겪었다. 데살로니가는 이처럼 숱한 역사의 굴곡을 겪었지만, 알렉산더 대왕과 아리스토텔레스를 배출한 도시답게 시내 곳곳에 유네스코 세계문화 유산으로 지정된 유적들이 산재해 있다.

• 데살로니가 성벽   • 알렉산더 대왕 동상과 올림포스산

바울이 데살로니가에 도착했을 당시 이 도시에는 5만의 주민이 살고 있었다.[21] 마케도니아의 수도이자 육로와 해로를 연결하는 상업의 중심지였던 이 도시에는 유대인 디아스포라가 있었다. 바울은 "자기의 관례대로" 먼저 회당을 찾아

가 세 안식일에 걸쳐 성경을 강론하며 뜻을 풀어 "그리스도가 해를 받고 죽은 자 가운데서 다시 살아나야 할 것을 증언하고, 예수가 곧 그리스도라"고 전했다(행 17:1~3). 바울이 회당에서 한 강론의 전체적인 내용은 비시디아 안디옥에서 한 설교와 유사했을 것이다. 바울의 회당 설교로 "경건한 헬라인의 무리와 적지 않은 귀부인"이 예수님을 믿었다(행 17:4). 바울이 데살로니가를 떠난 지 몇 달 후 데살로니가 교회에 보낸 편지에 "너희가 어떻게 우상을 버리고 하나님께 돌아와서 살아계시고 참되신 하나님을 섬기는지"(살전 1:9)라고 쓰고 있는 것을 볼 때, 많은 헬라 사람들이 복음을 듣고 예수를 믿었을 것으로 추측된다. 하나님을 몰랐던 헬라인들이 자신들이 섬기던 그리스 신들을 버리고 예수님이 하나님의 아들이시며 그리스도라고 믿고 따른 것은 바울 일행이 복음을 "말로만 아니라 또한 능력과 성령과 큰 확신으로"(살전 1:5) 전했기 때문이었다. 사도행전은 침묵하고 있지만, 하나님은 데살로니가에서도 사도들의 손으로 표적과 기사를 행하게 하시어 자기 은혜의 말씀을 증언하게 하셨을 것이다.

바울이 전한 복음을 듣고 예수 그리스도를 믿고 따른 사람들 가운데는 "데살로니가 사람" 아리스다고(Aristarchus)와 세군도(Secundus)가 있었을 것이다(행 20:4). 바울은 데살로니가 출신의 아리스다고를 "나의 동역자"(몬 1:24)라고 부르고 있다. 아리스다고가 언제부터 바울의 동역자가 되었는지 알 수 없지만, 그는 에베소에서 아데미 신상을 만들던 사람들의 선동으로 발생했던 소요로 극장에 끌려갔고(행 19:29), 바울이 3차 선교여행을 마치고 예루살렘으로 돌아가는 여정에 함께했다(행 20:4). 아리스다고는 이후 바울이 황제의 재판을 받기 위해 가이사랴에서 로마로 항해할 때 함께했으며(행 27:2), 로마에서도 가택에 구금되어 있었던 바울 곁에 있었다(골 4:10). 세군도는 이방 교회들이 예루살렘 교회를 위해 준비한 헌금을 가지고 예루살렘으로 가던 바울을 수행했다(행 20:4).

바울의 전도로 많은 사람이 예수를 믿자, 데살로니가 유대인들도 시기심이 들끓어 올랐다. 유대인들은 바울 일행이 복음을 전하지 못하도록 아고라에서 어슬

렁거리는 "불량한 사람들"을 선동하여 떼를 지어 성을 소동케 했다. 그들은 바울을 잡아서 법정에 끌고 가려고 바울 일행이 머물고 있던 야손의 집에 침입하였지만, 바울을 찾지 못하자 야손과 주님을 믿은 형제 몇을 읍장들(자치 관리들)에게 끌고 가서 이 사람들이 가이사의 법령을 거부하고 예수가 황제라고 선포했다고 고소했다. 유대인의 사주를 받은 무리의 고소는 로마 황제에게 충성을 맹세한 시 관리들을 당황스럽게 했다(행 17:5~8).

이 사람들이 "예수를 가이사(황제)라고 한다"라고 고소했지만, 시 관리들은 보석금을 받고 야손과 나머지 사람들을 놓아주었다. 시 관리들이 야손 일행을 풀어준 것은, 그 무렵 로마에서도 유대인들 사이에 이런 문제가 발생해 글라우디오 황제가 유대인들을 추방한 사실을 알고 있었기 때문이었을 것이다(행 18:2). 시 관리들은 바울이 데살로니가를 즉시 떠나는 조건을 달고 상당한 금액의 보석금을 요구했을 것이다. 시 관리들이 요구한 조건에는 만일 바울이 돌아와 다시 소동을 일으킨다면 야손과 형제들이 치를 대가도 포함되어있었을 것이다. 다른 선택의 여지가 없었던 바울 일행은 성난 군중들의 눈을 피해 밤에 데살로니가를 빠져나왔다(행 17:9~10).

• 데살로니가 아고라

바울은 이 일이 있고난 몇 달 후 쓴 편지에서 데살로니가에 다시 가고자 하였으나 "사탄이 우리를 막았다"(살전 2:18)고 말하고 있다. 아마 바울이 데살로니가로 돌아오는 것을 막기 위해 시 관리들이 저당 잡아둔 보석금이 '사탄의 방해'로 작용했을 것이다.[22] 그로부터 수년 후, 바울은 로마 교회에 보낸 서신에서 야손의 안부도 전하고 있다(롬 16:21). 이를 통해 우리는 바울을 위해 곤욕을 치렀던 야손이 바울의 신실한 동역자로 일하고 있었다는 것을 알 수 있다.

바울이 데살로니가 교회에 보낸 두 편의 서신은 바울이 전한 복음을 듣고 회심한 사람들에 의해서 이 도시에 교회가 세워졌음을 보여준다. 또한 이 두 편의 서신은 바울이 데살로니가에 머무는 동안 예수님의 재림과 종말(살전 4:16; 살후 2:1~12)에 대해 가르쳤음을 알려준다. 그리스도인들 가운데는 종말에 대한 가르침을 잘못 이해하여 혼란을 겪고 있는 사람들과(살전 4:13~18) 이방 종교의 영향을 완전히 벗어나지 못하고 성적 방종과 결혼의 신성함을 깨뜨리는 자들이 있었지만(살전 4:3~8), 데살로니가 교회는 믿음을 지키고 마케도니아와 아가야 지역에 복음을 힘차게 전하는 생명력을 가진 교회로 성장하였다(살전 1:7~8).

3차 선교여행 말미에 마침내 바울은 데살로니가를 다시 방문했다. 이 때는 첫 번째 방문 이후 6년이 지나 시 관리들이 교체되고 보석금 시효도 만료되어 바울이 데살로니가를 방문하는 데 장애가 없었을 것이다. 다시 데살로니가를 방문한 바울은 교회 성도들을 만나 격려하고 그들이 예루살렘의 가난한 성도들을 위해 준비한 헌금을 전달받았다(행 20:1; 고후 8:1~2).

• 아리스토텔레스 광장

데살로니가 유적들

데살로니가는 역사의 굴곡을 많이 겪었다. 그래서 바울이 이 도시를 방문했을 당시 모습을 상상해 볼 수 있는 유적으로는 1960년대 발견된 아고라(행 17:5)와 아고라 뒤쪽 언덕에 있는 성벽 정도가 남아있다. 유네스코 세계문화 유산으로 등재된 로마 유적은 모두 갈레리우스 황제(Galerius, 305~311) 시대의 것들이다. 갈레리우스 황제는 로마제국을 네 황제가 분리하여 통치하던 시기(293~324) 데살로니가를 수도로 삼고 발칸반도를 통치했다. 갈레리우스는 그리스도인들에게 악명 높은 황제였다.

로톤다(Rotonda): 갈레리우스 황제는 데살로니가의 대표적 건물 가운데 하나인 로톤다(Rotonda)와 개선문을 건설했다. 갈레리우스가 로마의 판테온(Pantheon)을 본떠 폭 24m, 높이 30m의 원형으로 만든 로톤다는 303년 사산조 페르시아와의 전쟁에서 승리한 기념으로 세운 개선문과 연결되어 있었다. 갈레리우스가 개선문 바로 옆에 로톤다를 만든 것은 이곳을 자신의 영묘(mausoleum)로 사용하려고 했기 때문이다. 하지만 갈레리우스는 뜻한 대로 로톤다에 묻히지 못했다. 그는 311년 오늘날 세르비아의 한 곳에서 중병에 걸려 죽은 후 자신이 태어났던 감지그라드(Gamzigrad)에 묻혔다.

• 로톤다(성 게오르기오스 교회당)

• 로톤다 내부

갈레리우스 황제는 303~309년까지 지속된 기독교 대박해를 주도했던 인물이다. 303년 2월 24일 '기독교 탄압칙령'을 공포하여 기독교에 대박해를 단행했던 디오클레티아누스 황제(Diocletianus, 284~305)[23]는 갈레리우스의 장인이자 그와 함께 로마의 동쪽 영토를 통치하던 공동 황제였다. 디오클레티아누스 황제의 대박해를 직접 경험했던 유세비우스(Eusebius)는 『교회사』에서 디오클레티아누스가 통치 19년에 갑자기 기독교를 탄압하기 시작한 것은 사위이자 부제였던 갈레리우스가 그에게 간청했기 때문이라고 밝히고 있다.[24]

갈레리우스가 그리스도인들을 잔혹하게 박해한 정확한 이유는 알 수 없다. 교회사가 라토렛(Latourette)은 발칸지역의 한 작은 마을에서 비천한 신분으로 태어나 사두정치 시대에 '동방의 부제'라는 로마제국의 4번째 서열까지 올라간 그가 이교도로 구성된 군대의 지지를 끌어내어 로마의 최고 통치자가 되려는 야망 때문에 그리스도인들을 핍박했을 것으로 추측한다.[25]

하지만 갈레리우스는 자기 뜻을 이루지 못하고 비참하고 고통스러운 죽음을 맞이했다. 유세비우스는 그리스도인들을 잔혹하게 박해하던 갈레리우스가 하나님의 심판을 받아 갑자기 몸에 종양이 생겨 내장까지 곪고 벌레가 생기는 끔찍한 고통을 당하다가 311년 죽었다고 증언하고 있다.[26] 갈레리우스가 디오클레티아누스를 부추겨 발생했던 혹독한 박해는 그리스도인들에게는 새벽 미명이 밝아오기 전 마지막 어둠과 같은 것이었다. 갈레리우스가 죽고 난 2년 후인 313년, 콘스탄틴 대제가 밀라노에서 종교자유를 보장하는 칙령을 선포함으로써 마침내 그리스도인들은 오랜 시련의 터널에서 벗어났다.

로마제국의 제1인자가 되려는 야망을 품고 교회를 잔혹하게 박해했던 갈레리우스가 사후 자신의 영면을 위해 만든 로톤다는 아이러니하게도 데살로니가를 대표하는 교회당으로 바뀌었다. 유아세례를 받은 그리스도인으로서 최초로 로마의 황제가 된 테오도시우스 1세(Theodosius I, 347~395)는 391년 이 건물을 교회당으로 개조했다. 로톤다는 교회당으로 사용하고 있는 현존하는 가장 오래된 건물 가운데 하나이다. 데살로니가 그리스도인들에게 로톤다 교회가 인내와 믿음으로 박해를 이겨내고 얻은 훈장과 같은 상징적인 장소였다. 이 건물은 '성 게오르기오스(Agios Georgios) 교회당'이라는 이름으로 지금까지 예배당으로 사용되고 있다.

    그리스도인들에게 역사적 상징을 지닌 이 건물은 발칸반도를 점령한 무슬림들에 의해 1590년 이슬람 사원으로 개조되어 1912년까지 모스크로 사용되었다. 그리스가 이 지역을 되찾은 후 로톤다는 다시 교회로 복원되었지만, 건물 옆에 서 있는 첨탑은 이 교회당이 한때 이슬람 사원으로 사용되었음을 알려준다. 로톤다는 유네스코 세계문화유산으로 등재되어있으며, 그리스정교회는 중요 기념일에 이곳에서 예배를 드린다.

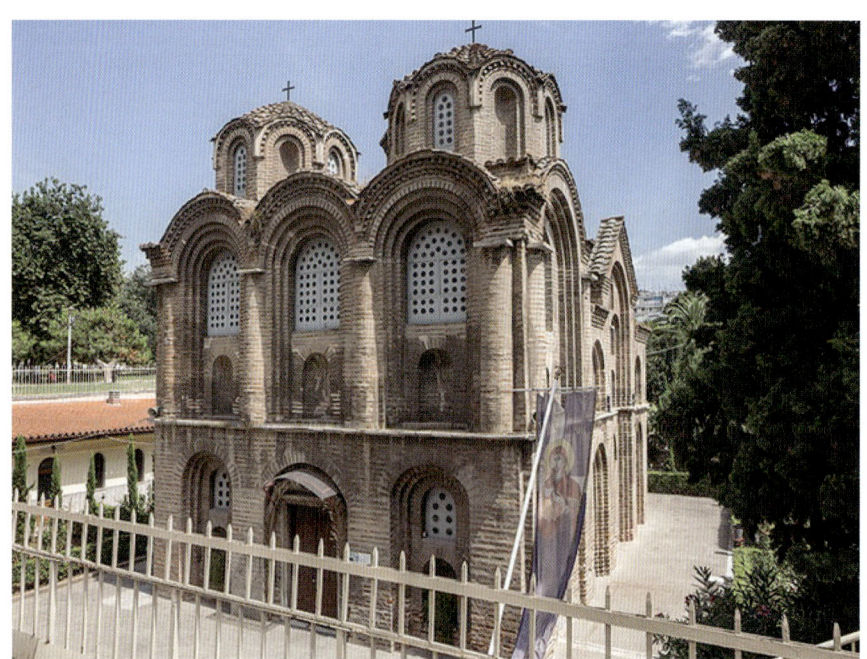

• 파나기아 찰케온 교회당

303년 디오클레티아누스가 공포한 네 번의 교회 탄압 칙령[27]

첫 번째 칙령

교회 건물은 모두 기초까지 파괴하라. 교회로 사용된 곳이 개인 주택의 일부라 해도 예외가 될 수 없다.
예배, 결혼, 장례 등 어떤 이유로든 그리스도인들이 모이는 것은 금지하라.
성경, 기독교 서적, 십자가, 예배 도구들을 몰수하여 불태우라.
상류층 그리스도인에게서 상류층에 주어진 모든 특권을 박탈하라.
그리스도인에게서 법정에서 법이 부여한 권리를 박탈하라.
교회 재산을 몰수하라.
그리스도인은 모두 공직에서 추방하라.

두 번째 칙령

주교, 사제, 부제들을 체포하여 투옥하라.

세 번째 칙령

감옥에 갇혀있는 성직자들에게 로마의 전통적인 신들에게 제물을 바치는 의식을 행하도록 하여 순응하는 자들은 석방하고 거부하는 자들은 사형에 처하라.

네 번째 칙령

고발이 없다 하더라도 그리스도인으로 알려진 자는 찾아내어 투옥하고, 로마의 신들에게 바치는 의식을 행하도록 강요하고 거부하는 자는 강제 노역이나 사형에 처하라.

로마제국 전역에 공포된 이 네 번의 칙령은 황제가 파견한 군대에 의해 엄격하게 집행되었다.

성 디미트리오스(Agios Demitrios) **교회당**: 로톤다 가까운 곳에 유네스코 세계유산에 등록된 성 디미트리오스(Agios Demitrios) 교회당이 있다. 4세기에 최초로 건축된 성 디미트리오스 교회당은 데살로니가뿐만 아니라, 그리스에서 가장 규모가 큰 교회당이다. 전승에 의하면 디미트리오스는 유복한 집안 출신으로 젊을 때 예수를 믿어 세례를 받았던 로마군 장교였다. 303년 '기독교 탄압칙령'이 발표된 후 갈레리우스 황제가 내린 교회 탄압 칙령을 거부하고 자신의 모든 재산을 교회에 바친 후 순교했다. 기독교가 공인된 후 데살로니가 그리스도인들은 디미트리오스의 순교를 기념하기 위해 그가 순교한 곳에 그의 유골을 묻고 그 위에 작은 교회당을 건축했다. 세월이 지나면서 처음 건축한 교회당이 낡아 사용하기 어렵게 되자 413년 큰 규모의 두 번째 교회당이 건축되었고, 634년에 현재의 바실리카 양식으로 다시 증축되었다.

성 디미트리오스 교회당 역시 오스만제국의 통치하에서 이슬람 사원으로 사용되었다. 이 건물은 1912년 다시 교회당으로 복원되었지만, 1917년 데살로니가 시가지를 태운 대화재로 심한 손상을 입었다. 이후 오랜 복원작업을 거쳐 1949년 현재의 모습으로 복원되었다. 고고학자들이 화재로 인한 무너진 교회당을 복원하던 중 교회의 지하에서 이전에 알려지지 않았던 로마 시대 그리스도인들의 무덤이 발견되었다. 성 디미트리오스 교회당은 화제로 원래의 모습이 손상되긴 했지만, 7세기 만들어진 아름다운 모자이크와 이콘(icon)으로 장식된 웅장한 교회 내부는 보는 이들이들에게 성스러움을 느끼도록 한다.

1453년 비잔틴 제국의 수도 콘스탄티노플(이스탄불)이 무슬림의 수중에 들어간 후 성 소피아 사원을 비롯한 주요 교회당 대부분이 이슬람 사원으로 개조되어 이스탄불에서는 제대로 보존된 비잔틴 시대 교회당을 볼 수 없다. 그러나 데살로니가에서는 앞서 소개한 교회당들 외에도 5세기 후반 건축된 성 다윗 교회당(Hosios David), 9세기 건축된 하기아 소피아 교회당(Agios Sophia), 11세기 건축된 파나기아 찰케온 교회당(Panagia Chalkeon) 등 비잔틴 양식으로 건축된 여러 교회당이 잘 보존되어 있다. 예술적 아름다움과 경건함을 갖추고 있는 이 교회당들은 유네스코 세계문화유산으로 등록되어 있다.

• 성 디미트리오스 교회당

• 성 디미트리오스 교회당 지하무덤

6. 베뢰아(Berea)

유대인들과 관원들의 위협으로 한밤에 데살로니가를 빠져나온 바울 일행은 형제들의 도움을 받아 80km 거리에 있는 베뢰아로 갔다(행 17:10). 데살로니가 형제들이 한밤에 급히 바울을 베뢰아로 피신시킨 것은 예수를 믿은 유대인들 가운데 그곳에 연고를 둔 사람이 있었기 때문일 것이다. 바울이 에그나티아 가도 상에 있는 마케도니아의 옛 수도 펠라(Colonia Pellensis)나 에뎃사(Edessa) 같은 중요한 도시를 두고 자신을 도피시킨 형제들의 제의에 따라 에그나티아 가도에서 남쪽으로 25km나 벗어나 있는 베뢰아로 간 것은, 펠라와 에뎃사에는 유대인 회당이 없었고, 데살로니가 사역을 마치면 아가야로 가려고 계획했기 때문이었을 것이다. 그래서 바울은 베뢰아를 떠나야 했을 때, 에그나티아 가도를 따라 서쪽 일루리곤 지역으로 가지 않고 동쪽 에게해 연안으로 가서 아덴으로 가는 배를 탔을 것이다(행 17:13~15).

바울이 방문했을 당시 베뢰아는 마케도니아 도시들의 연방 회의가 모이던 메트로폴리스(metropolis)였다. 이 도시에는 유대인들이 정착하여 회당을 형성하고 있었다. 바울은 늘 하던 방식대로 먼저 회당을 찾아가 회중에게 복음을 전했다. 베뢰아 유대인들은 데살로니가 유대인들과는 달리 바울을 "너그러운 마음으로 대하고 간절한 마음으로 말씀을 받고 이것이 그러한가 하여 날마다 성경을 상고"했다(행 17:11). 그 결과 "유대인 중에 많은 사람이 믿었고 또 헬라의 귀부인과 적지 않은 남자가" 예수를 믿었다(행 17:12). 이들 가운데는 7년 후 베뢰아 교회 대표로서 바울과 함께 예루살렘까지 동행한 "부로(Pyrrhus)의 아들 소바더(Sopater)"도 있었을 것이다(행 20:4). 소바더는 로마서 16:21의 '소시바더'(Sosipater)와 동일한 인물로 여겨지는데, 그렇다면 그는 유대인 회심자였을 것이다. 왜냐하면, 바울이 그를 "나의 친척"이라고 부르고 있기 때문이다. 바울이 로마 교회에 보내는 편지를 쓰면서 소바더의 문안을 전한 것은, 고린도에서 로마서를 쓰고 있던 당시 소바더도 함께 있었기 때문이다. 바울이 에베소에서 사역을 마치고 마케도니아를 거쳐(행 20:1~2;

(고후 2:12~13) 고린도로 가는 길에 베뢰아에 들렀을 때, 베뢰아 교회가 모은 헌금을 예루살렘에 전달하기 위해 소바더가 바울 일행에 합류했을 것이다.

베뢰아는 오늘날 '베리아'(Veria)로 불리는 인구 7만의 도시이다. 바울이 짧은 시간 머물렀기 때문에 시내 중심광장에 바울이 설교했다고 전해지는 연단(Bema) 외에 다른 유적은 없다. 연단은 대리석으로 만들어져있고, 양편에 바울이 드로아에서 '마케도니아 사람의 환상'을 보는 장면과 베뢰아에서 설교하는 모습이 모자이크로 그려져 있다. 연단 바로 앞쪽에는 바울 동상이 세워져 있다. 동상이나 모자이크는 모두 현대에 만들어진 것이다. 그리스정교회는 매년 6월 29일 이 연단 앞에서 바울이 베뢰아에 복음을 전해준 것을 기념하는 의식을 행한다.

베뢰아에서 바울이 복음을 전하고 있다는 소식을 들은 데살로니가 유대인들은 베뢰아까지 찾아와서 사람들을 선동하며 바울을 위협했다. 자신의 신변을 염려한 형제들의 권고를 받아들인 바울은 실라와 디모데에게 뒷일을 맡기고 몇 사람의 호위를 받으며 테살리(Thessaly)를 가로질러 에게해 연안에 있는 피드나(Pydna) 또는 디온(Dion)에 가서 배를 타고 아덴으로 갔다.[28] 아덴에 도착한 바울은 동행한 사람들에게 실라와 디모데를 속히 보내라고 지시한 후 그들을 돌려보내고, 자신은 홀로 아덴에 머물렀다 (행 17:15).

• 바울이 복음을 전하는 모자이크 그림

• 바울 동상과 설교단

7. 아덴(Athens)

바울이 바닷길을 통해 아덴에 도착한 것은 주후 50년 여름이었을 것이다. 바울이 아덴에 도착했을 때 이 도시는 그리스 도시 국가들을 주도하던 이전의 아덴이 아니었다. 아가야의 경제적, 정치적 주도권은 이미 오래전에 고린도로 넘어갔다. 그렇지만 헬라인의 마음속에 아덴은 여전히 "민주주의의 요람"이요, "그리스의 눈"이요, "예술과 수사학의 어머니"였다. 헬레니즘 세계에 있는 어떠한 도시도 헬라인들이 영광스럽게 생각하였던 아덴과 비교될 수 없었다.[29] 아덴은 주전 5세기 페르시아의 그리스 침공을 저지하는 데 주도적인 역할을 하였고, 주전 4세기 마케도니아 필립 왕의 침공을 막는 데도 앞장섰다. 아덴은 주전 338년 캐로니아(Chaeronea) 전투에서 필립 왕에게 패하였지만, 필립은 이 도시에 상당한 자유를 주었기 때문에 아덴 시민들은 주전 146년 로마가 그리스를 점령할 때까지 자유를 누렸다. 그리스를 점령한 로마도 아덴이 이전에 누리던 자치를 그대로 유지하도록 허용했다.

아덴은 소크라테스(Socrates)와 플라톤(Platon)의 고향이며 아리스토텔레스(Aristotle)와 제논(Zenon)이 활동한 고대 세계 최고의 철학 도시였다. 바울이 아덴을 방문했을 당시에도, 이 도시는 학문적, 철학적 명성을 얻고자 하는 사람들에게 여전히 매력적인 도시였다. 이 도시에는 주전 387년 플라톤이 창설한 아카데미아(Academia)가 여전히 건재했고, 스토아학파(Stoic)와 에피쿠로스학파(Epicurus) 철학자들이 왕성한 활동을 하고 있었다.

아덴에서 디모데가 오기를 기다리고 있던 바울은 "그 성에 우상이 가득한 것을 보고 격분하였다"(행 17:16). 당시 아덴은 바울의 마음을 격분시킬 만큼 많은 신전과 주상으로 가득했다. 이 도시에 얼마나 신전이 많았던지 크세노폰(Xenophon)은 아덴을 "하나의 거대한 제단, 하나의 거대한 제물"이라고 부르고 있고, 아덴을 여행했던 로마의 한 시인은 "아덴에는 그리스 전체의 주상들을 다 합친 것보다 더 많은 주상이 있었으며, 거기에서 사람을 만나는 것보다 주상을 만나기가

더 쉬웠다"라고 말할 정도였다.[30]

바울은 항구에 내려 아덴으로 들어가는 길에 말 위에서 삼지창을 휘두르는 모습의 포세이돈(Poseidon)과 아테나(Athena), 제우스(Zeus), 아폴로(Apollo) 상이 세워져 있던 케레스(Ceres) 신전을 지나갔을 것이다. 바울이 복음을 전했던 아고라에는 그리스 열두 신에게 바쳐진 제단이 있었으며, 모든 공공건물은 신들에게 바쳐진 신당이었다. 아테네 중앙에 우뚝 솟아 있는 아크로폴리스에는 아프로디테(Aphrodite), 아르테미스(Artemis), 테세우스(Theseus), 헤라클레스(Heracles), 니케(Nike), 디오니소스(Dionysus) 신전이 있었고 정상에는 아덴의 수호신인 아테나에게 봉헌된 파르테논(Parthenon) 신전이 자리하고 있었다. 심지어 바울이 보았던 "알지 못하는 신들"(행 17:23)에게 바쳐진 제단까지 있었다. 아고라와 아크로폴리스 주변에 산재해 있는 신전들과 아테네 고고학 박물관에 전시되어있는 수많은 신의 주상들은 바울이 아덴을 방문했을 당시 이 도시의 모습이 어떠했을지를 상상해 볼 수 있도록 해준다.

• 아크로폴리스[31]

바울은 이후 베뢰아에서 뒤따라온 디모데를 다시 데살로니가로 보내고(살전 3:1~2) 혼자 아덴에 머물면서 "회당에서는 유대인과 경건한 사람들과 또 장터(아고라)에서는 날마다 만나는 사람들과 변론"(행 17:17)하며 복음을 전했고, 또 스토아, 에피쿠로스 철학자들과 논쟁했다(행 17:18). 복음을 전했던 대상과 복음을 전했던 방식은 달랐지만, 바울이 전한 것은 복음의 핵심인 "예수와 부활"이었다(행 17:18). 바울은 회당에서 만났던 유대인과 경건한 사람들, 아고라에서 만났던 일반 사람들 그리고 광장과 아레오바고 법정에서 만났던 논리와 학식을 갖춘 철학자 모두에게 그들이 이해할 수 있는 방식으로 복음을 전했다. 아덴에서 바울이 전도하는 것을 보면, 모든 사람에게 "꼭 같이 쉽게 말할 수 있는 바울의 능력에 찬탄을 금할 수 없다."[32]

바울이 "예수와 부활"을 전하자, 철학자 가운데 일부는 "이 말쟁이가 무슨 말을 하고자 하느냐?"라는 말로 바울을 모욕했고, 그들 가운데 일부는 새로운 신들을 전한다고 생각하고 바울

• 아테네 아고라

을 아레오바고(Areopagus)로 붙들어갔다(행 17:18~19). 아크로폴리스에 있는 아레오바고는 종교와 도덕에 관련된 문제들을 다루는 법정의 기능을 하던 곳이었다. 박스글에 있는 것처럼, 아덴에서는 새로운 종교를 소개하는 사람들을 아레오바고에 소환해 공의회와 민중의 공인을 받게 하는 일이 종종 있었다. 이것은 아덴에 다른 종교가 전파되지 못하도록 하기 위한 조처였다. 신약시대, 아덴에서는 이방 신을 소개했다는 이유로 사형을 선고받았던 사람도 있었다.

바울을 아레오바고로 붙들고 간 사람들이 "네가 어떤 이상한 것을 우리 귀에

들려주니 그 무슨 뜻인지 알고자 하노라"(행 17:20)라고 말한 것으로 보아, 아덴 사람들은 바울이 전파하는 새로운 종교의 가르침을 점검하고 그것이 건전한 것인지 판단할 필요를 느꼈던 것 같다. 아레오바고 관원들은 바울에게 "이 새로운 가르침이 무엇인지 우리가 알 수 있겠느냐?"(행 17:19)라는 다소 정중한 표현을 사용하여 바울이 전하는 "예수와 부활"에 대해 설명해 달라고 부탁했다.

바울은 아덴에서 우연히 보게 된 "알지 못하는 신에게" 바쳐진 제단을 접촉점으로 삼아 "너희가 알지 못하고 위하는 그것을 내가 너희에게 알게 하리라"라는 말로 변증을 시작했다(행 17:23). 로마 팔라티노(Palatino) 박물관에 "알지 못하는 신에게"라는 문구가 새겨진 한 제단이 소장되어 있는데, 바울이 보았던 제단도 이와 같은 형태였을 것이다.

• "알지 못하는 신에게"(로마 팔라티노 박물관)

혹자는 아레오바고에서 행한 바울의 설교(행 17:22~31)는 인간의 지혜인 철학(학문)을 사용했기 때문에 실패했다고 평가한다. 이런 평가는 람세이에 의해 유포되었다. 람세이는 바울이 아레오바고에서 철학을 동원해 설교했기 때문에 결실을 거두지 못했으며, 그래서 고린도에서는 아덴에서처럼 철학적인 방식을 사용하지 않고 "예수 그리스도와 그가 십자가에 못 박히신 것 외에는 아무것도 알지 아니하기로 작정했다"(고전 2:2)고 주장했다.[33]

그러나 성경을 조금만 주의 깊게 살펴보아도 이런 주장이 부정확하고 정당하지 않음을 알 수 있다. 바울이 아고라에서 만났던 사람들과 그리스 철학자들에게 전한 것은 철학이 아니라 "예수와 부활"이었다(행 17:18). 또한, 아레오바고에 모였던 사람들이 바울을 통해 들은 것은 철학이나 세상의 지혜가 아니라 "죽은 자의 부활"이었다(행 17:32). 더구나 바울의 설교를 듣고 아레오바고 관리 디오누시오(Dionysius)와 다마리(Damaris)라는 여자와 다른 사람들이 예수님을 믿었다(행 17:34). 사도행전에 데살로니가와 고린도에서 회심한 사람들의 이름이 한 명만 언급되거나 한 명도 언급되지 않는다는 사실을 염두에 두고 볼 때, 아덴에서 회심한 두 사람의 이름이 기록되어 있는 것은 의미 있는 일이다. 바울은 그 어디에서도 자신의 아덴 사역이 실패했다고 언급하거나 그러한 암시조차 하지 않았다.

• 아레오바고 전경

• 아레오바고와 바울의 설교가 새겨진 동판

아레오바고(Areopagus)

아레오바고는 '아레스의 언덕'(Ares Hill)이라는 뜻으로 고대 아테네에서는 이곳이 법정이었지만, 신약시대에는 종교와 윤리적 문제에 대해서만 권위를 행사했다. 헬라 사회는 타 종교에 대해 관용적이었음에도 새로운 종교와 제사 의식을 소개하려면 국가로부터 공인을 받아야만 했다. 이러한 사실은 아덴의 법령에도 나타난다. 이 법령은 "왕의 집정관은 펠라기콘(Pelargikon, 아크로폴리스 성내)에서 신성한 경내와 세속적인 경내의 경계선을 확정할 것이며 앞으로는 누구도 공의회와 민중의 공인 없이는 단을 세우거나 펠라기콘에서 돌을 잘라내거나 흙이나 돌을 실어 내지 못한다"고 규정하고 있다.[34]

요세푸스는 아덴 사람들이 "한 여자 제사장이 새로운 신을 소개했다는 이유로 사람들의 고소가 있자 그 여자 제사장을 처형하였으며", "다른 새로운 신을 도입하려고 한 자는 사형으로 다스리고 있다"고 말하고 있다.[35] 주후 1세기 '마에케나스'라는 아덴 사람이 아우구스투스 황제에게 조언한 내용도 그러한 사실을 보여준다. 마에케나스는 아우구스투스에게 "이상한 의식들로 우리의 종교를 왜곡시키려 하는 사람은 혐오하고 벌을 내려야 합니다. 이런 사람들은 옛 신들 대신 새 신들을 가지고 와서 많은 사람이 외국 풍습을 채택하게 만들고, 이 풍습으로 군주에게 유익하지 않은 음모와 분당과 도당들이 생겨나기 때문입니다."[36] 라고 조언했다.

아덴 시민들의 표결로 이집트 사람들이 이시스(Isis) 신전을 지을 수 있도록 허락했다는 기록을 통해 볼 때,[37] 아덴의 종교법은 어떤 사람이 신을 소개하면 종교담당 관리들이 새로운 종교가 건전한 것인지, 그 종교가 요구하는 사항이 필요한 것인지를 확인하도록 했던 것으로 보인다.

　인용한 이러한 사실들을 염두에 두고 본다면, 아덴 사람들이 바울에게 그가 전하는 예수와 부활의 종교에 대한 가르침이 무엇인지 설명해 달라고 말한 것은 정중한 요청으로 보인다. 바울은 공회 앞에 고발을 당해 법적으로 자신의 종교적 확신을 변호하라고 요청받은 것은 아니었다. 아덴 사람들이 바울에게 예수와 부활에 대한 가르침이 무엇인지 설명해 달라고 요청한 것에 대해 사도행전은 "모든 아덴 사람과 거기서 나그네 된 외국인들이 가장 새로운 것을 말하고 듣는 것 외에는 달리 시간을 쓰지 않았기 때문이라"고 설명한다(행 17:21).

　바울은 1차 선교여행 중 루스드라 사람들에게 설교했던 것과 같이 아덴 사람들에게도 그들이 알지 못하는 구약성경을 명확하게 인용하지 않았다. 그리스 시인 에피메니데스(Epimenides)와 아라투스(Aratus)의 말을 인용하기는 했지만, 바울이 설교한 내용은 성경의 계시에 기초를 둔 것이었다. 바울은 성경이 계시하는 것처럼, 만물을 창조하신 창조주 하나님으로 시작하여 만물을 지탱하시는 하나님과 더불어 계속 나아가며, 만물의 심판자이신 하나님으로 결론을 맺는다.

　바울이 전한 심판과 부활(anastasis)은 아덴의 비극작가 에스킬루스(Aeschylus)가 아덴의 수호신이었던 아테네 여신의 입을 빌려 "사람은 한 번 죽으면 부활(anastasis)이 없다"라고 했던 말을 단정적으로 받아들이고 있던 아덴 사람들의 귀에 상당히 거슬렸을 것이다.[38]

　바울이 설교를 마치자 어떤 사람들은 바울이 전한 부활을 조롱하였지만, 관원 디오누시오와 다마리라는 한 여인은 바울이 전한 예수의 부활을 믿고 회심하였다.

아덴 유적들

사도행전은 바울이 복음을 전했던 아고라(장터)와 아레오바고에 대해서만 언급하고 있지만, 바울은 도시 곳곳을 오가며 복음을 전했을 것이다. 아테네의 유적과 거기에 얽힌 이야기를 소개하는 것은 방대한 일이므로, 여기서는 바울이 복음을 전한 아고라와 아크로폴리스 주변에 있는 몇 가지 유적만 소개하려고 한다.

아탈로스 스토아(Attalus Stoa): 바울이 사람들을 만나 복음을 전하고 변론한 장터(아고라) 동쪽에는 주전 2세기 건축된 아탈로스 스토아(Attalus Stoa)가 있다. 이오니아식(Ionic)과 도리아식(Doric) 기둥들로 장식된 폭이 20m에 길이가 115m나 되는 이 대리석 건물은 버가모 왕국 아탈로스 2세(Attalus II, 주전 159~138)가 자신의 아덴 유학을 기념하기 위해 건축한 것이다. 이 건물은 19세기 후반 복원되어 아고라에서 발굴된 유물들을 전시하는 박물관으로 사용되고 있다.

• 아탈로스 스토아

• 아탈로스 스토아 회랑

바울이 방문했던 모든 도시에는 스토아가 있었다. 스토아는 바깥쪽에는 많은 기둥이 받치고 있는 긴 복도가 있고 안쪽에는 방들이 배치된 회랑 형태의 공공건물을 지칭하는 명칭이다. 아탈로스 스토아 방들은 상점으로 사용되었는데, 상점을 뜻하는 영어 스토어(Store)가 여기서 나왔다. 사이프러스 키티온 출신의 철학자 제논(Zenon, 주전 340~260)은 아테네 아고라 북쪽에 있던 스토아의 한 방을 빌려서 철학을 강의했는데, 여기서 스토아학파(Stoicism)라는 용어가 생겨났다. 바울은 아덴에 머무는 동안 "날마다" 아탈로스 스토아의 긴 회랑을 거닐며 만나는 사람들에게 복음을 전하고 에피쿠로스와 스토아 철학자들과 "쟁론"을 벌였을 것이다(행 17:18).

아에올루스 신전(the Temple of Aeolus): 아탈로스 스토아 바로 뒤쪽에 로마 통치기에 건설된 아고라가 하나 더 있다. 그 아고라 입구에 '바람의 탑'(the Tower of the Winds)으로 불리는, 높이 12m에 한 면의 넓이가 3m인 팔각 탑 모양의 아에올루스 신전(the Temple of Aeolus)이 있다. 이 건물은 주전 1세기 시계 제작자이자 천문학자였던 마케도니아 출신의 안드로니코스 키레스테스(Andronikos Kyrrhestes)가 건축했다. 규모는 크지 않지만 아름다운 이 대리석 팔각 탑은 신전이자 세계 최초의 기상 관측소였으며 시계 탑이기도 했다. 팔각 탑의 윗부분 각 면에는 여덟 방위를 상징하는 바람의 신들의 모습이 양각으로 새겨져 있어서, 이 건물이 그리스 신화에 나오는 바람의 수호자인 아에올루스 신(Aeolus)에게 바쳐졌음을 알려준다. 이 탑은 태양이 비춰는 각도에 따라 시간을 알 수 있도록 설계되었으며, 태양이 보이지 않는 흐린 날에도 시간을 알 수 있도록 유압으로 작동되는 물시계를 갖추고 있었다. 이 탑에는 물시계를 작동시키기 위해 외부에서 물을 공급하는 시설이 있어서 아덴이 복음화된 이후 교회의 세례소로 사용되었다. 바울은 아고라를 오가는 길에 '바람의 탑' 앞을 지나다녔을 것이다.

• 바람의 탑(Aeolus)

• 헤파이스토스 신전

헤파이스토스 신전(Hephaestus): 아고라 북서쪽 약간 경사진 곳에 폭 14m, 길이 32m 크기의 헤파이스토스 신전(Hephaestus)이 있다. 이 신전의 건축은 페리클레스(Pericles, 주전 495~429)가 페르시아와의 전쟁에서 승리한 직후 시작되었지만, 아크로폴리스 정상에 파르테논 신전을 건축하는데 국력을 쏟아붓느라 주전 415년에야 완성되었다. 헤파이스토스는 그리스 신화에 등장하는 올림포스 열두 신들 가운데 하나로, 제우스와 헤라 사이에 태어난 첫째 아들로 철을 다루는 대장간의 신이다. 그래서 이 신전을 중심으로 대장간과 대장장이들의 숙소와 가게들이 집중해 있었다. 이 신전은 7세기에 그리스정교회 교회당으로 개조되어 오랫동안 사용되었으며, 1934년 그리스 정부가 고대 유적으로 지정하여 현재의 모습으로 복원되었다.

아크로폴리스(Acropolis): 바울이 설교했던 아레오바고 맞은편 웅장한 대리석 산 위에 아크로폴리스가 있다. 아덴 아크로폴리스는 높이 157m의 가파른 대리석 산 위에 축구장 두 배 크기의 평지가 있어서 고대부터 도시를 방어하는 성채로 사용되었다. 아크로폴리스에는 그 유명한 파르테논 신전(Parthnon)을 비롯하여 니케 신전(Nike), 에레크테이온 신전(Erechtheion)이 있다. 이 신전들은 수많은 전쟁을 겪으면서 원형이 많이 손상되었지만, 바울은 이 신전들의 원형을 보았을 것이다.

에레크테이온 신전의 이름은 아덴의 왕 에레크테우스에서 유래했다. 그는 호메로스(Homeros)가 『일리아스』에서 아덴을 "에레크테우스의 땅"이라고 부를 만큼 유명했던 전설적인 왕이었다. 에레크테이온은 하나의 건물처럼 보이지만 포세이돈, 아테나, 헤파이스토스에 바쳐진 세 개의 신전으로 이루어져 있다. 이 신전은 세 신에게 바쳐졌지만, 원래 이 자리에 에레크테우스의 궁전이 있었기 때문에 에레크테이온으로 불렸다. 에레크테이온은 아테네가 스파르타와 그리스의 패권을 놓고 펠로폰네소스 전쟁(주전 431~404)을 벌이던 중에 건축되었다. 이 건물에서 가장 아름답고 유명한 부분은 '카리아티데스'(Karyatides, 카리아의 처녀들)라고 불리는

6개의 아름다운 여인상이 지붕을 떠받치고 있는 베란다 형태의 현관이다. 현재 지붕을 바치고 있는 여인상들은 모두 모조품이다. 진품 6개 가운데 5개는 대기 오염으로 훼손되는 것을 방지하기 위해 아테네 고고학 박물관에 옮겨다 놓았고 하나는 대영 박물관에 있다.

• 에레크테이온 신전

아크로폴리스를 세계 최고 유적지 가운데 하나로 만든 것은 파르테논 신전이다. 유네스코는 파르테논을 세계문화유산 1호로 지정하고 파르테논 신전 모습을 기관을 상징하는 로고로 사용하고 있다. 유네스코가 파르테논을 세계문화유산 1호로 지정한 것은, 이 신전이 인류가 만든 최고의 건축물이기 때문이다. 이 신전은 주전 480년 살라미스 해전에서 페르시아를 물리친 후 아덴의 국력이 최고조에 달했던 페리클레스(Pericles, 주전 495~429) 시대에 건축되었다. 페리클레스는 당대 최고의 건축가였던 익티노스(Ictinos)와 칼리크라테스(Callicrates)에게 신전 건축을 명령하고, 조각가 피디아스(Phidias)에게 장식을 맡겼다. 주전 447년 시작된 건축은 15년이 걸려 432년 완공되었다. 기록에 의하면, 신전을 건축했던 익티노스와 칼리크라테스가 파르테논 신전 설계도를 남겼다고 하는데 아쉽게도 소실되어 전해오지 않는다. 하지만 파르테논 신전 건축에 관한 일부 기록이 남아있다.

이 기록은 파르테논 건축에 사용된 대리석이 2만 톤이며, 이 대리석은 아덴에서 16km 떨어진 펜텔리코스 산에서 캐내어 운반되었다고 알려준다. 2만 톤의 대리석을 캐내어 16km나 떨어진 아크로폴리스로 운반하는 데는 엄청난 비용이 필요했다. 건축을 하던 중 국고가 고갈되자 페리클레스는 필요한 경비를 델피에 있는 델로스 동맹의 금고에서 임의로 가져다 사용했다. 페리클레스는 델로스 동맹이 비축해둔 돈으로 파르테논 신전을 완공하였지만, 국력을 지나치게 낭비해버려 이듬해 발발한 펠레폰네소스 전쟁(주전 431~404)에서 패배하고 스파르타에 그리스의 주도권을 빼앗겼다.

• 파르테논 신전

건축가들이 파르테논 신전을 세계 최고의 건물로 여기는 것은 건물의 크기나 화려함 때문이 아니다. 웅장함으로 말하자면, 아덴에만 해도 파르테논 신전보다 4배나 더 큰 제우스 신전이 있다. 파르테논 신전이 유명한 것은 건축학적 걸작이기 때문이다. 이 신전은 그리스 수학자이자 기하학자였던 유클리드(Euclia)가 『원론』에서 '황금비율'(Golden ratio)이라고 부른 5:8의 비율로 만들어졌다. 신전의 바닥과 기둥은 직선이 아니라 가장자리에서 중앙으로 갈수록 높아지는 완만한 곡선을 이루고 있으며, 바닥의 가운데 부분이 모서리보다 약간 높고 기둥도 아래에서 1/3 지점이 가장 두껍도록 조금 볼록하게 만들어졌다. 신전 기둥 사이 간격도 일정하지 않다. 바깥쪽 기둥 사이 간격이 안쪽보다 좁으며 모든 기둥이 조금씩 중앙을 향해 기울여져 1,760m 높이의 한 점에서 만나도록 설계되었다. 이러한 구조 때문에 파르테논 신전은 어느 방향에서 보아도 안정감과 아름다움을 느끼게 된다.

파르테논 신전도 주후 6세기부터 그리스정교회 교회당으로 사용되다가 1460년 오스만제국이 아덴을 점령하자 이슬람 사원으로 개조되었다. 그러다 1687년 9월 26일 오스만제국과 베네치아가 아덴을 두고 전투를 하던 중 베네치아 군이 오스만제국 군이 화약을 저장해둔 파르테논 신전에 포격을 가해 화약이 폭발하면서 신전과 조각물이 크게 파손되었다. 게다가 1806년 영국 외교관이던 토마스 브루스(Thomas Bruce)가 오스만 황제의 허가를 받아 파르테논 신전의 박공과 벽에 남아있던 조각물을 떼어내 영국으로 가져가 버려 파르테논 신전은 다시 한번 훼손을 당하였다. 이후 대영 박물관이 이 조각들을 소장품으로 사들여 보관하고 있다. 그리스 정부는 파르테논 신전의 복원을 위해 영국 정부에 조각물들을 반환하라고 요구하고 있으나, 지금까지 아무런 결과도 얻지 못하고 있다.

이 외에도 아덴에는 제우스 신전을 비롯한 수많은 유적이 널려있다. 땅만 파면 유적들이 발견된다고 하니 그야말로 도시 전체가 유적지인 셈이다. 그 많은 유적지 가운데 아덴을 가면 반드시 찾아보아야 할 곳이 있다. 바로 고대 그리스의 보물을 모아둔 아테네 국립 고고학 박물관(National Archaeological Museum of Athens)이다. 아덴 시내 중심에 있는 이 박물관에는 주전 20세기 미케네 문명에서부터 비잔틴 시대에 이르기까지 그리스 전역에서 출토된 방대한 유물들과 예술품들이 소장되어 있다. 아테네 국립 고고학 박물관을 보지 않고는 그리스 문명의 진수를 보았다고 말할 수 없다. 아테네를 방문한다면 최소 반나절은 시간을 내어서 유물들을 감상해보기를 바란다. 그러면 왜 그리스 사람들이 어깨를 으쓱이며 "이 세상에는 두 부류의 사람이 있는데, 하나는 그리스인이며 다른 하나는 그리스인이 되고 싶은 사람이다"라고 말하는지 이해할 수 있을 것이다.

• 아테네 국립 고고학 박물관

• 말타는 기수 청동상(국립 고고학 박물관)

8. 고린도(Corinth), 겐그레아(Cenchreae)

50년 가을, 바울은 홀로 아덴을 떠나 이틀 정도 여행하여 고린도에 도착했을 것이다(행 18:1). "두 바다의 도시"로 불렸던 고린도는 당시 인구 10만의 아가야(Achaia) 속주의 수도였다.[39] 고린도가 "두 바다의 도시"로 불린 것은, 이 도시가 그리스 본토와 펠로폰네소스 반도를 사이에 두고 에게해와 이오니아해를 지척에 둔 길이 15km의 좁은 지협에 자리 잡고 있기 때문이다. 고린도는 아드리아해 쪽으로 레캐움 항(Rchaeum)을, 에게해 쪽으로는 겐그레아 항(Cenchreae)을 가지고 있었다. 고린도는 이 두 항구를 연결하는 디올코스(Diolkos)로 불리는 도로를 가지고 있어서 그리스뿐만 아니라 중부 지중해의 상업과 물류의 흐름을 장악하였다. 아덴이 그리스 철학과 학문의 중심지였다면 고린도는 상업의 중심지였다.

고린도는 호메로스의 『일리아스』에도 언급되는 오랜 역사를 가진 그리스 도시 국가 가운데 하나였다. 고린도는 그리스 도시 국가들 가운데 아테네만큼 주목받지 못했지만, 로마가 그리스로 세력을 확장하자 '아가야 동맹'을 결성하여 로마군에 대항했다. 하지만 고린도가 이끌던 아가야 동맹군은 주전 146년 루시우스 뭄미우스(Lucius Mummius)가 이끄는 로마군에 대패했다. 전쟁에서 패한 고린도는 로마에 대항한 대가를 톡톡히 치러야 했다. 뭄미우스는 로마에 반기를 든 징벌로 고린도 남자들을 모두 죽이고 여자들을 노예로 팔아버린 뒤 도시를 폐허로 만들어 버렸다. 이후 100여 년 동안 고린도는 폐허로 방치되었다.

폐허에 묻혀있던 고린도를 로마의 식민지로 재건한 것은 카이사르였다. 고린도의 전략적 중요성을 파악한 카이사르는 주전 44년 도시를 재건하고 수도 로마에서 해방 노예들과 퇴역한 군인들을 이곳으로 이주시켰다.[40] 고린도는 지정학적 이점과 로마의 지원 덕분에 빠르게 발전하여, 주전 27년 아테네를 제치고 아가야 속주의 수도가 되었다. 고린도가 번성하자 많은 유대인이 고린도에 이주하였다. 특히 주후 19년과 49년 공포된 황제의 칙령에 따라 로마에서 추방된 유대인들이 대거 고린도로 유입되었다. 유대인 외에도 소아시아, 이집트, 아프리카, 그리스 등 지중해 전역에서 온 다양한 부류의 사람들이 고린도에 정착하였다.

고린도는 선원과 상인 그리고 여행자들로 붐볐다. 2년마다 열렸던 이스트미안 경기(Isthmian Games)가 있을 때면 그리스뿐만 아니라 로마 전역에서 운동선수들과 구경꾼들이 찾아와 고린도의 거리는 흥청거리는 인파들로 넘쳐났다. 고린도에는 높이 600m의 아크로고린도(Acrocorimth) 위에 있던 아프로디테 신전을 비롯하여 아폴로, 아테나, 아스클레피오스, 데메테르와 같은 그리스 신들과 이주자들이 가져온 이집트의 이시스(Isis), 세라피스(Serapis) 그리고 소아시아의 대모신 키벨레(Cybele)를 숭배하는 신전들이 산재해 있어서 종교산업도 번창하였다. 바울은 고린도 교회에 우상에게 바쳐졌던 제물에 대해 교훈하면서 고린도의 이런 상황을 상기시키고 있다. "하늘에나 땅에나 신이라 불리는 자가 있어 많은 신과 많은 주가 있으나, 그러나 우리에게는 한 하나님 곧 아버지가 계시니"(고전 8:5~6).

● 디올코스(Diolkos), 아크로고린도(Acrocorinth), 이스티미안 경기(Isthmian Games)

고대 고린도를 유명하게 만든 것은 당시 지중해 세계에 사는 사람들이면 누구나 알고 있었던 디올코스(Diolkos), 아크로고린도(Acrocorinth), 이스티미안 경기(Isthmian Games), 이 세 가지였다.

디올코스(Diolkos): 아덴에서 펠로폰네소스 반도를 지나 서쪽 아드리아해로 가는 바닷길은 험하기로 유명했다. 특히 펠로폰네소스 반도의 남단 말레아 곶(Cape Malea) 앞바다는 얼마나 험했는지 뱃사람들 사이에는 "말레아 주변을 항해하려면 집을 잊어버려라", "말레아 주변을 항해할 생각이라면 유언을 먼저 해 두라"는 금언이 있을 정도였다. 그래서 고린도 왕 페리안더(Periander, 주전 627~585)는 주전 6세기, 서쪽 레캐움 항구와 동쪽 겐그레아 항구를 연결하는 폭 3.5~5m의 포장도로 '디올코스'를 만들었다. 디올코스 덕분에 말레아 곶을 지나 펠로폰네소스 반도를 돌아가는 350km의 위험한 항해 거리가 5.6km로 단축되었다.

● 디올코스

건축가들은 디올코스에 수레의 바퀴가 길을 벗어나지 않고 무거운 짐이나 배를 운반할 수 있도록 홈을 파서 궤도를 만들었다. 무거운 짐을 실은 수레의 바퀴가 도로를 이탈하지 않도록 궤도를 만든 것은 현대 철도의 원리와 같다. 수레로 운반된 배의 크기는 길이 35m에 높이 5m, 무게가 25t 정도였다. 배를 실은 수레는 112명에서 142명의 인부가 운반했으며, 레캐움과 겐그레아 항구 사이를 이동하는데 세 시간 정도 소요됐다. 고린도는 디올코스 덕분에 상업과 물류의 중심지가 되었다. 디올코스는 12세기까지 사용되었다. 이 역사적인 도로는 1893년에 개통된 고린도 운하 공사로 인해 대부분 유실되고 일부만 남아있다.

아크로고린도(Acrocorinth): 고린도 남쪽에 우뚝 솟아 있는 높이 600m의 바위산이 아크로고린도(고린도 아크로폴리스)이다. 아크로고린도는 정상에 사람들이 거주할 수 있는 제법 넓은 평지가 있어서 고대부터 이곳에 성채가 있었다. 아크로고린도는 군사적, 전략적으로 중요한 곳에 있었기 때문에, 고대 그리스인들은 이 성체와 고린도를 지배하는 자를 "펠로폰네소스라는 소의 뿔을 잡은 자"라고 불렀다. 도시에서 아크로고린도를 올려다보면 절벽 위 성채를 둘러싸고 있는 성벽을 볼 수 있는데, 지금 남아있는 것은 중세 베네치아가 증건한 것이다.

아크로폴리스 정상에는 1,000명의 여 사제들이 미의 여신 아프로디테(Aphrodite)를 섬기던 신전이 있었다. 이 여사제들은 밤이면 도시로 내려와 매춘을 일삼았다. 그래서 스트라보는 이들을 "성스러운 창녀"[11]라고 비꼬아 불렀다. 고린도가 성적으로 얼마나 문란했던지, 플라톤은 '고린도 처녀'(korinthiastes)를 매춘부와 동의어로 사용했고, '고린도식으로 놀다'(korinthiazomai)라는 말은 음행한다는 말로 통용되었다. 바울은 이처럼 성적으로 부도덕하고 방탕한 도시에서 살던 그리스도인들에게 "음행하는 자나 우상을 숭배하는 자나 간음하는 자나 탐색하는 자나 남색 하는 자는 하나님의 나라를 유업으로 받지 못할 것이다"(고전 6:9)고 경고하며 거룩한 삶을 살 것을 촉구했다.

• 아폴로 신전과 아크로고린도

이스티미안 경기(Isthmian Games): 고린도 지협의 이름을 따라 붙여진 '이스티미안 경기'는 그리스 4대 경기 가운데 하나였다. 이 경기는 겐그레아에서 가까운 이스티미아에서 2년마다 열렸다. 이스티미안 경기는 운동경기와 함께 음악, 웅변, 드라마 경연도 했다. 운동경기를 제외하고는 여성들도 참가할 수 있었다. 이 경기는 시 정부가 후원했고 바다의 신 포세이돈에게 헌정되었다. 바울은 2차 선교여행 중 1년 6개월(행 18:11)을 고린도에 머물렀고, 3차 선교여행 동안에도 고린도에 머물렀기 때문에, 경기에 참여한 선수나 각지에서 모여든 구경꾼들을 만나거나 이들이 가지고 다녔던 천막을 손보기도 했을 것이다. 바울은 고린도 교회에 보낸 편지에서 선수들이 달리는 모습(고전 9:24), 권투 선수들이 싸우는 모습(고전 9:26) 그리고 우승자에게 주어지는 면류관(고전 9:25) 등을 비유로 사용했다. 바울은 다른 서신서들에서도 결승점을 향하여 달리는 경주자(빌 3:14), 우승자의 기쁨과 환희(빌 4:1), 선수들의 엄격한 자기 훈련(딤전 4:7~8), 선수들이 지켜야 할 규칙(딤후 2:5), 심판이 상을 수여하는 모습(딤후 4:8)을 비유로 사용했다.

• 이스티미아   • 이스티미안 경기비

고린도는 바울의 2차 선교여행의 중심지였다. 바울은 이 도시에 1년 6개월을 머물며 복음을 전했다(행 18:11). 바울은 2차 선교여행 중 고린도에서 데살로니가 전후서를 썼으며, 3차 선교여행의 마지막 3개월을 이 도시에서 지내며 로마서를 썼다(행 20:3; 롬 16:1, 23). 바울은 혼자 고린도에 도착했지만, 하나님은 그를 위해 아굴라(Aquila)와 브리스길라(Priscilla) 부부를 준비해 두셨다. 남편 아굴라는 흑해 연안 본도(Pontus) 출신의 유대인이었으며 아내 브리스길라는 로마인이었다. 이들은 모든 유대인은 로마에서 떠나라는 글라우디오 황제의 칙령에 따라 바울이 도착하기 직전 고린도에 이주해왔다(행 18:2). 1장에서 언급한 것처럼, 로마 역사가 수에토니우스는 글라우디오 황제가 49년 "로마의 유대인들이 '크레스투스'(Chrestus)의 선동으로 끊임없이 소요를 일으켰기 때문에 유대인들을 로마에서 추방했다"라고 말하고 있다.[42]

바울은 아내 브리스길라를 남편 아굴라보다 먼저 언급하기도 하고, 브리스길라를 브리스가(Prisca)라고(롬 16:3; 딤후 4:19) 친근하게 부르기도 한다. 바울이 브리스가를 먼저 언급하는 것은 그녀가 로마의 유력한 집안 출신이었기 때문일 가능성이 있다. 바울 당시 로마에는 '브리스가'라는 유명한 가문이 있었으며, 로마의 살라리아 가도(Via Salaria)에서 1세기 말에 조성된 것으로 보이는 '브리스길라'라는 이름을 가진 명문가 여성의 묘지가 발굴되었다. 이 묘지 인근에는 91년 도미티아누스 황제 때 순교한 아실리우스 글라브리오(Acilius Glabrio)라는 원로원 가문 출신의 그리스도인 가족들이 묻혀있다. 이러한 정황으로 인해서 '아실리우스'라는 이름이 '아굴라'와 어떤 관계가 있지 않을까 추측하는 사람들이 있다.[43] 사도행전에 브리스길라와 아굴라가 바울을 통해 복음을 듣고 회심했다는 언급이 없으므로, 이들은 로마에서 그리스도인이 되었던 것으로 보인다.

바울은 자신과 같이 천막을 만드는 일을 하던 아굴라와 함께 일하며 회당에서 복음을 전했다(행 18:1~4). 브리스길라와 아굴라는 단순히 생업을 같이하는 동업자 이상의 관계였다. 바울이 고린도 사역을 마치고 수리아 안디옥으로 떠날 때 이 부부도 함께 떠나(행 18:18) 에베소에 머물며 바울의 사역을 도왔다. 바울이 에베소에서 고린도 교회에 보낸 편지를 쓰면서 "브리스길라와 아굴라와 그 집에 있는 교회"(고전 16:19)의 문안을 전하고 있는 것을 통해, 우리는 이 부부의 집이 가택 교회로 사용되고 있었음을 알 수 있다. 아마 에베소에 세워졌던 최초의 교회는 브리스길라와 아굴라의 집에서 시작되었을 것이다. 57년경, 고린도에서 로마 교회에 보낸 편지에서 바울은 브리스길라와 아굴라의 "집에 있는 교회"(롬 16:5)에 문안을 전하고 있다. 이를 통해 우리는 이 신실한 부부가 로마로 돌아가서도 자신들의 집을 교회로 사용하고 있었음을 알 수 있다. 주후 54년 글라우디오 황제가 죽고 그가 공포했던 유대인 추방 칙령이 폐기되었기 때문에 브리스길라와 아굴라는 로마에 있는 자신들의 집으로 돌아갈 수 있었을 것이다. 바울이 자신의 동역자이자 교회 개척자였던 브리스길라 아굴라 부부에게 돌리는 다음과 같은 찬사는 결코 과분한 것이 아니었다. "나뿐 아니라 이방인의 모든 교회도 그들에게 감사하느니라"(롬 16:4).

● 바울의 일터와 사역

바울은 "천막 만드는" 직업을 가지고 있었다(행 18:3). 바울은 다소에서 보낸 어린 시절 유사시 자녀들이 생계를 유지할 수 있도록 전문 직업 외에 다른 기술을 하나씩 가르치는 유대인의 전통에 따라 천막 만드는 기술을 익혔을 것이다. 다소는 '킬리키움'(Cilicium)으로 불리던 염소 털로 짠 천의 생산지로 유명했다. 천막을 만드는 원단으로 사용된 '킬리키움'은 거칠고 뻣뻣해서 기술을 익히지 않은 사람은 손질하기가 어려웠다. 바울은 자신이 익혔던 천막 기술로 데살로니가(살전 2:9; 살후 3:8), 고린도(행 18:1~3; 고전 4:12) 그리고 에베소(행 20:33~35)에서 "그리스도의 복음에 아무 장애가 없도록"(고전 9:12) 자신과 동료들의 생활비용을 벌어 충당했다.

바울은 천막 만드는 일을 위해 도시에서 흔하게 볼 수 있었던 일터를 세내었을 것이다. 고린도와 에베소에서는 아굴라와 브리스길라가 세낸 일터에서 함께 일했을 것이다(행 18:23). 에베소나 고린도 같은 대도시들은 금속 세공업자, 섬유업자, 염색업자, 염료업자, 가죽가공업자, 의류업자들이 물건을 만들어 팔던 작업장들이 밀집되어 있었다. 화산재에 파묻혀 있었던 덕분에 고대 도시의 모습이 그대로 남아있는 폼페이는 에베소나 고린도보다 훨씬 규모가 작았지만 도시 내 집들의 절반 이상이 상점이나 물건을 만드는 작업장이었다. 폼페이의 경우 작업장의 평균 크기는 23평 정도이며, 침실과 응접실을 포함한 여러 개의 방이 딸려있다.[44]

바울도 폼페이에서 볼 수 있는 정도 크기의 작업장에서 천막을 만들거나 수리했을 것이다. 바울 당시 일과는 해가 뜨는 6시경에 시작되어 12시경에 마치고 한낮에는 낮잠을 자거나 휴식을 취했다.[45] 바울은 해가 뜰 무렵 일터에 나와 천막을 만들거나 수리하면서 복음을 전하고, 일을 마친 오후나 저녁에는 두란노 서원이나 개인 집에 모인 사람들에게 복음을 전했을 것이다.

바울은 고린도에서도 안식일에 회당예배에 참석해 유대인들과 하나님을 경외하는 헬라인들에게 구약성경을 강론하며 예수님을 믿도록 권고했다(행 18:4). 고린도 박물관에는 바울이 복음을 전했던 것으로 보이는 회당의 표지석이 발굴되어 전시되어있다. 이즈음에 실라와 디모데가 데살로니가 교회의 "믿음과 사랑의 기쁜 소식"(살전 3:6)과 그들이 마음을 담아 준비한 헌금을 가지고 고린도에 왔다(행 18:5; 고후 11:9). 바울은 즉시 데살로니가전서를 써서 보내고, 데살로니가 교회가 보내준 선물 덕분에 생계비를 벌어야 하는 부담에서 벗어나 복음을 전하는데 전력하였다(행 18:5).

고린도 유대인들도 바울과 그가 선포한 복음에 대적하였다. 바울은 옷을 털면서 에스겔서를 인용하여 "너희의 피가 너희의 머리로 돌아갈 것이요 나는 깨끗하니라"(겔 33:4)라는 말을 하고 회당을 나온 후, 회당 옆에 있는 디도 유스도(Titius Justus)의 집으로 장소를 옮겨 그곳에서 복음을 전했다(행 18:7). 디도 유스도는 바울이 로마서에서 "나와 온 교회를 돌보아 주는 가이오(Gaius)"(롬 16:23)로 언급한 인물로, 로마 시민이었을 것이다.[46] 가이오는 바울이 "아가야의 첫 열매"라고 부른 스데바나(고전 16:15)와 그리스보와 함께 바울로부터 직접 세례를 받았던 사람이다(고전 1:14, 16).

• 고린도 회당 현판

디도 유스도가 바울에게 제공한 집은 고린도 성도들이 모이는 가택 교회가 되었다. 바울은 이곳에서 그리스도의 십자가의 복음을 선포하여 회당장 그리스보와 그의 가족을 비롯한 "수많은 고린도 사람도 듣고 믿어 세례를 받았다"(행 18:8). 회심자 가운데는 "고린도의 재무관(oikonomos) 에라스도(Erastus)"(롬 16:23)가 있었을 것이다. 에라스도는 바울이 에베소에서 사역하는 동안에 바울의 동역자로 일했다(행 19:22). 1924년 발굴된 1세기 후반에 만들어진 한 도로에서 "이 도시의 조영관47 에라스도가 도로의 포장 비용을 담당했다"라는 글귀가 새겨진 비문이 발견되었다. 고고학자들은 이 비문에 새겨진 "조영관 에라스도가" 성경에 기록된 에라스도와 동일한 인물일 것으로 추측하고 있다.

• 에라스도 비문

많은 사람이 예수를 믿고 세례를 받았지만, 바울의 사역은 순탄하지 않았다. 유대인들의 방해와 박해의 강도는 다른 도시들 못지않았다. 고난과 역경 가운데 복음 전파를 위해 분투하던 바울에게 주님은 환상 가운데 나타나 말씀하셨다. "두려워하지 말며 침묵하지 말고 말하라. 내가 너와 함께 있으매 어떤 사람도 너를 대적하여 해롭게 할 자가 없을 것이니, 이는 이 성에 내 백성이 많음이라"(행 18:9~10). 바울은 주님의 말씀에 힘을 얻어 고린도에 1년 6개월을 머물며 하나님의 말씀을 가르쳤다(행 18:11).

바울이 고린도에서 사역하는 동안 네로 황제의 스승이었던 세네카(Lucius Annaeus Seneca, 주전 4년~주후 65년)의 동생 갈리오(Gallio)가 아가야 총독으로 발령받아 부임했다. 그리스 델피(Delphi) 박물관에 글라우디오 황제가 델피 주민들에게 내린 포고령 비문이 보관되어 있는데, 그 비문에 갈리오가 아가야 총독으로 발령받았다는 내용이 기록되어 있다. 이 비문을 통해 우리는 갈리오가 51년 7월 1일부터 52년 6월 30일까지 1년 임기로 아가야 총독으로 파견되었다는 것을 알 수 있다.

로마가 속주에 파견하는 총독은 두 유형이 있었다. 첫째 유형은 아가야, 아시아, 구브로와 같이 외부의 위협으로부터 안전하다고 판단되던 지역으로, 이 속주들에는 원로원이 원로원 의원 가운데 한 명을 선출해서 파견했다. 원로원이 파견한 총독의 임기는 1

• 갈리오 비문(델피 박물관)

년이었으며 보수가 없는 봉사직이었다. 둘째 유형은 갈리아, 길리기아, 수리아 등과 같이 적국을 마주하고 있던 지역들로, 이 속주들에는 황제가 직접 총독을 임명했다. 황제의 관할 아래 있던 속주들의 총독은 정해진 임기가 없었고 보수를 받았다. 바울은 두 유형의 총독을 모두 만났다. 구브로 총독 서기오 바울과 아가야 총독 갈리오는 원로원에서 파견한 임기 1년의 총독들이었고, 유대 총독 벨릭스와 베스도는 황제가 임명한 총독이었다.

갈리오가 총독으로 부임해 오자, 바울의 대적들은 새 총독이 주민들의 환심을 사기 위해 자신들의 편을 들어줄 것으로 생각했던 것 같다. 그래서 유대인들은 무리를 이루어 바울을 아고라에 있는 법정(Bema)으로 데리고 가서 "이 사람이 율법을 어기면서 하나님을 경외하라고 사람을 권한다"(행 18:13)는 명목으로 고소했다. 로마법은 유대교를 인정하지만, 바울은 그것을 어기고 불법적인 것을 가르친다는 고소였다. 갈리오는 유대인들이 제기한 소송을 로마 관리인 자신이 관여할 필요가 없는 "너희 법"에 관한 문제로 돌렸다. 갈리오는 두 해 전에 로마에서 유대인들이 일으킨 종교적 분쟁 때문에 글라우디오 황제가 유대인들을 로마에서 추방했던 일을 잘 알고 있었을 것이다. 그래서 그는 자신의 관할지에서 일어난 유대인들 사이의 종교적 분쟁에 끼어들고 싶지 않았을 것이다. 갈리오는 바울의 변론을 들어보지도 않고 그들을 법정에서 쫓아내었다(행 18:14~16).

바울의 재판 장면을 지켜보던 이방인 무리는 유대인 지도자들이 법정에서 쫓겨나는 것을 보자 회당장 소스데네(Sosthenes)를 잡아 법정 앞에서 때렸다. 이방인이 회당장을 때린 것은 아마 그들 가운데 잠재해 있던 유대인에 대한 반감이 발동했기 때문일 것이다. 갈리오는 그 일에도 관여하지 않았다(행 18:17). 이때 이방인들에게 구타당했던 회당장 소스데네가 바울이 "형제 소스데네"(고전 1:1)로 부른 사람과 동일인이라면, 회당장 그리스보처럼 소스데네도 이 사건 이후 그리스도인이 되었을 것이다.

• 고린도 법정(Bema)

바울이 갈리오에게 재판받았던 법정은 아고라 남쪽에 있다. 법정 위에 헬라어와 영어로 "우리가 잠시 받는 환란의 경한 것이 지극히 크고 영원한 영광의 중한 것을 우리에게 이루게 함이니"(고후 4:17)라는 말씀이 새겨진 대리석 비가 놓여있다. 그리스정교회가 이곳에서 바울이 받았던 고난을 기억하기 위해 만들어 둔 것이다. 그리스정교회는 매년 6월 말 이곳에서 바울이 고린도에 복음을 전해준 것을 기념하는 의식을 행한다.

우리는 고린도전서를 통해 바울이 전한 복음을 듣고 회심한 고린도 교회의 성도들이 어떤 배경을 가진 사람들이었는지 추측해 볼 수 있다. 고린도 교회 성도들 가운데 일부는 유대인들이었지만, 대부분은 이방 종교에서 회심한 사람들이었을 것이다(고전 12:2). 성도들 가운데는 재무관 에라스도 같은 일부 상류층이 있었지만, 성도 대부분은 소상인, 수공업자, 항구에서 일하는 노동자

• 법정 위 성구 비

였고 노예들도 있었을 것이다(고전 1:26). 바울이 고린도를 떠날 무렵, 여러 가지 연약한 면을 가지고 있었지만, 그것을 충분히 극복해 낼 수 있었던 교회가 세워졌다.

바울은 고린도에서 2차 선교여행을 마무리했다. 2차 선교여행 동안 바울과 실라와 디모데는 마케도니아와 아가야의 주요 도시들에 교회를 세웠다. 이 교회들을 통하여 "주의 말씀이 마게도냐와 아가야에 들렸으며, 하나님을 향하는 믿음의 소문이 각처에 퍼졌다"(살전 1:8).

주후 52년 봄, 바닷길이 열리자 바울과 동역자들은 고린도를 떠났다. 바울이 고린도를 떠난 것은 고린도와 아가야에 교회가 세워지고 복음이 충분하게 전파되었다고 판단했기 때문일 것이다. 바울의 사역을 방해하지 않았던 갈리오가 건

강의 이유로 임기를 채우지 못하고 떠나고 새로운 총독이 부임한 것도 바울 일행이 고린도를 떠난 이유 가운데 하나였을 것이다. 바울이 고린도를 떠나면서 브리스길라와 아굴라를 대동한 것은 이 신실한 부부가 복음 사역에 동역하기를 원했기 때문이었을 것이다.

• 레캐움 항구로 연결되는 거리

바울은 안디옥으로 귀환하기 위해 에게해 쪽에 있는 겐그레아 항구로 갔다. 몇 년 뒤 바울이 "겐그레아 교회의 일꾼으로 있는 자매 뵈뵈"(롬 16:1) 편으로 로마서를 전달한 것으로 보아 이곳에도 교회가 세워졌을 것이다. 바울은 출발 직전 겐그레아에서 서원을 이행하기 위해 머리를 깎았다(행 18:18). 서원한 것을 이행하기 위해 머리를 깎았으므로, 바울은 '나실인의 서원'(민 6:1~21)을 했던 것으로 보인다. 바울이 언제 서원을 했는지 알 수 없지만, 서원한 내용은 자신의 안전이나 사역과 관련이 있었을 것이다. 나실인 서원을 한 사람은 서원 기간이 끝날 때 머리를 깎아 다른 제물과 함께 불에 태워야 했다. 그래서 바울이 서원을 지키려고 겐그레아에서 머리를 깎았다 하더라도, 완전한 이행을 위해서 머리털은 예루살렘에 가져가서 다른 제물과 함께 태워야 했다. 바울이 귀환 길에 잠시 에베소 회당에 들러 복음 전했을 때 많은 유대인이 더 머물러 달라고 요청하였지만, 그들의 요청을 거절하고 예루살렘으로 간 것은(행 18:19~22) 유월절 또는 오순절에 성전에 올라가 서원을 온전하게 이행하려 했기 때문이었을 것이다.[48] 겐그레아는 지진으로 바다에 잠겨버려 항구의 모습은 찾아볼 수 없고 교회당과 일부 건물의 잔해들만 남아있다.

• 겐그레아 전경

고린도 유적들

디올코스, 겐그레아를 제외한 유적 대부분이 고대 고린도에 집중해 있어서 한나절이면 돌아볼 수 있다. 앞에서 언급한 유적 외에 돌아볼 만한 몇 가지 유적을 소개하도록 하겠다.

고린도 고고학 박물관(Archaeological Museum of Ancient Corinth): 고린도 고고학 박물관은 유적지 입구에 있다. 규모가 작은 이 박물관에는 고린도에서 나온 유물들이 보관되고 있다. 이 박물관에는 주전 8~7세기 만들어진 고린도 도자기들과 치유를 기원하며 아스클레피온 신전에 바쳤던 신체 부위 모양의 도자기들, 청동 거울, 음식을 놓던 식탁, 회당 현판, 대리석으로 만든 로마 황제상들과 신상들이 전시되어있다.

아폴로 신전(Temple of Apollo): 박물관 옆에는 고린도를 상징하는 유명한 아폴로 신전이 있다. 이 신전은 주전 550~530년에 건설된 것으로 원래 38개의 기둥이 있었지만, 지금은 7개만 남아있다. 각 기둥은 돌 하나를 통째로 다듬어 높이와 지름의 비율이 6:1이 되도록 만들었다. 높이와 지름의 비율이 8:1로 만들어진 소아시아 이오니아식 기둥이 여성적인 아름다움을 느끼게 한다면, 6:1의 비율로 만들어진 고린도식 기둥은 남성적인 힘을 느끼게 한다.

• 아폴로 신전

피레네 샘(Pirene Fountain): 고린도에는 식수를 공급하던 두 개의 샘이 있었다. 하나는 박물관으로 들어가는 왼쪽 큰 바위에 있는 글라우케 샘(Glauce Fountain)이며, 다른 하나는 출구 쪽 레캐움으로 가는 길 오른쪽에 있는 피레네 샘(Pirene Fountain)이다. 바울도 이 두 샘에서 솟아나는 물을 마셨을 것이다. 고린도는 좁은 지협에 자리하고 있어서 물이 귀했다. 그런데 이런 곳에 10만 이상의 사람이 거주하는 도시를 건설할 수 있었던 것은, 수량이 풍부했던 두 샘물이 있었기 때문이다. 신기하게 이런 곳에서 사시사철 마르지 않는 물이 솟아나니 샘의 기원과 관련된 전설이 만들어지지 않을 수 없었을 것이다. '글라우케' 샘은 입고 있던 드레스에 불이나 고통을 당하며 죽어가다 신들에 의해 샘으로 변한 고린도의 왕 크레온의 딸 글라우케에서 유래했다고 전해지며, '피레네' 샘은 시지프스가 제우스에게 납치된 딸 피레네의 행방을 묻는 강의 신 아소보스에게 피레네의 행방을 알려주는 조건으로 고린도에 샘을 만들어 달라고 한 데서 유래했다고 전해진다. 신화에 의하면, 아소보스는 시지프스의 제언을 받아들여 고린도에 샘을 만들어 주고 제우스에게 납치되었던 딸을 찾았지만, 시지프스의 제보로 피레네를 잃고 화가 난 제우스는 시지프스에게 벌을 내렸다. 고린도에 샘을 만들어 준 시지프스가 제우스에게 받은 벌은 큰 바위를 가파른 산 정상에 올려놓는 것이었다. 그런데 바위를 산 정상에 올려놓으면 바위가 다시 아래로 굴러 내려와 시지프스는 끝없이 그 일을 반복해야 하는 운명에 처했다. 시지프스가 끝없이 바위를 밀어 올려야 했던 산이 바로 아크로고린도였다. 까뮈는 이 신화가 인간이 처한 부조리한 운명에 대한 은유라고 해석하고, 이 신화를 소재로 『시지프스 신화』를 썼다.

• 피레네 샘

고린도 운하(Corinth Canal): 고대 유적은 아니지만, 에게해와 아드리아해를 연결하는 고린도 운하도 고린도의 명소 가운데 하나이다. 펠로폰네소스 반도를 돌아가는 350km의 뱃길을 몇 분으로 단축하는 이 운하는 1882년 완공되었다. 고린도 지협에 운하를 파려는 시도는 주전 6세기부터 있었다. 고린도 지협에 운하를 건설하려고 시도한 최초의 인물은 고린도의 참주였던 페리안더(Periander, ?~주전 585)였다. 그러나 자신들의 기술로는 운하를 만들 수 없다는 것을 인식한 페리안더는 운하 대신에 디올코스를 만들었다. 주전 3세기에는 마케도니아 왕 디미트리오스 폴리오르케테스(Dimitrios Poliorcetes, 주전 337~283)가 운하를 만들려고 시도했다가 역시 포기했다. 그러다 주후 67년 이번에는 네로 황제가 운하 공사를 시작했다. 수에토니우스는 네로가 "손수 곡괭이를 들고 가장 먼저 땅을 판 뒤 흙 바구니를 등에 지고 날랐다"고 전하고 있다.[49] 네로는 손수 곡괭이로 땅을 파고, 6,000명의 유대인 전쟁 포로까지 동원하는 의욕을 보였지만, 이듬해 그의 자살로 운하 건설은 중단되었다. 고린도 운하는 그로부터 1800년 후, 수에즈 운하를 건설한 프랑스 토목기술자 레셉스에 의해 건설되었다. 레셉스는 12년 공사 끝에, 1882년 길이 6,343m, 폭 25m, 깊이 8m의 운하를 완공했다. 고린도 운하는 개통 당시 운하로서 중요한 역할을 했으나, 폭이 좁고 깊이가 얕아 오늘날에는 주로 유람선이나 요트와 같은 작은 배들이 지나다니고 있다.

• 고린도 운하

• 고린도 전경

에베소 중심가

WITH 바울

사도바울의 삶과
사역의 여정을 따라

226

사도바울의 삶과 사역의 여정을 따라

5

3차 선교여행
(53~57년)

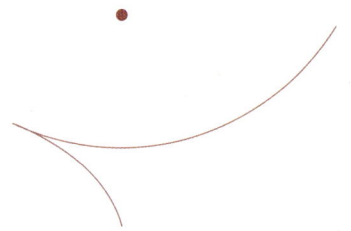

• 안디옥에서 에베소까지 여행 경로

브리스길라와 아굴라를 에베소에 남겨둔 바울은 실라, 디모데와 함께 가이사랴에 도착한 후 예루살렘에 올라가 교회의 안부를 물었다.

바울은 성전에 올라가 겐그레아에서 깎았던 머리카락을 다른 제물과 함께 태워 일전에 하나님께 했던 서원을 완전하게 이행했을 것이다. 이후 바울은 안디옥으로 돌아갔다. 바울과 함께 2차 선교여행을 했던 실라는 이방 교회에 '사도들의 규례'를 전달하고 알리는 자신의 사명을 완수하고 예루살렘에 남았다. 바울은 52년 가을 안디옥에 돌아와 이듬해 봄까지 머물며 2차 선교여행 동안 하나님이 행하신 모든 일을 교회에 보고하고 다음 사역을 준비했을 것이다.

1. 안디옥에서 에베소까지

53년, 여행을 시작할 수 있는 봄이 오자, 바울은 세 번째 선교여행에 나섰다. 이 여행을 시작할 때는 디모데만 동행했던 것으로 보인다. 바울은 2차 선교여행 때처럼, 북쪽으로 가서 수리아와 길리기아 지방의 교회들을 방문하고 길리기아 관문을 지나 갈라디아와 브루기아 땅을 차례로 다니며 모든 제자를 굳건히 하였다(행 18:23). 바울은 앞선 두 번의 선교여행 때 복음을 전하고 교회를 세웠던 더베, 루스드라, 이고니온, 비시디아 안디옥을 차례로 방문했을 것이다. 이 지역에 있는 교회들을 방문하는 동안 바울은 가난한 예루살렘 교회를 위한 연보도 부탁했다(고전 16:1). 바울은 비시디아 안디옥을 방문한 후 아시아로 가는 로마 가도를 따라 아파메아, 골로새, 라오디게아, 히에랍볼리를 거쳐 에베소로 갔을 것이다(행 19:1).

바울이 갈라디아와 브루기아 지역을 거쳐 에베소로 오기 전, 아굴라와 브리스길라는 에베소에 왔던 알렉산드리아 출신 유대인 아볼로(Apollos)를 만났다. 아볼로는 알렉산드리아 태생으로 여러 항구도시를 돌아다니며 장사를 하던 상인이었을 것이다. 그는 "언변이 좋고 성경에 능통한 자였으며, 일찍이 주의 도를 배워 열심히 예수에 관한 것을 자세히 말하여 가르쳤으나 요한의 세례만 알고" 있었다(행 18:24~25). 아볼로가 누구에게서 "주의 도"를 배웠는지 알 수 없지만, 구약에 능통하고 복음 전파에 열심이 있었던 그는 가는 도시마다 회당을 찾아가 예수님이 성경이 예언한 메시아라고 가르쳤다. 하지만 그는 오순절에 임하신 성령과 성령의 오심으로 베풀어진 예수 이름의 세례를 모르고 있었다(행 18:25).

브리스길라와 아굴라는 회당에서 담대히 복음을 전하는 아볼로가 예수 이름의 세례를 모르고 있다는 것을 알아차리고 그를 집으로 초대하여 하나님의 도를 더 정확하게 풀어 일러주었다(행 18:26). 아볼로는 이 신실한 부부 덕에 비로소 주의 도를 온전하게 알고 전하게 되었다. 에베소에서 일을 마친 아볼로가 아가야로 가고자 하자, 브리스길라와 아굴라를 비롯한 형제들은 그를 격려하고 고린도 교회에 그를 추천하는 편지를 써주었다. 브리스길라와 아굴라는 바울과 함께 고린도 교회를 개척했기 때문에, 고린도 교회는 이들의 추천서를 가지고 온 아볼로를 따뜻하게 반겨주었을 것이다. 고린도에 도착한 아볼로는 하나님의 은혜와 함께 자신의 언변과 능통한 성경 지식을 사용하여 공적인 변론에서 유대인들을 제압하고 예수는 그리스도라 증언했다. 아볼로의 사역은 고린도 교회 성도들에게 큰 유익을 주었다(행 18:27~28). 바울은 아볼로가 고린도 교회에 끼쳤던 선한 영향력과 수고를 "나는 심었고 아볼로는 물을 주었으되"(고전 3:6)라는 말로 인정하였다. 아볼로의 탁월하고 헌신적인 사역은 원치 않는 결과도 만들어 내었다. 그것은 고린도 교회 성도들 가운데 그를 따르는 그룹이 생겨나 교회에 균열이 발생한 것이었다(고전 1:12; 3:3~5).

아볼로는 고린도에서 자신의 사업을 마치고 다시 에베소로 돌아와 바울과 친밀한 관계를 맺었다. 바울은 고린도전서에서 그를 "형제 아볼로"라고 부르면서, 스데바나 일행이 고린도에 돌아가는 길에 아볼로도 함께 가라고 많이 권고했다고 밝히고 있다(고전 16:12, 17). 아볼로가 바울의 권고를 받아들이지 않은 것은, 자신이 가는 것이 고린도 교회에 발생한 문제를 해결하는 데 도움이 되지 않을 것으로 판단했기 때문일 것이다. 이후 아볼로의 이름은 디도서에 다시 나타난다.

바울은 그레데에서 사역하던 디도에게 아볼로가 여행하는데 부족한 것들이 없도록 잘 준비해서 속히 자신에게 보내라고 말하고 있다(딛 3:13). 디도서의 정황을 볼 때, 바울은 그레데에 있던 디도에게 쓴 편지를 아볼로에게 전달하도록 부탁한 것 같다. 디도서는 바울이 로마에서 풀려 난 이후에도 아볼로가 바울의 동역자로 신실하게 사역하고 있었다는 것을 알려준다.

성경학자들 가운데, 히브리서의 저자가 아볼로일 것으로 추측하는 사람들이 꽤 있다. 루터를 비롯한 여러 성경학자가 이러한 추측을 하는 것은, 히브리서의 내용을 볼 때 이 서신서의 저자는 구약에 능통하고 학식이 풍부한 디아스포라 태생 유대인이었을 것으로 보이며, 신약성경에 기록된 사람들 가운데 바울을 제외하면 그런 자질을 가진 사람은 아볼로 외에 달리 생각해 볼 만한 사람이 없기 때문이다.[1] 그러나 히브리서가 저자를 밝히고 있지 않으므로, 이런 견해는 히브리서 저자와 관련된 추측 가운데 하나로 받아들여야 할 것이다.

2. 에베소

바울은 좀 더 머물며 복음을 전해달라고 부탁하던 사람들에게 "하나님의 뜻이면 너희에게 돌아올 것이다"고 약속하고 떠났던 에베소로 돌아왔다(행 18:21). 2차 선교여행 때 아시아로 들어오는 것을 막으시고 마케도니아로 이끄셨던 성령께서 이번에는 순탄한 길을 허락하셨다. 바울은 55년 가을까지 3년간 에베소에 머물며 브리스길라, 아굴라 부부, 디모데, 디도, 아볼로, 에라스도, 아리스다고, 가이오 등 여러 동역자와 함께 복음을 전했다(행 20:31). 그 결과 "아시아에 사는 자는 유대인이나 헬라인이나 모두 주의 말씀을 들었다"(행 19:10). 바울이 에베소에서 사역하는 동안 요한계시록에 기록된 일곱 교회를 비롯해 골로새, 밀레도 등 소아시아 모든 도시에 교회가 세워졌다.

바울이 3년을 머물며 복음을 전했던 에베소는 초대 교회의 중심지가 되었다.

바울을 이어 디모데가 에베소에서 목회했으며, 사도 요한이 이 도시에 와서 복음을 전하며 요한복음과 요한 서신서들을 기록했다. 사도 요한은 또한 에베소에서 밧모 섬에 유배되었다가 돌아와 주님께서 계시하신 요한계시록을 아시아 일곱 교회에 전달하고 생을 마쳤다.

에베소는 신약성경의 여러 서신서들과 교회의 초기 역사와 연관되어 있다. 바울은 이곳에서 고린도전서를 썼으며, 로마 옥중에서 에베소서를 보내었고, 이곳에서 목회하던 디모데에게 디모데전후서를 보냈다. 바울 서신서들이 하나로 모여진 곳도 에베소로 알려져 있다. 이후 속사도 교부 이그나티우스가 에베소 교회에 보낸 귀중한 서신이 남아있다. 431년에는 이곳에서 3차 공의회가 모여 네스토리우스파를 정죄하고 마리아에게 '하나님의 어머니'(Theotokos)라는 칭호를 부여했다. 이처럼 에베소는 사도들과 초대 교회와 관련된 많은 역사를 간직하고 있다.

바울이 에베소에 도착했을 때, 이 도시는 인구 20만 이상이 거주하는 로마 아시아 속주의 수도였다. 오랜 역사를 가진 이 도시는 2만 4천 명을 수용할 수 있는 연극장과 좋은 항구, 세계 7대 불가사의 가운데 하나로 불리는 아데미(아르테미스) 신전, 두 개의 아고라, 김나지움, 스타디움 등을 갖추고 있었던 화려하고 번성한 도시였다.

에베소는 주전 14세기 히타이트 제국(Hittite)의 비석에 기록되어 있을 만큼 오래된 도시이다. 스트라보는 에베소(Ephesus)라는 이름이 여전사들이 통치했던 아마존(Amazon) 부족의 여왕 이름에서 유래했다고 전하고 있다.[2] 에베소에 최초로 정착한 사람들은 소아시아 남부에서 살던 카리아인(Karians)과 렐레게스인(Leleges) 이었다. 주전 10세기 아테네 왕 코드로스(Codros)의 아들 안드로클루스(Androclus)가 원주민을 몰아내고 아야술룩(Ayasuluk) 언덕에 식민 도시를 세웠다.[3] 주전 7세기 에베소는 리디아 왕국(주전 700~546)의 지배를 받다가 고레스가 리디아 왕국을 멸망시킨 주전 546년부터 페르시아의 통치를 받았다. 에베소를 수중에 넣은 고레스는 이곳을 페르시아 해군 본부로 삼았다. 이 시기에 에베소 태생의 유명한 철학자 헤라클레이토스(Heraclitus, 주전 535~475)가 활동했다.[4]

페르시아제국의 통치는 주전 334년 알렉산더 대왕이 에베소를 점령함으로써 막을 내리고, 알렉산더 부하 리시마쿠스(Lysimachus, 주전 360~281)가 에베소의 새로운 통치자가 되었다. 리시마쿠스는 사도 요한 교회가 있는 아야술룩 언덕에 있던 옛 도시가 작고 제대로 기능을 하지 못하자, 헬라식으로 새로운 도시를 건설하고 주민들을 이주시켰다. 리시마쿠스는 자신이 건설한 도시를 아내의 이름을 따라 알시노에(Arsinoe)로 개칭했으나 시민들이 호응하지 않아 사용되지는 못했다.[5] 주전 281년 리시마쿠스가 셀레우코스 니카토르와 벌인 전쟁에서 패하고 전사함으로써 에베소는 셀레우코스 왕조의 지배를 받게 되었다. 이 시대 유적으로는, 주전 246년 에베소에서 아내 라오디케(Laodice)에 의해 독살당한 안티오코스 2세의 것으로 추측되는 영묘(Belevi Mausoleum)가 남아있다.

• 안티오코스 2세의 영묘(Belevi Mausoleum)

주전 190년 스키피오가 이끄는 로마군이 마그네시아 전투에서 안티오코스 3세가 이끄는 시리아 군대를 대파하고 아시아의 통치권을 버가모 왕국에 넘기자, 에베소는 버가모 왕국의 통치를 받게 되었다. 그러다 주전 133년 버가모 왕 아탈로스 3세(Atallus III)가 자신의 왕국을 로마에 넘김으로써 에베소는 마침내 로마의 지배를 받게 되었다. 주전 27년, 로마의 초대 황제 아우구스투스가 아시아의 수도를 버가모에서 에베소로 옮김으로써 이 도시는 수백 년 동안 안정과 번영을 누렸다.

• 아야술룩 언덕

아시아의 수도 에베소에 도착한 바울은 성령도, 주 예수의 이름으로 베푸는 세례도 모르고 요한의 세례만 알고 있던 12명의 "어떤 제자들"을 만났다. 바울은 이들에게 요한의 세례는 그리스도 예수를 맞을 준비를 위한 것이라 설명하고, 예수의 이름으로 세례를 베풀자 그들에게 성령이 임하였다. 바울의 안수를 받은 이들 12명의 제자는 방언과 예언을 함으로써 성령을 받았다는 것을 공개적으로 드러내었다(행 19:1~7). 이들은 이후 에베소 교회의 일꾼이 되었을 것이다. 이들 가운데 바울이 "아시아에서 그리스도께 처음 맺은 열매"로 소개하고 있는 에베네도(Epenetus)가 있었을 것이다(롬 16:5).

바울은 2차 선교여행을 마치고 예루살렘으로 가던 도중 잠깐 들러 복음을 전했던 회당에 가서 "석 달 동안 담대히 하나님 나라에 관하여 강론하며 권면하였다"(행 19:8). 요세푸스는 바울이 복음을 전했던 에베소 유대인들에 대해 『유대 고대사』 14권과 16권 그리고 『아피온 반박문』 2권에서 열 번이나 언급하고 있다. 요세푸스가 전하는 바로는, 주전 14년 헤롯 대왕이 아우구스투스 황제의 사위이자 동료이며 로마의 동부지역의 실질적 통치자였던 마르쿠스 빕사니우스 아그리파(Marcus Vipsanius Agrippa, 주전 63~주후 12)[6]와 함께 에베소를 방문했다. 에베소 유대인들은 이 기회를 이용해 헤롯 대왕에게 예루살렘에 보내는 성전세를 자신들이 직접 관리하도록 하고, 안식일에 법정에 서지 않도록 하며, 유대인의 법대로 살 수 있도록 해달라고 간청했다. 헤롯 대왕은 유대인들이 간청한 내용을 아그리파에게 전했고, 아그리파는 "유대인들의 요구는 그전에 로마로부터 부여받은 특권을 계속 누릴 수 있도록 해달라는 것 외에 다른 것이 아니므로, 유대인들이 그 누구의 방해를 받지 않고 유대의 율법을 지키도록" 허락했다. 요세푸스는 헤롯 대왕이 예루살렘에 돌아온 후 기회가 있을 때마다 "아시아에 사는 유대인들이 자기 덕분에 박해를 받지 않고 살게 되었다"고 자랑을 늘어놓았다고 말하고 있다.[7]

마음이 굳은 어떤 유대인들이 바울이 전하는 복음을 공개적으로 비방하자, 바울은 제자들을 데리고 회당을 나와 두란노 서원을 빌려 그곳에서 날마다 복음을 전했다. 바울이 두 해 동안 그 일을 계속한 결과 "아시아에 사는 자는 유대인이나 헬라인이나 모두 주의 말씀을 들었다"(행 19:9~10). 훗날 바울은 에베소 교회 장로들 앞에서 자신이 에베소에서 어떻게 사역하였는지를 다음과 같이 말하고 있다. "아시아에 들어온 첫날부터 지금까지 내가 항상 여러분 가운데서 어떻게 행하였는지를 여러분도 아는 바니, 곧 모든 겸손과 눈물이며 유대인의 간계로 말미암아 당한 시험을 참고 주를 섬긴 것과 유익한 것은 무엇이든지 공중 앞에서나 각 집에서나 거리낌 없이 여러분에게 전하여 가르치고 유대인과 헬라인들에게 하나님께 대한 회개와 우리 주 예수 그리스도에 대한 믿음을 증언한 것이라"(행 20:18~21).

두란노 서원(the lecture hall of Tyrannus)

헬라-로마 사람들은 교육열이 높았다. 앞에서 설명했듯이, 헬라 시대 헬라인이 되는 조건은 혈통이 아니라 헬라어 구사였다. 그래서 그리스인이 아닌 사람들이 주류사회에 진입하려면 코이네 헬라어를 배워야 했고, 출세하려면 수사학을 배워야 했다. 그래서 헬라 도시들은 김나지움을 세워 헬라어를 가르치고 헬라식 교육을 했다. 김나지움은 오늘날 공립교육 기관과 같은 기능을 수행했다.

로마 시대에도 교육열은 조금도 줄어들지 않았다. 김나지움과 같은 공적 교육기관이 없었던 수도 로마에서는 아테네, 알렉산드리아, 안디옥, 버가모와 같은 헬레니즘의 중심도시에서 교육받은 그리스인 가정교사들이 귀족 자녀들의 교육을 담당했다. 로마 귀족 사회에서는 플라톤이 세운 아테네의 '아카데미아'와 알렉산드리아의 '무세이온' 출신의 가정교사들이 최고의 대접을 받았다. 로마에서 사교육 붐이 일어나 가정교사에 대한 수요가 증가하자, 주전 45년 카이사르는 의사들에게 주었던 로마 시민권을 교사들에게도 주는 법안을 통과시켰다.[8]

이렇게 되자 로마에서 교사 숫자가 갑자기 늘어나 공급이 수요를 초과했다. 로마에서 가정교사 자리를 얻지 못한 교사들은 다른 도시들에 사설 학원을 개설하여 중류층 이하의 자녀들에게 교육의 기회를 제공했다. 그러자 자녀들이 더 낳은 신분이나 삶의 조건을 얻기 바랬던 부모들이 여기에 호응했다. 초등학교 수준의 교육을 받는 학생들의 한 달 수업료는 하루 임금 정도였고 중학교 교육을 받는 학생들의 수업료는 그보다 조금 더 비쌌다. 바울이 복음을 전했던 도시들에도 사설 학원들이 많이 있었다. 기록에 의하면 교사들은 신전이나 아고라 회당의 일부분을 세내어 학원으로 사용하기도 했다. 바울이 복음을 전했던 두란노 서원도 이들 사설 학원 가운데 하나였을 것이다.

에베소를 방문하는 그리스도인들은 종종 두란노 서원이 어디에 있었는지 질문한다. 대답은 "모른다"이다. 어떤 가이드들은 셀수스(Celsus) 도서관 근처에서 한 강당에 대해 언급하는 비문이 발견되었다는 것을 근거로 셀수스 도서관 자리에 두란노 서원이 있었다고 설명하지만, 사실과 거리가 멀다. 개인이 운영하는 일개 사설 학원이 에베소의 중심지 중에서도 중심지라 할 수 있는 곳에 있었을 가능성은 전혀 없다. 에베소에 있는 한 비문에 '두란노'(Tyrannus)라는 이름이 쓰여 있고, 소아시아 다른 지역에서 발굴된 비문들에도 '두란노'라는 이름이 발견되는 것으로 보아,[9] '두란노 서원'(두란노 교습소 또는 학원)이라는 명칭은 에베소에 살았던 사람이 학원을 열면서 실제 자기 가문의 이름을 사용했거나 당시 꽤 이름이 알려졌던 '두란노'(Tyrannus)라는 수학자의 이름을 빌려 사용했던 것으로 추측된다.

바울은 오전에는 생활비를 벌기 위해 천막을 만들거나 수리하고(행 20:34~35), 일과가 끝나면 두란노 서원을 세내어 하나님의 말씀을 가르쳤을 것이다. 당시 일과는 해가 뜨면 일을 시작해서 늦어도 무더위가 기승을 부리기 시작하는 시간이면 모든 일을 마쳤다. 바울은 두란노 서원이 하루 강의를 끝내고 나면 이곳에서 가르치고 토론했을 것이다. 4세기 말 번역된 사도행전 서방 베자 사본(Codex Bezae)에는 "두란노 서원에서 날마다 강론하니라"는 말씀에 "-5시(오전 11시)에서 10시(오후 4시)-"라는 설명이 덧붙여져 있다(행 19:9).

바울은 에베소에서 복음을 전하면서 '진리 대결'과 함께 '능력 대결'(power encounter)을 벌였다. 하나님께서 얼마나 강력하게 역사하셨는지, 바울이 자신의 손수건이나 앞치마를 얹어도 병든 자가 낫고 악귀가 쫓겨나는 기적이 일어났다(행 19:11~20). 이것을 본 떠돌이 유대인 마술사들과 유대 제사장 스게와의 일곱 아들이 바울이 전하는 예수의 이름을 주문처럼 사용하여 귀신을 쫓아낼 수 있는지 시험해 보았다. 그러다가 스게와의 일곱 아들은 악귀 들린 사람에게 큰 봉변을 당했다(행 19:13~16). 이 사건에 대한 소문은 에베소 전역에 퍼져나가 사람들이 예수의 이름을 높이는 계기가 되었다. 이 소식을 들은 많은 그리스도인이 자복하여 행한 일을 고백하고 예수를 믿은 후에도 청산하지 못하고 마술에 사용하던 책을 가져와서 모든 사람 앞에서 불살랐다. 이들이 불사른 책값은 한 노동자가 137년을 일해야 벌 수 있었던 은 오만이나 되었다(행 19:18~19).

에베소 사람들이 이렇게 많은 마술책을 소지하고 있었던 것은 에베소가 마술의 중심지였기 때문이다. 고대 에베소 마술사들이 만든 부적들과 주문들과 그것들을 설명하는 책들이 얼마나 유명했던지, '에베소 문서'(Ephesia Grammata)라는 전문용어로 불릴 정도였다. 런던이나 파리 박물관에 소장된 '에베소 문서'들은 오늘날 신비주의 무슬림이나 주술사들이 사용하는 것과 흡사한 형태를 하고 있다.[10] 새롭게 예수를 믿은 자들이 '에베소 문서'를 기꺼이 태워버렸다는 것은 "그들의 회심이 진정한 회심이었다는 주목할 만한 증거였다."[11] 이렇게 해서 에베소에서 "주의 말씀이 힘이 있어 흥왕하여 세력을 얻었다"(행 19:20).

에베소에서 사역하는 동안 바울은 에게해 맞은편이 있는 고린도 교회와 계속 교제를 나누고 있었다. 고린도전서에 "내가 너희에게 쓴 편지에"(고전 5:9)라는 언급을 통해, 바울이 고린도전서를 쓰기 전에 우리가 알지 못하는 다른 한 통의 편지를 보냈다는 것을 알 수 있다. 바울이 에베소에서 사역하는 동안 고린도 교회의 성도였던 "글로에의 집안" 사람이 바울을 방문하여 고린도 교회의 소식을 알려주었다(고전 1:11). 바울은 또한 스데바나(Stephanas), 브드나도(Fortunatus), 아가

이고(Achaicus)를 통해서 고린도 교회의 소식을 듣고 고린도 교회가 겪고 있던 문제들에 관해 의견을 구하는 편지를 전달받았다(고전 7:1; 16:17). 바울을 방문했던 고린도 교회 성도들은 고린도 교회가 바울이 전해 준 모든 가르침을 지키고 있지만(고전 11:2), 여러 가지 문제가 있다는 것도 알려주었다. 바울은 고린도에서 돌아온 아볼로에게서도 고린도 교회가 겪고 있던 문제들에 대해 들었을 것이다. 바울은 그러한 문제들을 바로잡고 자신이 받은 질문에 답하기 위해 54년경 고린도전서를 써서 디모데 편으로 고린도 교회에 보냈다(고전 4:17; 16:10). 이 편지에서 바울은 고린도 교회 성도들에게 마케도니아를 방문한 후에 고린도에 가서 겨울을 지낼 것이라고 약속했다(고전 16:5~6).

• 에베소 중심 거리

사도행전은 언급하지 않고 있지만, 바울은 에베소에서 사역하는 동안 고린도 교회를 방문하고 왔다. 디모데를 통해 고린도전서를 보냈음에도 불구하고, 고린도 교회의 문제가 해결되지 않자, 바울은 에베소 사역을 잠시 중단하고 고린도로 가서 그 문제를 해결하려 했던 것으로 보인다(고후 2:1~4; 13:1~2). 고린도는 에베소에서 배로 일주일이면 충분히 갈 수 있었으므로 바울이 고린도를 다녀오는 데

많은 시간이 필요하지 않았을 것이다. 바울은 후에 이 방문을 "근심 중에 한 방문"(고통스러운 방문)이었다고 회고하고 있다(고후 2:1). 이 방문은 고린도 교회 성도들과(고후 2:2; 13:2) 바울 자신에게 고통스러운 것이었다. 이 방문에서 바울은 문제를 일으킨 자들을 설득하지 못하고 무거운 마음으로 에베소에 돌아온 것으로 보인다.

사도행전에는 기록되어 있지 않은 이 방문에서 돌아온 바울은, 에베소 사역을 마무리하고 곧장 고린도로 가게 되면 고린도 교회와 자신 모두에게 다시 한번 고통스러운 방문이 될 것으로 생각했다. 그래서 바울은 자신의 계획을 변경하여, 고린도 교회를 방문하는 대신 "많은 눈물"로 편지를 썼다(고후 2:4, 9). 바울은 에베소 사역을 마치고 마케도니아로 떠나기 직전에 쓴 이 편지를 디도 편으로 보내고(고후 12:18) 고린도 교회가 이 편지에 대해 어떻게 반응했는지 알기 위해 디도에게 드로아에서 만나자고 지시했다(고후 2:12~13). 바울이 눈물로 썼다고 밝힌 이 편지도 전해오지 않는다.

에베소 사역이 마무리 단계에 이르자, 바울은 당시 세계의 중심이었던 수도 로마로 눈을 돌렸다. "후에 로마도 보아야 하리라"(행 19:21). 바울은 로마로 가기 전 먼저 2차 선교여행 때 세웠던 마케도니아와 아가야 지역의 교회들을 방문하여 격려하고, 그 교회들이 유대 교회를 위해 준비한 구제헌금을 받아 예루살렘 교회에 전달하고자 했다. 그래서 바울은 먼저 디모데와 에라스도를 마케도니아로(행 19:22), 디도를 고린도로 보내어(고후 8:6, 17~18) 자신의 방문을 준비하도록 하고, 그 일이 준비될 때까지 에베소에 남아 사역을 계속했다(행 19:21~22).

바울이 57년 초 고린도에서 보낸 로마서에서 브리스길라, 아굴라 부부에게 문안하고 있는 것을 보아(롬 16:3), 이즈음 브리스길라와 아굴라도 에베소를 떠나 로마에 있던 자기 집으로 되돌아갔을 것이다. 이 신실한 부부가 추방당했던 로마로 돌아갈 수 있었던 것은, 로마에서 유대인 추방령을 내렸던 글라우디오 황제가 54년 급사하여 그가 내린 '유대인 추방' 칙령이 폐기되었기 때문이다.

에베소에서 사역하던 3년 동안 바울은 많은 고난과 위험을 겪었다. 바울은 고린도전서에서 에베소에 "대적하는 자가 많으며"(고전 16:9), "맹수와 더불어 싸웠다"(고전 15:32)고 말하고 있다. 물론 이 말은 바울이 실제로 맹수와 싸웠다는 것이 아니라, 그와 같은 위험한 상황 가운데 있었다는 것을 의미한다. 바울은 더 나아가 아시아에서 "힘에 겹도록 심한 고난을 당하여 살 소망까지 끊어지고 우리는 우리 자신이 사형 선고를 받은 줄 알았다"(고후 1:8~9)고 말하고 있다. 바울이 에베소에서 당했던 "살 소망까지 끊어질 정도의 심한 고난"은 아마 브리스길라와 아굴라가 바울의 목숨을 구하기 위해 자신들의 목숨까지 내어놓았던 어떤 사건과 관련이 있었을 것이다(롬 16:4). 로마서의 같은 문맥에서 바울은 내 친척이요 "나와 함께 갇혔던 안드로니고와 유니아에게 문안하라"(롬 16:7)고 부탁하고 있는데, 로마서를 쓰기 전에 있었을 이 투옥도 에베소에서 겪었을 것이다. 에베소 극장에서 아래 항구 쪽으로 보면, 나지막한 산 정상에 에베소로 출입하던 배들을 감시하던 망대가 일부 남아있다. 어떤 사람들은 그곳이 바울이 감금되었던 감옥이라고 말한다. 그러나 바울이 그곳에 감금되었다는 어떤 역사적 근거도 없으며, 로마 시민이었던 바울이 감옥이 아니라 해안 망대에 감금되었을 리도 없다.

• 하드리안 황제 제단

이미 계획하고 있었지만, 바울이 에베소를 떠나게 된 것은, 아데미 신상을 제조하던 데메드리오(Demetrius)라는 사람이 은장색 조합원을 선동하여 일으킨 소요 때문이었다. 사도행전은 이 소요가 발생하게 된 이유와 상황을 상세히 알려준다(행 19:23~41). 에베소를 떠들썩하게 했던 소요는 아시아 각지에서 아데미 신전 참배를 위해 오는 사람들에게 아데미 신상 모형을 만들어 팔던 상인 조합원들 때문에 발생했다. 그들은 아시아 전역에서 그리스도인이 늘어나자 자신들의 생계가 위협받게 되었다고 생각하고 있었을 것이다. 그런 상황에서 데메드리오는 자신들의 직업뿐만 아니라, 아데미 여신과 신전이 위엄을 잃게 될 위험에 처해있다고 동업자들을 선동했다. 그러자 은장색 조합원들은 아데미 여신의 이름을 고함쳐 부르며 바울의 동역자 가이오와 아리스다고를 붙들어 연극장으로 끌고 갔다. 주전 3세기 리시마쿠스가 건설한 24,000명의 관중을 수용할 수 있는 거대한 연극장은 영문도 모르면서 모여든 군중으로 가득 찼다.

• 에베소 연극장

이 소식을 들은 바울이 연극장으로 들어가려고 했지만, 친분이 있었던 "아시아 관리들"이 들어가지 못하도록 만류했다. 요란한 소리에 휩쓸려 연극장 안에 모인 사람들은 자신들이 왜 그곳에 모였는지 알지도 못하면서 두 시간 동안이나 "위대하다, 에베소 사람의 아데미여!"라고 고함을 질러댔다. 에베소에 가보면 사도행전의 저자가 "온 시내가 요란했다", "일제히 극장으로 달려갔다"고 묘사하는 것이 과장된 표현이 아니라는 것을 알 수 있다(행 19:29). 에베소의 행정을 담당하던 서기장이 개입하여 소란을 피우는 회중을 설득하고 해산시킴으로 무슨 일이 터질 것만 같았던 소요는 진정되었다. 소요가 그치자 바울은 제자들을 권면하고 그들과 작별한 후 이미 계획한 대로 마케도니아로 발걸음을 옮겼다.

• 아르카디아 거리에서 본 연극장

아르테미스 신전(The Temple of Artemis)

사도 요한 교회에서 남서쪽으로 내려다 보면 그 유명했던 아르테미스 신전의 폐허를 볼 수 있다. 지금은 아르테미스 신전이 있었음을 알려주는 빈터와 기둥 일부만 남아있지만, 이곳에 아테네 파르테논 신전보다 4배나 큰, 폭이 55m에 길이가 110m나 되는 거대한 아르테미스 신전이 있었다. 이 거대한 신전은 높이 18m의 대리석 기둥 127개가 떠받치고 있었다.

그리스 신화에 아르테미스는 제우스와 레토의 딸로서 아폴로의 쌍둥이 형제로 묘사된다. 아르테미스는 다산과 풍요를 상징하는 달의 여신이자 개를 앞세우고 사냥을 하는 사냥꾼의 신으로도 알려져 있다. 에베소와 소아시아 사람들은 인간과 동물과 가축의 다산, 곡식의 풍작을 주관하는 아르테미스를 수호신으로 삼았다. 아르테미스 신상의 가슴에 있는 수많은 유방은 풍요를, 그 옆에 있는 두 마리 개는 사냥꾼의 신임을 상징한다. 아르테미스 신전은 에베소와 아시아 도시들이 보물을 보관하는 금고의 역할도 했기 때문에 아시아 도시들이 소유한 엄청난 보물이 신상 뒤에 있는 내부 신당 속에 보관되어 있었다.

신전의 규모와 화려함 그리고 명성으로 인해 에베소는 "위대한 아데미와 제우스에게서 내려온 우상의 신전지기"(행 19:35)라는 자부심이 대단했다. 아르테미스 신전에 대한 에베소 사람들의 자부심이 얼마나 대단했던지 알렉산더 대왕이 에베소를 점령하고 신전에 자기 이름을 새기도록 해주면 동방 정벌에서 탈취한 전리품 전부를 에베소에 주겠다고 제의했지만, 에베소 사람들은 신전에 에베소라는 이름 외에는 그 누구의 이름도 새길 수 없다고 하면서 그 요청을 거절했을 정도였다.

에베소에서는 매년 5월 도시의 수호신인 아르테미스를 숭배하는 아르테미시온(Artemision) 축제와 운동경기가 열렸다. 시는 이 축제와 운동경기를 계획하고 비용을 조달하는 임무를 맡은 사람에게 '아시아크'(Asiarchs: 아시아의 관리)라는 명예로운 칭호를 부여했다. 이들 가운데 바울과 친구가 된 자들이 있었다(행 19:31). 아시아 사람들은 봄 축제 때나 여행이나 전쟁을 할 때 아르테미스 신상 모조품을 부적으로 지니고 다녔다. 그래서 에베소는 신상 모조품 사업이 번창했다(행 19:23~41). 에베소에서 만들어진 아르테미스 신상은 에베소를 오가며 무역하는 상인들을 통해 아시아와 지중해 연안에 널리 거래되었다. 데메드리오가 "온 아시아와 천하가" 아데미 신을 숭배한다는 표현은 과장된 말이 아니었다(행 19:27).

• 아데미 상(셀축 박물관)

에베소는 악한 도시로 평판이 나 있었다. 헬라인들은 공공연하게 에베소 사람들은 모두 목이 졸려 죽어 마땅하다고 이야기하곤 했다. 에베소가 악한 도시로 평판이 좋지 않았던 것은 아르테미스 신전이 가지고 있었던 면책특권 때문이었다. 헬라-로마는 이 신전에 면책특권을 주어 누구든지 경내로 들어오면 법의 규제를 받지 않고 체포되지 않도록 했다. 면책권이 적용되던 범위는 신전에서 200m까지였다. 이러한 기준은 폰투스 왕 미트리다테스(Mithridates, 주전 120~63)가 정했다. 미트리다테스가 신전에서 200m까지 면책권이 적용된다고 정한 것은, 그가 신전 꼭대기에서 활을 쏘아 날아가는 거리까지 면책특권이 적용된다고 선포하고 활을 쏘아 화살이 날아간 거리가 200m였기 때문이었다. 그래서 아르테미스 신전은 범죄를 저지르고 면책권 아래 숨기 위해 찾아온 온갖 불량배들로 넘쳐났고 이로 인해 에베소는 악한 도시라는 불명예스러운 평판을 얻게 되었다.

여러 유명한 사람들도 면책특권을 누리기 위해 아르테미스 신전으로 피신해 왔는데, 클레오파트라의 이복 여동생 알시노에(Arsinoe)도 그들 가운데 한 사람이었다. 클레오파트라가 카이사르에게 이집트의 통치권을 넘겨주자 무력투

쟁으로 맞섰던 알시노에는 포로가 되어 로마에 잡혀갔다가, 카이사르의 암살로 생겨난 혼란을 틈타 에베소로 피신했다. 하지만 안토니우스와 결탁한 클레오파트라가 에베소에 와서 알시노에를 내놓지 않으면 아르테미스 신전을 불사르겠다고 위협하자 에베소 사람들은 그녀를 내놓지 않을 수 없었다. 이 사건이 얼마나 유명했던지 요세푸스도 "알시노에가 클레오파트라와 안토니우스에 의해 살해당했다"라고 언급하고 있을 정도이다.[12] 알시노에가 살해당한 후 에베소 사람들은 그녀의 시신을 수습해 셀수스 도서관 앞 도시 중심부에 팔각형 무덤을 만들어 장사하고 애도했다. 에베소 사람들이 도시의 중심에 알시노에의 무덤을 만든 것은, 알시노에를 지켜주지 못한 미안한 마음을 표하기 위해서였을 것이다.

1926년 에베소를 발굴하던 고고학자들이 알시노에의 무덤과 그녀의 것으로 보이는 유골을 발견했다. 오스트리아 고고학자들은 그 유골을 오스트리아로 가져갔다. 2009년 3월 영국 BBC 방송은 "클레오파트라, 살인자의 얼굴"이라는 제목의 다큐멘터리에서 알시노에 공주의 복원된 얼굴을 공개했다. 복원 연구팀을 이끈 오스트리아과학원 힐케 투에르(Hilke Thuer) 박사는 유골을 통해 볼 때 알시노에 공주는 순수한 그리스인이 아닌 부분적으로 아프리카 원주민의 혈통을 받은 혼혈이라고 밝히고 있다.[13]

아르테미스 신전을 소개할 때면 빠뜨릴 수 없는 유명한 사건 가운데 하나는 주전 356년 발생한 헤로스트라투스(Herostratus) 방화 사건이다. 자신의 이름을 역사에 길이 남길 방법을 찾기 위해 고심하던 헤로스트라투스라는 이름을 가진 한 사내가, 아르테미스 신전에 불을 지르면 자신의 이름이 영원히 기억될 것으로 생각하고 신전에 불을 질렀다. 그런데 그가 신전에 불을 지른 날은 공교롭게도 알렉산더 대왕이 태어난 날이었다. 왜 여신이 자신의 신전이 불타는 것을 막지 못했는지 질문하는 사람들에게 대답할 말을 찾던 사제들은, 알렉산더가 세계를 정복하자 아르테미스가 알렉산더 대왕의 출산을 도우러 자리를 비우는 바람에 신전의 방화를 막지 못했다는 그럴듯한 설명을 내어놓았다.[14)] 방화로 인해 신전 전체가 소실되고 헤로스트라투스는 신전 방화죄로 죽임을 당했지만, 그의 이름은 수단과 방법을 가리지 않고 명성을 얻으려는 사람들을 지칭하는 '헤로스트라투스적 명성'(Herostratic Fame)이라는 용어로 영원히 남게 되었다. 아르테미스 신전은 주후 262년 에베소를 침략한 고트족에 의해 파괴되었다가 보수되었으나, 기독교가 공인된 후 폐쇄되고 대리석 기둥들은 이스탄불 소피아 교회당과 에베소 사도 요한 교회당 건축에 자재로 사용되었다. 이곳에서 출토된 신전 유물들은 오스트리아 빈 박물관에 소장되어 있으며, 주후 1세기경에 만들어진 아르테미스 여신상이 신전 가까이 있는 셀축 박물관에 전시되어있다.

• 아데미 신전 터

• 아데미 신전 모형

사도 요한과 에베소

에베소는 사도 요한이 복음을 전하며 말년을 보낸 곳이다. 요한의 제자였던 속사도 교부들과 이후 교부들은 사도 요한이 에베소에서 요한복음을 기록했고 밧모 섬에 유배되었다가 돌아온 후 이곳에 묻혔다고 증언하고 있다. 사도 요한의 제자이자 서머나 교회 감독이었던 폴리갑(Polycarp)의 제자 이레니우스(Irenaeus)는 『이단 반박론』(Against Heresies)에서 자신이 스승에게서 들었던 사도 요한과 관련된 여러 사실을 알려주고 있다. 이레니우스는 예수님의 가슴에 기대었던 주의 제자가 에베소에서 머물면서 복음서(요한복음)를 썼으며, 요한계시록을 기록하고 난 뒤 트라이아누스 황제(Trajanus, 98~117년) 때까지 생존했다고 증언하고 있다.[15] 이레니우스는 또 어느 날 사도 요한이 목욕탕에 들어갔다가 영지주의자 세린투스(Cerinthus)가 있는 것을 보고 "자 도망칩시다. 진리의 원수인 세린투스가 목욕탕에 있으면 그 목욕탕은 무너질 것입니다"라고 말하며 뛰쳐나왔다는 일화도 전하고 있다.[16] 세린투스는 예수님께서 그리스도로 태어난 것이 아니라 성령이 비둘기처럼 임하실 때 그리스도가 되었다고 주장한 영지주의 이단이었다. 요한일서에는 세린투스의 주장을 염두에 둔 것으로 추측되는 내용이 있는데, "예수 그리스도께서 육체로 오신 것을 시인하는 영마다 하나님께 속한 것이요, 예수를 시인하지 아니하는 영마다 하나님께 속한 것이 아니니 이것이 곧 적그리스도의 영이라"(요일 4:2~3)는 말씀이 그것이다.

이레니우스보다 한 세기 뒤 활동했던 유세비우스(Eusebius of Caesarea, 260~339)도 『교회사』에서 사도 요한이 아시아로 왔으며 도미티아누스 통치 15년에 밧모 섬에 유배되었다가[17] 죽을 때까지 에베소에 거주했다고 말하고 있다.[18] 9세기 조지(George the Sinner)는 『연대기』에서 요한의 제자 파피아스(Papias)의 글을 인용하여 "도미티아누스 황제 사후 네르바(Nerva: 96~98년) 황제가 일 년 동안 통치하던 시기에 요한을 밧모 섬에서 다시 불러 에베소에 살도록 허락했다. 그는 12 사도 중의 유일한 생존자였으며 그의 이름을 가지고 있는 복음서를 쓴 후에 순교와 함

께 영광을 받았다"는 기록을 남기고 있다.[19]

● 플라비우스 왕조(69~96년)와 요세푸스

역사가들은 플라비우스 베스파시아누스와 그를 뒤이어 로마를 통치한 두 아들 티투스, 도미티아누스를 '플라비우스 왕조'라고 부른다. 플라비우스 왕조의 세 황제는 예루살렘 함락과 사도 요한과 밀접한 관계가 있다. 베스파시아누스와 티투스는 유대를 침공해 예루살렘을 함락했고, 도미티아누스는 사도 요한을 밧모 섬에 유배했다. 플라비우스 왕조는 신구약 중간기와 신약시대를 이해하는 데 없어서는 안 될 『유대 고대사』, 『유대 전쟁사』, 『자서전과 아피온 반박문』을 남긴 요세푸스를 있게 했다.

베스파시아누스(Flavius Vespasianus, 69~79 재위): 기사 계급 출신으로 군에서 경력을 쌓아 로마제국의 9번째 황제의 자리까지 올랐다. 66년 유대가 로마에 봉기하여 반란을 일으키자, 그는 네로로부터 3개 군단을 지휘하는 사령관에 임명되어 유대 진압을 맡았다. 그가 유대를 공격하던 68년 갑작스럽게 네로가 자살하고 1년 사이 로마는 황제가 갈바(Galba), 오토(Otho), 비텔리우스(Vitellius)로 3번이나 바뀌는 정치적 혼란을 겪었다. 그러자 69년 군대가 봉기하여 유대를 공략 중이던 그를 황제로 추대했다.

티투스(Titus, 79~81 재위): 베스파시아누스의 장남으로 부친을 도와 유대를 공격하던 중 베스파시아누스가 갑작스럽게 황제로 추대되자, 유대 정벌 사령관으로 임명되었다. 티투스는 70년 예루살렘을 함락하여 성전을 파괴하고 대제사장직과 산헤드린을 폐지했다. 그는 디아스포라 유대인들이 해마다 2드라크마씩 내던 성전세도 폐지하고 전리품으로 성전 기물들을 로마로 가져갔다. 티투스가 유대를 정복하고 개선식을 할 때 로마에 세운 개선문에는 군인들이 성전 촛대(menorah)를 어깨에 메고 행진하는 장면이 조각되어있다.

• 성전 촛대를 운반하는 로마 병사들(로마)

79년 베스파시아누스가 죽자 티투스는 39세의 나이로 황제가 되어 2년 동안 로마를 통치했다.

티투스는 아그립바 2세와 함께 바울의 변증을 들었던 유대 공주 버니게(Bernice)의 연인이었다(행 25:23). 티투스는 유대 침공 중 헤롯 아그립바 왕의 딸 버니게를 만나 사랑에 빠졌다. 티투스는 예루살렘을 정복한 후 버니게를 로마로 불러 아내로 삼고자 했지만, 군중들의 반대와 야유로 포기해야 했다. 황제가 된 후 티투스는 버니게를 다시 로마로 불렀다. 그러나 이번에도 로마 시민이 반대하자 결국 뜻을 이루지 못하고 버니게를 유대로 돌려보냈다. 이후 41세의 나이로 죽을 때까지 결혼하지 않았다. 티투스가 로마를 통치하던 79년 베수비오 화산이 폭발해 폼페이가 매몰되었고, 80년 베스파시아누스가 건설을 시작했던 콜로세움을 완성하여 개막식을 했다.

도미티아누스(Domitianus, 81~96 재위): 도미티아누스는 81년 형 티투스가 갑작스럽게 죽자, 30세에 로마 황제가 되었다. 그는 자신의 권력을 강화하기 위해 원로원, 집정관 등 고위 관료들을 반란음모죄로 몰아 추방하거나 재산을 몰수하고 죽이는 공포정치를 실행했다. 도미티아누스는 여기에 만족하지 않고 자신을 신격화하는 데까지 나아갔다. 카이사르 이후 로마 사람들은 죽은 황제를 신격화하는 것은 인정했지만, 살아 있는 황제가 신격화되는 것은 금기로 여겼다. 왜냐하면 살아있는 황제가 신격화되는 것은, 그가 절대권력을 휘두르게 된다는 것을 의미했기 때문이다. 그런데 도미티아누스는 금기를 깨고 살아 있는 신이 되고자 했다. 에베소에 도미티아누스가 자신을 신격화하기 위해 건축하던 신전이 있다. 도미티아누스 신전은 그가 살해되는 바람에 완성되지 못했는데, 그 이유는 원로원이 죽은 도미티아누스에게 '기록말살 형'을 선고했기 때문이다.

도미티아누스는 그리스도인들을 잔

인하게 박해했다. 그가 그리스도인들에게 가한 박해를 두고 유세비우스는 "그는 하나님을 미워하고 적대하는 일에 있어 네로의 후계자가 되었다. 도미티아누스는 우리에게 박해를 시도한 두 번째 황제가 되었다"[20]고 말하고 있다. 도미티아누스가 그리스도인들을 얼마나 미워했는지, 그리스도인이었던 자신의 가족까지도 죽였다. 도미티아누스는 아들을 하나 낳았지만 어릴 때 죽고 이후 아들을 얻지 못했다. 그래서 그는 자신의 후계자로 삼기 위해 누나의 딸 플라비아 도미틸라(Flavia Domitilla)와 남편 클레멘스(Clemens) 사이에 태어난 두 아들을 양자로 입양했다. 그런데 양자들의 친부모인 플라비아와 클레멘스가 그리스도인이라는 사실이 드러났다. 도미티아누스 통치 15년이던 95년, 이 두 사람은 이교를 믿는다는 명목으로 고발당해 클레멘스는 사형을 당하고 플라비아는 폰티아 섬에 유배되었다.[21] 이 시기에 거룩한 말씀을 증언했다는 이유로 사도 요한이 밧모 섬에 유배되었다.[22]

스스로 신이 되려 하고, 그리스도인이라는 이유로 가족까지 죽이는 잔인한 행동으로 인해 도미티아누스는 가족과 원로원의 미움을 사게 되었다. 96년, 도미티아누스는 결국 아내의 시종이었던 '스테파누스'라는 해방 노예에 의해 살해되었다. 도미티아누스가 죽은 후 로마 원로원은 그에게 '기록 말살 형'이라는 최고의 형벌을 내렸다. 수에토니우스는 원로원이 "그의 이름이 언급된 모든 비문을 지워버리며 그의 통치에 관한 모든 기록을 말소한다는 포고령을 내렸다"고 전하고 있다.[23] '기록 말살 형'은 명예와 명성을 중시하던 로마인들에게 가장 치욕적인 형벌이었다. 황제 중에서는 최초로 칼리굴라가 이 벌을 받았지만 실제로 집행되지는 않았다. 네로가 두 번째 이 벌로 단죄되었고, 도미티아누스가 세 번째로 이 형을 선고받았다. 황제가 '기록 말살 형'을 선고받으면 4가지 조치가 취해졌다. 1) 형을 받은 황제의 조각상을 모두 파괴한다. 2) 모든 공식 기록, 비문, 화폐에서 이름을 삭제한다. 3) 황제의 자손은 대대로 개인의 이름에 '임페라토르'(Imperator)라는 호칭을 사용하지 못한다. 4) 치세 중에 원로원의 의결을 거치지 않고 발표되거나 결정된 칙령은 모두 폐기된다.[24] 4번째 조항은 황제가 내린 형벌에 대한 사면을 포함했다. 그

• 에베소 도미티아누스 신전

래서 도미티아누스 사후 네르바(Nerva, 96~98) 황제가 등극하자 사도 요한은 유배되었던 밧모 섬에서 에베소로 돌아올 수 있었다.[25]

플라비우스 요세푸스(Flavius Josephus, 37~100): 요세푸스의 원래 이름은 요셉 벤 마티아스(Joseph ben Matthias)였다. 그는 주후 37년 제사장이었던 아버지와 이스라엘의 마지막 왕조 하스모니안 가문 출신인 어머니 사이에 태어났다. 그는 유대 제사장이자 군대 사령관 그리고 학자였으며 『유대 전쟁사』와 『유대 고대사』를 쓴 역사가이기도 했다. 그는 유력한 가문 출신답게 27세의 젊은 나이에 유대 사절단의 최연소 단원으로 선발되어 64년 로마에 파견되었다. 사절단이 맡은 임무는 유대 총독 벨릭스(행 24)에 대항하여 폭동을 주동했다는 이유로 로마에 끌려간 유대인들을 석방해달라고 네로 황제에게 탄원하는 것이었다. 요세푸스는 로마에서 활동하던 유대인 배우의 소개로 유대인들에게 호의적이었던 네로의 두 번째 부인 포파이아 사비나(Poppaea Augusta Sabina)를 만나 유대인들이 석방될 수 있도록 황제에게 간청해 달라고 부탁했다. 황후를 통한 탄원이 성공하여 요세푸스는 로마에 잡혀있던 유대인들을 데리고 유대로 돌아왔다.

로마에서 유대로 돌아온 요세푸스는 67년 군대 사령관으로 임명되었다. 그에게 맡겨진 임무는 예루살렘을 향해 진격해오는 베스파시아누스가 이끄는 로마 3개 군단을 저지시키는 것이었다. 그가 지휘하던 유대 군은 갈릴리 요타파타에서 로마의 최정예 군단에 맞서 47일 동안 격렬하게 저항했다. 하지만 요세푸스가 이끄는 유대군은 최정예 로마군을 이길 수 없었다. 7월 20일, 결국 4만의 유대군은 전멸당하고 요타파타는 함락되었다. 요세푸스는 40명의 장로와 함께 한 동굴로 피신했다가 제비뽑기를 통해 선택된 사람을 죽이는 집단자살을 시도했다. 그러나 마지막까지 살아남은 요세푸스는 자살하지 않고 항복하여 로마의 포로가 되었다.

포로가 된 요세푸스는 베스파시아누스에게 면담을 요청했다. 전해지는 바에 의하면, 둘이 만난 자리에서 요세푸스는 베스파시아누스에게 "내가 포로로 잡힌 것은, 신이 당신이 네로를 뒤이어 로마의 황제가 될 것을 알리기 위해서요"라고 말했다. 베스파시아누스는 그의 예언을 믿지 않았지만, 예루살렘 공격에 도움이 될 것으로 생각하고 요세푸스를 그의 곁에 잡아두었다. 덕분에 요세푸스는 동년배였던 티투스와 친분을 쌓아 평생 친구로 지냈다. 베스파시아누스가 예루살렘 공방전을 벌이고 있던 이듬해 8월, 누구도 예상하지 못한 일이 일어났다. 아직 31세밖에 되지 않은 네로가 자살한 것이다. 갈바와 오토가 네로의 뒤를 이어 황제로 추대되었지만, 그들 역시 곧 죽음을 맞이했다. 69년 7월, 유대를 공략 중이던 베스파시아누스에게 황제로 추대되었다는 소식이 전달되었다. 요세푸스가 예언한 일이 일어난 것이다. 베스파시아누스는 황제의 자리에 오르기 위해 로마로 가면서 티투스에게 예루살렘 정복을 맡기고 요세푸스도 티투스 곁에 있게 했다. 그 짧은 시간 동안 무슨 심경의 변화가 있었는지 알 수 없지만, 요세푸스는 조국 유대를 배신하고 티투스를 도와 예루살렘을 함락시키는 데 앞장섰다. 70년 티투스가 예루살렘을 정복하고 로마로 개선할 때 요세푸스도 함께 로마로 갔다. 베스파시아누스는 예루살렘 공략에 앞장선 요세푸스에게 자신의 씨족 성인 '플라비우스'를 하사했다. 이후 요셉 벤 마티아스(Joseph ben Matthias)는 유대 이름과 성을 버리고 플라비우스 요세푸스(Flavius Josephus)라는 로마 성과 이름을 사용했다.

요세푸스는 이후 죽을 때까지 로마에 머물며 70년대 중반 『유대 전쟁사』를 그리고 90년대에 『유대 고대사』를 썼다. 여기서 언급된 플라비우스 왕조와 요세푸스에 얽힌 이야기들은 그가 남긴 책들 덕분에 알게 된 것들이다. 그는 조국과 민족을 배반하고 로마에 호의적인 관점에서 책을 썼기 때문에 유대인들에게는 배신자로 낙인찍혔지만, 그가 남긴 기록들 덕분에 우리는 예루살렘의 함락 과정과 신구약 중간기 유대 역사를 비교적 소상히 알 수 있게 되었다.

요세푸스는 『유대 고대사』에서 예수님의 사역과 죽음과 부활에 대해 언급하고 있다. 그는 자신이 쓴 책에 "예수라는 지혜로운 사람 -너무나 놀라운 일들을 많이 행했기 때문에 인간으로 볼 수 있을지 모르겠으나 인간으로 보는 것이 합당하다면- 이 있었다. 바로 그가 그리스도였다. 빌라도가 유대의 유력 인사들의 청에 의해 그를 십자가에 달려 죽게 했으나 그를 처음부터 사랑하던 자들은 그를 버리지 않았다. 왜냐하면, 하나님의 선지자들이 그에 대해 예언한 대로 3일 만에 다시 살아나서 그들에게 나타났기 때문이다"라는 기록을 남겼다.[26]

학자들 가운데 예수님에 대한 요세푸스의 진술은 후대에 그리스도인들이 삽입한 것이라고 주장하는 자들이 있다. 그들이 이렇게 주장하는 이유는 예수님에 대한 설명이 마치 그리스도에 대한 신앙을 고백하는 것처럼 진술되어 있기 때문이다. 그러나 요세푸스가 『유대 고대사』를 썼던 90년대 복음이 플라비우스 가문에도 전해져 도미티아누스의 양자의 친부모가 그리스도인이 되었을 정도였다면, 요세푸스처럼 명민했던 사람이 예수님에 대한 충분한 정보를 가지고 글을 썼다고 보지 않을 이유가 없다.

• 요세푸스 흉상[27]

사도 요한 교회당(St. John's Basilica): 유배되었던 밧모 섬에서 돌아온 사도 요한은 복음을 전하다가 순교하여 에베소에 묻혔다. 190년경 에베소 교회의 감독이었던 폴리크라테스(Polycrates)는 로마 감독 빅토르(Victor)에게 보낸 편지에서 "주님의 가슴에 기댔던 제자요 성직자 복을 입은 제사장이며 순교자요 교사였던 요한 역시 에베소에 잠들어 있다[28]"고 증언하고 있다. 셀축(Selçuk) 시내 아야술룩 언덕에 사도 요한의 유해가 잠들어 있었던 사도 요한 교회당이 있다. 4세기 유스티니아누스 황제(Justinianus, 527~565년) 시대에 활동했던 역사가 프로코피우스(Procopius)는 『비사』(Secret History)에서 바위투성이 언덕 비탈에 신학자(Theologian)로 불린 사도 요한을 기념하는 작고 오래된 낡은 예배당이 있었는데 유스티아누스 황제가 그것을 헐고 크고 화려한 새 교회당을 건축했다고 증언하고 있다.[29]

전승에 의하면 사도 요한이 순교한 후 제자들이 그의 유해를 거두어 아야술룩 언덕에 장사지냈다가, 신앙의 자유를 얻은 후 요한의 무덤 위에 목제로 사각형 교회당을 건축했다. 유스티니아누스 황제가 이 목조 교회당을 길이가 130m나 되는 장엄한 십자가 모양의 교회당으로 건축한 것이다. 사도 요한 교회당은 이스탄불의 성 소피아 교회당이 완공된 직후 건축되었으며, 완공 당시 세계에서 3번째 큰 규모의 교회당이었다. 성지순례가 유행하던 중세에 사도 요한 교회당은 예루살렘으로 가던 순례자들이 필수적으로 방문하던 성지였다. 이 교회당은 창문에서 기둥을 타고 들어오는 먼지를 맞으면 병이 치유된다는 소문이 퍼져 병자들이 줄지어 찾던 곳이기도 했다.

이 교회당은 8세기 아랍 이슬람 군대의 침입으로 심한 손상을 입었지만 복원되었다. 그러나 13세기 터키 무슬림들에 의해 파괴되어 이곳을 찾던 순례자들의 행렬도 멈추었다. 이곳을 점령한 터키 무슬림들은 사도 요한 교회당을 허물어 바로 아래에 있는 이사 베이(Isa Bey) 모스크를 건축했다. 사도 요한의 유해는 네 개의 대리석 기둥이 서 있는 제단(apse) 아래 안치되어있었다. 하지만 그의 유해는 현재 이곳에 없다. 사도의 유해는 로마로 옮겨져 사도 요한의 이름으로 봉헌된

'라테란의 성 요한 대성당'(Archibasilica Sancti Ioannis in Laterano)에 안장되어 있을 것으로 추측된다. 사도 요한 교회당 입구 왼쪽에 원래의 형태를 유지하고 있는 세례소가 있다.

• 사도 요한의 무덤

• 사도 요한 교회당

● 동방교회의 교회당 구조

기독교가 공인된 후 집이나 카타콤과 같이 대중들의 눈에 띄지 않는 장소에서 예배를 드리던 그리스도인들은 공공의 영역으로 나와 교회당을 건축했다. 초기 교회당의 일반적인 형태는 원형 무덤 형태인 마우솔레움(mausoleum)과 긴 사각형 형태인 바실리카(basilica)였다. 기독교가 공인되고 국교화되자, 데살로니가의 '로톤다'와 같은 원형 무덤이나 각 도시의 공회당 바실리카 그리고 신전들이 교회당으로 개조되었다. 헬라-로마가 종교의식이나 공무를 위해 만든 이런 건물은 많은 사람이 모일 수 있는 넓은 공간이 있었고 예전에 맞게 개조하기도 쉬웠다. 6세기 이전에 건축된 교회당들은 431년 에베소 공의회가 모였던 '성모 마리아 교회'처럼 바실리카 형태가 주를 이루었다.

6세기 유스티아누스 황제는 이스탄불 성 소피아 교회당과 에베소 사도 요한 교회당을 돔을 가진 십자가 형태로 건축했다. 이러한 형태는 이후 동방교회 교회당의 전형이 되었다. 이 시기부터 교회당은 단순히 집회를 위한 목적이 아니라, 예수 그리스도의 몸을 상징하는 성스러운 공간이자 예전의 일부로 인식되었다. 사도 요한 교회당과 이스탄불 성 소피아 교회당에서 볼 수 있는 것처럼, 교회당 내부의 평면과 수직 공간은 모두 신학적 의미를 상징하는 세 부분으로 구분되었다.

교회당은 평면적으로 서에서 동으로 '나르텍스'(nertex), '네이브'(nave), '앱스'(apse)로, 수직적으로는 아래에서 위로 '네이브'(nave), '팬던티브'(pendentive), '쿠폴라'(cupola)로 구분되어 있다. 서쪽은 하나님께 등을 돌리는 어둠과 세속을 상징하는 공간이므로 '나르텍스'는 아직 세례를 받지 못한 사람들이 머무는 곳이며, 지상을 상징하는 '네이브'는 그리스도를 모시고 새 하늘과 새 땅을 영접하는 예배의 공간이다. 그래서 세례받은 자만이 '네이브'에 들어올 수 있다. 동쪽에 위치하는 '앱스'는 지성소를 상징한다. 반원 형태의 '앱스'는 천상의 지성소를 가시적으로 표명하는 공간으로 사제들만 들어갈 수 있으며, 이콘(icon)으로 분리되었다. 수직적으로 천장 돔이 있는 '쿠폴라'는 천상을 상징하며 천지의 주재이신 그리스도(판토크라토르)께서 내려다보고 계신 곳이다. '팬던티브'는 천상과 지상의 중간적인 영역으로 천사들과 사도들이 거하는 곳을 상징한다. 그래서 이곳에는 천사들이나 사도들의 이콘이 그려져 있다. '네이브'는 지상의 영역으로 회중들이 거하는 곳이다. 이처럼 동방교회는 교회당을 세상을 등진 회중이 서쪽 입구로 들어와 천지의 주재이신 그리스도의 통치를 받으며 지성소를 향해 하나님께 나아가는 예배를 드리는 성스러운 공간으로 인식하고 있다.

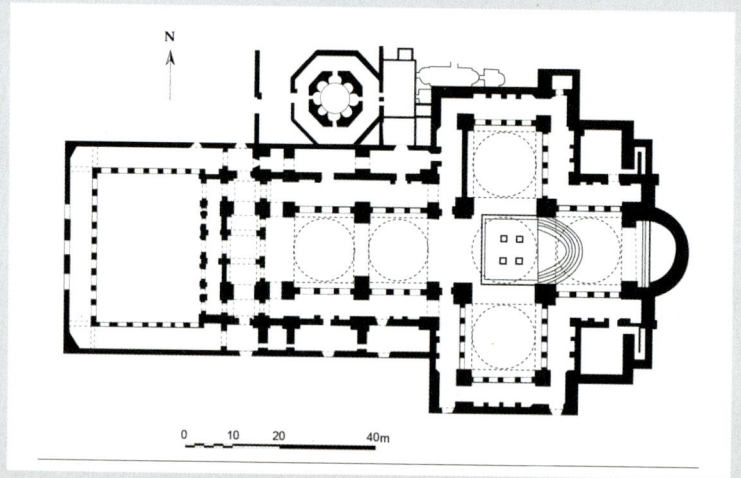

• 사도 요한 교회 평면도

• 판토크라토르(이스탄불 코라 교회당)

성모 마리아와 에베소

에베소에는 성모 마리아가 사도 요한과 함께 에베소에 와서 말년을 보내었다는 이야기가 전승되고 있다. 로마 가톨릭은 성모 마리아가 에베소 남쪽 산 위에 있는 한 집에서 말년을 보내었다고 믿고 1967년 이곳을 성지로 지정했다. 이후 이곳은 종교와 관계없이 수많은 사람이 방문하는 에베소의 명소가 되었다. 성모 마리아가 사도 요한과 함께 에베소에 와서 '성모 마리아의 집'으로 불리는 곳에서 말년을 보내고 죽어 승천했다는 전승은 역사적 사실일까?

성모 마리아의 집(The House of Mary): 성모 마리아의 집으로 알려진 자그마한 건물은 동남쪽 마그네시아 문에서 에베소 유적지로 들어가는 왼쪽 산 정상 부분에 있다. 로마 가톨릭 신자들 사이에 성모 마리아께서 살았다는 말이 돌던 이곳은 1967년 7월 교황 바오로 6세가 방문하여 성지로 공포하고 미사를 집전함으로써 로마 가톨릭교회의 성지가 되었다. 그 이후 이곳에 신부와 수녀가 상주하고 있으며 교황들이 참배하고 있다.

1967년 교황 바오로 6세가 에베소 산 위에 있는 옛 집터를 성지로 공포한 것은 예로부터 전해져 오던 몇몇 전승과 카타리나 엠메릭(Katerina Emmerich, 1774~1824)이라는 독일 수녀가 본 환상에서 비롯되었다. 생의 마지막 12년을 병상에서 지내던 카타리나 수녀는 어느 날 환상 가운데 마리아가 나타나 자신이 살았던 에베소의 집을 보여주었다고 주장했다. 그녀의 주장을 클레멘스 마리아 브렌타노(Clemens Maria Brentano)라는 독일 시인이 채록하여 『동정녀 마리아의 생애』라는 이름의 책으로 출간했다. 당시 서머나에 거주하던 나사로 수도회 소속의 한 신부가 이 책을 읽고 카타리나 수녀가 환상으로 보았다는 장소를 찾기 위해 에베소 근처의 산을 돌아다녔다. 그러다가 1891년 7월 29일, 책에 묘사된 내용과 유사해 보이는 한 장소에서 오래된 건물터를 발견했다. 이후 신부들은 마리아 승천 기념일인 8월 15일이 되면 이곳에서 미사를 드렸다. 이 소식을 들은 람세이는 1906년 이곳을 방문하여 4~5세기에 건축된 것으로 추정되는 교회당 터를 발굴했다.

이런 일련의 일들이 복합되어 가톨릭 신자들 사이에 이 건물터가 성모 마리아께서 말년을 보낸 집이라는 소문이 퍼져나갔다. 그 소문을 듣고 이곳을 방문하는 가톨릭 신자들이 늘어가자, 1951년 '마리아 승천 교리'를 선포한 교황 비오 12세가 이곳을 가톨릭교회의 성지로 인정했다. 하지만 비오 12세는 성모 마리아께서 어디에서 죽고 승천했는지 구체적으로 밝히지 않았다. 그 이유는 예루살렘을 비롯해 성모 마리아께서 말년을 보냈다고 전승되는 여러 장소가 있었기 때문이었다. 그러다 1961년 교황 요한 23세가 이곳이 성모 마리아께서 말년을 보내고 죽어 승천한 장소라고 인정했고, 1967년 7월 교황 바오로 6세가 방문하여 미사를 집전하고 이곳이 '성모 마리아의 집'이라고 공포했다.

그러나 성모 마리아께서 에베소에 왔다는 것을 증명할 만한 근거나 역사적 기록은 거의 없다. 사도 요한에게서 듣고 배웠던 속사도 교부들과 그들을 뒤이은 이레니우스와 같은 교부들은 성모 마리아께서 에베소에 왔다는 언급은 고사하고 어떠한 암시조차 하지 않았다. 만일 성모 마리아께서 사도 요한과 함께 에베소에 와서 사셨다면, 사도 요한의 제자로 소아시아에서 사역했던 파피아스나 폴리갑이나 속사도 교부들이 그 중요한 사실을 언급하지 않았을 리가 없다.

성모 마리아께서 에베소에 살았다는 전승을 처음 글로 남긴 사람은 4세기 사이프러스 살라미스 주교였던 에피파니우스(Epiphanius)였다. 그가 성모 마리아께서 사도 요한과 함께 에베소에 와서 사셨다고 주장하면서 제시한 유일한 근거는, "보라 네 어머니라 하신대, 그때부터 그 제자가 자기 집에 모시니라"는 성경 구절이었다(요 19:27). 에피파니우스는 마리아를 "그때부터 사기 집에 모셨으므로"라는 구절을 근거로 사도 요한이 에베소에 올 때 마리아도 모시고 왔을 것으로 추론한 것이었다. 이후 431년 3차 에베소 공의회에 참석했던 한 주교가 콘스탄티노플에 보낸 편지에 "성모 마리아와 사도 요한이 에베소에 살았고 장사 되었다"고 쓴 글이 남아있고, 이후 13세기 시리아 정교회 감독이었던 바르-헤브라에우스(Bar-Hebraeus)가 사도 요한이 마리아를 모시고 밧모 섬에 갔으며 에베소에 교회를 설립했다는 기록을 남겼다.[30] 성모 마리아께서 에베소에 와서 생의 말년을 보냈다는 전승은 이것이 전부다. 사도들로부터 수백 년의 시간이 지난 뒤 나온 이러한 몇 가지 추측성 언급들과 한 수녀가 본 꿈을 근거로 성모 마리아께서 생의 말년을 에베소에서 보내셨다고 확신하는 것은 전혀 신빙성이 없어 보인다.

성모 마리아께서는 에베소가 아니라 예루살렘에서 여생을 보냈을 것이다. 그 이유는, 예루살렘에 성모 마리아의 무덤이 있다는 더 분명하고 신뢰할만한 증거가 있기 때문이다. 422년 예루살렘 감독이 된 유베날(Juvenal)은 성모 마리아의 무덤이 예루살렘에 있다고 증언하고 있으며, 테오도시우스 2세의 누나로 3차 에베소 공의회에 상당한 영향력을 행사했던 풀케리아(Pulcheria)가 예루살렘 감독 유베날에게 성모 마리아의 유물을 보내 달라고 보낸 서신도 남아있다. 풀케리아가 예루살렘에 있었던 성모 마리아의 유물을 보내라고 한 이유는 마리아의 유물을 보관함으로써 콘스탄티노플 교회의 위상을 높이려 했기 때문이다. 성모 마리아의 무덤은 겟세마네에 있다고 알려져 있는데, 그곳에 4~5세기경 교회당이 세워졌다. 오랜 세월에 크게 훼손된 이 교회당은, 1901년 팔레스타인을 지배하고 있던 오스만 황제의 허락을 받아 새롭게 증축되었다. 이 교회는 오늘날 '성모 영면 교회'(the Church of the Dormition)로 불리고 있다.

• 성모 마리아의 집

성모 마리아 교회당(The Church of the Virgin Mary): 431년 3차 에베소 공의회가 열렸던 성모 마리아 교회당은 유적지 북쪽 출입구 왼쪽에 있다. 북쪽 출입구는 단체 입장객이 답사를 마치고 나가는 출구여서 주의를 기울이지 않으면 3차 공의회가 모였던 이 중요한 교회당을 보지 못하고 지나가기 쉽다. '성모 마리아 교회당'은 130년경 하드리아누스 황제의 제단으로 만들어진 제우스 신전(Zeus Olympios)을 허물고, 그 터 위에 건축되었다. 4세기 신전이 있던 자리에 첫 교회당이 세워졌고, 5세기 증축되어 교회 역사에서 처음으로 성모 마리아 교회(The Church of the Virgin Mary)라는 이름이 붙여졌다. 431년 이 교회당에서 모인 3차 에베소 공의회는 성모 마리아는 인간이신 예수를 낳은 '예수의 어머니'(Christotokos)라고 주장했던 콘스탄티노플 주교 네스토리우스(Nestorius)를 이단으로 정죄하고, 성모 마리아는 하나님이신 예수님을 낳은 '하나님의 어머니'(Theotokos)로 불려야 한다고 결정했다.

• 성모 마리아 교회당

네스토리우스는 하나님은 어머니가 있을 수 없고, 마리아를 "하나님을 낳은 자"라고 부르면 예수님의 인성과 신성이 혼동될 가능성이 있으므로 마리아를

"그리스도의 어머니"라고 불러야 한다고 주장했다. 이런 네스토리우스의 주장에 반대한 사람들은 그가 예수님의 인성과 신성을 지나치게 분리하며, 당시 예배와 경건의 중심으로 자리 잡기 시작한 성모 마리아의 칭호를 공격한다고 생각했다. 그래서 회의에 참석한 다수의 주교는 네스토리우스의 견해를 예수님의 신성을 부인하는 이단이라고 결정했다. 이단으로 정죄 된 네스토리우스는 아라비아 페트라로 추방당했다가 다시 리비아의 한 오아시스로 유배되어 그곳에서 생을 마감했다. 네스토리우스의 견해를 따랐던 그리스도인들은 이후 동로마제국의 변방으로 밀려나 이라크와 이란에 뿌리를 내리고 실크로드를 따라 당나라 시대 중국 장안까지 와서 복음을 전했다. 중국 장안에는 이들의 활동을 알려주는 '대진경교유행중국비'(大秦景教流行中國碑)가 남아있다. 네스토리안 교회는 지금도 이란, 이라크, 시리아, 터키에 흩어져 명맥을 유지하고 있다.

요한계시록과 에베소 교회

요한계시록에는 주님께서 에베소 교회에 주신 말씀이 기록되어있다(계 2:1~7). 사도 바울이 한 세대 전 밀레도에서 에베소 교회 장로들과 만나 "내가 떠난 후에 사나운 이리가 여러분에게 들어와서 그 양 떼를 아끼지 아니하며, 또한 여러분 중에서도 제자들을 끌어 자기를 따르게 하려고 어그러진 말을 하는 사람들이 일어날 것"이라고 경고한 대로(행 20:29~30), "악한 자들" 또는 "자칭 사도들"이라 불리는 "니골라 당"(Nicolatians)이 에베소 교회를 어지럽히고 있었다. 이레니우스는 『이단 반박론』에서 유대교에 입교했다가 예루살렘 교회 일곱 집사 중 하나로 선출된 안디옥 사람 니골라(행 6:5)가 타락하여 이단이 되었다고 말하고 있는데,[31] '니골라 당'은 니골라를 추종하는 자들을 지칭하는 이름이었을 것이다. 니골라 당은 발람의 교훈(계 2:14~15)과 이세벨(계 2:20~22)과 연관이 있으므로, 이들은 교회 안에 음행과 우상숭배를 끌어들이려고 했을 것이다. 앞에서 언급했듯이, 에베소는 '세린투스'와 같은 영지주의적 이단이 활동하고 있었고, 황제 숭배를 비롯한 각종 우상숭배가 만연하던 도시였다. "악한 자들", "자칭 사도들", "니골라 당"은 우상숭배와 이교적 행위를 복음의 진리와 혼합하려고 했을 것이다. 에베소 교회는 수고와 인내로 악한 자들을 시험하여 그들의 거짓된 가르침을 드러내고 복음의 진리를 지켜내었다. 예수님은 에베소 교회의 이런 수고를 인정하고 칭찬하셨다(계 2:2~3).

그러나 주님은 에베소 교회에 "처음 사랑을 버렸다"고 책망하셨다(계 2:4). 에베소 교회가 주님으로부터 이런 책망을 받은 것은, 거짓을 분별하고 이단을 비판하고 진리를 지키는 데 열중하느라, 형제를 사랑하고 하나님을 사랑하는 마음을 잃어버렸기 때문일 것이다. 주님은 에베소 교회에 자신들의 문제가 어디서 생겨났는지 발견하여 회개하고, 형제와 하나님을 사랑하는 처음 행위를 회복하라고 촉구하셨다. 만일 에베소 교회가 주님의 말씀을 듣고 회개하여 돌이키지 않으면, "내가 네게 임하여 네 촛대를 그 자리에서 옮기겠지만"(계 2:5), 순종하여 처음 사랑을 회복하면 "하나님의 낙원에 있는 생명 나무의 열매를 주어 먹게 하리라"고 약속하셨다(계 2:7).

에베소 교회가 주님의 말씀을 받은 지 20년 정도가 지난 110년경, 속사도 교부 이그나티우스는 에베소 교회에 보낸 편지에서 예수 그리스도에 대한 믿음과 "사랑에 의해 특정 지워지는 의로운 성품" 때문에 하나님 안에서 에베소 교회 성도들을 환영한다고 말하고 있다.[32] 에베소 교회가 주님의 말씀에 순종하여 처음 사랑을 회복한 것이다. 사도 바울과 사도 요한의 땀과 눈물과 숨결이 스며있는 에베소 교회는 그 이후에 많은 신앙의 인물들을 배출했다. 그러나 1304년 셀축 투르크 왕조가 소아시아를 점령함으로써 에베소 교회는 급격히 쇠락했고, 지금은 옛 교회터만 남아있는 유적지로 변했다.

에베소 유적들

에베소는 3차에 걸친 선교여행 동안 바울이 가장 오래 머물며 사역한 도시였다. 에베소는 오랫동안 사람이 거주하지 않았고 일찍부터 발굴이 진행되어 많은 유적이 복원되었다. 이 책에서는 사도 바울이 사역하던 당시 에베소 모습을 그려보는 데 도움이 될만한 몇 가지 유적만 소개하도록 하겠다.

공회당(Basilica)**과 음악당**(Odeon): 마그네시아 문 쪽에서 유적지 입구로 들어서면 제일 먼저 눈에 들어오는 곳이 아고라와 공회당이다. 에베소에는 두 개의 아고라가 있다. 하나는 상업 아고라(commercial agora)로 아래 항구 쪽에 있고, 다른 하나는 지금 소개하는 행정을 담당했던 아고라(state agora)이다. 길이 160m, 폭 58m 크기의 행정 아고라는 주전 4세기 건설된 후 여러 번 리모델링 되었다. 이 큼직한 아고라의 남동쪽 모서리에 수로를 통해 끌어들인 물을 도시 곳곳에 배분하던 카스텔룸(castellum)이 있으며, 서쪽 중앙에 이집트 신 이시스(Isis)에게 봉헌된 신전이 있다.

아고라 북쪽에 에베소의 행정과 사법을 담당한 바실리카(공회당)와 여기에 딸린 오데온, 시청사가 있다. 길이가 168m나 되는 이 바실리카는 재판과 상업 문제를 처리하던 관공서와 무역상들을 위한 환전소로 사용되었다. 이 바실리카는 67개의 이오니아 양식의 기둥들이 바치고 있었으며 내부는 항상 불이 밝혀져 있었다. 바실리카의 동쪽 입구에는 아우구스투스 황제와 왕비 리비아의 대리석상이 서 있었다. 황제 부부의 상은 현재 셀축 박물관에 전시되어있다. 바실리카의 서쪽 끝에는 네로 시대에 건축된 아고라로 연결되던 부속 건물이 있었다. 바울과 동역자들은 이 아고라와 공회당을 수없이 지나다녔을 것이다.

공회당 뒤쪽에 음악당(odeon)과 의회당(bouleuterion)으로 사용된 건물이 있다. 1,500명이 앉을 수 있는 좌석을 갖춘 이 건물은 지붕이 있어서 언제든지 회의나 음악회를 열 수 있었다. 리시마쿠스가 처음 건축한 이 음악당은, 주후 2세기 에베소의 거부 베디우스 안토니우스(Vedius Antonius)와 그의 아내 플라비아 파피아나(Flavia Papiana)가 개인 경비를 들여 리모델링 했다. 이곳에서는 시의회, 토론회, 중요한 공개재판과 귀족들을 위한 음악회가 열렸다. 오늘날에도 여름밤이면 종종 세계의 유명 연주자들의 이 음악당에서 공연을 펼친다.

• 음악당

• 공회당

시 성소(Temenos)와 시청사(Prytaneion): 음악당 바로 옆에 로마의 주신이었던 로마 여신(Dea Roma)과 신격화된 율리우스 카이사르(Julius Caesar)에게 바쳐진 '테메노스'(temenos)라고 불린 성소가 있다. 이 성소는 주전 29년 아우구스투스가 에베소에 율리우스 카이사르의 제단을 세우는 것을 허락하고, 에베소에 거주하는 로마 시민들에게 카이사르와 로마 여신을 공경하라는 칙령을 내림으로써 건축되었다. 주전 29년은 아우구스투스가 소아시아에서는 최초로 버가모에 황제 신전을 건축하도록 허락한 해였다. 에베소에 로마 황제 신전이 세워진 것은 한 참 후의 일이지만, 이 황제 제단은 주전 17년 아우구스투스가 착수한 로마의 전통 종교 부활 정책과 함께[33] 에베소에 황제 숭배가 성행하는 계기가 되었다.

시 성소 바로 옆에 프리타네이온(prytaneion)이라고 불린 시청사가 있다. 시청사는 에베소의 정치와 종교를 관장하는 중추 기관이었다. 이곳은 에베소의 최고위 행정관이었던 "서기장"(행 19:35)과 "아시아 관리"(행 19:31)가 공무를 보고 공식적인 접견과 연회를 베푸는 공관이자, 화로와 불씨의 여신 헤스티아(Hestia)의 신성한 불꽃이 항상 타오르는 신전이기도 했다. 시청에 헤스티아 제단을 둔 것은,

그리스인들은 가정의 화로가 집을 따뜻하게 하여 가족의 건강을 지키고 보호하듯이 도시(polis)에도 그 도시를 따뜻하게 지키는 화로가 있어야 한다고 생각했기 때문이다. 그래서 그리스인들은 다른 곳에 식민 도시를 건설하러 갈 때면, 헤스티아 신전 화로의 신성한 불을 가지고 가서 새 도시에 만든 헤스티아 제단에 그 불이 계속 타오르도록 했다. 에베소 헤스티아 신전 불은 아테네에서 가져왔을 것이다. 헤스티아 신전에서 계속 타오르는 불길은 도시의 존립과 번영을 상징했다. 그래서 헤스티아 제단의 여 사제 중 한 명은 화로의 불이 꺼지지 않도록 지키는 일을 담당했다. 이 건물은 6개의 도리스 양식의 기둥이 지탱하고 있는데, 이 기둥 가운데 하나에 헤스티아의 '신성한 불'을 지키고 아르테미스 숭배 제의를 관장하던 제사장들(curetes)의 이름이 새겨져 있다.

에베소 프리타네이온의 공무 가운데 하나는 매년 5월 아르테미스를 숭배하기 위해 열린 아르테미시온 축제(Artemision)와 이때 개최되는 '아시아 경기'를 관장하는 것이었다. 이 축제와 운동경기를 계획하고 비용을 조달하는 임무를 맡았던 "아시아 관리들" 가운데 바울과 친구 된 자들이 있었으므로(행 19:31), 바울은 이들과 친분을 나누기 위해 시청사에 출입했을 것이다.

• 시 청사

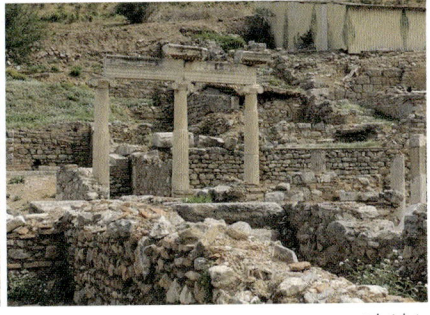
• 시 성소

주전 3세기 건축되어 에베소의 행정과 종교를 관장하던 프리타네이온은 아우구스투스 통치기에 리모델링 되었으며, 에베소가 복음화된 이후에도 계속 시청사로 사용되었다. 흥미롭게도 셀축 박물관에 있는 두 개의 아데미 신상이 이 건물에서 발굴되었다. 기독교가 국교였던 비잔틴 시대에 시청사로 사용된 이 건물에 아데미 신상이 두 개나 보관되어 있었던 이유는 알 수 없지만, 그리스도인들이 시청에 아데미 여신상을 두고 숭배했을 리가 없으므로, 신상들은 이전부터 이곳 외진 창고에 방치되어 있었던 것으로 보인다.

상류층 주택가(Terraced Houses), **알시노에 무덤**(Tomb of Arsinoe): 시 청사에서 에베소 중앙 대로를 따라 내려가다 보면, 셀수스 도서관에 도착하기 전 왼쪽 비탈진 곳에 주후 1세기~7세기 에베소의 상류층들이 살았던 인술라(insulae)로 불린 고급 공동주택이 있다. 상류층 주택은 2층 이상의 구조로 되어있는데 1층에 하늘이 보이는 안뜰과 온수가 공급되는 개인 목욕실, 화장실, 주방, 거실, 종들의 거실이 있으며, 위층에는 온돌이 깔린 가족들의 침실과 손님들을 위한 객실이 있다. 거실과 침실의 벽과 천장과 바닥에는 여러 가지 문양의 모자이크와 소크라테스와 같은 철학자들과 신화에 등장하는 인물들의 프레스코화가 그려져 있다. 주택가 앞 인도 역시 모자이크로 아름답게 장식되어 있다. 이 주택들은 바울이 에베소에서 사역하던 당시 상류층 사람들의 생활상을 보여준다. 이 주택가는 훼손을 방지하기 위해 지붕을 덮어 특별히 관리하고 있으며, 이곳을 관람하려면 따로 입장료를 내어야 한다.

상류층 주택가가 끝나는 지점에, 발렌티니아누스 황제(Valentinian, 364~375 제위)와 그의 동생이자 공동 황제였던 발렌스(Valens)가 공포한 포고문이 헬라어와 라틴어로 새겨져 있다. 이 포고문 비석 위에 박스글 '아르테미스 신전(The Temple of Artemis)'에서 소개한 알시노에 공주의 무덤이 있다.

• 상류층 주택 내부

• 알시노에 무덤

목욕탕(The Baths of Scholastica), **공공 화장실**(Public Latrines): 상류층 주택가 맞은 편에 주후 1세기 건축된 로마 목욕탕이 있다. 이 목욕탕은 에베소에서 발굴된 6개의 목욕탕 가운데 하나로, 스콜라스티카(Scholastica)라는 사람이 기부한 비용으로 증축했기 때문에 '스콜라스티카 목욕탕'으로 불린다. 목욕탕의 첫 번째 홀 가장자리에 그를 기리기 위해 만든 스콜라스티카의 대리석상이 남아있다. 에베소 중심가에 있는 이 목욕탕은 냉탕, 온탕, 사우나실, 마사지실, 오락실, 탈의실, 휴게실 및 운동 시설이 갖추어져 있었다. 목욕탕 입장료는 밀 300g 정도의 가격이어서 시민이면 누구나 이용할 수 있었고 공공기관에서 일하는 노예들은 무료로 사용할 수 있었다. 로마 시대 목욕탕은 목욕과 휴식뿐만 아니라 공중보건 시설이었다. 의학이 발달하지 않았던 시대에 에베소와 같이 좁은 공간에 많은 사람이 밀집해 살던 도시들이 해결해야 할 가장 중요한 문제는 전염병을 예방하는 것이었다. 헬라-로마의 도시들은 상하수도시설을 갖추고, 주민들이 매일 목욕하고 공공 화장실을 사용하게 함으로써 전염병이 도는 것을 예방할 수 있었다. 어쩌면, 유세비우스가 『교회사』에서 사도 요한이 제자들과 함께 목욕하러 갔다가 예수께서 육신을 입고 오신 것을 부인하는 가현설(Docetism)을 주장하던 세린투스(Cerinthus)를 만나자 "진리의 대적 세린투스가 안에 있으니 나가자"[34]고 외치며 나왔다고 말한 목욕탕이 이곳일 가능성도 있다.

목욕탕 바로 아래 주후 1~2세기에 만들어진 50명이 동시에 용변을 볼 수 있는 수세식 화장실이 있다. 용변은 목욕탕에서 사용한 물을 이용해 하수관으로 보내어 도시 밖으로 보내 처리되었으며, 변기 앞쪽에 작은 골을 만들어 깨끗한 물이 흐르게 하고 해면을 놓아두어 용변을 본 후에 씻을 수 있도록 하였다. 화장실 중앙에는 허브나 향료를 넣어둔 분수와 대리석 기둥으로 장식된 실내 뜰이 있어서 냄새를 제거하고 신선한 공기가 순환되도록 했다.

• 스콜라스티카 목욕탕　　　　　　　　　　　• 공공 화장실

셀수스 도서관(The Celsus Library): 로마 시대 만들어진 가장 아름다운 건물 가운데 하나인 셀수스 도서관은 사도 바울과 사도 요한이 이 도시에서 복음을 전할 때 아직 건축되지 않았다. 에베소를 대표하는 건물 가운데 하나인 이 도서관은 아시아 총독(proconsul)을 지낸 티베리우스 율리우스 셀수스(Tiberius Julius Celsus, 44~114)의 업적을 기리기 위해 그의 아들 율리우스 아퀼라(Julius Aquila)가 건축했다. 율리우스 셀수스는 소아시아 출신으로 플라비우스 왕조 시절 원로원에 진출하여 트라야누스 황제에 의해 아시아 총독으로 임명되었다.[35] 그의 아들 아퀼라는 로마 원로원에 진출하지는 못하고 아시아의 집정관(consul)을 지냈다. 아퀼라가 도서관 건축을 시작했지만, 생전에 완공하지 못하고 그의 후손들이 135년 완공하였다. 도서관 앞마당에 큰 관과 무덤이 있는 것은 이 도서관이 티베리우스 율리우스 셀수스의 영묘(mausoleum)로 사용되었기 때문이다.

셀수스 도서관에는 12,000권의 책이 수장되어 있었다. 정면에서 보면 도서관이 2층인 것처럼 보이지만 단층 건물이었다. 도서관에 들어오는 세 개의 출입구 양쪽으로 Sophia(지혜), Arete(덕), Ennoia(통찰력), Episteme(지식)을 상징하는 네 개의 여신상이 세워져 있다. 이 여신상은 복제품이며 원본은 오스트리아 빈에 있는 예술사 박물관(the Museum of Art History)에 소장되어 있다. 셀수스 도서관 정면 구조물은 오스트리아 고고학자들이 1970~1978년에 걸쳐 복원한 것이다.

• 셀수스 도서관과 마제우스 문

• 아우구스투스 황제에게 헌정된 문구

하부 아고라(The Agora of Commercial): 셀수스 도서관의 왼편에는 하부 아고라의 남쪽 출입문이 있다. '마제우스와 미트리다테스 문'(Mazeus and Mithridates gate)으로 불리는 이 아치형 대리석 문은 주전 3년 마제우스(Mazeus)와 미트리다테스(Mithridates)라는 두 해방 노예가 자비로 건축하여 자신들의 주인 아우구스투스 황제와 왕비 리비아(Livia) 그리고 딸 율리아(Julia)와 사위 아그리파(Agrippa)에게 헌정한 것이다. 이 문의 아치 윗부분에 "열두 번 집정관과 스무 번 호민관을 역임한 신의 아들이며 최고 제사장이신 가이사 아우구스투스 황제와 가이사 아우구스투스 황제의 아내 리비아, 세 번 집정관과 6번 호민관을 지냈으며 황제의 공동 통치자인 루키우스의 아들 마크 아그리파와 가이사 아우구스투스의 딸 율리아에게"라는 라틴어 문구가 새겨져 있다.

'마제우스와 미트리다테스 문'을 들어서면 넓은 상업 아고라가 모습을 드러낸다. 이 아고라는 한 면의 길이가 111m인 정사각형 구조로 되어있어서 '테트라고노스'(Tetragonos, 사각형)로 불렸다. 아고라의 중앙에 물시계와 해시계가 설치된 호롤로기온(horologion, 시계탑)이 있었으며 사면에는 무역상들이 장사하던 상가들이 들어서 있었다. 이 상가들 가운데 일부는 지금도 남아있다. 아고라의 서쪽 문은 항구와 연결되어 있다. 이 서쪽 문을 통해 로마제국 전역에서 생산된 물품들이 수입되고 수출되었다.

주전 4세기에 건축된 상업 아고라는 아우구스투스 통치기에 새롭게 단장되었고, 바울이 에베소에서 사역하고 있었던 주전 54~59년 동쪽 회랑이 이 층으로 증축되었다. 이 아고라는 4m 높이의 도리스 양식의 기둥들과 수백 개의 정치가, 철학자, 운동선수의 상들이 둘러서 있었던 아시아에서 가장 큰 무역 시장이었다. 이 시장에서는 로마 가도를 통하여 소아시아 내륙으로부터 운반된 산물들과 에베소 항구로부터 수입된 각종 물건이 거래되었다. 무역 상인이었던 알렉산드리아 출신 유대인 아볼로도 이곳에서 자신이 가져온 상품을 거래했을 것이다.

아르카디아 거리(The Arcadian Street): '아르카디아 거리'는 연극장에서 항구까지 이어지는 길이 600m의 도로이다. 주전 4세기 만들어진 이 도로는 동로마제국의 아르카디우스 황제(Arcadius, 395~408)가 재포장했기 때문에 '아르카디아 거리'라고 불린다. 이 도로가 '거리'로 불리는 것은 도로 양쪽으로 모자이크로 장식된 폭 5m의 인도가 있기 때문이다. 현대 도시 중심가처럼, 인도 양편에는 온갖 물건을 파는 상점들이 즐비하게 들어서 있어서, 거리는 산책 겸 쇼핑을 하는 사람들로 항상 북적거렸다. 에베소에서 발굴된 한 비문에는, 도로 양편에 늘어서 있던 대리석 기둥들에 가로등이 설치되어 있었다고 기록되어 있다. 가로등은 밤에 입출항하는 배들과 물건을 나르는 상인들 그리고 산책이나 쇼핑을 하러 나온 사람들을 위해 거리를 밝혔다. 6세기, 사도 요한 교회를 건축한 유스티아누스 황제는 '아르카디아 거리' 중간 부분에 고린도 양식으로 만든 네 개의 큰 대리석 기둥을 세우고 그 기둥 위에 사복음서 저자의 조각상을 설치했다. 현재는 복음서 저자들의 조각상은 소실되어 버리고 기둥들만 남아있다. 2차 선교여행을 마치고 예루살렘으로 가던 도중 에베소에 들린 바울은 항구에 내려 이 길을 따라 연극장을 마주 보면서 에베소에 들어왔을 것이다.

• 하부 아고라

• 아르카디아 거리

3. 에베소에서 앗소까지(56~57년)

온 도시를 떠들썩하게 했던 소요가 진정된 후, 바울은 제자들을 불러 권고하고 에베소를 떠나 마케도니아로 갔다. 사도행전은 간단히 "마게도냐로 가니라"(행 20:1)고 기록하고 있지만, 바울은 마케도니아로 가기 전 먼저 드로아로 갔다. 바울이 드로아로 간 것은, 디도에게 "많은 눈물로" 쓴 편지(고후 2:4)를 고린도 교회에 전달하고, 그 편지에 대한 고린도 교회의 응답을 가지고 드로아로 오라고 지시했기 때문이었다(고후 2:12~13). 바울은 계획한 대로 에베소를 떠나 바닷길을 따라 북쪽으로 여행하여 드로아에 도착했다. 바울은 55년 늦여름을 '마게도냐 사람의 환상'을 보았던 드로아에서 디도를 기다리며 보내었을 것이다. 바울이 디도를 기다리는 동안, 동서양을 연결하는 이 중요한 도시에 복음을 전할 문이 열려 예수 그리스도를 믿는 제자들이 많이 생겼다. 그러나 약속한 때에 디도가 도착하지 않자, 바울은 자신이 보낸 편지에 대한 고린도 교회의 반응을 염려하며 한시라도 빨리 디도를 만나기 위해 드로아 성도들과 작별하고 마케도니아로 건너갔다(고후 2:12~13). 바울은 먼저 빌립보로 갔을 것이다.

바울은 마케도니아에서도 "사방으로 환란을 당하여" 육체적 정신적으로 힘든 시간을 보내고 있었다(고후 7:5). 그러던 중 마침내 디도가 도착했다. 바울을 만난 디도는 고린도 교회가 바울이 눈물로 호소한 권고를 따랐고, 바울을 반대했던 지도자들을 징계했다는 기쁜 소식을 전했다(고후 7:6~16). 디도는 또한 고린도 교회에 여전히 바울을 대적한 자들이 있으며, 그들은 고린도를 방문하려 했던 계획을 변경한 것을 빌미로 바울을 비방하고 있다는 사실도 알려주었다(고후 1.12~24). 그 소식을 들은 바울은 55년 말~56년 초, 마케도니아의 한 도시에서(아마 빌립보였을 것이다) 고린도후서를 써서 보냈다.

바울은 고린도후서를 보낸 후 56년 가을까지 약 1년 동안 마케도니아를 순회하며 사역했다. 바울은 2차 선교여행 때 세웠던 빌립보, 데살로니가, 베뢰아 교회들을 방문하여 격려하고(행 20:2), 에그나티아 가도를 따라 일루리곤(Illyricum)까지 가서 복음을 전했다(롬 15:19). 일루리곤은 달마디아(Dalmatia)라고도 불리는(딤후 4:10) 현재의 알바니아 지역이다. 바울은 6개월 이상 일루리곤 지역을 순회하며 복음을 전했을 것이다. 바울은 로마서에서 자신이 "일루리곤까지 그리스도의 복음을 편만하게" 전했다고 밝히고 있지만(롬 15:19), 사도행전은 바울의 일루리곤 사역에 관한 내용을 알려주지 않는다. 바울이 로마 구금에서 풀려난 이후 일루리곤 지역의 항구도시 니고볼리(Nicopolis)에서 겨울을 지내기로 계획하고 디도를 급히 그곳으로 오라고 당부한 것과(딛 3:12) 디도는 달마디아(Dalmatia)로 갔다(딤후 4:10)고 언급한 것을 통해 우리는 바울이 일루리곤에 복음을 전했다는 것을 확인할 수 있다.

일루리곤에서 사역을 마친 바울은 56년 가을 고린도로 가서 가이오의 집에서 석 달을 머물렀다(행 20:2~3; 롬 16:23). 이 기간에 바울은 자신을 반대했던 고린도 교회 지도자들을 만나 문제를 해결하고(고후 13:2), 유대 교회를 위한 헌금을 마무리하도록 했을 것이다(고전 16:1~4; 고후 8:1~15; 행 24:17). 바울은 고린도에 머물던 이 삼 개월 동안 로마서를 써서 "겐그레아 교회의 일꾼으로 있는 자매 뵈뵈" 편으로 로마 교회에 보냈다(롬 16:1). 바울은 이 편지에서 이방 교회들의 연보를 예루살렘에 전달하는 임무를 마치면 로마에 들렀다가 서바나(스페인)로 갈 계획이라고 말하고 있다(롬 15:25~28).

57년 봄, 바닷길이 열리자 바울은 예루살렘 교회를 위해 모은 헌금을 관리하던 교회 대표들과 함께 겐그레아에서 배를 타고 수리아로 가려고 했다. 승선을 준비하고 있던 바울은 유대인들이 항해 중 자신을 죽이려는 음모를 꾸미고 있다는 사실을 알게 되었다. 그래서 바울 일행은 계획을 바꾸어 마케도니아로 돌아서 가기로 하고 빌립보로 향했다. 이 여행에 베뢰아 사람 소바더, 데살로니가 사람 아리스다고와 세군도, 더베 사람 가이오와 디모데, 아시아 사람 두기고와 드로비모가 헌금에 동참한 교회들을 대표해서 바울과 동행했다(행 20:3~4).

빌립보에 도착한 바울은 동행하던 사람들을 배편으로 먼저 드로아로 가게 하고(행 20:5), 자신은 빌립보에 잠시 더 머물렀다. 앞 장에서 언급했듯이, 바울이 빌립보에 왔을 때 다시 등장하는 "우리"라는 표현은, 사도행전의 저자인 누가가 바울과 다시 합류하였음을 알려준다(행 20:6). 누가와 재회한 바울은 빌립보에서 무교절을 보내고 닷새를 항해하여 드로아에서 자신을 기다리고 있던 이방 교회의 대표들을 만났다. 2차 선교여행 때 드로아에서 빌립보까지 이틀이 걸렸던 항해가 (행 16:11) 닷새나 걸렸다는 것은 바울이 탄 배가 강한 계절풍을 만났음을 알려준다.

바울과 일행은 드로아에서 일주일을 머물면서 그 주간의 첫날, 즉 주일에 한 가택 교회에서 말씀을 강론하고 함께 떡을 떼었다. 가보의 집에서 모였을 것으로 추측되는(딤후 4:13) 드로아 교회는 1년 6개월 전 바울이 디도를 기다리는 동안 복음을 전해 세워졌을 것이다(고후 2:12~13). 바울의 설교가 밤중까지 계속되자, 유두고라는 청년이 졸음을 이기지 못하고 삼층에서 떨어져 죽는 사건이 발생했지만, 바울은 그를 살린 후에 새벽까지 강론을 계속했다(행 20:7~12).

바울 일행이 드로아에서 주일에 행했던 일들을 통해서 우리는 초대 교회가 어떻게 예배를 드렸는지 알 수 있다. 이 기사는 신약에서 처음으로 "한 주간의 첫날"(행 20:7), 즉 일요일에 그리스도인들이 예배를 드리기 위해 모이고 있었다는 것을 분명하게 알려준다. 고린도전서 16:2의 "매주 첫날에 너희 각 사람이 수입에 따라 모아두어 내가 갈 때 연보를 하지 않게 하라"는 말씀은 매 주일 성도들이 모였다는 것은 알려주지만, 그때 예배를 드렸는지는 분명하게 알려주지 않는다. 바울이 드로아에서 드렸던 주일 예배는 설교와 성찬으로 이루어져 있었다. 이 예배를 통해 우리는 초대 교회가 주 예수께서 부활하신 주일에 모여 삼위 하나님을 경배하며 하나님의 말씀을 선포하고 성찬식을 행했다는 것을 알 수 있다. 교회는 처음부터 하나님의 은혜의 방편인 말씀과 성례와 기도를 통해서 세워졌음을 이 기사를 통해 확인할 수 있다.

4. 앗소(Assos)

드로아 교회 성도들과 함께 예배드리고 그들을 격려한 후, 바울은 동행하던 사람들을 배편으로 앗소로 보내고 자신은 그곳까지 혼자 걸어갔다(행 20:13). 바울은 왜 드로아에서 앗소까지 48Km나 되는 길을 혼자서 걸어갔을까? 브루스가 생각하는 것처럼, 유두고가 무사하다는 것을 확인하기 위해 배로 떠나지 않고 좀 더 머물렀던 것일까?[36] 그렇다면 홀로 남았을 이유가 없었을 것이다. 그러면 존 스토트가 추측하는 것처럼, 이방인 교회가 준비한 선물이 예루살렘 교회의 성도들에게 받아들여지도록 기도하기 위해서였을까?[37] 아니면, 성령을 통해 예루살렘에서 결박과 환란이 그를 기다리고 있다는 것을 알게 된 바울에게(행 20:22~25) 이 길은 예수님의 겟세마네와 같은 것이었을까? 만일 그렇다면, 예수님이 고난을 앞두고 겟세마네에서 기도하셨던 것처럼, 바울은 예루살렘에서 닥칠 위험과 생명조차 조금도 귀한 것으로 여기지 않고 "달려갈 길과 주 예수께 받은 사명을 마치도록"(행 20:24) 자신과 씨름하며 하나님께 간절히 기도하기 위해 홀로 앗소까지 걸어갔을 것이다.

앗소는 오래된 항구도시이자 그리스 시대 철학으로 명성이 높았던 도시였다. 주전 4세기 플라톤주의 철학자 헤르미아스(Hermias)가 이곳에 철학 학교를 세워 플라톤의 여러 제자가 이곳에 와서 활동했다. 아리스토텔레스도 주전 348~345년 앗소에서 철학을 가르쳤는데, 이때 헤르미아스의 양녀 피타이아스(Pythaias)를 아내로 맞아들였다.

앗소에서 발굴된 비문들은 이 도시에 많은 로마인이 거주하고 있었다는 것을 알려준다. 앗소에는 5,000명을 수용할 수 있는 연극장과 아고라, 체육관, 신전, 목욕탕 등 많은 헬라-로마 유적과 6세기 건축된 교회당이 남아있다. 이들 가운데 가장 인상적인 건축물은 수심이 깊은 바다를 돌로 메꾸고 방파제를 쌓아 만든 항구이다. 앗소 항구는 오늘날에도 어선들이 정박하는 항구로 사용되고 있다. 바울은 앗소에서 자신을 기다리고 있던 동료들을 만나 항구에서 배를 타고 미둘레네(Mitilene), 키오스(Kios), 사모스(Samos) 섬들을 거쳐 밀레도(Miletus)에 도착했다.

• 드로아에서 앗소로 가는 로마 가도

• 앗소 항구

• 앗소 신전

5. 밀레도(Miletus)

바울은 오순절 전에 예루살렘에 도착하려고 계획하고 있었기 때문에 1년 6개월 전에 떠났던 에베소를 방문하지 않았다(행 20:16). 바울은 에베소를 방문하면 잠깐만 머물 수 없을 것이며, 일전에 소요를 일으켰던 사람들의 적대감도 완전히 가시지 않았을 것으로 생각했을 것이다. 밀레도에 도착한 바울은 사람들을 보내어 에베소 교회 장로들을 초청했다. 사람들이 에베소에 가서 장로들을 불러오는데 이틀 정도 걸렸을 것이다. 사도행전은 언급하고 있지 않지만, 바울이 에베소에서 사역하던 동안 가까운 거리에 있는 밀레도에도 복음이 전해졌을 것이다(행 19:10). 밀레도 연극장 위층 다섯 번째 열에 새겨져 있는 "유대인과 하나님을 경외하는 자들의 자리"(τόπος Ειουδέων τῶν καὶ Θεοσεβίον)라는 글귀는 이 도시에 유대인 회당이 있었다는 것을 알려준다. 독일의 고고학자 알민 본 게르칸(Armin von Gerkan)은 항구 원형 기념물 뒤쪽에 있는 바실리카 형식의 건물 잔해가 유대인 회당이었다고 주장하지만,[38] 그의 주장을 증명할만한 증거가 발견되지는 않았다.

바울은 자신을 찾아온 에베소 교회 장로들을 밀레도의 한 가택 교회에서 만났을 것이다. 바울은 이곳에서 에베소 교회 장로들에게 '고별 설교'를 했다(행 20:17~35). '고별 설교'에서 바울은 "하나님이 자기 피로 사신 교회"를 보살피도록 세우신 장로들에게 "자기를 위하여 또 온 양 떼를 위하여 깨어있으라" 권고하고 그들을 "주와 그의 은혜의 말씀에 부탁했다." 바울은 훗날 디모데전서와 디도서에서 '고별 설교'의 내용을 좀 더 상세하고 구체적으로 확대하고 적용했다. 사도 요한의 서신서들과 요한계시록을 통해 알 수 있는 것처럼, 바울이 예측한 대로, 이후 에베소 교회에 "사나운 이리(이단)"가 들어와 성도들을 공격하고 교회의 지도자들 가운데 "제자들을 끌어 자기를 따르게 하려고 어그러진 말을 하는 사람들"이 일어났다.[39] 그렇지만 에베소 교회는 주의 은혜와 말씀에 의지해 그 모든 시험을 이겨내었다.

설교를 마친 후 바울과 에베소 교회 장로들은 다시는 서로 만나지 못할 것으로 생각하여 무릎을 꿇고 함께 기도하고 큰 목소리로 울며 목을 안고 입을 맞추는 감동적인 작별 인사를 나누었다(행 20:36~38). 이어지는 "우리"라는 표현은 누가도 바울이 에베소 교회 장로들을 만나던 현장에 있었음을 알려준다(행 21:1). 바울과 에베소 교회 장로들은 다시는 서로 얼굴을 보지 못할 것으로 생각했지만, 몇 년 후 바울은 로마 감금에서 풀려나 에베소를 방문했다(딤전 1:3).

바울 당시 밀레도는 큰 도시는 아니었다. 하지만 서구인들은 밀레도에 아주 특별한 의미를 부여하고 있다. 서구인들이 밀레도를 특별하게 여기는 것은 유럽 문화가 주전 6세기 밀레도에서 발원했다고 생각하기 때문이다. 서구인이 밀레도를 자신들의 문화의 발원지로 받아들이는 것은, 서구 문화의 토대인 '학문'이 바로 이곳에서 발생했기 때문이다.[40] 밀레도에서 '학문'이 발생한 것은 주전 585년 5월 28일이었다. 이날을 "학문의 발생일"로 정한 것은 아리스토텔레스가 "철학의 아버지"라고 부른 탈레스(Thales, 주전 625~547)가 인류 최초로 일식을 예측했고 그가 예측한 대로 일식이 일어났기 때문이다. 탈레스가 일식을 정확히 예측한 것은, 신화의 세계에 살던 인간이 비로소 사유를 통해 세계를 이해하기 시작했다는 것을 알리는 상징적인 사건이었다.

탈레스, 아낙시만드로스(Anaximandros, 주전 610~546), 아낙시메네스(Anaximenes, 주전 585~525)와 같은 밀레도 철학자들은 인류 최초로 "만물의 근원이 무엇인가?", "세계를 인식하는 일이 어떻게 가능한가?"에 대한 질문을 던지고 사유를 통해 그에 대한 대답을 탐구하는 학문을 시작했다. 밀레도에서 시작된 학문은 밀레도 주변 도시로 퍼져나가 한 세기 내에 '세계 최초'라는 수식어를 붙일 수 있는 학문 활동이 폭발적으로 일어났다. 밀레도에서 최초로 세계 지도를 만든 "지리학의 아버지" 아낙시만드로스와 "도시 건축의 아버지" 히포다무스(Hippodamus, 주전 498~408)가, 에베소에서 근현대 철학의 원류로 불리는 헤라클레이토스(Heraclitus, 주전 535~475)가, 오늘날 보드룸(Bodrum)으로 불리는 할리카르나소스(Halikarnasos)에서 "역사의 아버지" 헤로도토스(Herodotos, 주전 484~425)가, 밀레도 맞은 편에 있는 사모스섬에서 "수학의 아버지" 피타고라스(Pythagoras, 주전 570~495)가, 코스섬에서 "의학의 아버지" 히포크라테스(Hippokrates, 주전 460~370)가 등장했다.

밀레도를 중심으로 한 이오니아 지방에서 세계 최초로 '학문'이 발생할 수 있었던 것은 세 가지 중요한 요인이 복합적으로 작용했기 때문이다. 첫 번째 요인은 주전 6세기 인류가 처음으로 갖게 된 '여유'(σχολη)였다. 아리스토텔레스는 학문이 발생하게 된 것은 인간이 생계를 유지하기 위해서 매달리던 환경에서 벗어나 어떤 것을 깊이 생각할 수 있는 '여유'(σχολη)가 생겼기 때문이라고 말하고 있다. 헬라어로 '학교'(σχολη)와 '여유'(σχολη)라는 단어가 동일한 것은, 여유를 가진 사람만이 사유할 수 있었기 때문일 것이다. 밀레도를 비롯한 이오니아 도시들은 기름진 평야와 농사하기 좋은 날씨 덕분에 풍요한 수확을 얻었고, 무역을 통해 산물을 거래해 부를 축적했기 때문에 노동에서 벗어나 생각할 수 있는 '여유'를 가질 수 있었다.

두 번째 요인은 주전 7세기 그리스 사람들이 역사상 최초로 고안한 자음과 모음을 가진 문자였다. 알파벳을 처음 만든 것은 페니키아인들이었지만, 그리스인들은 자음만 있었던 페니키아 알파벳에 모음을 더하여 언어 전체를 몇 개의 알파벳으로 표현할 수 있도록 만들었다. 그리스인들은 또한 정관사를 만들어 추상적인 것을 명사화할 수 있도록 했다.[41]

밀레도에서 학문이 발생할 수 있었던 세 번째 요인은 문화의 교류와 융합이었다. 밀레도는 메소포타미아에서 발현한 육지 문화와 미케네에서 발현한 해양 문화가 만나 교류하고 융합하는 지점에 있었다. 헤로도토스는 탈레스의 조상이 해양 민족인 페니키아인이라고 말하고 있다.[42] 이러한 요인들이 밀레도에서 결합하여 서양 문화의 토대이자 뿌리인 '학문'이 발생하게 된 것이다.

학문이 시작되었던 주전 6세기, 밀레도는 5만 이상이 사람들이 거주하던 그리스 세계에서 가장 크고 번창한 도시 국가였다. 그러나 주전 494년 밀레도 앞

해상에서 크세르크세스가 보낸 600척의 페르시아 함선이 353척의 함선으로 맞선 이오니아 연합군을 격파하고 밀레도를 공격하여 도시는 폐허로 변했다.[43] 주전 479년, 히포다무스는 폐허가 된 밀레도를 자신이 설계한 도시계획에 따라 바둑판 형태의 도시로 재건하였다. 밀레도는 이후 헬라 시대 동안 번영을 누리다가 로마의 지배를 받게 되었다.

　주전 19년 아우구스투스 황제가 밀레도에 방문했으며, 이때 항구에 있는 아폴로 제단이 황제에게 헌정되었다. 칼리굴라 황제가 자신을 신격화하기 위해 광분해 있던 주후 37~41년, 밀레도에 아시아에서 세 번째 황제 제단이 세워졌지만, 칼리굴라가 살해되자 황제 숭배 제단은 철거되었다. 복음이 전파된 후 밀레도는 주교가 거주하는 도시였고, 콘스탄티노플의 성 소피아 교회당을 건축한 이시도르(Isidor)와 같은 대 수학자를 배출하며 명성을 이어갔다. 그러나 8세기 아랍의 침공으로 도시가 폐허가 되고 메안더 강이 실어 나르는 토사로 항구의 기능까지 상실해 밀레도는 작은 촌락으로 전락해 버렸다.

• 밀레도 연극장

밀레도 유적들

1873년 프랑스 조사단이 밀레도 발굴을 시작해서 현재는 독일 보훔 루르 대학(Ruhr University of Bochum)이 발굴을 계속하고 있다. 밀레도에는 연극장과 항구, 아고라, 목욕탕 그리고 비잔틴 교회당을 비롯한 여러 유적이 발굴되어있다. 하지만 연극장과 교회를 제외한 나머지 유적들은 여름 한두 달을 제외하고 물이 차 있어 가까이서 살펴보기가 쉽지 않다.

밀레도 연극장: 밀레도에 들어서면 가장 먼저 눈에 들어오는 건물은 15,000명의 관중을 수용할 수 있는 연극장이다. 출입구와 통로, 좌석 등 원형이 잘 보존된 이 연극장은 주전 4세기 3,500명 규모로 건축되었다가 이후 여러 차례 증축을 거듭해, 주전 1세기 현재의 모습을 갖추게 되었다. 앞에서 언급한 "유대인과 하나님을 경외하는 자들의 자리"(τόπος Ειουδέων τῶν καὶ Θεοσεβίον)라는 글귀는 위층 관중석 다섯 번째 열에 새겨져 있다.

• 유대인 지정좌석 비문

밀레도 항구(Lion Harbor): 밀레도에는 바울이 에베소 교회 장로들과 작별 인사를 나누었던 항구가 남아있다. 오랜 세월 메안더(Meander) 강이 실어나른 토사가 침적되어 지금은 바다에서 8km나 떨어진 곳에 있는 항구는 연극장 뒤편에 동서로 나지막하게 형성되어 있는 두 언덕 사이에 있다. 이 항구는 입구 양쪽으로 길이 4m, 높이 2m의 대리석 사자상이 서 있었기 때문에 '사자 항구'(Lion harbor)라고 불린다. 항구를 발굴할 때 사자상이 발견되었지만, 훼손을 막기 위해 다시 땅속에 묻어두어 모습을 볼 수는 없다.

항구 남동쪽 모서리에 항구와 선박의 수호신이며 밀레도의 주신이었던 아폴로 제단(Apollo Delphinion)이 있다. 원형으로 된 이 제단 위에는 주전 31년 악티움(Actium)해전에서 옥타비아누스 아우구스투스가 거둔 승리를 묘사하는 18m 높이의 기념물이 있었다. 이 기념물은 주전 19년 밀레도를 방문한 아우구스투스에게 헌정되었다. 지금은 제단을 받치고 있던 삼층으로 된 계단식 구조물만 남아있다.

• 밀레도 항구 아폴로 제단

의회당(Bouleterion)과 황제 숭배 제단(Temenos): 밀레도 유적 가운데 우리의 관심을 끄는 곳은 북쪽 아고라 맞은 편에 있는 의회당과 의회당 마당에 있는 황제 숭배 제단이다. 800~1,500명을 수용할 수 있었을 것으로 보이는 의회당은 음악당(odeon)으로도 사용되었다. 출입구 윗부분에 새겨져 있는 글은 밀레도 출신의 티마르쿠스(Timarchus)와 헤라클레이데스(Heracleides) 형제가 이 의회당을 건축하여 안티오코스 에피파네스 4세(Antiochos Epiphanes IV, 주전 175~164)에게 헌정했음을 알려준다. 안티오코스 에피파네스는 주전 167년 2만 2천 명의 군사를 이끌고 안식일에 예루살렘을 점령하여 성전에 제우스 신상을 세우고 번제단에 돼지를 제물로 바친 만행을 저질렀던 인물이다. 의회당 마당에는 칼리굴라 황제가 자신을 신격화하기 위해 세웠던 것으로 추정되는 길이 10m 폭 7m 크기의 황제 제단(temenos)이 있다.[44]

• 안티오코스 4세에게 헌정된 의회당   • 밀레도 아고라 출입문(베를린 버가모 박물관)

아고라 출입문(the Market Gate of Miletus): 시의회당 남쪽에 밀레도에서 발굴된 유적 가운데 가장 아름다운 아고라 출입문이 있었다. 하드리아누스 황제 때 건축된 '아고라 문'은 현재 독일 베를린 버가모 박물관(Pergamon museum)에 소장되어 있다. 밀레도 아고라 출입문이 베를린 버가모 박물관에 있는 것은, 1903년 이 문을 발굴한 독일 고고학 발굴팀이 독일로 가져갔기 때문이다. 베를린 버가모 박물관은 버가모 제우스 제단과 느부갓네살 왕이 주전 575년 건축한 바벨론 내성의 8번째 성문도 보관하고 있다.

성 미카엘 교회(the Church of St. Michael): 밀레도에서 4세기 이후 건축된 몇 개의 교회당이 발굴되었다. 현재까지 발굴된 교회당 가운데 가장 규모가 큰 것은 7세기 건축된 성 미카엘 교회당이다. 성 미카엘 교회당에 부속된 주교관은 이곳에 밀레도 주교가 상주하고 있었음을 알려준다. 이 교회당은 주전 3세기 세워진 디오니소스 신전을 허물고 그 터에 건축되었다. 밀레도에서 발굴된 한 비문은 성 미카엘 교회당이 건축되기 전, 이곳에 더 오래된 교회당이 있었음을 알려준다.

• 미카엘 교회당

6. 밀레도에서 가이사랴까지

에베소 교회 장로들과 작별한 바울과 일행은 밀레도를 떠나 고스 섬(Cos)과 로도 섬(Rhodos)을 거쳐 오늘날 터키 남서 해안에 있는 바다라(Patara)에 도착하여 거기서 베니게(Phoenicia)로 가는 배로 갈아타고 항해하여 두로(Tyre)에 상륙했다(행 21:1~3). 바울은 타고 가던 배가 두로에서 짐을 하역하는 동안 그곳에 있던 제자들을 찾아가 그들과 함께 일주일을 머물렀다(행 21:4). 바울은 1차 선교여행을 마친 후 안디옥에서 예루살렘으로 가던 길에 두로를 방문하여 형제들과 교제를 나눈 적이 있으므로(행 15:3), 이곳 그리스도인들과 친분이 있었을 것이다. 두로에서 머무는 동안 제자들은 "성령의 감동으로 바울더러 예루살렘에 들어가지 말라"고 당부했다(행 21:4). 하지만 바울은 "성령에 매여"(행 20:22) 예루살렘을 향한 여정을 계속했다. 두로에서 형제들과 그들 가족의 따뜻한 전송과 위로의 기도를 받고(행 21:5~6) 배에 오른 바울과 일행은 남쪽으로 32km 떨어진 돌레마이(Ptolemais)에 들러 형제들의 안부를 묻고 그들과 함께 하루를 지낸 후(행 21:7) 마침내 가이사랴(Caesarea)에 도착했다.

가이사랴에 도착한 바울은 예루살렘 교회 일곱 집사 가운데 한 사람인 빌립의 집에서 머물렀다(행 21:8). 빌립은 에티오피아 내시에게 복음을 전하고 가이사랴로 간 이후 20년 동안 줄곧 이곳에 머물며 복음을 전하고 있었던 것으로 보인다(행 8:40). 바울 일행이 빌립의 집에서 머무는 동안 누가는 빌립에게서 사도행전 6~8장에 기록된 빌립과 스데반과 관련된 이야기를 들었을 것이다. 바울 일행이 빌립의 집에 머물고 있을 때, 선지자 아가보(Agabus)가 유대로부터 내려와 바울의 허리띠로 자기의 수족을 잡아매고 바울이 예루살렘에서 유대인에게 결박을 당하고 이방인에게 넘겨질 것이라고 예언했다(행 21:10~11). 바울이 당할 일을 예언한 아가보는, 일전에 안디옥에 와서 천하에 흉년이 들 것이라 예언했던 아가보와 동일인이었을 것이다(행 11:27~28). 아가보의 예언을 들은 누가를 비롯한 바울의 동료들과 그곳 제자들은 바울에게 예루살렘으로 올라가지 말라고 눈물을 흘리며 간곡히 부탁했지만, 이번에도 바울은 단호하게 "주 예수의 이름을 위하여 결박당할 뿐 아니라, 죽을 것도 각오하였다"고 대답했다. 바울이 예루살렘에 가기로 굳게 결심한 것을 확인한 동료들은 바울의 앞날을 주의 뜻에 맡기기로 하고 권고하기를 중단했다(행 21:12~14). 57년 오순절 직전, 예루살렘에 도착한 바울은 예루살렘 교회가 시작될 때부터 일원이었을 "한 오랜 제자" 구브로 사람 나손의 집에 머물렀다(행 21:10~16).

• 바다라(Patara)

예루살렘

예루살렘에 도착한 바울과 일행은 이곳 형제들로부터 따뜻한 환영을 받았다(행 21:17). 이튿날 바울은 이방인 교회의 대표자들과 함께 야고보와 예루살렘 교회의 장로들을 찾아가 문안하고 갈라디아, 아시아, 마케도니아, 아가야 교회가 마련한 연보를 전달했다. 바울은 그 자리에서 하나님이 자기의 사역으로 말미암아 이방 가운데서 하신 일을 자세히 보고했으며, 그 보고를 들은 예루살렘 교회 지도자들은 하나님께 영광을 돌렸다"(행 21:18~20).

이렇게 해서 바울은 3차 선교여행을 마쳤다. 47년 수리아 안디옥에서 시작하여 57년 예루살렘 교회에 이방 교회들이 준비한 연보를 전달함으로써 마친 세 차례의 선교여행 동안, 바울은 "예루살렘에서부터 일루리곤까지"(롬 15:19) 방대한 지역에 복음을 전하고 교회를 세웠다.

야고보를 비롯한 예루살렘 교회 장로들은 바울을 따뜻하게 맞이하고 이방인 가운데서 그가 행한 사역으로 인해 하나님께 영광을 돌리면서도, 바울로 인해 분쟁이 일어날까 두려워하였다. 바울에게 적대적이었던 유대인들은 물론이고, "율법에 열성을 가진" 수만 명의 유대 그리스도인들도 바울이 이방에 사는 모든 유대인에게 모세를 배반하고 할례와 조상의 관습을 지키지 말라고 권고하고 있다는 잘못된 소식을 듣고 그를 의심하고 있었다(행 21:20~21). 야고보를 비롯한 예루살렘 교회 장로들은 그러한 소문이 거짓임을 알고 있었다. 그들은 유대인이든 이방인이든 모두 주 예수의 은혜로 구원받는다는 진리를 믿고 인정하고 있었다(행 15:11). 하지만 야고보는 유대인들을 염려해, 바울에게 나실인 서원을 한 네 명의 유대 그리스도인들과 함께 정결 의식을 행하고 그 비용을 대라고 제안했다(행 21:21~24). 야고보가 그런 제안을 한 것은 바울이 유대 관습을 따라 나실인 서원을 한 사람들과 함께 정결 의식을 행하고 그 비용을 대면, 유대인들이 가지고 있던 바울에 대한 오해가 해소될 것으로 생각했기 때문일 것이다.

바울은 야고보의 제안을 기꺼이 받아들여 바로 실행에 옮겼다. 바울에게 유대인의 문화적 관습은 문제가 되지 않았다. 바울은 복음의 진리 안에서 자유로운 사람이었다. 바울에게 유대인을 얻기 위해 "유대인과 같이", 율법 아래 있는 자들을 얻기 위해 "율법 아래 있는 자 같이" 되는 것은 문제가 되지 않았다(고전 9:20~21). 바울은 유대인들의 거리낌을 덜어주기 위해 한 주일 정결 의식을 행했다(행 21:26~27).

한 주간의 정결 의식이 끝나갈 무렵, 오순절을 지키기 위해 각지에서 모여든 유대인들 가운데 아시아에서 온 자들이 바울을 알아보았다. 그들 가운데는 에베소에서 온 자들도 있었을 것이다. 그들은 회당과 두란노 서원에서 복음을 전했던 바울을 잘 알고 있었으며, 바울의 동역자 "에베소 사람 드로비모"도 알고 있었을 것이다. 바울과 드로비모가 시내에 함께 있는 것을 본 그들은 바울이 모세의 율법과 성전을 비방했으며 이방인 드로비모를 성전에 데리고 들어갔다고 주장하며 성전에 있던 유대인들을 충동하였다(행 21:27~29).

• 이방인 출입 경고비(이스탄불 고고학 박물관)

• 성전과 안토니아 요새 모형

유대인이 성전을 비방하고 이방인을 성전에 데리고 들어가 더럽히는 것은 사형에 해당하는 중죄였다. 헤롯 대왕이 재건한 성전은 이방인들이 자유롭게 출입할 수 있는 '이방인의 뜰'과 유대인들만 들어갈 수 있는 '신성한 구역'으로 구분되어 있었다. 예수님께서 "만민이 기도하는 집"을 "강도의 소굴"로 만들었다고 분개하시며 정결케 하신 곳이 '이방인의 뜰'이었다(막 11:15~17). 요세푸스는 성전 두 번째 뜰은 이방인의 출입을 막기 위해 돌벽으로 둘러싸여 있었으며 "외국인은 들어오면 죽음을 면치 못한다는 경고문이 서 있었다"고 전하고 있다.[45] 이 법은 로마가 유대인들의 종교적 감정을 자극하지 않기 위해 인정한 것이었기 때문에, 비록 로마 시민이라 하더라도 이 규정을 위반하면 사형을 면할 수 없었다. 예루살렘 성전에 있던 헬라어로 된 경고비는 현재 이스탄불 고고학 박물관이 소장하고 있다. 이 비문이 이스탄불에 있는 것은 오스만제국이 팔레스타인을 통치하고 있던 19세기 고고학과 예술에 조예가 깊었던 오스만 함디(Osman Hamdi)라는 왕족이 이 비를 수집하여 이스탄불에 가져다 놓았기 때문이다.

바울이 이방인을 성전으로 데리고 들어가 성전을 더럽혔다는 소문은 삽시간에 퍼져가 소요가 발생했다. 성난 유대인 군중은 바울을 잡아 성전 밖으로 끌고 나가 그를 때려죽이려 했다. 예루살렘에 야고보를 비롯한 유대 그리스도인이 많이 있었지만, 그 누구도 바울을 도울 수 없었다. 그때 성전 북서쪽 안토니아 요새(Tower of Antonia)[46]에 주둔하고 있던 천부장 글라우디오 루시아(Claudius Lysias)가 소요가 발생했다는 소식을 듣고 급히 로마 군인을 이끌고 개입했다. 만일 천부장이 제때 개입하여 바울을 구출하지 않았더라면, 바울은 성난 군중들의 손에 죽임을 당했을 것이다(행 21:30~32).

로마 군인들이 군중들로부터 바울을 보호하기 위해 그를 들고 요새로 들어가는 동안 유대인들은 30년 전 예수님에게 행했던 것처럼 "그를 없애 버리라"고 외쳤다(눅 23:18; 행 21:36). 천부장 글라우디오는 3년 전 반란군을 감람산으로 이끌고 가서 로마에 대항하다가 사라진 이집트 사람이 다시 나타났다고 생각했다.[47] 이 위급한 순간에 바울은 천부장에게 자신은 유대인이자 다소의 시민이라고 밝히고 무리에게 말할 수 있도록 해 달라고 요청했다. 그 말을 들은 천부장은 바울의 요청을 들어주었다(행 21:37~39). 바울이 안토니아 요새로 올라가는 계단에 서서 성난 군중들을 향하여 조용히 하라는 손짓을 하고 히브리어로 말을 하기 시작하자 군중은 바울의 말에 귀를 기울였다. 바울은 자신은 신실한 유대인이며 예수를 따르는 자들을 박해했지만 부활하신 주님을 만나 바로 이 성전에서 주께서 환상 중에 이방인에게 가라고 말씀하셨다고 변증했다(행 22:1~21). 바울의 변증을 듣던 유대인들은 바울을 살려 두어서는 안 된다고 광분했다. 히브리어를 알아듣지 못했던 천부장은 유대인들이 광분하는 이유를 알기 위해 부하들에게 바울을 영내로 데리고 들어가 채찍으로 치고 심문하라고 명령했다. 바울은 그 순간 다시 한번 자신이 로마 시민임을 밝혔다. 그 말을 들은 천부장은 고문을 중단했다(행 22:22~29).

다음날 로마 천부장은 무슨 이유로 유대인들이 바울을 죽이려고 고발하는지 조사하기 위해 바울을 산헤드린 공회로 데리고 갔다. 당시 산헤드린 공회 의장이었던 대제사장 아나니아(Ananias)가 바울을 심문했다. 요세푸스는 바울을 심문한 대제사장 아나니아가 막대한 부를 축적하여 영화가 하늘을 찌를 정도가 되었는데, 그 부는 그가 종들을 시켜 백성들이 제사장들에게 바칠 십일조를 강제로 빼앗아 축적한 것이라고 말하고 있다.[48] 공의회에 바리새파와 사두개파가 있는 것을 본 바울은, 자신이 바리새인으로서 죽은 자의 부활을 믿는다는 이유로 재판을 받고 있다고 변증했다. 바울이 부활 신앙을 변증하자 사두개파와 바리새파 사이에 논쟁이 일어났고, 몇 명의 바리새파 서기관들은 바울에게서 악한 것을 찾을 수 없다고 소리를 높였다. 바울이 성전을 모독했다고 증언할 증인이 나타나지 않고, 산헤드린 회원 사이에 논쟁이 격렬해지자 천부장은 바울을 보호하기 위해 다시 안토니아 요새로 데리고 갔다(행 22:30~23:10). 그리고 바로 그날 밤, 주님께서 바울 곁에 오셔서 말씀하셨다. "담대하라 네가 예루살렘에서 나의 일을 증언한 것같이 로마에서도 증언하여야 하리라"(행 23:11).

바울에게 적의를 품고 있던 유대인들은 40명의 결사대를 조직하여 바울을 죽이기로 결의하고 대제사장에게 바울을 산헤드린 공회로 불러 달라고 요청했다. 바울의 누이의 아들이 그 음모를 듣고 바울에게 그 사실을 알리자 바울은 그를 천부장에게 보냈다(행 23:12~18). 신약성경은 여기에서 처음으로 바울에게 결혼한 누이가 있었고, 그녀의 가족이 예루살렘에 살고 있었음을 알려준다. 바울의 생질로부터 유대인들이 산헤드린과 공모하여 바울을 죽이기로 음모를 꾸미고 있다는 소식을 들은 천부장은 사람들의 시선을 피해 한밤에 보병과 기병과 창병 470명으로 구성된 호위대를 조직하여 바울을 총독이 있는 가이사랴까지 안전하게 호송하도록 명령했다(행 23:23). 바울은 중 무장한 로마군의 보호를 받으며 한밤에 예루살렘을 떠나 48km 거리에 있는 안디바드리(Antipatris)에서 하루를 머물고 다음 날 가이사랴에 도착했다(행 23:31~32).

가이사랴(Caesarea)는 헤롯 대왕이 주전 25~13년 건설한 항구도시로, 로마가 파견한 총독이 이곳에 거주하며 유대를 통치했다. 천부장 글라우디오 루시아는 총독에게 보낸 편지에서 유대인들이 죽이려고 음모를 꾸미고 있는 바울이 "로마 사람인 줄" 알았기 때문에 총독이 직접 다루어야 할 문제라고 판단했다고 보고했다(행 23:26~30). 천부장이 보낸 편지를 읽은 총독 벨릭스(Felix)는 바울이 어느 영지 출신인지를 묻고 자신이 이 사건을 직접 맡기로 했다. 그래서 부하들에게 고소인들이 오기까지 바울을 총독관저가 있는 헤롯 궁에 감금해 두라고 명령했다(행 23:35).

이렇게 해서, 고린도에서 예루살렘으로 출발하기 전 로마 교회 성도들에게 "나로 유대에서 순종하지 아니하는 자들로부터 건짐을 받게 하고 또 예루살렘에 대하여 내가 섬기는 일을 성도들이 받을 만하게 되도록" 나와 힘을 같이하여 하나님께 기도해 달라고 부탁했던 바울의 기도는 응답을 받았다(롬 15:31).

가이사랴(57~59년)

바울이 가이사랴에 감금된 지 닷새 후, 대제사장 아나니아와 산헤드린 의원들이 더둘로(Tertullus)라는 한 전문 법률가를 대동하고 와서 바울을 고소했다. 더둘로는 총독 벨릭스에게 "전염병 같은 자로 천하에 흩어진 유대인을 다 소요하게 했고," "나사렛 이단의 우두머리이며," "성전을 더럽게 하려고 했다"라는 세 가지 죄목으로 바울을 고소했다. 더둘로와 함께 온 유대인들도 그가 제시한 고소 내용이 옳다고 주장했다(행 24:1~9).

총독이 바울에게 고소한 내용에 대해 대답하라고 하자, 바울은 주저하지 않고 고소자들의 주장을 하나씩 논박했다. 바울은 총독에게 자신을 고소한 사람들은 입증할 증거를 제시하지 못했고, 법정에도 나오지 않았으므로 고소하기 위해 온 산헤드린 회원들에게 증거를 제시하도록 하라고 말했다(행 24:10~21). 바울의 변론을 들은 벨릭스는 기소에 대한 증거도 없고 이미 6년 동안이나 유대와 사마리아를 통치하면서 "이 도" 즉 그리스도를 따르는 자들에 대해 잘 알고 있으므로 "천부장 루시아가 오면 너희 일을 처결할 것이다"고 말하며 휴정을 선언했다(행 24:22). 이 휴정으로 소송은 사실상 기각되었다. 그렇지만 벨릭스는 유대인들의 환심을 얻고(행 24:27), 바울로부터 뇌물을 받을 속셈으로(행 24:26) 바울을 석방하지 않았다. 바울이 상당한 금액의 구제금과 제물을 가지고 예루살렘에 왔다는 사실을 알고 있었을 벨릭스는 그 돈의 일부를 뇌물로 받을 수 있을 것으로 생각했을 것이다.

바울은 유죄를 선고받지 않은 로마 시민 신분이었기 때문에 벨릭스는 바울을 구류만 시키고 친구들을 자유롭게 만날 수 있도록 허락했다(행 24:23). 바울은 그 후 2년 동안이나 가이사랴에 구류되어 있었다. 바울은 찾아오는 사람들을 자유롭게 만날 수 있었기 때문에 누가와 가이사랴에 살고 있던 집사 빌립과 그의 딸들 그리고 다른 그리스도인들이 그를 방문했을 것이다. 바울은 가이사랴에 구류된 상태에서도 총독 벨릭스와 그의 아내 유대 여자 드루실라(Drusilla)에게 복음을 전했다. 드루실라는 헤롯 아그립바 1세의 막내딸로 아그립바 2세와 버니게의 여동생이었다. 유대 공주 드루실라가 벨릭스의 아내가 된 것은, 벨릭스가 유대 총독으로 부임한 후 사이프러스 출신의 마술사 시몬의 도움을 받아 이미 에메사(Emesa) 왕 아시수스(Azizus)와 결혼한 드루실라를 그와 이혼시키고 자신의 세 번

째 아내로 삼았기 때문이다.[49]

바울은 구류되어 있는 동안 벨릭스와 드루실라에게 "그리스도 예수 믿는 도"를 전할 기회를 얻었다. 총독은 뇌물을 받으려고 바울을 불렀지만, 유대 공주 드루실라는 예수 그리스도와 관련된 일들에 관심이 있었을 것이다. 바울은 이들에게 그리스도의 복음과 함께 "의와 절제와 장차 오는 심판에 대해 강론했다." 벨릭스는 바울의 강론을 듣고 두려워하였는데, 아마 부와 권력을 위해 잔인하고 부도덕하게 살아왔던 자신의 모습 때문이었을 것이다(행 24:24~25). 이후에도 벨릭스는 종종 바울을 불러 대화하면서 복음을 들었지만, 탐심으로 가득했던 이 로마인은 결국 복음의 밝은 빛을 보지 못했다(행 24:26).

바울이 가이사랴에 구류된 지 2년이 지난 주후 59년, 베스도(Porcius Festus)가 새로운 유대 총독으로 부임했다(행 25:1). 요세푸스는 벨릭스가 가이사랴에서 유대인과 사마리아인 사이에 일어난 충돌을 빌미로 많은 유대인을 잔인하게 살해한 것 때문에 문제가 발생하자, 네로가 그를 파면하고 대신 베스도를 유대 총독으로 파견했다고 전하고 있다.[50]

베스도는 유대에 부임한 지 3일 후 예루살렘을 방문했다. 이 기회를 이용해 대제사장과 산헤드린 고위직에 있던 사람들이 신임 총독에게 바울을 예루살렘으로

• 가이사랴

보내 달라고 청원했다. 그들은 베스도가 바울을 예루살렘으로 보내면 그를 길에서 살해할 계획이었다. 유대인들이 그리스도인들과 관련해 일으킨 문제들을 잘 알고 있었던 베스도는 산헤드린의 제안을 거부하고 자기와 함께 가이사랴로 가서 바울을 고발하라고 말했다. 유대인들은 베스도와 함께 가이사랴에 가서 여러 가지 중대한 사건을 들어 바울을 고소했지만, 이전과 같이 아무런 증거도 제시하지 못했다. 베스도는 유대인들의 환심을 사려고 바울에게 예루살렘에 가서 자신의 재판을 받을 의향이 있는지 질문했다. 바울은 총독에게 유대인들에게 불의를 행한 일이 없고 유대인들의 고소가 사실이 아니므로, 로마인으로서 자신은 가이사에게 상소하겠다고 말했다. 베스도는 배석했던 법률 자문관들과 의논한 후 "네가 가이사에게 상소하였으니 가이사에게 갈 것이다"고 판결했다(행 25:1~12). 이 판결로 "나의 일을 로마에서도 증언하여야 하리라"(행 23:11)는 주님의 말씀이 이루어지게 되었다.

재판이 있은 지 며칠 후, 레바논과 갈릴리 지역을 통치하던 아그립바 2세(Agrippa II)가 누나 버니게(Bernice)와 함께 새 총독의 부임을 축하하기 위해 가이사랴를 방문했다. 앞에서 언급했듯이, 버니게는 아그립바 1세의 맏딸이자 이후 예루살렘을 함락시킨 티투스의 연인이 되었던 공주였다. 아그립바와 버니게의 축하 인사를 받는 자리에서 베스도는 "자기들의 종교와 죽은 예수라 하는 이가 살아 있다고 주장"하는(행 25:19) 바울의 재판과 관련된 이야기를 들려주었다. 베스도의 말에 호기심을 느낀 아그립바는 자기도 바울을 만나 그의 이야기를 들어 보고 싶다고 말했다. 베스도는 아그립바의 요청을 받아들여 다음날 바울을 만나도록 해주겠다고 약속했다. 이튿날 아그립바 왕과 버니게 공주가 격식을 차려 고관대작들을 거느리고 접견장에 들어오자 베스도는 바울을 데려오라고 명령했다(행 25:22~23).

바울이 아그립바 왕 앞에 선 순간은 "예수 그리스도의 거룩하고 겸손한 사도가, 대를 이어 진리와 의를 반대했던 이 세속적이고 공명심으로 가득 차 있으며 도덕적으로 부패한 헤롯 일가의 대표자 앞에 서 있는 극적인 순간이었다."⁵¹⁾ 이 왕조의 창시자인 헤롯 대왕은 아기 예수를 죽이려고 했고, 아들 헤롯 안디바(Herod Antipas)는 세례요한을 참수시키고 예수님을 조롱했으며(눅 23:11), 손자 아그립바 1세는 세베대의 아들 사도 야고보를 칼로 죽였다(행 12:1~2). 이제 바울은 약 30년 전 예수님이 안디바 앞에 섰던 것처럼, 헤롯 대왕의 증손 아그립바 2세 앞에 섰다.

아그립바가 말을 하라고 허락하자 바울은 담대하게 '변증'(απολογεομαι)했다. 바울은 자신이 바리새인으로 교육받아(행 26:4~8) 열성적으로 그리스도를 박해했지만(행 26:9~11), 다메섹에서 부활하신 예수를 만나 회심하고 사도로 부르심을 받아 예수 그리스도의 죽음과 부활을 전하고 있다고 변증했다(행 26:13~23). 바울의 변증을 들은 총독 베스도는 "바울아 네가 미쳤도다"라고 소리쳤으며(행 26:24), 아그립바 왕은 "적은 말로 나를 권하여 그리스도인이 되게 하려 한다"고 비웃었다(행 26:28). 바울은 총독과 왕의 반응에 개의치 않았다. 예수 그리스도의 사도는 로마 총독과 유대 왕족과 고관들에게 "오늘 내 말을 듣는 모든 사람도 다 이렇게 결박된 것 외에는 나와 같이 되기를 하나님께 원하나이다"라는 담대한 말로 변증을 마쳤다(행 26:29). "이 사람은 내 이름을 이방인과 임금들과 이스라엘 자손에게 전파하기 위해 택한 나의 그릇이라"(행 9:15)고 하셨던 주님의 말씀대로 바울은 로마 총독 벨릭스와 베스도 그리고 아그립바 왕 앞에서 분명하고 담대하게 예수의 이름을 전했다.

바울의 변증을 늘은 왕과 총독과 고관들은 다시 한번 "이 사람은 사형이나 결박을 당할 만한 행위가 없다"는 결론을 내렸다(행 26:31). 바울은 예수 그리스도의 복음에 미쳤을지 모르지만, 범죄자는 아니었다. 흥미롭게도 헤롯 안디바가 예수님에게서 형벌을 당할 일을 찾지 못하고 빌라도에게 보냈던 것처럼(눅 23:15), 아그립바도 2세도 총독 베스도에게 "이 사람이 만일 가이사에게 상소하지 아니하였더라면 석방될 수 있을 뻔하였다"고 말했다(행 26:32). 유대 종교지도자들과 로마 총독들은 각기 자신들의 계산에 따라 행동했지만, 하나님은 그것들을 사용하셔서 바울을 로마로 보내어 복음을 전하게 하셨다.

●사도요한교회당 출입문

WITH 바울

사도바울의 삶과
사역의 여정을 따라

6

가이사랴에서
로마 순교까지
(59~64년)

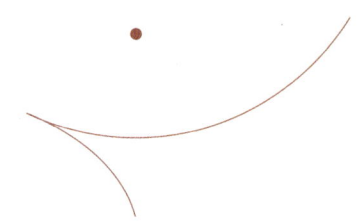

1. 가이사랴에서 멜리데까지

마침내 바울은 로마로 출발했다. 백부장 율리오(Julius)가 다른 죄수들과 함께 바울을 로마까지 호송하는 임무를 맡았다. 여기서 다시 등장하는 "우리"라는 표현은 누가가 바울과 동행했다는 것을 알려준다. 바울이 "나와 함께 갇힌 아리스다고"라고 말했던(골 4:10) 데살로니가 사람 아리스다고도 바울을 수행했다. 이들은 수행원의 자격으로 바울과 동행하는 것을 허락받았을 것이다(행 27:1~2).

1장 "바닷길"에서 언급했듯이, 바울이 활동하던 당시 여객선이 따로 없었다. 그래서 죄수의 호송을 맡았던 백부장은 연안을 따라 운행하던 화물선을 이용해 아시아 쪽으로 올라가다가 거기에서 이탈리아로 가는 큰 배를 찾아 로마로 가려는 계획을 세웠던 것으로 보인다. 백부장은 앗소(Assos) 남쪽에 있는 아드라뭇데노(Adramyttium, 오늘날 Edremit)로 가는 배를 타고 시돈(Sidon)으로 갔다. 배가 바울이 1차 선교여행을 마치고 예루살렘에 가는 길에 방문했던(행 15:3) 시돈에 정박해 있는 동안, 율리오는 바울이 그리스도인과 만날 수 있도록 배려해 주었다(행 27:3). 바울 일행을 태운 배는 시돈에서 출발해 서쪽에서 불어오는 맞바람을 피해 구브로 북쪽 해안을 따라 항해하다가 바울이 1차 선교여행 때 항해했던 밤빌리아 앞바다를 지나 루기아(Lycia) 무라 항(Myra, 오늘날 터키 Demre)에 도착했다(행 27:4~5). 시돈에서 무라까지 항해는 두 주 정도 걸렸을 것이다.

• 로마의 바닷길

• 무라 연극장 옆 동굴 무덤

무라 항에서 백부장은 알렉산드리아에서 밀을 싣고 로마로 가던 배를 찾았다(행 27:6). 바울 일행이 로마로 가기 위해 탔던 배는 많은 곡물을 싣고도 승객을 276명이나 탑승시킬 수 있었던 상당히 큰 규모의 배였다(행 27:37). 이 배는 곡물을 싣고 알렉산드리아와 로마를 오가던, 한 아테네인이 길이 55m에 폭이 15m, 높이가 13.5m이나 된다고 말했던 곡물 운반선과 같은 종류였을 것이다.[1] 무라에서 출발한 배는 맞바람을 만나 아주 느리게 항해하여 니도 섬(Cnidus)과 크레타 동북쪽 끝에 있는 살모네(Salmone) 그리고 크레타 해안을 지나 라새아(Lasea)에 인접한 미항(Fair Havens)에 도착했다. 바울을 태웠던 배들은 지도에 파란색으로 표시된 로마 시대 바닷길을 따라 항해했다.

사도행전의 "금식하는 절기가 이미 지났으므로"(행 27:9)라는 구절을 볼 때, 바울 일행을 태운 배는 59년 10월 5일이 지난 직후 미항에 도착했을 것이다. 우리가 이 날짜를 알 수 있는 것은 바울이 로마로 가고 있었던 주후 59년의 속죄일이

10월 5일이었기 때문이다.[2] 계절이 이미 10월 중순으로 접어들었기 때문에, 선장과 선주는 항해를 계속할 수 없다고 판단했다. 바울은 백부장과 선원들에게 위험한 항해를 멈추고 미항에서 겨울을 지내자고 제안했다(행 27:10). 그러나 선장과 선주는 좀 더 항해해서 뵈닉스(Phoenix)에서 겨울을 보내는 것이 좋겠다고 주장했다. 백부장은 선장과 선주의 말을 더 신뢰하고 뵈닉스로 가기를 결정했다(행 27:11~12).

바람이 잦아들자 미항을 출발했지만, 얼마 가지 못해 배는 크레타의 높은 산으로부터 몰아치는 유라굴로(Eurakylon, 북동의 광풍)에 휩쓸려 14일 동안 지중해를 표류했다(행 27:27). 아무런 희망이 보이지 않던 위기의 순간에 하나님은 바울에게 자신의 사자를 보내셨다. 하나님의 사자는 바울에게 가이사 앞에 설 것이며 함께 배를 탄 모든 사람을 다 맡겨 주실 것이니 두려워 말라는 메시지를 전했다(행 27:23~24). 그 말씀을 들은 바울은 공포에 사로잡힌 사람들에게 배가 한 섬에 걸릴 것이니 안심하고 용기를 내라고 위로했다(행 27:25~26). 하나님의 사자가 약속한 대로 바울 일행이 탄 배는 암초에 걸려 난파되었지만, 모든 사람은 안전하게 육지에 상륙했다(행 27:27~44).

2. 멜리데(Melitta)

난파를 당한 바울 일행이 상륙한 곳은 오늘날 말타(Malta)로 불리는 멜리데(Melitta) 섬이었다. 상륙한 후 몸을 데우려고 지핀 불에 땔감을 넣던 바울이 독사에게 물리자 원주민들은 그가 바다에서는 구원을 받았지만, 지은 죄 때문에 신이 그를 죽인다고 생각했다. 그런데 바울이 아무런 해를 입지 않자 놀란 원주민들은 바울을 신으로 생각했다. 그 소문을 들은 멜리데에서 "가장 높은 사람" 보블리오(Publius)가 바울 일행을 집으로 초청해서 환대를 베풀었다. 바울은 그 집에 머무는 동안 보블리오의 병든 부친을 기도로 고치고, 소문을 듣고 찾아온 병든 원주민들도 고쳐주었다. 바울 일행과 선원들은 다시 바닷길이 열리는 봄을 기다리며 이 섬에서 삼 개월을 머물렀다. 멜리데 원주민들은 바울 일행에게 친절하게 대했고 떠날 때는 로마까지 가는 동안 사용할 물품들도 실어주었다(행 28:1~10). 사도행전은 언급하고 있지 않지만, 바울이 머문 삼 개월 동안 지중해 한가운데 떠 있는 섬 말타에도 복음이 전해졌을 것이다. 말타 섬 북동쪽에는 바울 일행을 태웠던 배가 걸려 난파했다고 전해지는 바울 섬(St Paul's Island)과 바울이 상륙했다고 알려진 바울만(Saint Paul's Bay)이 있다. 바울이 상륙했던 이곳은 말타의 수도 발레타(Valletta)에서 13km 정도 거리에 있다.

60년 봄, 바닷길이 열리자 바울 일행은 그 섬에서 겨울을 보낸 알렉산드리아 소속의 다른 화물선을 타고 로마로 향했다. 바울을 태운 배는 시칠리아섬(Cicily) 수라구사(Syracuse)로 가서 사흘을 지내고 이탈리아 남부 레기온(Rhegium)을 거쳐 보디올(Puteoli)에 도착했다. 바울은 보디올에서 그리스도인 형제들을 만나 일주일을 함께 지냈다. 이탈리아 중부 해안 도시 보디올에 그리스도인들이 있었다면 이미 이탈리아 전역에 복음이 전파되었을 것이다. 그래서 바울은 로마에 있는 성도들과 교제를 나눈 후 이탈리아에서 사역하지 않고 스바나로 가려고 계획했을 것이다(롬 15:23). 보디올에서 일주일을 머문 바울 일행은 거기서 압비아 가도(Via Appia)를 따라 로마로 향했다. 바울이 보디올에 도착했다는 소식을 들은 로마 성도들은 로마에서 53km 떨어진 트레이스 타베르네(Tres Taberane)까지 마중 나왔고, 일부는 거기서 16km 더 떨어진 압비오 광장(Appii Forum)까지 와서 사도 바울을 맞이했다(행 28:15). 3년 전, 로마에 있는 형제들을 사모하며 편지를 보내었던 바울은(롬 1:11~12) 자신을 맞이하기 위해 먼 거리를 달려온 형제들로 인해 하나님

• 멜리데(말타) 바울 섬[3]

께 감사하고 큰 용기를 얻었다. 유대인들의 음모와 파선 등 수 많은 죽음의 고비를 넘기고 마침내 이탈리아에 도착한 바울이 이방인의 사도를 맞이하기 위해 먼 거리를 달려온 형제들을 만나는 모습은 바울의 선교 여정에서 가장 감동적인 장면 중 하나이다.

3. 로마(60~62년)

60년 봄, 마침내 바울은 죄수의 신분으로 제국의 수도 로마에 도착했다. 바울은 네로 황제의 재판을 기다리며 만 2년 동안 손수 세낸 집에서 한 군인의 감시를 받으며 지냈다(행 28:16, 30). 바울은 자신을 감시하는 군인에게 쇠사슬로 묶여 있었지만(행 28:20; 엡 6:20; 빌 1:13; 골 4:3, 18) 방문하는 사람을 만나는데 제한을 받지 않았다(행 28:30~31). 바울이 세를 낸 집은 많은 사람이 한꺼번에 방문할 수 있을 만큼 넓었던 것으로 보인다(행 28:23).

로마에 도착한 지 3일 후(행 28:17), 바울은 유대인 지도자들을 초청했다. 로마의 유대인들은 주후 19년 티베리우스 황제와 49년 글라우디오 황제로부터 두 번이나 추방당했지만, 바울이 로마에 도착했을 당시 4만~6만이 살고 있었을 것이다. 지금까지 확인된 것만 해도, 로마에 11개의 회당과 6개의 유대인 카타콤이 있었다.[4] 바울은 초청에 응해 찾아온 유대인 지도자들에게 자신은 유대인의 관습을 배척한 일이 없고, 로마 재판관들도 자신의 죄목을 찾지 못했지만, 유대인들이 놓아주기를 원치 않아 마지못해 가이사에게 상소할 수밖에 없었다고 설명했다. 그리고 자신이 이렇게 된 것은 "내 민족을 고발하기 위한 것이 아니라" "이스라엘의 소망" 때문이라고 밝혔다(행 28:17~20). 바울의 말을 들은 유대인 지도자들은 유대로부터 공식적인 서한을 받은 적이 없고, 로마에 사는 어떤 유대인도 바울에 대해 좋지 않은 말을 한 적이 없지만, 어디서든지 반대를 받는 "이 파"에 대해 듣기를 원한다고 말하고 돌아갔다(행 28:21~23).

약속한 날 많은 유대인이 바울을 찾아왔다. 예수께서 부활 후 제자들에게 "모세의 율법과 선지자의 글과 시편"을 통해 자신이 그리스도이심을 증명하고 가르친 것처럼(눅 24:44~48), 바울도 자신이 머무는 셋집에 모인 유대인들에게 아침부터 저녁까지 "모세의 율법과 선지자의 말"을 가지고 예수가 그리스도이심을 밝히고 믿으라고 권했다(행 28:23). 바울의 증거가 끝나자, 유대인들은 믿는 사람과 믿지 않는 사람 두 그룹으로 나누어졌다. 바울은 복음을 거부하는 유대인들에게 이사야서의 말씀을 인용하여 그들의 마음과 눈과 귀가 어두워져 도무지 깨닫지 못한다고 말하고(사 6:9~10), "그런즉 하나님의 이 구원이 이방인에게로 보내어진 줄 알라 그들은 그것을 들으리라"는 선언으로 말을 마쳤다(행 28:28).

바울은 만 2년 동안 셋집에 구금되어 있었지만, 방문하는 모든 사람에게 담대하고 거침없이 복음을 전했다(행 28:31). 우리는 바울이 2년 동안이나 재판을 받지 않고 구금된 상태로 지낸 이유를 알 수 없다. 또한 바울이 네로 황제 앞에서 재판을 받았는지도 알 수 없다. 하지만 "온 이태"(행 28:30)라는 표현을 통해, 바울이 2년 후 구금에서 석방되었다는 것은 알 수 있다. 바울의 석방이 황제가 무죄를 선고했기 때문인지, 아니면 황제가 사면을 내렸기 때문인지도 알 수 없다.

사도행전은 여기서 끝이 나지만, 에베소서, 빌립보서, 골로새서 그리고 빌레몬서를 통해 바울은 구금되어 있던 2년 동안에도 거침없이 복음을 전하고 교회들을 돌보았다는 것을 알 수 있다. 바울은 쇠사슬로 묶여 있었지만, 복음은 자유로웠다. 바울이 갇혀있는 것이 오히려 로마에 복음이 전파되는 촉진제가 되었다. 로마 교회의 성도들은 예수 그리스도를 위해 기쁘게 고난을 받는 바울에게 고무되어 주를 신뢰하고 "겁 없이 하나님의 말씀을 더욱 담대하게 전했다"(빌 1:14). 바울이 구금되어 있던 동안 "가이사의 집 사람들 중 몇이" 주님을 믿었고(빌 4:22), 골로새 빌레몬 집에서 도망한 노예 오네시모가 바울을 만나 예수그리수도를 믿고 주의 신실한 일꾼이 되었다(골 4:9; 몬 1:10~12).

바울은 갇혀있었지만, 탁월하고 헌신적인 동역자들이 바울 곁으로 와서 함께 사역했다. 바울과 함께 갇혔던 누가와 아리스다고, 디모데, 두기고, 마가 그리고 자신을 위로하기 위해 빌립보와 골로새에서 찾아왔던 에바브로디도(빌 2:25)와 에바브라(골 4:12) 같은 신실한 동역자들이 바울의 입과 발이 되어 지중해를 오가며 바울이 세웠던 이방인 교회들을 양육하고 가르쳤다. 바울은 로마에서 구금된 상태로 두 해를 보냈지만, 고린도와 에베소 사역에 못지않은 많은 열매를 거두었다.

4. 석방에서 순교까지 (62~65년경)

사도행전은 바울이 2년 동안 로마에 감금되어 있으면서 거침없이 복음을 전했다는 말로 바울의 선교여행을 마무리한다. 그렇지만 바울의 사역은 로마에서 끝나지 않았다. 바울이 쓴 세 권의 '목회 서신'은 바울이 로마에서 석방된 후 지중해 지역을 순회하며 복음을 전하다가 다시 로마 감옥에 갇혔다는 것을 알려준다. 로마에서 풀려난 후 바울은 디도와 함께 그레데에서 복음을 전했고(딛 1:5), 디모데와 함께 에베소를(딤전 1:3), 드로비모와 함께 밀레도를(딤후 4:20), 에라스도와 함께 고린도를 방문했으며(딤후 4:20), 드로아(딤후 4:13)와 마케도니아에 갔고(딤전 1:3), 일루리곤의 한 항구도시 니고볼리(Nicopolis)에서 겨울을 보내려고 계획했으며(딛 3:12) 마지막으로 로마에 다시 감금되었다(딤후 4:6~8).

바울은 '목회 서신서'에서 자신이 어떤 순서로 도시들을 방문했는지 알려주지 않는다. 그래서 우리는 목회 서신서들과 바울이 서바나(스페인)를 방문했다는 교회의 전승을 토대로 사도행전 이후에 있었던 바울의 선교여행을 재구성해 볼 수밖에 없다. 필자의 추측으로는, 바울은 로마에서 석방된 후 서바나로 가서 복음을 전하고, 거기서 그레데로 가서 복음을 전했으며, 이후 에베소를 방문하여 디모데를 남겨두고 마케도니아를 거쳐 일루리곤 니고볼리에서 겨울을 지내고 고린도에 갔을 것이다. 그리고 거기서 다시 소아시아로 건너가 밀레도 방문한 후 드로아에 갔다가 그곳에서 체포되어 로마로 호송되었을 것이다. 이러한 순서는 추측에 지나지 않지만, 충분히 개연성이 있으므로 이 순서에 따라 바울의 마지막 선교여행을 간단하게 재구성해 보도록 하겠다.

서바나(스페인)

바울은 로마서에서 두 번이나 자신이 서바나로 가려고 계획하고 있다고 밝혔다. "여러 해 전부터 언제든지 서바나로 갈 때 너희에게 가기를 바라고 있었으니"(롬 15:23), "너희에게 들렀다가 서바나로 가리라"(롬 15:28). 신약성경은 바울이 로마에서 석방된 후 스페인에 가려는 계획을 실행에 옮겼는지 알려주지 않는다. 하지만 바울은 자유로운 몸이 된 후 이미 계획한 대로 로마에서 뱃길로 일주일이면 도착할 수 있는 스페인에 가서 복음을 전했을 것이다. 로마서에서 바울이 밝힌 계획을 염두에 둔다면, 이 외에 달리 생각할 이유도 없다.

여러 초기 교회 전승들은 바울이 스페인에 가서 복음을 전했다고 알려준다. 로마 교회의 감독이었던 클레멘트(Clement of Rome)는 95~96년경 고린도 교회에 보낸 편지에서 바울이 박해를 받으면서 "서쪽과 동쪽에서 복음을 전한 뒤, 온 세상에 의를 가르치고 서쪽 끝까지 이르렀다"고 썼다.[5] 클레멘트가 언급하는 "서쪽 끝"은 스페인이다. 175년경 기록된 '무라토리 정경'(Muratorian Canon)은 누가가 데오빌로 각하(행 1:1)를 위해 "로마에서 서바나로 나아갔던 바울의 여정을 생략함으로써 자신의 말을 명료하게 이해시킨다"라는 설명을 달고 있다.[6] 초기 서방 교부들의 이러한 증언들에 의하면 바울이 스페인에 간 것은 분명해 보이지만, 방문한 도시들과 기간에 대해서 알려진 것은 없다.

그레데(Creta)

바울은 빌립보서(2:24)와 빌레몬서(1:22)에서 자신이 풀려나면 아시아와 마케도니아 교회들을 방문할 계획이라고 밝히고 있는데, 목회 서신은 바울이 그 계획을 실행했다는 것을 알려준다. 바울이 로마로 호송될 때 잠시 정박했던 그레데를 방문한 것은, 스페인 사역을 마친 직후였을 것이다. 오순절 성령이 강림했을 때 예루살렘에 있었던 유대인들 가운데 그레데에서 온 사람들이 있었다(행 2:11). 유대인 철학자 필로(Philo of Alexandria, 주전 30~주후 45)와 로마의 역사가 타키투스(Tacitus, 주후 56~117)도 그레데 유대인 디아스포라를 언급하고 있는 것으로 보아,[7] 이 섬에는 꽤 많은 유대인이 살고 있었을 것이다.

바울이 스페인에서 그레데로 왔다면 섬의 북서쪽에 있는 키도니아(Kydonia, 현재의 Chania) 항구에 도착했을 것이다. 그레데를 다시 찾은 바울은 관례대로 먼저 유대인 회당에 들어가 복음을 전하고 이후 이방인들에게 복음을 전했을 것이다. 바울이 디도에게 "각 성에 장로들을 세우게 하려 함이니"(딛 1:5)라고 말하고 있는 것을 통해, 바울은 디도와 동역자들과 함께 그레데의 여러 도시를 방문하여 복음을 전하고 그곳에 교회를 세웠다는 것을 알 수 있다.

로마가 주전 67년 그레데의 수도로 정했던 고르틴(Gortyn)에는 바울이 복음을 전했던 흔적이 남아있다. 교회의 전승은 디도가 고르틴에서 목회하고 이 섬의 첫 번째 주교가 되었으며, 94세의 나이로 그레데에서 생을 마쳤다고 전해준다. 고르틴 중심가에는 6세기에 건축된 '성 디도 교회당'(Saint Titus Church)이 남아있다. 디도의 유해는 원래 이곳에 안장되어 있었다. 그러다 9세기 대지진으로 교회가 파괴되어 그의 유해는 고르틴 북쪽에 있는 항구도시 헤라클리온에 옮겨졌다. 헤라클리온은 오늘날 크레타에서 가장 큰 도시로, 이라클리오(Iraklio)로 불린다. 이곳에 디도의 유해가 안치되어있는 '성 디도 교회당'(Saint Titus Church)이 있다. 이 교회당과 디도의 유해는 크레타 역사만큼이나 많은 시련을 겪었다. 이 교회당은 9세기 건축되어 디도의 유해를 모셨지만, 이후 디도의 유해를 베네치아인들이 가져가 버리고 교회당은 오스만제국이 모스크로 바꾸어버렸다. 그러다가 1923년 크레타가 그리스 영토가 되자 교회당은 다시 복원되었고 1966년 디도의 유해도 베네치아에서 찾아와 이곳에 다시 안치했다.

바울은 신생 교회들에 장로를 세우고(딛 1:5), 교회를 어지럽히던 거짓 선생들을 꾸짖어 가르치고(딛 1:10~11) 연약한 그리스도인을 가르쳐 든든히 세우도록 디도를 그레데에 남겨두고 여행을 계속했다.

• 고르틴 디도 교회당

• 이라클리오 디도 교회당

그레데에서 로마에서 순교까지

그레데 사역을 마친 바울은 아시아로 가서 에베소를 다시 방문했을 것이다. 에베소 방문을 마친 바울은 마케도니아로 가면서 디모데를 남겨 교회를 돌보도록 했다(딤전 1:3). 바울은 마케도니아를 방문하는 동안 에베소에 남겨둔 디모데에게 디모데전서를 보내고, 일루리곤으로 떠나기 전에 그레데에서 사역하고 있던 디도에게 디도서를 보냈을 것이다. 이런 추측이 가능한 것은, 바울이 디도에게 일루리곤에 있는 항구도시 니고볼리(Nicopolis)에서 겨울을 보낼 예정이니 속히 그곳으로 오라고 지시하고 있기 때문이다(딛 3:12). 바울과 디도가 니고볼리에서 만나 함께 겨울을 보냈는지는 알 수 없다. 바울은 디도서를 보낸 얼마 후 고린도를 방문하여 에라스도와 머물렀고 밀레도를 방문해 병든 드로비모를 그곳에 남겨두었으며(딤후 4:20), 드로아까지 가서 가보(Carpus)의 집에 머물며 겨울 외투와 양피지 성경을 놓아두었을 것이다(딤후 4:13).

그리고 바울은 다시 로마에 구금되어 순교를 기다리고 있었다(딤후 4:6~8). 바울이 어디에서 체포되어 로마로 압송되었는지 알 수 없다. 하지만 겨울을 지내는 데 없어서는 안 될 외투와 성경도 챙기지 못하고 로마 감옥에 감금되었고, 그 외투와 성경이 드로아 가보의 집에 있었다면(딤후 4:13), 바울이 드로아에서 갑자기 체포되어 외투와 성경을 챙길 겨를도 없이 로마로 압송되지 않았을까?

바울은 다시 로마에 구금되었다. 아마 네로가 로마에 불을 지르고 민심을 수습하기 위해 그리스도인들에게 방화혐의를 뒤집어씌웠던 64년 가을이었을 것이다.[8] 이번 투옥은 바울이 로마로 압송되었다는 소식을 듣고 에베소에서 로마로 달려온 오네시보로(Onesiphorus)가 어렵게 바울을 찾아 만나야 했을 정도로(딤후 1:16~17) 상황이 좋지 않았다. 많은 사람이 바울을 버리거나(딤후 1:15) 떠났지만(딤후 4:10), 누가는 끝까지 바울 곁을 지키고 있었다(딤후 4:11). 로마 교회의 지도자였던 으불로, 부데, 리노, 글라우디오와 형제들이 누가와 함께 바울을 돕고 있었다(딤후 4:21).

바울은 디모데에게 마지막 편지를 보낸 얼마 후 로마에서 순교했다. 유세비우스는 2세기 말 로마 교회의 지도자였던 가이우스(Gaius)가 남긴 글을 인용하여, 바울이 로마에서 참수되었으며 기념비가 세워진 그의 묘가 오스티안 가도(via Ostian)에 있다고 증언하고 있다.[9] 교회의 전승은, 바울이 로마의 오스티안 가도(Via Ostian) 세 번째 이정표 근처에 있는 '트레 폰타네'(Tre Fontane)에서 참수형을 당했으며 그의 친구들이 그의 시신을 수습하여 오스티안 가도에 장사지냈다고 전하고 있다.[10] 마지막 순간까지 바울의 곁을 지켰던 누가와 로마 교회 성도들이 바울의 시신을 인도받아 장사를 지냈을 것이다.

"단신에, 다리가 휘었으며, 대머리에 두 눈썹이 중간에서 만나며 뗏부리 코에 은혜가 충만하여, 어떨 때는 사람인 것처럼 보이고 어떨 때는 천사의 얼굴을 한 것 같은" 외모의 소유자로,[11] 동시대 유대인들로부터 "천하를 어지럽게 하던 자"(행 17:6)로 비난받았으며 후대의 신학자에게서는 "자신이 쓴 것에 대해서는 모든 것을 다 경험한 극히 인간적인 인물"[12]이라고 평가받은 이방인의 사도 바울은 주와 복음을 위해 선한 싸움을 싸우고 달려갈 길을 마치고 로마에서 주님의 품 안에 잠들었다.

5세기 바울이 순교한 곳에 그를 기념하기 위해 교회당이 세워졌으며, 1599년 현재의 모습으로 증축되었다. 이 교회당은 순교한 장소의 이름을 따라 'San Paolo alle Tre Fontane'(세 개의 분수에 있는 사도 바울)이라고 불린다.

• 바울 순교 성당

• 바울 대성당

324년 콘스탄티누스 황제가 사도 바울을 기리기 위해 그가 묻힌 곳에 작은 교회당을 세웠다. 390년 테오도시우스 황제는 이 교회당을 헐고 큰 규모의 교회당을 건축했다. 이 교회당은 이후에 여러 번 증축을 거쳐 규모가 커지고 화려해졌지만, 1823년 지붕을 수리하던 사람의 실수로 화재가 발생해 교회당 대부분이 소실되었다. 1854년 교황 비오(Pius) 9세가 이 소실된 교회당을 현재의 모습으로 재건했다. 이 교회당은 오늘날 '산 파올로 푸오리 레 무라 대성당'(Basilica di San Paolo fuori le mura), 혹은 '성 밖 바울 대성당'으로 불린다.

이 성당에 바울의 유해가 안치되어있다. 1835년, 화재로 소실된 교회당을 재건축하기 위해 발굴작업을 하던 중 'PAULO'(바울)와 'APOSTOLO MART'(사도이며 순교자)라는 글이 새겨진 두 개의 석판이 발견되었다. 4세기에 만들어져 바울의 석관 위에 놓여 있었던 것으로 추정되는 이 묘비는 바울 대성당에 전시되고 있다. 2006년 12월 바티칸은 고고학자들이 제단 아래에서 사도 바울의 유해가 안치된 것으로 추정되는 석관을 발견했다고 발표했다. 그리고 2009년 6월 28일, 교황 베네딕토 16세는 고고학자들이 이 석관에 작은 구멍을 뚫어 세밀히 조사한 결과 주후 1~2세기 것으로 추정되는 뼛조각을 발견했다고 발표했다. 관 속 유해가 바울의 것인지 확인할 방법은 없다. 만약 이 유해가 바울의 것이라면, 바울은 자신의 유해가 이렇게 성스럽게 취급받는 것을 조금도 기뻐하지 않을 것이다. "이는 만물이 주에게서 나오고 주로 말미암고 주에게로 돌아감이라. 그에게 영광이 세세에 있을지어다. 아멘"(롬 11:36).

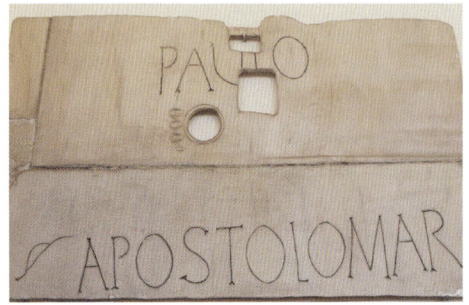
• 사도 바울 묘비

• 사도 바울의 무덤

• 로마 포룸[13)

● 사데 아르테미스 신전

WITH 바울

사도바울의 삶과
사역의 여정을 따라

314 — 사도바울의 삶과 사역의 여정을 따라

7

밧모 섬과 소아시아 교회들

• 성경에 기록된 소아시아 교회들

사도 바울의 발자취를 따라다녔던 여정은 마쳤지만, 소아시아로 다시 돌아와 이 곳 교회들을 돌아보려고 한다. 우리가 소아시아 교회들을 돌아보려고 하는 이유는 요한계시록에 기록되어 있는 아시아 일곱 교회가 사도 바울의 3차 선교여행의 열매이기 때문이다(행 19:10). 사도행전은 에베소 외에 요한계시록에 기록되어 있는 아시아의 다른 교회들을 언급하고 있지 않지만, 바울은 에베소를 떠난 5~6년 후 로마에서 골로새(Colosse), 라오디게아(Laodicea), 히에라볼리(Hierapolis)에 있던 교회들에 두 편의 서신서를 보냈다(골 1:2; 4:13). 에베소에서 가장 멀리 떨어져 있는 아시아와 브루기아의 경계에 있는 이 세 도시에 교회가 세워져 있었다면 바울이 에베소에서 사역하는 동안 아시아의 다른 도시들에도 교회가 세워졌을 것이다.

아시아 교회들을 돌아보기 전 먼저 이 지역에 대해 간략하게 살펴보려고 한다. 로마가 아시아(Asia)라고 불렀던 이 지역 명칭이 어디서 유래했는지 분명하지 않다. 주전 133년 로마는 버가모 왕국의 마지막 왕이었던 아탈로스 3세(Attalus III)에게서 통치권을 양도받아 카리아(Caria, 밀레도 남부), 이오니아(Ionia, 에베소, 서머나 지역), 리디아(Lydia, 사데), 무시아(Mysia, 버가모 북부) 그리고 브루기아(Phrygia, 골로새 동부)를 하나로 묶어 속주로 만들고 '아시아'라고 불렀다. 이후 유럽인들이 우리가 사는 대륙에 '아시아'라는 이름을 붙였기 때문에, 성경학자들은 성경에 기록된 아시아를 아시아 대륙과 구분하기 위해 '소아시아'(Asia Minor)라고 부른다.

성경에 '아시아'라는 지명은 오순절 성령강림 때 각국에서 예루살렘에 모인 사람들을 열거할 때 처음 등장한다(행 2:9). 이후 아시아라는 지명은 사도행전과 바울 서신들, 베드로전서(벧전 1:1) 그리고 요한계시록(계 1:4)에 언급된다. 사도행전은 바울이 에베소에서 사역하던 동안 "아시아에 사는 자는 유대인이나 헬라인이나 다 주의 말씀을 들었다"고 말씀한다(행 19:10). 바울이 사역하던 당시 아시아 속주의 수도는 에베소였다. 바울이 에베소에서 사역하는 동안 주변에 있던 다른 도시들을 찾아 가서 복음을 전했는지 알 수 없지만, 행정, 상업, 종교의식, 축제 등 다양한 일들로 에베소를 오가던 사람들을 통해 아시아 모든 도시에 복음이 전해졌을 것이다.

지리적으로 아시아는 고대 문명의 발상지인 메소포타미아와 에게해 사이에 있다. 이 지역은 농사에 적합한 좋은 기후와 비옥한 토지가 있고 대륙 문명과 해양 문명이 교차하는 지점에 자리하고 있어 일찍부터 도시들이 발전했다. 사데에서 리디아 왕국이 발흥했고, 밀레도, 에베소, 서머나 같은 해안 도시 국가들이 번영을 누렸다. 이들 외에도 아시아 전역에는 크고 작은 수백 개의 도시 국가가 있었다.

주전 6세기 페르시아 고레스(Cyrus)와 리디아 왕국의 크로이소스(Croesus) 사이에 있었던 전쟁에서 고레스가 승리한 후 소아시아는 200년 이상 페르시아의 통치를 받았다. 주전 546년 리디아를 정복한 고레스는 사데를 페르시아 제국의 서쪽 수도로 삼고 아시아를 통치했다. 각각 독립된 국가를 형성하고 있었던 아시아 도시들은 페르시아에 맞설 힘이 없었다. 고레스를 뒤이어 페르시아의 왕이 된 다리우스(Darius)와 그의 아들 크세르크세스(Xerxes, 성경의 아하수에로)는 사데에 원정 본부를 두고 두 차례에 걸쳐 그리스 원정에 나섰다. 페르시아는 마라톤 전쟁(주전 490년)과 살라미스 해전(주전 480년)에서 그리스 도시연합군에 패배하고 후퇴했지만, 주전 334년 알렉산더가 사데를 정복할 때까지 소아시아를 통치했다. 알렉산더 사후 안디옥에 수도를 둔 셀레우코스 왕조가 한 세기 동안 아시아를 지배했지만, 주전 190년 로마와의 전쟁에서 패배한 후 버가모 왕국이 이 지역의 새로운 주인이 되었다. '헬레니즘 시대'라고 불리는, 셀레우코스와 버가모 통치기에 두아디라, 빌라델비아, 라오디게아, 히에라볼리 같은 새로운 도시들이 건축되었고 에베소, 서머나, 버가모, 사데, 골로새 같은 도시들은 헬라식으로 재건되었다.

아시아가 로마의 속주로 편입되자 수많은 로마인이 본토에서 살기 좋은 이 지역 도시들에 이주해왔다. 이주 로마인들이 로마를 등에 업고 자신들의 삶의 터전을 잠식해가자 원주민들의 불만이 높아졌다. 이를 기회로 폰투스 왕 미트리다테스 6세(Mithridates VI)가 소아시아 도시들을 선동하여, 주전 88~85년 8만 이상의 로마인을 살해하는 반란이 발생했다. 로마는 술라(Sulla, 주전 138~78)가 이끄는 군대를 보내어 반란을 진압하고 10명의 총독을 파견했다. 버가모, 에베소를 비롯한 아시아 도시들은 로마에 대항한 대가를 아주 혹독하게 치러야 했다.

이 사건 이후에도 아시아 도시들은 여러 번 로마와 갈등을 겪었다. 카이사르가 암살당하고 옥타비아누스와 안토니우스가 로마 황제 자리를 두고 혈투를 벌일 때, 아시아 도시들은 안토니우스를 지원했다. 그러나 옥타비아누스가 주전 31년 악티움해전에서 승리하자 아시아 도시들은 다시 큰 위기를 맞았다. 다행히도 악티움에서 승리한 이듬해, 옥타비아누스는 당시 아시아 속주의 수도였던 버가모를 방문하여 자신의 반대편에 섰던 도시들에 관용을 베풀었다. 버가모는 옥타비아누스가 베푼 호의에 대한 보답으로 주전 29년 소아시아에서는 처음으로 카이사르 황제 신전을 건축했다.

이후 소아시아는 로마의 통치 아래 400년 이상 태평성대를 누렸다. 바울이 로마로 가는 길에 일주일 머물렀던 이탈리아 보디올(Pozzuoli)에서 발굴된 주후 30년 아시아 14개 도시가 티베리우스 황제에게 헌정한 기념물은, 아시아 도시들이 로마가 가져다준 평화(Pax Romana)에 진심으로 감사하고 있었다는 것을 보여준다.

아시아에는 상당한 규모의 유대인 디아스포라가 있었다. 사도행전은 성령이 강림한 오순절에 예루살렘에 모였던 디아스포라 유대인들 가운데 아시아에서 온 사람들을 언급하고 있으며(행 2:10), 바울이 성전을 모독했다고 소동을 일으킨 사람들도 아시아에서 온 유대인들이었다(행 21:27). 주전 6세기 기록된 구약 오바댜서는 예루살렘에서 유배된 사람들 가운데 '스바랏'(Sepharad)에 거주하는 자들이 있다고 언급하고 있다(옵 1:20). '스바랏'은 소아시아에 있는 '사데'의 히브리어 표기이다. 주전 6세기 사데에 거주했던 유대인들은 느부갓네살 왕에게 포로로 잡혀 바벨론에 끌려갔다가 고레스가 리디아를 공격하는데 동원되었던 사람들일 것이다. 주전 210년에는 안티오코스 3세가 메소포타미아에 살던 유대인 2천 가정을 아시아와 인접한 브루기아 지방으로 이주시켰는데, 이들의 후손이 아시아 여러 도시에 옮겨와 살았을 것이다. 주후 2세기 사례에는 유대 가버나움 회당에 버금가는 1,000명이 모일 수 있는 규모의 회당이 있었다.

사도 바울의 에베소 사역을 전후로 아시아의 중요한 도시들에 교회가 세워졌다. 요한계시록에 기록되어 있는 아시아 일곱 교회의 이름은 이들 각 도시에 거주하는 성도들의 공동체를 지칭한 것이다. 앞에서 언급한 것처럼, 초대 교회는 가족 교회와 외부인들이 포함된 가택 교회 그리고 이들이 연합한 도시 교회의 형태로 모였다. 아시아 교회들은 통치자들과 유대인들로부터 박해를 당했고 이단으로부터 공격을 받았다. 버가모 교회는 안디바가 순교했으며 서머나와 빌라델비아 교회는 유대인들로부터 극심한 고난을 받았다. 에베소, 두아디라, 버가모 교회는 이단의 공격을 받았다. 그러나 "하나님이 자기 피로 사신 교회"(행 20:28)는 이러한 모든 어려움을 극복하고 아시아를 복음화시켰다.

• 밀레도 근처 프리에네

황제 숭배와 소아시아

로마에서 황제가 신으로 숭배되기 시작된 날은 주전 42년 1월 1일이다. 이 날 로마 원로원이 율리우스 카이사르를 신격화하는 결의를 함으로써 죽은 카이사르가 신이 되었다.[1] 카이사르가 신이 됨으로써 그의 후계자 옥타비아누스도 '신의 아들'이 되었다. 카이사르 이후 로마는 황제가 죽으면 신격화해서 숭배했고 그를 계승한 황제는 '신의 아들'(ὁ υἱὸς τοῦ θεοῦ)이 되었다.

아시아에서 최초의 황제 신전은 버가모에 세워졌다. 주전 31년, 옥타비아누스가 악티움해전에서 안토니우스에게 승리를 거두고 로마로 돌아가는 길에 버가모를 잠시 방문했다. 버가모는 이 기회를 이용하여 옥타비아누스에게 카이사르 신전을 건축할 수 있도록 허가해 달라고 청원했다. 옥타비아누스가 이 청원을 수락해서 주전 29년 아시아에서는 처음으로 버가모에 로마 황제 신전이 건축되었다. 당시 두아디라도 황제 신전을 세우게 해달라고 청원했지만 승인되지 않았다. 아시아에서 두 번째 황제 신전은 티베리우스가 통치하던 주후 26년 서머나에 세워졌다. 이때 사데도 황제 신전을 세울 수 있도록 해달라고 청원했지만, 로마 원로원은 사데가 신전을 유지할 만한 경제적 능력이 없다는 이유로 허락하지 않았다. 주후 89~90년 에베소에 소아시아에서 세 번째 황제 신전이 건축되었다. 에베소에는 주전 29년 건립된 카이사르를 숭배하는 신당 '테메노스'(temenos)가 있었지만, 생전에 자신을 신격화하려고 시도했던 도미티아누스가 에베소에 자신을 숭배하는 신전을 건축하도록 명령했다. 도미티아누스 이후 로마의 황제 숭배 열기가 급격하게 증가하여 서머나에만 하드리아누스(117~138)와 카라칼라(211~217) 황제 신전이 더 건축되었다.

주전 29년 버가모에 세워졌던 카이

사르 신전과 서머나에 있었던 황제 신전들은 소실되어 흔적을 찾아볼 수 없다. 그러나 에베소의 도미티아누스 신전과 주후 117~138년 버가모 아크로폴리스에 세워진 트라이아누스(Traianus) 신전이 남아있다. 이 신전들의 규모를 통해 당시 아시아에서 황제 숭배가 얼마나 중시되었는지 알 수 있다.

황제 신전과 신당이 세워지자 로마 통치자들은 그리스도인들에게 황제를 숭배하도록 강요했다. 로마는 유대인들에게는 종교적 특성을 인정하여 황제 숭배를 강요하지 않았다. 초기 유대 그리스도인들은 유대인들과 동일시되어 황제 숭배의 압력을 받지 않았다. 그러나 복음이 전파되고 이방인 교회들이 세워지면서 그리스도인들은 유대인과 구분되기 시작했다. 로마는 그리스도인들에게 신격화된 황제나 황제와 동일시된 아폴로 숭배를 강요했다. 유대인들은 이것을 기회로 삼아 그리스도인들은 유대인이 아니며 황제 숭배를 거부하고 로마의 질서를 파괴하는 자들이라고 고소했다. 로마의 박해가 심해지자, 그리스도인들 가운데 믿음에서 멀어지나 타협하는 자들이 생겨났다. 거짓 선지자들은 이러한 상황을 틈타 믿음이 연약한 그리스도인을 유혹하여 영적, 도덕적인 타락에 빠뜨렸다. 하지만 참 그리스도인은 하나님의 아들 예수 그리스도를 주로 섬기면서 황제나 황제와 동일시된 이교 신을 숭배하지 않았다. 버가모의 안디바, 안디옥의 이그나티우스, 서머나의 폴리갑과 같이, 이들은 믿음을 지키기 위해 기꺼이 순교의 길을 선택했다.

1. 밧모 섬(Patmos)

사도 요한은 밧모 섬에 유배당했다. 좁은 띠 형태로 된 작고 척박한 밧모 섬은 밀레도 서쪽 64km 거리에 있다. 사도 요한은 밧모 섬에서 유배 생활을 하던 어느 주일, 성령에 감동되어 주님께서 보여주시는 것을 두루마리에 써서 에베소, 서머나, 버가모, 두아디라, 사데, 빌라델비아, 라오디게아 일곱 교회에 보내라는 큰 음성을 듣고(계 1:9~11), 그것을 기록해 아시아 일곱 교회에 전달했다.

신약성경은 사도 요한이 언제 밧모 섬에 유배되었는지 알려주지 않는다. 사도 요한의 제자였던 속사도 교부들은 요한이 도미티아누스 황제 때 밧모 섬에 유배되었다가 네르바 황제 때 에베소로 돌아왔다고 증언하고 있다. 요한의 제자로 히에라볼리에서 사역했던 속사도 교부 파피아스(Papias)는 도미티아누스가 죽은 후 황제가 된 네르바(Nerva)가 사도 요한을 밧모 섬에서 불러 에베소에 살도록 허락했다고 증언하고 있으며,[2] 유세비우스는 도미티아누스가 그리스도인을 박해할 때 사도 요한이 거룩한 말씀을 증언했다는 이유로 밧모 섬에 유배되었다고 전하고 있다.[3] 동방교회의 전승은 주일에 밧모 섬의 한 동굴에서 기도하던 중 계시를 받은 사도 요한이 자신이 본 것을 수행원으로 함께 있던 조카 프로코루스(Prochorus)에게 받아적게 하여 유배지에서 귀환한 후 아시아 일곱 교회에 전달했다고 전하고 있다.

로마는 죄를 지은 사람들에게 벌금형에서 사형에 이르기까지 다양한 형벌을 가했다. 가벼운 죄를 지은 사람들에게는 벌금형을 내렸고, 중한 범죄를 저지른 사람은 광산이나 채석장에서 노역을 시켰다. 사형을 제외하고 로마 법정이 내린 가장 가혹한 형벌은 외딴 섬이나 변방에 유배를 보내는 것이었다.[4] 유배는 낮은 계층의 사람에게 내려지는 형벌이 아니라 상당한 지위에 있는 사람들에게 내려지는 형벌이었다. 유배는 아우구스투스 황제 때부터 정적들을 제거하는 데 사용되기도 했다. 유배에는 두 부류가 있었다. 한 부류는 유배지를 지정하지 않고 로마로부터 일정 거리 이내에 접근하지 못하도록 하는 것이었다. 이 형벌을 받은 대표적 인물은 철학자이자 정치가로 명망이 높았던 키케로(Cicero, 주전 106~43)였다. 키케로는 "수도 로마로부터 640km 이상 떨어져 지내라"는 형벌을 받은 적이 있다. 다른 한 부류는 섬이나 변방의 작은 마을에 유배를 보내는 것이었다. 조선 시대 권력다툼에서 밀려난 양반들이 먼 남도의 섬으로 귀양을 갔던 것과 같은 형태였다고 할 수 있다. 이 형벌이 얼마나 힘들었던지 흑해의 작은 마을에 유배되었던 시인 오비디우스(Ovidius, 주전 43~주후 18)는 아우구스투스 황제에게 유배지의 삶이 생지옥 같다는 내용을 담은 "유배의 고통"이라는 탄원서를 보낼 정도였다.[5]

유배를 당한 사람은 유배형을 선고한 황제가 죽으면 사면되어 귀환할 수 있었다. 티베리우스를 이어 황제가 된 칼리굴라가 유배에서 돌아온 한 신하에게 그곳에서 무엇을 하며 지냈는지 묻자, 그 신하는 "티베리우스 황제가 서거하고 칼리굴라 황제께서 황제의 자리에 오르게 해 달라고 신들에게 날마다 기도하였습니다"라고 대답했다는 기록이 남아있다.[6] 그래서 유배를 보낸 사람들이 자기가 죽도록 신들에게 기도하고 있을지도 모른다는 불안감에 사로잡힌 황제가 부하들을 보내어 유배 중인 사람을 죽이는 일도 자주 발생했다. 사도 요한이 밧모 섬 유배에서 벗어나 에베소에 돌아올 수 있었던 것은, 도미티아누스가 죽은 후 원로원이 "그의 이름이 언급된 모든 비문을 지워버리며 그의 통치에 관한 모든 기록을 말소한다"[7]는 포고령을 내렸기 때문일 것이다.

혹자들은 사도 요한이 무인도였던 밧모 섬에 유배되어 채석장에서 노역했다고 말하지만, 그것은 사실이 아니다. 로마 당국이 나이가 80이 넘은 고귀한 노인에게 낮은 계층의 범죄자들에게나 선고하는 노역을 시켰을 리가 없다. 더구나 밧모 섬은 무인도가 아니었으며 채석장도 없었다. 밧모 섬에는 그리스와 소아시아 사이를 항해하던 배들이 에게해의 강한 바람과 거친 파도로부터 피할 수 있었던 좋은 항구가 있었기 때문에 일찍부터 사람들이 거주하고 있었다. 호라(Hora) 산 정상에 있는 요한 수도원 박물관에 있는 유물들은 주전 3세기 이전부터 항구 주위에 신전을 갖춘 마을이 형성되어 있었다는 것을 보여준다.

• 밧모 섬 전경

밧모 섬은 그리스 영토이기 때문에 아테네 피레우스 항이나 터키 해안 가까이 있는 사모스 섬과 코스 섬에서 연안 여객선을 이용해 들어갈 수 있다. 단체일 경우 에베소 근처에 있는 터키 쿠샤다스(Kuşadası) 항에서 배를 세내어 들어갈 수 있다. 겨울에는 바다가 거칠고 배가 운항하지 않아 터키 쪽에서 밧모 섬에 들어가기는 쉽지 않다.

밧모 섬은 반나절이면 충분히 돌아볼 수 있다. 항구에서 내려 오른쪽 요트장으로 가다 보면 사도 요한이 이 섬에 머무는 동안 주민들에게 복음을 전하고 세례를 베풀었다고 알려진 세례 터가 있다. 항구에서 산 정상에 있는 호라(Hora) 마을로 올라가는 길에 사도 요한이 계시를 받았다고 전해지는 계시 동굴교회(The Holy Cave of the Apocalypse)가 있다. 유네스코 세계문화유산으로 지정된 이 교회는 자그마한 굴의 앞면에 벽을 쌓아 만들었다. 계시 동굴교회로 들어가는 입구에 '신학자 성 요한'(Ο Άγιος Ιωάννης ο Θεολόγος)이라는 문구가 새겨진 요한의 이콘이 있다. 동방정교회는 '사도 요한'보다 '신학자 요한'이라는 호칭을 선호한다. 그 이유는 사도 요한이 태초에 하나님과 함께 계셨던 성자 예수를 통해 만물이 창조되었으며, 그가 생명의 빛을 주시기 위해 인간의 몸을 입고 오셨다고 선언하는 복음서를 기록했기 때문이다(요 1:1~5). 동굴 천장에는 계시가 임할 때 충격으로 갈라졌다는 세 갈래 틈이 있고, 벽에는 요한이 머리를 두고 누웠다는 홈이 있다.

계시 교회에서 좀 더 올라가면 밧모 섬 정상에 신학자 요한 수도원(Monastery of Saint John The Theologian)이 있다. 이 수도원 역시 유네스코 세계문화유산으로 지정되어있다. 1088년 크리스토둘로스(Christodoulos)라는 동방정교회 수도사가 아르테미스(Artemis) 신전을 허물고 그 자리에 사도 요한을 기념하는 수도원을 세웠는데, 이후 이 지역에 자주 출몰하던 해적들의 공격을 막기 위해 높은 벽을 쌓아 증축한 것이다. 요한 수도원 내부에 규모는 작지만 중요한 유물들을 보관하고 있는 박물관이 있다. 유물들 가운데 5세기 필사된 마가복음과 에스겔서가 있다.

• 사도 요한 수도원

• 계시 동굴교회 입구

• 계시 동굴교회 내부

이콘(Icon)과 이콘 논쟁[8]

밧모 섬과 터키 그리고 그리스 전역에 있는 동방정교회(Eastern Orthodox Church) 예배당 내부는 이콘(icon)으로 장식되어 있다. 이콘은 형태에 따라 여러 가지 이름으로 불린다. 동방정교회는 예수께서 생전에 사용하신 아마포 수건에 예수의 얼굴이 묻어나 있다고 믿는 '만딜리온'(Mandylion)이 최초의 이콘이라고 주장한다. 교회당 천장에 그려진 천지의 주재 그리스도는 '판토크라토르'(Pantocrator), 성모 마리아가 아기 예수를 품에 안고 있는 성화는 '신에게로 향하는 길을 인도하는 여인'이라는 의미인 '호데게트리아'(Hodegetria) 그리고 이스탄불 성 소피아 교회당에 있는 유명한 성모 마리아 그리고 세례요한이 예수 그리스도의 양쪽에 서서 간구하고 있는 성화는 '간청'이라는 의미인 '데이시스'(Deesis)라고 부른다. 초기 이콘은 예수 그리스도와 성모 마리아 그리고 성경의 특정한 인물을 표현하는데 국한되었지만, 이후 교부나 성인들에게까지 확대되었다.

동방정교회는 색채를 통해 빛이 천상의 메시지를 지상에 전달한다고 생각하기 때문에 이콘의 색을 중요시한다. 그래서 이콘에는 '신적인 빛'을 상징하는 흰색, '태양 빛'에 상응하는 황금색, '초월적인 존재의 신비'를 반영하는 파란색, '그리스도의 수난과 죽음'을 상징하는 붉은색 그리고 '지상의 성스러움'을 표현하는 보랏빛 자주색과 밝은 갈색, 짙은 초록색이 사용된다.

이콘에는 원근법이 사용되지 않는다. 이콘이 입체감 없이 편평하게 그려진 것은 두 가지 이유 때문이다. 첫째는 원근법을 사용해 만들어지는 입체성은 신과 빛과 사람의 시각 사이로 간격이 끼어들게 만들고 에로스적인 요소를 연상시킬 수 있다고 생각하기

• 호데게트리아 이콘
(이스탄불 성 소피아 교회당)

• 데이시스 이콘(이스탄불 성 소피아 교회당)

때문이다. 둘째는 인물의 모습이 편평해야만 성스러움과 초월성을 동시에 불러일으켜서 인간의 삶의 심층적 차원인 영원성의 광채가 충분히 드러난다고 보기 때문이다.

'성화' 혹은 '성상'으로 번역할 수 있는 그리스어 '이콘'(icon)의 배경에는 플라톤의 철학이 자리하고 있다. 플라톤은 신이 우주를 형상화할 때 보이지 않는 '원형'(idea)을 본떠 우주 안의 모든 보이는 것을 만들었다고 주장했다. 플라톤은 인간의 감각으로는 볼 수 없는 이데아들은 형상(icon)으로 나타내어질 수 있다고 생각했다. 플라톤 철학을 신학의 도구로 삼은 아우구스티누스(Augustinus, 354~430)는 인간은 신을 바라보고 신적인 정신의 광명에 잠김으로써 영원한 행복을 얻을 수 있다고 주장했다. 갑바도기아 가이사랴의 교부 바실(Basil of Caesarea,

329~379)은 이미지(icon)가 원형은 아니지만, 허상이 아니라 원형으로 향하게 하는 것이라고 규정했고 또 눈으로 볼 수 있는 이미지가 사람에게 신앙을 확신시키는 힘을 가지고 있으므로 성경의 진리를 전달하는 데 필요하다고 생각했다. 서방교회는 초기부터 이콘과 성상을 "평신도의 책", 즉 "무지한 사람들의 읽을거리"로 평가하고 인정했다. 여기에 대해 동방교회의 이콘 옹호자들은 모자이크, 프레스코화, 유화로 표현된 이콘은 교육적 기능 이상의 의미가 있다고 보았다.

교회가 처음부터 이콘을 수용한 것은 아니었다. 동방교회는 8세기 100년 동안 이콘 사용을 두고 치열한 논쟁을 벌였다. 이콘 옹호자들은 플라톤의 철학을 배경으로, 이콘은 마치 천상을 향하여 열린 창문과도 같아서 사람들은 이 상들을 통해 빛으로 가득한 영원을 바라보고 신적인 정신의 광명에 잠길 수 있으며, 하나님의 본질은 은폐되어 볼 수 없지만 접근할 수 없는 신이 인식될 수 있는 존재자인 성자 그리스도의 형상으로 나타났기 때문에 인식할 수 있게 되었다고 주장했다. 이콘 옹호자들은 여기서 더 나아가, 히브리서가 성자는 "하나님의 영광의 광채시요 그 본체(ὑπόστάσις)의 형상"(히 1:3)이시라고 말씀하는 바와 같이 인간의 몸으로 오신 성자가 '본체'(ὑπόστάσις)로 존재하기 때문에 성자를 이콘으로 표현할 수 있고 그 성스러움을 숭배할 수 있다고 주장했다.

이에 맞서 이콘 반대자들은 성상을 만드는 것을 금지하는 구약의 계명과 플라톤 철학의 일자 사상에 근거하여 이콘을 사용해서는 안 된다고 주장했다. 이들은 플라톤의 일자 사상에 의하면 근원적 일자, 즉 피안에 있는 신은 어떤 시선에서도 벗어나 있으므로 하나님은 대상화될 수 없다고 주장했다.

이콘 반대주의자였던 비잔틴 황제 레오 3세(Leo III)는 726년 칙령을 내려 이콘 숭배를 금지하고 모자이크, 벽화 등 성화 상을 모조리 파괴하였다. 이때 거의 모든 이콘이 파괴되었지만, 시내산 성 카타리나 수도원(St. Catherine Monastery)에 있는 '판토크라토르'를 비롯한 36개의 이콘만 파괴되지 않고 현재까지 전해져 오고 있다. 6세기 목판으로 제작된 카타리나 수도원 '판토크라토르' 이콘은 살아남은 36개 이콘 가운데 최고의 것으로 평가받고 있다.9) 그러나 787년 이레네(Irene) 황후의 후원으로 콘스탄틴 6세가 개최한 니케아 공의회에서 이콘 옹호자들이 승리하여 이콘 사용이 다시 결정되었다. 787년 니케아 공의회 이후에도 여러 차례 이콘 논쟁이 있었지만, 843년 동방정교회가 최종적으로 이콘 숭배를 결정함으로써 100년 동안 계속되던 이콘 논쟁은 막을 내리고 이콘은 동방정교회 예전과 신앙에 핵심적인 요소로 뿌리내리게 되었다.

칼빈은 『기독교강요』에서 787년 니케아 공의회가 내린 이콘과 관련된 결정을 "끔찍스럽고 참람한 것"10)이라고 평가하고, 그 이유를 "하나님을 위하여 형상을 만들어 놓고 나면 사람들은 그곳에 하나님이 계시다고 생각하며 그것을 숭배하는 것으로 이어지기 때문이다"고 밝히고 있다.11) 동방정교회 신자들이 이콘을 대하고 숭배하는 태도를 보면 787년 니케아 공의회 결정에 대한 칼빈의 평가가 옳았다는 것을 인정하지 않을 수 없다.

• 카타리나 수도원 '판토크라토르'

2. 서머나(Smyrna)

서머나는 에베소에서 북쪽으로 80km 거리에 있다. 서머나의 현재 지명은 이즈밀(Izmir)이며, 인구 300만이 넘는 터키에서 세 번째 큰 도시이다. 주전 11세기 건설된 서머나는 트로이 전쟁 이야기를 담은 『일리아스』와 『오디세이』를 쓴 호메로스(Homeros)의 고향이다. 바울보다 한 세대 앞서 살았던 스트라보는 서머나에 호메로스의 상을 모신 사원(Homeroseion)과 이 사원이 새겨진 동전이 있었다고 전하고 있다.[12] 호메로스 사후 600년이 지난 로마 시대에도 그를 기리는 사원을 짓고 동전을 사용할 만큼 서머나는 호메로스를 배출한 도시로써 긍지를 가지고 있었다.

고대 서머나는 지금의 바이락러(Bayraklı) 테페쿨레(Tepekule)에 있었다. 지금까지 발굴된 유적들은 주전 10세기 이곳에 성벽을 갖춘 도시가 있었음을 알려준다. 학자들은 호메로스의 작품이 주전 9~8세기에 쓰였을 것으로 추측하는데 그렇다면 호메로스도 이 성에 살았을 것이다. 주전 665년경 리디아 왕국의 기게스 왕(Gyges)이 서머나를 공격했으나 도시를 둘러싸고 있던 견고한 성벽에 막혀 되돌아갔다. 하지만 주전 600년경 리디아 알리아테스 왕(Alyattes)이 다시 공격해 서머나를 점령하고 도시를 폐허로 만들었다.[13] 페르시아가 리디아를 무너뜨리고 난 후 서머나는 재건되었지만, 이전의 모습으로 회복되지 못했다. 바이락러 테페쿨레에는 주전 640년 세워진 아테나(Athena) 신전과 리디아군을 맞아 싸웠던 성벽과 집터가 남아있다.

주전 334년 알렉산더 대왕이 페르시아를 점령한 후 서머나는 헬라 도시로 재건되었다. 스트라보는 주전 290년경 알렉산더 대왕의 부하 안티고누스(Antigonus)와 리시마쿠스(Lysimachus)가 파구스산(Pagus) 주위에 새 도시를 건설했다고 말하고 있지만,[14] 서머나 출신의 철학자 아에리우스 아리스티데스(Aelius Aristides, 117~181)는 알렉산더 대왕이 직접 파구스산에 도시를 건설했다고 전하고 있다. 리디아 출신의 파우사니아스(Pausanias, 110~180)는 『그리스 이야기』에서 알렉산더 대왕이 파구스산에서 사냥하던 중 잠시 잠을 잤는데 꿈에 서머나에 새 도시를 세우라는 신탁을 받아 멜레스 강(Meles)이 흐르는 파구스산 자락에 도시를 건설했다는 이야기를 전하고 있다.[15] 서머나에서 발굴된 동전에는 파구스산 한 나무 아래서 잠자고 있는 알렉산더 대왕의 모습이 새겨져 있다.

주전 4세기 헬라 도시로 재건된 서머나는 큰 만과 좋은 항구를 기반으로 빠르게 성장했다. 서머나는 일찍부터 로마와 긴밀한 유대관계를 맺었다. 아시아가 아직 로마의 속주로 편입되지 않았던 주전 195년 서머나는 아시아에서 처음으로 로마 여신(Dea Roma) 제단을 세웠으며,[16] 로마의 정치가 키케로가 "가장 신실하고 가장 오래된 우리의 동맹 도시"라고 부를 정도로 로마에 충성했다. 그 덕분에 서머나는 다른 경쟁 도시들을 물리치고 주후 26년 아시아에서 두 번째로 황제 신전을 세운 도시가 되었다. 서머나는 로마 시대 발행된 한 동전에 "아시아에서 가장 아름답고 큰 서머나"라는 글귀가 새겨져 있을 만큼 경관이 아름다운 도시였다. 바울이 에베소에서 사역할 당시 서머나는 인구 10만의 대 도시였다.

• 테페쿨레 아테나 신전

• 아고라와 파구스산

바울이 에베소에서 사역하던 동안 서머나에도 복음이 전해졌을 것이다. 에베소에서 서머나까지의 거리가 약 80Km 정도여서 바울이 마음만 먹었다면 언제든지 방문할 수 있었을 것이다. 바울이 순교한 후 에베소에서 와서 사역했던 사도 요한도 서머나를 방문했을 것이다. 사도 요한이 자신이 가르쳤던 폴리갑을 서머나 교회의 감독으로 임명했다는 것을 염두에 둔다면 그럴 가능성은 충분히 있다.[17] 요한계시록을 통해 우리는 사도 요한이 생존해 있던 때에 서머나에 환란 가운데서 믿음을 지키고 있었던 신실한 교회가 있었다는 것을 알 수 있다.

주님은 환란과 궁핍 가운데서도 인내하며 믿음을 지키는 서머나 교회를 칭찬하셨다. 또한 장차 받을 환난을 이겨내고 죽도록 충성하면 생명의 면류관을 주실 것을 약속하셨다(계 2:8~11). 신약시대 서머나는 크고 부유한 도시였다. 하지만 이 부유한 도시에 살았던 그리스도인들은 환란을 당하고 궁핍하였다. 점증하는 황제 숭배와 "사탄의 회당"(계 2:9)으로 전락한 유대인들의 공격으로 그리스도인들은 일상적인 삶을 영위할 수 없었을 것이다. 유대인들은 교회를 박해하는 데 앞장섰다. 『폴리갑 순교기』는 서머나 교회의 감독 폴리갑(Polycarp, 70~156)이 순교하던 날이 안식일이었음에도, 유대인들은 그를 산 채로 화형에 처하라고 소리치면서 나무를 주워오고 장작더미를 준비하는 등 실로 "사단의 회"처럼 행동했다고 증언하고 있다.[18]

유대인과 로마의 박해 아래서도 서머나 교회는 죽도록 충성하라는 주님의 말씀을 굳게 붙들었다. 이 사실은 이그나티우스가 서머나 교회에 보낸 편지와 『폴리갑의 순교기』를 통해서 확인된다. 서머나 교회가 주님의 말씀을 받고 난 20~30년 후, 로마로 호송되던 중 잠시 서머나에 머물렀던 이그나티우스는 서머나 교회에 보낸 편지에서 다음과 같이 말하고 있다. "나는 여러분들을 아주 지혜롭게 만드신 하나님이신 예수 그리스도에게 영광을 돌립니다. 나는 여러분들이 몸과 영으로 주 예수 그리스도의 십자가에 못 박히면서 흔들리지 않는 믿음 안에 세워졌고, 그리스도의 피에 의해서 사랑 안에서 굳게 세워졌다는 것을 목격하였기 때문입니다."[19]

● 폴리갑 순교기

폴리갑은 주후 70년경 태어나 86세의 나이로 순교했다. 폴리갑은 사도 요한의 제자이며 이레니우스의 스승이었다. 사도 요한은 굳건한 믿음과 거룩한 삶 그리고 풍부한 신앙 지식을 가진 폴리갑을 서머나 교회의 감독으로 임명했다. 폴리갑은 서머나 교회를 돌보는 동안 트라이아누스(98~117)와 하드리아누스(117~138) 황제로부터 많은 박해를 받았고, 피우스(138~161) 황제가 통치하던 156년 순교했다.

폴리갑의 순교와 관련된 내용은 유세비우스의 『교회사』[20]와 폴리갑이 순교한 직후 서머나 교회가 프리기아 남부에 있던 필로멜리움(Philomelium) 교회에 보내었던 『폴리갑 순교기』에 수록되어 있다. 『폴리갑 순교기』는 156년 2월 23일[21] 수만 명이 모인 서머나 경기장에서 86세의 폴리갑이 장엄하게 순교하는 모습을 자세하게 증언하고 있다. 『폴리갑 순교기』는 폴리갑이 총독의 심문을 받는 모습을 다음과 같이 증언하고 있다.

폴리갑이 경기장에 들어섰을 때, 하늘에서 "폴리갑아 힘을 내고 용감하라"는 소리가 울렸습니다. 아무도 말하는 사람을 보지 못했으나, 거기 있던 우리 공동체 사람들은 그 소리를 들었습니다. 그가 앞으로 나아가자 사람들은 폴리갑이 체포되었다는 소리를 듣고 큰 소동을 일으켰습니다. 그가 끌려왔을 때 지방 총독은 그가 폴리갑인지 물었습니다. 폴리갑이 이를 시인하자 지방 총독은 그에게 그리스도인임을 부인하도록 설득하였습니다. "당신의 나이를 생각해보시오" 하면서 관례로 다음과 같은 말을 덧붙였습니다. "황제의 수호신에게 맹세하고 마음을 바꾸시오. 그리고 무신론자들을 없애라고 말하시오." 그러나 폴리갑은 경기장에 있는 불경건한 이교도 무리 전체를 엄숙한 표정으로 바라보았습니다. 그는 그들을 향하여 손을 흔들고 하늘을 올려보고 탄식하며 말했습니다. "무신론자들은 없어져라." 지방 총독은 그에게 "황제의 수호신에게 맹세하시오. 그러면 당신을 풀어주겠소. 그리스도를 모독하시오" 하고 다그쳐 경고하자 폴리갑은 대답했습니다. "86년 동안 나는 그분을 섬겼습니다. 그분은 나에게 어떤 그릇된 행위도 하지 않으셨습니다. 그런데 내가 나를 구원하신 왕을 어떻게 모독할 수 있겠습니까?" 지방 총독이 "황제의 수호신에게 맹세하시오" 하고 계속 강요하자 폴리갑이 대답하였습니다. "내가 당신의 요구대로 황제의 수호신에게 맹세할 것이라 잘못 생각하고, 내가 누구인지 당신이 모른 체하더라도 나의 솔직한 고백을 들으십시오. 나는 그리스도인입니다."

폴리갑이 위협에도 굴복하지 않자 오히려 총독이 놀라서 전령에게 "폴리갑이 그리스도인이라고 고백했다" 하고 세 번 선포하도록 명령했다. 그리고 폴리갑은 장엄하게 순교했다. 이날 빌라델비아에서 끌려온 11명의 그리스도인도 폴리갑과 함께 순교했다.

• '아도니'라고 기록된 아고라 벽 낙서

서머나 유적들

큰 만과 좋은 항구가 있는 서머나는 에베소가 영향력을 상실한 이후 소아시아의 중심도시로 부상하여 터키에서 3번째 큰 도시로 발전하였다. 1960년 이후 급격한 도시화로 고대 유적들은 훼손되거나 땅 아래 묻혀버렸고 아고라와 파구스산 정상에 있는 카디페칼레 성(Kadifekale)과 도시에 물을 공급하던 배수지(Castellum)만 남아있다. 최근 연극장 복원과 아고라 주변 발굴이 진행되고 있어서 앞으로 더 많은 유적을 볼 수 있을 것이다.

아고라(Agora): 터키에서 원형이 가장 잘 남아있는 서머나 아고라는 길이 120m, 폭 80m 크기의 뜰과 뜰 바깥쪽으로 관공서와 상점이 들어서 있던 2층 건물로 이루어져 있다. 아고라 벽에는 주후 1~2세기 기록된 낙서들이 많이 남아있는데, 그 가운데 예수 그리스도를 언급하고 있는 것으로 추측되는 "성령을 주시는 분", "로고스", "주"(Adony) 등과 같은 문구들이 있다. 이 낙서는 서머나에 그리스도인이 있다는 것을 알리려고 남겨진 것으로 보인다. 주후 150년경 서머나에 살고 있었던 아리스티데스는 아고라 중앙에 제우스 신전이 있다고 말하고 있는데, 오늘날 신전의 흔적은 찾아볼 수 없다. 아고라에서 발굴된 포세이돈, 아르테미스, 데메테르와 같은 신들의 대리석 부조들은 제우스 신전 장식에서 나온 것으로 보인다.

• 서머나 아고라

아크로폴리스: 아고라 바로 뒤쪽에 오늘날 카디페칼레(Kadifekale)로 불리는 아크로폴리스가 있다. 이 산이 알렉산더 대왕이 사냥 중 잠을 자다가 도시를 건설하라는 꿈을 꾸었다는 바로 그 파구스산(Pagus)이다. 파구스산은 서머나 만과 도시 전체를 한눈에 볼 수 있는 곳에 있어서 알렉산더 대왕이 이곳에 성을 쌓았다고 전해진다. 아크로폴리스 정상에는 수로를 통해 끌어온 물을 분배하던 배수지가 남아있다. 신약시대 서머나 연극장과 주택지대는 아고라와 아크로폴리스 사이에 있었다. 급격한 도시화로 아크로폴리스 위에 무허가 건물들이 들어서 있어서 이곳의 발굴이 중단된 상태로 있었다. 최근 시 정부는 이 지역을 관광지로 개발하기 위해 파구스산에 거주하던 사람들을 이주시키고 20,000석 규모의 연극장과 아고라에서 산 정상까지 연결되는 지하 통로를 복원하는 작업을 하고 있다. 2019년에는 아고라 근처에서 빌딩을 건축하기 위해 공사를 하던 중 큰 규모의 김나지움이 발견되어 아고라와 연결해 야외박물관으로 조성하는 공사가 진행되고 있다.

폴리갑 기념교회: 서머나를 방문하는 사람들은 폴리갑이 순교한 장소나 그가 남긴 흔적을 보고 싶어 한다. 그래서 찾는 장소가 이즈밀 중심가에 있는 폴리갑 성당(St. Polycarp Church)이지만, 이 성당은 폴리갑의 사역이나 순교와 아무런 관련도 없다. 폴리갑 성당은 1625년 예수회 수도사들이 당시 오스만제국의 황제였던 술탄 술레이만(Sultan Süleyman)의 승인을 받아 건축한 것이다. 이 성당은 여러 번 지진과 화재를 겪었으며 1898년 현재의 모습으로 건축되었다. 폴리갑 성당 천장에는 폴리갑의 순교 장면을 묘사한 프레스코화가 그려져 있다. 이 그림은 서머나에 살았던 프랑스인 화가 라몬드 페레(Ramond Pere)가 1898년에 그린 것이다. 이 그림이 한국인들에게 알려진 이유는, 화가가 화형을 당하고 있는 폴리갑 뒤에서 손이 묶인 상태로 처형을 기다리고 있는 자신의 모습을 그려 놓았기 때문이다.

로마 도로: 폴리갑이 순교했던 경기장(Stadium)은 카디페칼레에서 서쪽으로 산

능선을 따라 내려오다 보면 만나게 되는 편평한 지역에 있었다. 이 지역의 현재 지명은 에셰렙파샤(Eşrefpaşa)이다. 경기장이 있던 지역은 유적지 보호구역으로 지정되어있지만, 아파트가 밀집해 있고 교통의 요지이기도 해서 땅 아래 묻혀있는 경기장을 발굴하기는 쉽지 않을 것이다. 폴리갑이 순교했던 경기장의 모습을 볼 수 없지만, 이곳에 서머나에서 에베소로 가는 로마 도로 일부가 남아있다. 사도 바울과 요한이 서머나를 방문했다면 에베소에서 이 길을 따라서 왔을 것이다. 이 길은 경기장을 지나 아고라까지 이어졌기 때문에 폴리갑을 호송했던 마차가 이 길을 따라 경기장 안으로 들어갔을 것이다. 로마 사람들이 도로를 얼마나 튼튼하게 건설해 놓았는지, 2000년이 지난 지금도 도로로 사용되고 있다.

• 로마 도로

3. 버가모(Pergamum)

버가모는 서머나에서 북쪽 110km 거리에 있다. 버가모의 현재 지명은 벨가마(Bergama)이며 인구 10만의 소도시이다. 호메로스의 『일리아스』에 트로이 성내에 있던 요새를 '버가모'(Pergamum)라고 부르고 있는 것으로 보아, '버가모'라는 이름은 평원에 요새처럼 우뚝 솟아 있는 396m의 높이의 아크로폴리스에서 유래한 것으로 보인다.

버가모는 주전 263년~주전 133년까지 아시아를 통치했던 버가모 왕국의 수도이자 이집트 알렉산드리아와 경쟁하던 헬레니즘 최고의 도시였다. 버가모는 당대 최대 규모의 병원과 최대 경사를 가진 연극장을 건설하였으며, 세계 최초로 초, 중, 고로 구분되는 3단계 교육 시스템을 발전시켰다. 또한, 버가모는 양피지를 개발하여 세계 최초로 제본된 책을 만들었으며, 알렉산드리아 무세이움 다음가는 규모의 도서관을 설립하여 헬레니즘을 확산시켰다. 이와 함께 아크로폴리스 정상에 있는 제우스 제단을 비롯한 수많은 신전과 아시아에서 최초로 건립된 로마 황제 신전이 있던 종교의 중심지였다.

아크로폴리스 주변에서 출토된 동전은 주전 7세기에 이곳에 리디아 왕국에 속한 도시가 있었음을 알려준다. 주전 546년 고레스가 리디아 왕국을 점령한 이후부터 알렉산더가 사데를 정복할 때까지 이 도시는 페르시아의 지배를 받았다. 크세노폰은 주전 5세기 버가모에 그리스 세계에서 유명했던 제우스 신전이 있었음을 언급하고 있다.[22] 제우스 신전을 제외하면 신화나 역사에 버가모가 언급되지 않는 것으로 보아, 헬라시대 이전까지 이곳에는 신전 도시가 있었던 것으로 추측된다. 그러다 주전 302년 알렉산더의 부하였던 리시마쿠스(Lysimachus)가 아시아를 지배하면서 버가모는 헬라 세계를 대표하는 도시로 부상했다.

작은 신전 도시였던 버가모가 갑작스럽게 부상하게 된 것은 천혜의 요새인 아크로폴리스 덕분이었다. 리시마쿠스는 자신이 소유하고 있던 엄청난 양의 보물을 보관하기 위해 아크로폴리스에 요새를 건설하고 환관 필레타이루스(Philetairus)에게 관리를 맡겼다. 스트라보는 리시마쿠스가 버가모에 보관해둔 보물이 9000 탈란트나 되었다고 말하고 있다.[23] 주전 282년 셀레우코스 니카토르(Seleucus Nicator)가 아시아를 손에 넣기 위해 리시마쿠스를 공격하자 필레타이루스는 리시마쿠스가 패할 것으로 예상하고 셀레우코스 편에 섰다. 필레타이루스가 예상한 대로 주전 281년 리시마쿠스는 코로페디온(Corupedium) 전투에서 셀레우코스에 패하여 전사했다. 필레타이루스는 자신이 관리하고 있던 리시마쿠스의 보물을 셀레우코스에 넘겨주기로 약속했지만, 예기치 않게 셀레우코스 니카토르가 프톨레마이오스의 아들 케라우노스(Keraunos)에게 암살당했다. 그러자 필레타이루스 자신이 보관하고 있던 보물을 자원으로 삼아 세력을 키워 프랑스 남부 갈리아 지방에서 아나톨리아로 건너와 이 지역을 약탈하던 갈라디아인들의 침공으로부터(주전 278~276) 버가모를 지켜냄으로써 셀레우코스 왕조의 영향에서 벗어나 독자적인 왕국을 세우는 데 성공했다.

• 버가모 아크로폴리스[24]

환관 출신으로 아들이 없었던 필레타이루스는 동생의 아들 에우메네스(Eumenes)를 양자로 삼아 그에게 왕권을 물려주었다. 주전 263년 왕권을 물려받은 에우메네스 1세는 주전 133년까지 존속한 버가모 왕국을 세웠다. 그를 이어 왕권을 계승한 아탈로스 1세(Attalus I, 주전 241~197)는 버가모의 황금시대를 열었다. 예술에 심취했던 아탈로스 1세는 그림과 조각상을 수집하여 아크로폴리스 전체를 예술품으로 장식하였으며, 신흥 강국으로 떠오르던 로마와 동맹을 맺어 자신을 위협하던 셀레우코스 왕조를 견제하였다. 로마는 주전 190년 마그네시아 전투에서 안티오코스 3세를 격파하고 난 후 아시아의 통치권을 동맹국이었던 버가모에 넘겨주었다.

아탈로스 1세로부터 왕권을 이어받은 에우메네스 2세(Eumenes II, 주전 197~159)는 아테네를 모델로 삼아 버가모를 헬레니즘의 중심도시로 만들었다. 에우메네스 2세는 아크로폴리스를 재건설하고 알렉산드리아의 무세이온에 버금가는 도서관을 만들어 학문 활동을 장려했다. 그는 도서관에 소장할 책을 만들기 위해 양피지 종이를 개발했으며, 헬라 세계에서 가장 큰 김나지움을 건설하고 초, 중, 고 3단계 교육제도를 도입했다. 그는 버가모를 침공한 갈라디아인들과의 전쟁에서 승리한 후 그것을 기념하기 위해 세계에서 가장 큰 제우스 제단도 건축했다. 버가모에서는 음악 경연과 운동경기가 함께 열리던 니케포로스 제전(Nikephoros)이 개최되었다. 이 제전은 아폴로 제전과 올림피아 경기에 버금가는 규모였다.[25] 에우메네스 2세는 아들이 없었기 때문에 동생 아탈로스 2세에게 왕권을 물려주었다. 이 시기에 빌라델비아가 건설되었다. 역사는 짧았지만, 헬레니즘을 만개시켰던 버가모 왕국은 주전 133년 아탈로스 3세가 로마에 통치권을 넘김으로써 역사의 뒤안길로 사라졌다.

버가모 왕국으로부터 통치권을 양도받은 로마는 버가모를 아시아 속주의 수도로 삼았다. 하지만 로마는 버가모 주민들의 기대와는 달리 도시의 재산을 로마로 빼돌리고 많은 로마인을 버가모로 이주시켜 영향력을 확대해 갔다. 이에 불만을 품은 버가모 주민들은 주전 89년 아시아를 침공한 폰투스 왕 미트리다테스(Mithridates) 편에 가담해 로마인들을 학살했다. 술라(Sulla)가 이끈 로마군이 미트리다테스를 제압하고 난 후, 버가모는 자치권을 박탈당하고 무거운 세금을 내는 등 반역의 대가를 혹독하게 치러야 했다. 아우구스투스가 권력을 잡으면서 로마와의 관계는 다시 개선되었다. 아우구스투스는 버가모의 자치권을 회복시키고 주전 29년에는 아시아 최초로 황제 신전을 건축하도록 승인했다. 로마가 아시아의 수도를 에베소로 옮기고 난 후에도 버가모는 제우스 제단, 황제 신전, 병원,

도서관, 김나지움을 갖춘 학문의 도시로서 명성을 이어갔다.

버가모는 콘스탄티누스 황제를 뒤이어 로마 황제의 자리에 올랐던 줄리안이 그리스도인들을 박해하는 데 결정적인 영향을 끼친 도시이기도 했다. 역사가들이 "배교자 줄리안"(Julian the Apostate, 361-363)으로 부르는 줄리안은 황제가 되기 전 한동안 버가모에 머물렀는데, 이때 그는 신플라톤주의 철학자들로부터 영향을 받아 신앙을 버렸다. 배교자 줄리안과 함께 로마가 그리스 종교로 되돌아가게 하려고 교회를 박해했던 오리바시우스(Oribasius, 325~396)도 버가모 사람이었다. 버가모는 안디바를 죽이는 데 그치지 않고, 교회가 완전한 자유를 얻기 전 마지막까지 그리스도인들에게 박해를 가했던 "사탄의 권좌"가 있던 곳이자 "사탄이 사는 곳"이었다(계 2:13).

요한계시록 외에 신약성경은 버가모에 대해 언급하고 있지 않아서, 언제 이 도시에 복음이 전해졌는지 알 수 없다. 아마 바울이 에베소에서 사역하는 동안 버가모에도 복음이 전해졌을 것이다. 주님은 버가모 성도들이 "사탄의 권좌"가 있는 도시에 살면서도 주님의 이름을 굳게 잡고 안디바가 죽임을 당할 때도 믿음을 저버리지 않았다고 칭찬하셨다(계 2:12~13). 그러나 버가모 교회에는 니골라 당의 교훈을 따르는 자들이 있었다. 주님은 만일 니골라 당의 교훈을 버리고 주님을 따르고 믿음을 지키면 "감추인 만나"와 "새 이름을 기록한 흰 돌"을 주시겠지만, 그렇지 않으면 속히 가서 "내 입의 검"으로 회개치 아니하는 자들과 싸울 것이라고 경고하셨다(계 2:14~17).

버가모는 아시아의 우상숭배 중심지였다. 도시 가운데 우뚝 솟아 있는 아크로폴리스에는 제우스 제단을 비롯하여 아테나, 디오니소스, 헤르메스, 헤라클레스 등 많은 신전이 있었다. 아래 도시에도 아스클레피온, 아폴로, 레토, 오리온, 이시스 같은 신전이 즐비했다. 종교적인 면에서 버가모는 "알지 못하는 신"을 섬기던 아테네와 비견 될 정도였다. 여기에다 주전 29년 소아시아에서 최초로 카이사르 신전과 여신 로마(Dea Roma) 신전까지 세워졌다. 1세기 버가모를 방문했던 한 여행가는 버가모 하늘은 항상 신전들에서 제물을 태운 연기로 뒤덮여 있었다고 말하고 있다.

이러한 환경 가운데 예수 그리스도를 따르던 버가모 교회는 심한 박해를 받았다. 버가모 교회는 그리스 신들을 섬기지 않았기 때문에 박해를 받은 것은 아니었을 것이다. 바울은 에베소에서 아데미 신상을 만들어 팔던 사람들이 일으킨 소요를 제외하고는 그리스 신을 숭배하지 않는다는 이유로 박해를 당한 적은 없다. 에베소에서 발생했던 소요도 그리스도인들이 그리스 신을 반대하거나 숭배하지 않아서가 아니라, 상인들이 자신들의 종교 사업이 지장을 받고 있다고 생각했기 때문에 일으킨 것이었다.

버가모 교회가 받은 박해는 황제 숭배 때문이었을 것이다. 로마의 아시아 속주로 '칼의 권한'(ius gladii)을 쥐고 있었던 총독이 상주하던 버가모에서 그리스도를 '주'로 섬기며 황제 숭배를 거부하는 행동은 단순한 종교적인 문제가 아니라 황제에 대한 반역으로 여겨졌을 것이다. 그러므로 주님께서 말씀하신 "사탄의 권좌"는 아크로폴리스의 정상에 있는 제우스 제단보다는, 아크로폴리스 아래 어딘가에 있었을 카이사르 신전을 암시하는 것으로 보는 것이 정확할 것이다. 이후 버가모는 아크로폴리스 정상에 트라이아누스 신전까지 건설하여 두 황제 신전을 섬기는 "두 배의 신전 관리인"이라는 칭호까지 얻었다.[26]

이런 환경 가운데서 안디바(Antipas)가 순교했다. 주님께서 "내 충성된 증인"(계 2:13)으로 부르시는 안디바가 어떤 사람이었는지 성경은 알려주지 않는다. 터툴리안이 안디바에 대해 언급하고 있고, 주후 3세기에 기록된 한 비문에 그의 이름이 새겨져 있는 것으로 보아, 안디바는 버가모 교회의 감독이었던 것으로 추측된다. 교회 전승은 사도 요한을 밧모 섬에 유배시켰던 도미티아누스 통치기에 안디바가 황소 모양의 놋쇠 솥에 던져져 서서히 굽혀 죽었다고 전하고 있다.[27] 버가모 교회 성도들은 안디바가 죽임을 당하는 것으로 보고도 믿음을 버리지 않았다. 유세비우스는 안디바를 뒤이어 카르푸스(Carpus), 파필루스(Papylus), 그리고 아가토니세(Agathonice) 같은 버가모 교회 지도자들이 "여러 가지 훌륭한 증언을 한 뒤 영광스럽게 생을 마쳤다"고 증언하고 있다.[28]

• 트라이아누스 황제 신전

하지만, 박해 아래서도 믿음을 지켰던 버가모 교회에도 '니골라 당'이 들어와 성도들을 유혹하고 더럽혔다. 에베소 교회와 버가모 교회를 어지럽혔던 '니골라 당'(Nocolaites)이 어떤 그룹이었는지 정확하게 알 수 없다. 유세비우스는 '니골라 당'이 초대 일곱 집사 가운데 한 명인 니골라를 창시자로 내세우고 잠시 활동했다고 말하면서, 그들은 "부끄러움을 모르고 간음하였지만" 실제로 니골라가 그런 주장을 한 것이 아니라고 밝히고 있다.[29] 유세비우스가 전하는 바에 따르면, '니골라 당'은 당시 유행하던 영지주의의 영향을 받아 '율법폐기론'(Antinomianism)을 주장했던 것 같다. 그들은 영혼과 육체를 구분하고, 영혼이 구원받는데 육체는 중요치 않다거나 그리스도인들은 율법에서 해방되었기 때문에 자유롭게 살아도 된다고 주장했을 것이다. 이들은 또한 황제 숭배는 정치적 문제일 뿐이며, 우상에게 바쳐진 제물을 먹는 것과 우상숭배 때 벌이는 음행은 영혼을 더럽히지 않고 구원에 영향을 주지 않는다고 가르쳤을 것이다. 황제 숭배로 박해를 겪던 버가모 교회 성도들 가운데 이런 거짓 이단의 유혹에 넘어가 영적, 육체적 음행에 빠진 자들이 있었다.

주님은 '니골라 당'이 교회에 들어오는 것을 용납한 버가모 교회에 회개하라고 명령하시며, '이기는 자'에게 "감추었던 만나"와 '새 이름을 기록한 흰 돌을"을 주시겠다고 약속하셨다(계 2:16~17). 주님께서 약속하신 "감추었던 만나"는 솔로몬 성전이 파괴된 이후 예레미야가 만나를 담은 항아리를 보관한 언약궤를 느보산 지하에 숨겨두었는데 메시아가 와서 새 성전을 건축하면 그곳에 언약궤를 둘 것이라는 유대 전승을 염두에 둔 것으로 추측된다. 만일 그렇다면 "감추었던 만나"를 주시겠다는 약속은 종말에 있게 될 메시아적 축제 때 영적 이스라엘에 주어질 하늘의 양식일 것이다.[30] 이기는 자에게 주시겠다고 약속하신 "새 이름을 기록한 흰 돌"은 고대 그리스에서 재판관들이 재판에서 이겼다는 판결을 내릴 때 던졌던 흰 돌이나, 연회에 입장할 수 있는 표로 사용된 '테세라'(tessera)로 불린 흰 돌을 의미했을 것으로 보인다.[31] 그렇다면 믿음의 승리를 거둔 자에게 주님이 주시는 "새 이름을 기록한 흰 돌"은 어린양의 혼인 잔치에 참여할 수 있도록 해주시겠다는 약속일 것이다.

• 버가모 연극장

그리스도인들에 대한 로마의 정책과 박해

유세비우스는 콘스탄티누스 황제가 주후 313년 '밀라노 칙령'을 공포하여 기독교를 인정할 때까지 그리스도인들이 로마로부터 받았던 박해를 『연대기』와 『교회사』에 기록해 놓았다. 『연대기』와 『교회사』에 의하면 사도 빌립, 베드로, 바울, 버가모의 안디바가 순교하고 사도 요한이 유배당할 때까지 발생한 박해는 로마가 그리스도인에 대한 어떤 정책을 세우고 실행한 것은 아니었다. 이 시대의 박해는 총독이나 황제의 개인적 판단에 따라 결정되었다. 그러나 이그나티우스와 폴리갑 순교부터 로마는 그리스도인들에 대한 정책을 세우고 거기에 따라 박해했다.

그리스도인들에 대한 정책을 처음 결정한 황제는 트라이아누스(Traianus)였다. 트라이아누스가 내린 그리스도인들에 대한 칙령은 주후 112년 비두니아 총독 플리니우스 세쿤두스(Plinius Secundus)가 황제에게 보낸 편지에 대한 응답으로 발표되었다. 플리니우스는 황제에게 그리스도인이라는 이유로 고소를 당한 사람들을 심문하고, 끝까지 자기의 신앙을 굽히지 않는 사람들을 처형했지만, 그리스도인 무리는 도시와 농촌에 퍼져가고 있어 어떻게 처리하면 좋을지 질문했다. 플리니우스가 황제에게 그리스도인과 관련된 문제로 편지를 보낸 것은 로마인들은 종교는 개인적인 문제가 아니라 시민 생활과 관련된 것으로 생각하고 종교단체에 국가의 규율을 지키고 합법적인 승인을 얻도록 요구했기 때문이다. 비두니아 총독은 황제에게 그리스도인을 심문하여 얻어 낸 결과를 다음과 같이 요약하여 보고했다.

1) 그들은 어떤 날에는 동이 트기도 전에 모임에 참여하는 습관이 있다.
2) 그리스도가 마치 신인 것처럼 그

를 찬송한다.
3) 그들은 어떤 범죄도 저지르지 않고, 도둑질이나 강도질이나 간음을 하지 않으며, 믿음을 배반하지 않겠다고 맹세한다. 또한, 도움을 요구하는 자에게 헌금하기를 거절하지 않는다.
4) 그들은 예식을 마친 후 함께 해롭지 않은 음식을 먹기 위해 다시 모이는 습관이 있다.

트라이아누스 황제는 플리니우스의 질문에 대한 응답으로 다음과 같은 칙령을 공포했다. 이 칙령은 이후 로마 총독들이 그리스도인을 다루는 지침이 되었다
1) 그리스도인에 대한 확립된 보편적 원칙이 없으므로 그리스도인을 색출할 필요는 없다.
2) 그러나 고소를 당해 그리스도인이라는 혐의가 인정되면 벌을 내려라.
3) 고소를 당했어도 로마의 신에게 기도함으로써 자기의 혐의를 벗으면

용서하라

그리스도인을 색출할 필요는 없다고 규정한 트라이아누스의 칙령으로 박해는 다소 완화되었다. 그렇지만 어떤 사람이 범죄행위를 하지 않았다 하더라도 그리스도인이 된 것만으로 처벌의 대상이 되었다. 그리스도인이라고 고소당한 자가 무죄를 주장할 수 있는 유일한 방법은 로마 여신(Dea Roma)의 이름을 부르고 황제를 위한 제의에 참여하는 것이었다. 폴리갑을 심문했던 서머나 총독이 황제의 수호신에게 맹세하면 풀어주겠다고 폴리갑을 다그치며 경고한 것은 이러한 로마의 정책을 따른 것이었다. 이 칙령을 적용하는 권한은 총독에게 주어졌기 때문에 유세비우스의 말처럼 "그리스도인을 괴롭히려는 사람들에게 유리한 핑계는 여전히 존재하고 있었다."[32] 실제로 순교자 저스틴(Justin Martyr, 100~165)을 비롯한 많은 그리스도인은 주위 사람들로부터 고소를 당해 순교했다.

버가모 유적들

버가모 유적들은 아스클레피온(Asclepion)을 제외하면 대부분 아크로폴리스에 있다. 아크로폴리스에는 주전 3세기 건설된 왕궁과 신전, 도서관, 김나지움, 극장, 오디온, 아고라, 주택 등이 있다. 아크로폴리스에 필요한 물은 수로를 놓아 북쪽 산에 있는 일곱 개의 샘에서 끌어들였다. 버가모에 물을 공급하던 샘들 가운데 두 개는 아크로폴리스에서 북쪽으로 42km나 떨어져 있는 핀다소스산(Pindasos)에 있었다. 아크로폴리스 북쪽 산 능선에 수로교 일부가 아직도 남아있다.

트라이아누스 신전((The Temple of Traianus): 흰 대리석으로 만들어진 화려한 트라이아누스 신전은 아크로폴리스 정상에 있다. 이 신전은 주후 117년 트라이아누스가 죽은 후 그를 계승한 하드리아누스의 재가를 받아 건축되었다. 이 신전은 버가모에서는 두 번째, 소아시아에서는 네 번째로 세워진 황제 신전이다. 황제 신전을 건축할 당시 아크로폴리스 정상에는 이미 신전들과 공공건물이 들어차 있어 새로운 신전을 건축할 공간이 없었다. 그래서 로마 건축가들은 가파른 골짜기에 아치형 벽을 쌓아 평지를 만들고 그 위에 황제 신전을 건축했다. 신전 지하에 내려가 보면 로마인들이 경사가 심한 비탈을 평지로 만드는 데 사용한 공법을 볼 수 있다. 트라이아누스 신전은 로마인들의 건축술을 보여주는 걸작 가운데 하나이다.

중세 폐허로 변했던 이 신전은 독일 고고학자들에 의해 현재의 모습으로 복원되었다. 신전 한쪽에 제물을 태우던 제단과 황제의 대리석상이 있다. 머리는 사라지고 몸통만 남은 황제의 대리석상에는 "τη εικονι του θηριου"(짐승의 우상)(계 13:15)이라는 글씨가 새겨져 있다. 로마가 기독교화

• 트라이아누스 상

된 후 누군가가 새겨놓은 것으로 보인다. 현재 신전에 서 있는 황제상은 모조품이며 원본은 버가모 시내에 있는 박물관에 보관되어 있다. 트라이아누스 신전으로 들어가는 입구에 두 개의 비문이 있었다. 하나는 두아디라 시민(δῆμος)과 의회(βουλή)가 버가모가 두 번째 황제 신전을 세움으로써 "두 배의 신전 관리인"이 된 것을 축하하기 위해 보낸 것이고, 다른 하나는 트라이아누스를 "땅과 바다의 주(κυριος)"로 선포하는 비문이다. 이 비문들은 버가모 박물관에 보관되어 있다. 로마가 아크로폴리스 정상에 트라이아누스 신전을 세운 목적은 로마 황제가 버가모와 아시아의 주(κυριος)라는 것을 보여주려고 했기 때문일 것이다. 그러나 예수 그리스도를 "천지의 주"로 믿고 경배하는 그리스도인들은 로마 황제를 "땅과 바다의 주"로 고백할 수 없었다. 이 때문에 로마는 교회를 박해했다.

아테네 신전(The Temple of Athena): 버가모에는 제우스 제단을 비롯한 많은 신전이 있었지만, 버가모 사람들이 가장 신성하게 여긴 것은 아테네 니케포로스(Athena Nikephoros, 승리의 전달자 아테네) 신전이었다. 아테네 신전은 제우스 제단과 트라이아누스 신전 사이에 있는데, 지금은 신전의 기초만 남아있다. 아테네 여신이 버가모의 주신이 된 것은, 이 도시의 건국 신화와 연관이 있다. 그리스 신화에 의하면 버가모를 건국한 왕은 헤라클레스(Herakles)와 아테네 신전의 여사제 아우제(Auge) 사이에서 태어난 텔레포스(Telephos)였다. 그래서 버가모의 통치자들은 자신이 텔레포스의 합법적 계승자라는 것을 주장하기 위해 아테네를 주신으로 삼았다. 아테네 신전에 '니케포로스'(승리의 전달자)라는 명칭이 붙여진 것은, 주전 230년 아탈로스 1세가 갈라디아인과의 전쟁에서 거둔 승리를 아테네 여신에게 돌렸기 때문이다.

현재 아테네 신전은 터만 남아있지만, 이곳에서 아테네 여신의 위상을 보여주는 많은 유물이 발굴되었다. 아테네 신전 유물들은 독일 베를린에 있는 버가모 박물관에 소장되어 있다. 아테네 신전 유물 가운데 가장 유명한 것은 북동쪽 출입문이다. 폭 12.72m, 높이 21.77m의 2층 구조로 되어있는 이 출입문은 에우메네스 2세가 갈라디아인과의 전쟁에서 승리한 기념으로 아테네 신전에 봉헌했다. 1층과 2층 사이에 "에우메네스 왕이 아테네 니케포로스에게"(ΒΑΣΙΛΕΥΣ ΕΥΜΕΝΗΣ ΑΘΗΝΑΙ ΝΙΚΗΦΟΡΩΙ)라고 쓴 헬라어 문구가 새겨져 있다.

• 아테네 신전과 도서관 대리석 기둥

• 아테네 신전 문(베를린 버가모 박물관)

버가모 도서관(The Pergamon Library): 아테네 신전 바로 맞은 편에 대리석 기둥들이 서 있는 곳이 헬라시대 그 유명했던 버가모 도서관이다. 에우메네스 2세(Eumenes 2, 주전 197~160)가 건축한 이 도서관에는 서로 연결된 4개의 열람실이 있었다. 가장 큰 열람실은 길이 13m, 넓이가 16m였다. 도서관 벽은 책을 습기로부터 보호하기 위해 이중으로 되어있었다. 버가모 도서관은 헬라시대 알렉산드리아의 무세이움 다음가는 규모였으며 약 200,000권의 장서를 보유하고 있었다. 1장에서 언급했듯이, 에우메네스 2세는 호메로스 연구자로 명성을 떨쳤던 크라테스(Krates)와 역사가 네안테스(Neanthes) 등 당대에 가장 뛰어난 학자들을 유치하여 장서를 수집하고 필사와 번역작업을 지원했다.

버가모 도서관이 무세이온의 명성을 위협하자 알렉산드리아의 프톨레마이오스 5세(Ptolemaios V, 주전 204~180)는 버가모가 책을 만들지 못하도록 이집트에서만 생산되던 파피루스의 수출과 반출을 금지했다. 그러자 버가모 왕은 파피루스를 대신할 수 있는 종이를 만들어 오는 사람에게 후한 상을 내리겠다고 공포했다. 그 소식을 들은 사데에 살던 한 사람이 염소 가죽을 가공하여 글을 쓸 수 있는 종이를 만들어 왔다. 에우메네스 2세는 그것을 더 발전시켜 파피루스를 대체할 수 있는 양피지를 개발했다. 양피지는 파피루스보다 고가였지만 내구성이 뛰어나고 재사용도 가능했다. 또한 양피지는 파피루스와 달리 양면에 글을 쓰는 것이 가능해 오늘날과 같은 제본된 형태의 책을 만들 수 있었다. 양피지는 버가모가 처음 발명하였기 때문에 독일어로 '페르가멘트'(Pergament), 영어로 'Parchment'로 부른다.

헤로도토스가 『역사』에서 "이오니아인들이 이전부터 산양이나 양가죽을 '종이'라고 부르며 사용하고 있었다"[33]고 말하고 있는 것으로 보아, 버가모가 처음 양피지를 발명한 것은 아니며 이미 사용되어 오던 양피지를 책으로 만들 수 있을 정도로 발전시켰던 것으로 추측된다. 양피지는 성경을 필사하는 데 널리 사용되었으며 바울도 양피지 성경을 가지고 있었다(딤후 4:13). 주전 48년 알렉산드리아를 공략하던 카이사르가 무세이온을 방화하는 바람에 많은 책이 소실되자, 안토니우스가 버가모 도서관의 책을 클레오파트라에게 선물했다는 이야기가 전해 오는데, 클레오파트라가 버가모 도서관의 책들을 모두 알렉산드리아로 가져갔는지는 알 수 없다.

연극장(Theater), **원형극장**(Amphitheater): 트라이아누스 신전과 아테네 신전 아래에 고대 세계에서 가장 경사가 심했던 연극장이 있다. 10,000명의 관중을 수용할 수 있는 이 극장은 주전 3세기 건설된 후 에우메네스 2세와 로마 시대에 중건되었다. 이 극장은 특이하게도 목재로 제작된 이동식 무대가 사용되었다. 무대가 이동식으로 만들어진 것은 공연이 없을 때는 무대를 철거해 앞쪽에 펼쳐진 경관이 보이도록 하고 무대 오른쪽에 있는 디오니소스 신전으로 출입하는 통로로 사용하기 위해서였다. 극장 전면에는 무대 설치를 위해 만들어 놓은 구멍들이 지금도 그대로 남아있다.

연극장 관중석에서 아래를 보면, 천이 흐르고 그 뒤쪽 언덕에 주후 1세기 말

~2세기 초에 건축된 원형극장이 있다. 이 극장은 터키에 남아있는 로마의 콜로세움(Colosseum)과 같은 형태로 만들어진 유일한 원형극장이다. 이 연극장은 로마의 콜로세움처럼 붉은 벽돌을 쌓아 만들었으며 아래로 하천이 흐르도록 설계되어 있다. 아우렐리우스(Marcus Aurelius)가 통치하던 170년, 카르푸스(Carpus), 파필루스(Papylus), 아가토니세(Agathonice)가 바로 이 연극장에서 순교했다. 최근 독일과 터키 고고학자들로 구성된 연합 발굴팀이 이 극장을 복원하는 작업을 시작했기 때문에, 몇 년 후면 좀 더 온전한 형태의 원형 연극장을 볼 수 있을 것이다.

• 원형극장

제우스 제단(Altar of Zeus): 아테네 신전 바로 아래에 세계에서 가장 큰 제우스 제단이 있다. 이곳이 '제우스 신전'이라고 말하는 사람들이 있지만, 신전(temple)이 아니라 제단(altar)이었다. 제우스 제단은 주전 170년 에우메네스 2세가 갈라디아인과 셀레우코스 연합군을 상대로 승리한 것을 기념하기 위해 만든 것이다. 제우스 제단은 넓이 36m, 길이 33m, 높이 10m 크기의 말발굽 형태로 만들어졌다. 제단의 외부 상단 부분(Frieze)은 그리스 신화에 등장하는 올림포스 신들과 거인족(Gigantes)의 전쟁 장면을 묘사하는 부조로 장식되어 있다. 높이 2.3m에 전체

길이가 113m나 되는 화려하고 세밀한 이 조각들은 현존하는 세계에서 가장 오래된 부조 가운데 하나이다. 제단의 내부는 버가모를 건국한 신화적 인물인 텔레포스(Telephos)의 일대기가 30개의 조각으로 묘사되어 있다.

제우스 제단은 버가모뿐만 아니라, 지중해 전역에서 유명했다. 그래서 수많은 사람이 이곳을 찾아와 짐승을 제물로 바쳤다. 고대 기록은 이 제단에서 제물을 태우느라 발생한 연기가 버가모의 하늘을 항상 덮고 있었다고 전하고 있다. 앞에서 언급했듯이, "사탄의 권좌"(계 2:13)를 제우스 제단으로 추측하는 사람들이 있지만, 버가모의 상황과 교회가 겪고 있었던 박해를 염두에 둔다면 황제 신전으로 보는 것이 더 정확할 것이다.

제우스 제단은 주후 530년경 '에베소의 요한'(John of Ephesus)이라 불리던 한 변증가에 의해 파괴되었다. 이후 오랫동안 땅속에 묻혀있었던 이 제단을 독일 고고학자 칼 후만(Karl Humann)이 발굴해 내었다. 1878~86년 동안 버가모를 발굴한 칼 후만은 제우스 제단에서 발굴한 대리석 조각들을 베를린으로 가져갔다. 베를린에서 복원된 제우스 제단은 현재 베를린 '버가모 박물관'에 보관되어 있다. 베를린 버가모 박물관은 제우스 제단을 비롯하여 아테네 신전 출입문, 아테네 신상 등 버가모에서 발굴된 유물들과 밀레도 아고라 출입문을 소장하고 있다. 칼 후만은 이후 소아시아 여러 고대 도시들을 발굴하다가 1896년 이즈밀(서머나)에서 사

• 제우스 제단　　　　• 제우스 제단(베를린 버가모 박물관)

망했다. 이즈밀의 한 묘지에 묻혀있던 그의 유해는 1967년 터키 고고학계가 버가모의 발굴에 기념비적인 공을 세운 그를 기리기 위해 제우스 제단 바로 아래에 조성한 새 무덤으로 이장되었다.

김나지움(Gymnasium): 아크로폴리스를 답사하는 사람들은 주로 상부만 둘러보고 가지만, 중부에도 중요한 유적들이 많이 있다. 아크로폴리스의 중부에는 목욕탕, 시 성소(Temenos), 음악당, 데메테르(Demeter), 헤라, 아스클레피오스 신전 등과 같은 공공시설들이 집중해 있다. 헬라시대 최고의 교육기관이었던 김나지움도 중부에 있다. 주전 2세기 에우메네스 2세가 건축한 김나지움은 3층 계단 형식으로 되어있다. 이 학교는 학생들을 초, 중, 고 세 단계 과정으로 나누고 각 단계에 맞게 계발한 교과과정에 따라 교육했다. 초급은 7세, 중급은 11세, 상급 과정은 17세 정도에 시작되었다. 학생들을 초, 중, 고 세 단계로 나누어 가르치는 현대의 공교육 과정이 바로 이 김나지움에서 시작되었다.

국가는 시민의 자녀들을 교육하기 위해 각 과정에 따른 교육내용을 정하고 교사들을 임용하여 월급을 지급했다. 버가모가 공교육을 시작한 것은 세대 간의 연결 고리를 만들고, 국가의 장래를 책임질 시민을 양성하기 위해서였다. 이런 공교육 덕분에 버가모를 비롯한 헬라 도시들은 자신의 정체성과 문화의 연속성을 유지할 수 있었다. 근대에 탄생한 민족국가가 버가모에서 시작된 교육 시

• 김나지움

스템을 수용하여 공교육을 실시한 것도 이 때문이었다. 김나지움 좌우에는 목욕탕과 운동의 신인 헤르메스와 헤라클레스 신전이 있으며, 3층 위쪽에 1,000명을 수용할 수 있는 음악당(Odeon)이 있다. 김나지움은 1층 주춧돌과 기둥들만 남아있지만, 3층 음악당은 원래의 형태를 유지하고 있다.

세라피스 신전(Temple of Serapis): '붉은 홀'(Red Hall)로 불리기도 하는 세라피스 신전은 아크로폴리스에 올라가는 입구에 있다. 하드리아누스(주후 117~138) 때 건축된 길이 60m, 폭 26m의 이 신전은 터키에 현존하는 붉은 벽돌로 만들어진 가장 큰 규모의 로마 시대 건축물이다. 이 건물 지하로 셀리누스 강(Selinus)이 흐르고 있고, 건물이 3부분으로 구분되어 있으며, 신전 뜰을 장식하고 있는 조각들이 이집트 형식인 것으로 보아, 이집트의 세 신 세라피스(Serapis), 이시스(Isis), 하포크라테스(Harpocrates)를 섬기던 신전이었다는 것을 알 수 있다. 신전 바닥에는 비밀 통로가 만들어져 있다. 이 비밀 통로는 사제가 신상의 내부 공간으로 들어가 마치 신이 신탁을 전하는 것처럼 보이게 하려고 만든 것이다. 비밀 통로를 통해 신상에 들어간 사제가 신이 말하는 것처럼 흉내를 내면 그것을 듣는 자들은 신이 실제로 말하는 것으로 믿었다. 그리스-로마 신전에서는 이런 속임수가 흔하게 사용되었다. 요한계시록의 "그 짐승의 우상으로 말하게 하고"(계 13:15)라는 말씀은 이런 속임수와 관련된 것으로 추측된다.

• 세라피스 신전

세라피스 신전은 로마가 기독교를 국교로 받아들인 이후 교회당으로 개조되었다. 건물 내부에는 이때 만들어진 앱스가 남아있다. 13세기 이슬람이 버가모를 점령하자 이 건물은 이슬람 사원으로 바뀌었다. 그러다 화재로 지붕과 상층부가 무너져내려 폐허로 방치되었다. 이 신전에는 양쪽에 두 개의 원형 건물이 딸려 있는데, 그 가운데 하나가 지금도 이슬람 사원으로 사용되고 있다.

아스클레피온(Asclepion): 아크로폴리스 아래에 있는 원형극장에서 서쪽으로 800m 거리에 고대 세계에서 가장 규모가 컸던 병원 가운데 하나가 있다. 고대 세계에서는 신화와 일상이 구분되지 않았고 모든 공공시설은 신에게 바쳐진 신전이었다. 아스클레피온도 환자들을 치료하던 병원이자 치료의 신 아스클레피오스에게 바쳐진 신전이었다. 이 병원은 주전 4세기, 그리스 신화에서 아폴로의 아들 아스클레피오스가 출생한 곳으로 알려진 그리스 에피다우로스(Epidaurus)에 있는 아스클레피온에서 성물을 가져와서 만들었다. 이곳에 아스클레피온이 세워진 것은 병든 사람들을 치료하는 온천수가 솟아나는 '신성한 샘'이 있었기 때문이었다. 이 샘에서는 지금도 물이 솟아나고 있지만, 온천수는 아니다.

이 병원은 아우구스투스, 클라우디우스, 하드리아누스 시대에 여러 번 증축되었다. 이 병원에서는 신전 사제들과 의사들이 함께 환자들을 치료했다. 이들은 물리요법과 함께 믿음을 통한 심리요법, 약물치료, 일광욕, 진흙 목욕, 운동 및 식이요법, 온천욕, 음악요법, 독서, 격리 등을 혼합한 종합적인 치료 방법을 사용했다. 아스클레피온에는 3,500명의 관객을 수용할 수 있는 소극장도 있다. 이 소극장은 하드리아누스 시대에 재건된 것으로 연극이나 음악회를 통해 환자들에게 삶의 욕구를 불어 넣어주는 역할을 했다. 신전 입구에서 소극장까지 이어지는 '아스클레피온의 신성한 길'에는 이곳에서 병을 치료한 사람들의 체험들이 기록된 비문들이 서 있었다. 환자들은 대리석으로 장식된 신성한 길을 걸으며 중병에 걸려 이곳에 와서 회복한 사람들이 남긴 간증을 읽고 자신도 신의 도움으로 치유될 수 있다는 용기를 얻었다.

환자들은 '신성한 샘'에서 솟아나는 온천탕에 몸을 담그고 지하터널을 통해 치료실로 들어갔다. 80m 길이의 지하터널 안 양쪽으로 물이 소리를 내면서 흐르고 있어서, 이 터널을 지나가는 환자들이 평온함과 신비감을 느끼도록 만들었다. 환자들이 터널을 걸어 치료실로 가는 동안 의사들은 터널 천장에 나 있는 작은 구멍을 통해 환자들에게 생의 의욕을 불러일으키는 말들을 속삭였다. 이러한 과정을 거쳐 환자들은 둥근 형태의 2층으로 되어있는 치료실에 도착했다. 환자들은 이곳에서 물리치료와 약물치료를 받고 아스클레피오스에게 기도한 후 잠자리에 들었다. 환자들이 꿈을 꾸면 의사들은 치료에 도움이 되는 쪽으로 해몽해 주었다. 치료실의 남쪽 테라스는 환자들의 일광욕장으로 사용되었다. 치료실 바로 북쪽에는 아스클레피온에서 가장 중요한 건물이었던 아스클레피오스 신전이 있다.

이 병원은 의사들을 양성하는 의학교이기도 했다. 칼로스(Calos), 안티파스(Antipas), 니코마데스(Nikomdes), 플라비우스(Flavius) 등과 같은 고대의 유명한 의사들이 이 병원에서 일했다. 이들 가운데 가장 유명한 의사는 고대 의학 체계를 집대성한 갈레노스(Galenos, 주후 129~216)였다. 버가모에서 태어난 갈레노스는 알렉산드리아, 서머나 등지에서 의학을 공부하고 28살에 버가모로 돌아와 한 부유

• 아스클레피온 입구

• 아스클레피온 치료소

한 사제와 계약을 맺고 그가 고용한 검투사들을 치료했다. 갈레노스는 다친 검투사들을 치료하고 신체를 해부하면서 피부 아래에 근육과 신경, 인대가 있다는 것과 한쪽 뇌가 손상을 입으면 반대쪽 몸이 마비된다는 것을 발견했다. 그는 4년 동안 검투사들을 치료하면서 상처뿐만 아니라 식단, 운동, 위생의 중요성도 알게

되었다. 갈레노스는 버가모에서 의사로 명성을 쌓은 후 로마로 가서 마르쿠스 아우렐리우스를 비롯한 네 명의 황제의 주치의로 활동했다.

4. 두아디라(Thyatira)

두아디라는 버가모에서 서쪽 사데로 가는 길과 서머나에서 북쪽 비두니아로 가는 길이 교차하는 교통의 요지에 자리하고 있다. 두아디라는 오늘날 악히사르(Akhisar)로 불리는 인구 10만의 도시이다. '두아디라'라는 명칭은 리디아어로 '요새'를 의미하는 테리아(Teria)에서 유래한 것으로 추측된다. 두아디라 근교에 리디아의 태양신 트림노스(Tyrimnos) 신전이 있었던 것으로 보아 리디아 왕국 이전부터 이곳에 도시가 형성되어 있었을 것이다. 헬라시대, 두아디라는 셀레우코스(Seleucus)가 통치하던 아시아 내륙과 리시마쿠스(Lysimacus)가 통치하던 아시아 서부 해안의 접경지역에 자리하고 있었다. 그래서 셀레우코스 1세는 리시마쿠스가 자신의 영토로 세력을 확장하는 것을 저지하기 위해, 주전 280년경 이곳에 도시를 건설하고 마케도니아 군인들을 이주시켰다.

이후 셀레우코스 왕조와 버가모가 이 군사적 요충지를 차지하기 위해 치열한 각축을 벌였다. 안티오코스 3세가 두아디라를 차지했지만, 주전 190년 마그네시아 전투에서 로마에 패한 후 이 도시는 버가모 왕국의 소유가 되었다. 이후 두아디라는 아시아까지 영토를 확대하려던 비두니아의 침략을 여러 번 받았다. 그러다 주전 133년 아시아가 로마에 편입된 이후 두아디라는 교통의 요지라는 지리적 이점을 이용하여 군사 도시에서 상공업 도시로 탈바꿈했다.

두아디라에서 발견된 비석들은, 이 도시에 모직업자, 직조업자, 가죽가공업자, 노예 매매업자, 염색업자, 구리세공업자들이 직종별 동업조합을 구성하고 있었음을 알려준다. 동업조합 가운데 가장 번성했던 것은 염색업과 구리세공업이었다.[34] 특별히 두아디라에서 생산된 자색 옷감은 로마 전역에서 명품으로 인정받았다. 데살로니가에서 발견된 한 비문에는 두아디라의 옷감 염색업자들로부터 칭송을 받았던 메니푸스(Menippus)라는 사람이 언급되어 있다.³⁵⁾ 이 사람은 빌립보에서 자색 옷감 장사를 하던 루디아처럼 데살로니가에서 두아디라 산 자색 옷감 장사를 하던 상인이었던 것으로 보인다.

두아디라가 헬라의 지배 아래로 들어간 이후, 이 도시의 수호신이었던 태양신 트림노스(Tyrimnos)는 아폴로(Apollo)와 동일시되어 아폴로-트림노스(Apollo-Tyrimnos)로 불렸다. 주전 1세기 두아디라에도 로마 여신과 카이사르를 숭배하는 제단이 만들어졌지만, 황제 신전은 세워지지 않았다. 그래서 두아디라에서는 트림노스-아폴로가 황제 숭배와 결부되어 제우스의 아들 아폴로-트림노스가 신의 아들인 로마 황제로 육화한 것으로 인식되었다. 두아디라의 주신은 아폴로-트림노스였지만, 각 동업조합은 회원 간의 결속을 강화하고 사업의 번창을 기원하기 위해 자신들의 수호신을 두었다. 동업조합은 수호신의 신전에서 의식을 행하고 축제를 열었는데, 그러한 축제는 우상에게 바쳐진 음식으로 차려진 만찬과 성적인 음란이 동반되었다.

• 도미티아누스와 그의 아들이 새겨진 주화³⁸⁾

성경에서 두아디라는 바울이 2차 선교여행 중 빌립보에서 만나 복음을 전한 루디아를 소개할 때 처음 언급된다. 사도행전은 빌립보에서 최초로 주님을 믿은 루디아(Lydia)를 두아디라 출신으로 자색 옷감 장사를 하는 하나님을 섬기는 여인이라고 소개한다(행 16:14). 루디아는 두아디라에서 생산된 자주색 양모나 아마포를 빌립보에 판매하던 상인이었을 것이다. 루디아는 고향인 두아디라에서 유대인들을 통해 하나님을 믿고 섬기게 되었을 것이다. 두아디라에서 발굴된 한 유대인의 묘비에 쓰여있는 '사바테이온'(Sabbateion)이라는 단어는 이 도시에 유대인 회당이 있었다는 것을 알려준다.[36] 바울이 에베소에서 사역하던 동안에 두아디라에 복음이 전해졌을 것으로 생각되지만, 어쩌면 그보다 앞서 루디아를 통해 복음이 전해졌을 가능성도 있다.

주님께서 두아디라 교회에 주신 말씀은, 두아디라 교회의 성도들이 처해있던 상황과 밀접히 관련되어 있었다. 주님은 일곱교회 가운데 오직 두아디라 교회에만 자신을 "하나님의 아들"로 소개하신다(계 2:18). 예수님이 자신을 "하나님의 아들"이라고 소개하시는 것은, 두아디라가 주신으로 숭배하던 아폴로-트림노스가 로마 황제와 동일시되었기 때문일 것이다. 두아디라에서 사용된 로마 시대 동전에 아폴로가 새겨져 있으며, 주후 80년경 발행된 동전에는 도미티아누스 황제와 어려서 죽은 그의 아들의 신격화된 모습이 새겨져 있다. 사진에서 볼 수 있는 것처럼, 이 동전의 한 면에는 도미티아누스의 모습이 새겨져 있고 다른 한 면에는 "DIVVS CAESAR IMP DOMITIANI F"(신격 카이사르 황제 도미티아누스의 아들)라는 문구와 함께 어린 아폴로의 모습을 한 도미티아누스의 아들이 지구 위에 앉아 일곱 개의 별에 손을 펼치고 있는 모습이 새겨져 있다. 주님께서 두아디라 교회에 자신을 "하나님의 아들"이라고 말씀하신 것은, 제우스의 아들 아폴로나 그와 동일시되는 황제의 아들이 아니라, 만국을 다스리는 권세를 가지신(계 2:26) 예수 그리스도가 참 "하나님의 아들"이시다는 것을 밝히 알리시기 위해서였을 것이다.[37]

주님은 두아디라 교회가 좋은 장인들처럼 하나님의 사업을 성실히 수행하여 좋은 결과를 남겼다고 칭찬하셨지만(계 2:19), 자칭 선지자라 하는 여자 '이세벨'이 성도들을 가르쳐 꾀어 음행하게 하고 우상의 제물을 먹도록 용납한다고 책망하셨다(계 2:20). 두아디라 교회를 어지럽혔던 '이세벨'이 누구였는지 알 수 없다. 그녀는 시돈 왕의 딸로 이스라엘 왕 아합과 결혼하여 하나님의 백성을 바알 숭배에 빠뜨렸던 사악한 이세벨처럼 두아디라 교회의 연약한 성도들을 꾀어 우상 제물을 먹게 하고 육체적인 음란에 빠지도록 했던 것으로 보인다.

앞에서 언급한 것처럼, 두아디라에 성행했던 동업조합은 회원 간의 결속을 다지고 사업의 번창을 기원하기 위해 정기적으로 수호신에게 제사를 지냈다. 제사에 참석한 사람들은 우상에게 바쳐진 제물을 함께 먹고 흔히 성적으로 음란한 행위를 벌였다. 조합원들은 이러한 종교 행사에 참여해야 했다. 그렇지 않으면 조합원의 권리를 잃고 생업을 잃어버릴 위기에 직면할 수 있었다. 이러한 상황에 직면했던 두아디라 그리스도인들은 신앙과 현실적인 문제 사이에서 갈등했을 것이다. 이러한 상황을 틈타 선지자로 자칭한 한 여인이 거짓 가르침으로 그리스도인들을 유혹했던 것으로 보인다.

두아디라 교회에서 선지자 행세를 하던 이 여인은 에베소 교회와 버가모 교회를 어지럽혔던 니골라 당처럼, 육체의 일은 영혼을 더럽히거나 영혼이 구원받는 데 영향을 주지 않으며, 영적으로 자유로운 자는 우상의 제물을 먹거나 음행을 해도 문제가 되지 않는다고 가르쳤을 것이다. 이 사악한 여인은 자신이 가르치는 것이 믿음이 강하고 깊은 영적 지식을 얻은 사람만이 알 수 있는 "깊은 것"이라고 주장했을 것이다(계 2:24). 신앙과 현실 사이에서 갈등하던 두아디라 그리스도인들 가운데 그녀의 가르침에 속아 넘어간 자들이 있었다. 이들은 이방신의 제의에 참여해 음행을 저지르고 우상의 제물을 먹으면서도 교회 예배에도 참석하는 혼합적이고 이중적인 행동을 했다(계 2:20). 그런데도 두아디라 교회는 '이세벨'의 잘못된 가르침과 악한 행위를 막지 못했다. 아마 교회 내에 그녀를 추종하는 자들이 많았기 때문일 것이다.

사도 바울이 밀레도에서 에베소 교회의 장로들에게 "사나운 이리가 여러분에게 들어와서 그 양 떼를 아끼지 아니하며 또한 여러분 중에서도 제자들을 끌어

자기를 따르게 하려고 어그러진 말을 하는 사람들이 일어날 것"이라고 경고했듯이(행 20:29~30), 오늘날에도 많은 이단과 거짓 선생이 생겨난다. 하나님의 말씀이 아니라 상황에 따라서 믿고 싶은 데로 믿고 보고 싶은 데로 보려고 하는 사람들은, '이세벨'의 꾀임에 속아 넘어갔던 두아디라 교회 성도들과 같이 이단들의 유혹에 쉽게 빠져든다. 그러나 힘든 상황에도 사도들이 전해준 바른 믿음을 굳게 잡고 이기는 자들은 주님께서 약속하신 주의 위엄과 통치에 참여하는 영광을 누리게 될 것이다(계 2:24~28).

두아디라 교회는 이후 금욕적 신비주의를 추구했던 몬타니즘(Montanism)의 영향을 강하게 받았다. 4세기까지 발생한 이단의 목록과 그에 대한 비판을 담은 *Panarion*을 쓴 에피파니우스(Epiphanius, 305~403)는 주후 200년 두아디라의 그리스도인들이 몬타누스파 운동에 가담했다가 돌아왔다고 말하고 있다. 이 운동을 창시한 몬타누스는 성령의 은사를 강조하고 거룩한 생활을 위해 육체적 욕망을 제거해야 한다고 가르치며 결혼을 금지했다. 두아디라 그리스도인들이 몬타누스파에 가담한 것은 이 도시에서 성행하던 음란과 혼합주의에 신물이 났기 때문일 것이다.

두아디라에는 시 중심에 있는 '테페 메자르르으'(Tepe Mezarlığı, 공동묘지 언덕)로 불리는 곳에 고대 도시의 잔해가 남아있다. 이곳에는 도시를 관통하던 대로와 대로를 장식하던 기둥들 그리고 주후 2세기 건축된 큰 규모의 바실리카가 있다. 바실리카 옆에는 이 건물을 세우는데 기부한 직조업자와 모직업자의 이름이 기록된 비문이 서 있다. 바실리카 주위에 있는 십자가가 새겨진 대리석 단과 의식용 물을 담았던 대야 모양의 대리석 용기는 콘스탄티누스 황제가 기독교를 공인하고 난 후 이 건물이 교회당으로 사용되었음을 알려준다. 유적지 주변은 파기만 하면 고대 유물이 나오지만, 정부가 주택들을 헐고 유적을 발굴할 가능성은 거의 없을 것이다.

• 두아디라 유적

• 바실리카

5. 사데(Sardis)

사데(Sardis)는 두아디라 남동쪽 60km, 서머나 동쪽 90km 거리에 있다. 사데에는 오늘날 '살트(Sart)로 불리는 작은 마을이 있다. 사데는 북쪽으로 헤르무스 강(Hermus, 현재 Gediz)이 비옥한 평야 사이로 흐르고 있고, 남쪽으로는 2,000m 높이의 트몰로스 산(Tmolus, 현재 Bozdağ)이 도시를 감싸고 있는 풍요하고 안전한 곳에 자리하고 있다. 도시 한 가운데로는 트몰로스 산에서 발원하는 전설의 강 팍톨로스(Pactolus)가 흐르고 있다. 팍톨로스 강은 엄청난 양의 금이 매장되어 있는 트몰로스 산으로부터 끊임없이 사금을 실어날랐다. 그 덕분에 사데는 역사상 처음으로 금으로 주조한 화폐를 사용할 만큼 부유했다.[39]

사데에 처음 도시가 세워진 것은 주전 1,400년경이었다. 역사의 아버지 헤로도토스는 헤라클레스의 후손이 건국한 헤라클리더스 왕조(the Heraclids Dynasty)가 22대에 걸쳐 505년 동안 존속하다가 칸다울레스(Candaules)를 끝으로 막을 내리고, 주전 680년 기게스(Gyges)가 리디아의 왕이 되었다고 전하고 있다. 헤로도토스는 리디아(Lydia) 왕국의 시조 기게스가 칸다울레스를 살해하고 왕이 된 이야기를 자세하게 전하고 있는데, 사데를 답사하는 사람이라면 오늘날까지도 사람들의 입에 오르내리는 그 유명한 이야기 정도는 알고 있어야 할 것 같아 간단히 소개한다.

헤로도토스가 전하는 이야기에 따르면, 칸다울레스의 아내는 빼어난 미모를 가지고 있었다. 자신의 아내가 세상에서 가장 아름다운 여인이라고 생각하고 있던 칸다울레스는 총애하는 신하 기게스에게 매일 아내 자랑을 늘어놓았다. 그런데 기게스가 시원찮은 반응을 보이자, 칸다울레스는 신하가 왕비의 벗은 몸을 보면 자신의 말이 사실이라는 것을 알게 될 것으로 생각했다. 왕은 기게스에게 아내의 벗은 몸을 보면 왕비가 세상에서 가장 아름다운 여인이라는 것을 알게 될 것이니 밤에 침실에 들어오라고 제안했다. 기게스는 당치 않는 일이라고 정색 하며 칸다울레스의 제안을 거절했지만, 왕의 끈질긴 요구를 거절하지 못했다. 왕은 약속한 날 미리 기게스를 침실에 들여 문 뒤에 숨겨두고 왕비의 벗은 모습을 보고 몰래 방을 빠져나가도록 했다. 기게스는 왕비의 벗은 모습을 보고 조용히 방을 빠져나갔다. 그런데 그 순간 왕비가 우연히 거울 봤는데, 거기에 방을 빠져나가는 기게스의 뒷모습이 있었다. 왕비는 부끄러워 소리를 치지 못했지만, 그것이 남편의 소행이라는 것을 알았다. 리디아에서는 남자조차 자신의 벗은 모습을 다른 사람에게 보여주는 것을 대단한 수치로 여겼기 때문에, 왕비는 자신에게 그런 치욕을 안겨준 남편에게 복수하기로 마음먹었다. 그리고 다음 날, 왕비는 은밀하게 사람을 보내어 기게스를 불렀다. 왕비는 기게스에게 자신에게 그런 치욕을 주었으니, 죽든지 자신을 모욕한 왕을 죽이고 자신과 결혼하여 리디아 왕국을 차지하든지 양자택일을 하라고 위협했다. 왕을 죽여야 하는 것을 자신의 운명으로 받아들인 기게스는, 왕비가 시키는 대로 왕비에게 수치를 주었던 그 침실에서 칸다울레스를 살해하고 왕위를 찬탈했다. 그러자 분노한 리디아 백성들이 기게스를 왕으로 인정할 수 없다고 주장하며 반란을 일으켰다. 기게스는 주민들에게 델피(Delphi)에 있는 아폴로 신전에서 신탁을 받아보자고 제안했다. 그는 만일 신이 자신을 왕으로 인정하면 자신이 리디아를 통치하고, 그렇지 않으면 헤라클레스 가문에 왕위를 돌려주겠다고 약속했다. 리디아 주민들은 기게스의 제안을 받아들여 주민 대표를 선출하여 델피에 보냈다. 신의 뜻을 묻는 리디아 대표들에게 아폴로 신전 무녀는 기게스가 왕이 될 것이며, 기게스의 5대손에 이르면 헤라클레스 가문의 보복이 행해질 것이라는 신탁을 내렸다. 무녀의 예언대로 기게스는 왕이 되었지만, 그의 5대손 크로이소스(Croesus, 주전 560~546)는 고레스가 이끄는 페르시아군에게 패하고 리디아 왕국은 멸망했다.[40]

기게스는 왕이 된 후 리디아 왕국의 영토를 페르시아 경계까지 확장하였다. 리디아는 구약에 룻(Rud) 혹은 스바랏(Sepharad)이라는 이름으로 언급되고 있다. 이사야서와 예레미야서는 리디아인을 "뿔과 활을 당기는 룻"(사 66:19), "활을 당기는 루딤 사람"(렘 46:9)이라고 부르고 있다. 리디아는 말을 타고 달리면서 활을 능숙하게 쏘는 최정예 기병을 보유하고 있었기 때문에 이사야와 예레미야가 리디아 사람을 "활을 당기는 사람"으로 묘사했을 것이다. 예레미야와 같은 시대에 활동했던 오바댜는 예루살렘에서 포로로 잡혀갔던 유대인들 가운데 스바랏(Sepharad)에 거주하던 자들이 있다고 알려주는데(옵 1:20), '스바랏'은 사데의 히브리어 표기이다.

사데의 번영은 기게스의 5대손 크로이소스(Croesus) 시대에 절정에 달했다. 35세에 왕위에 오른 크로이소스는 팍톨로스 강에서 사금을 채취해 엄청난 부를 축적하였으며 험준한 트몰로스 산 위에 성채를 건설했다. 그는 자신의 부를 이용해 잘 훈련된 기병을 양성하여 갑바도기아에서 에게해에 이르는 소아시아의 모든 지역을 정복했다. 리디아의 명성이 퍼져나가자 당대에 가장 뛰어났던 현인들이 사데를 찾아왔는데, 그리스 일곱 현인 가운데 한 사람으로 추앙받는 아테네인 솔론(Solon)도 크로이소스를 방문했다. 크로이소스는 솔론을 왕궁으로 초대해 정중히 맞이하고, 자신의 보물 창고를 보여주었다. 그리고 "그대가 현자이며, 지식을 찾아 널리 세계를 돌아다니며 견학한 것을 알고 있소. 그래서 그대에게 꼭 물어보고 싶은 것이 있소. 이제까지 당신이 본 사람 중에 누가 제일 행복한 사람인 것 같소?"라고 질문했다. 크로이소스는 자신이 제일 행복한 사람이라는 답을 듣고 싶어 거듭 물었다. 그러자 솔론은 아테네의 텔로스와 다른 사람이 그런 인물이라고 대답했다. 자신이 원하는 대답을 듣지 못해 화가 난 크로이소스는 솔론에게 고함을 치며 그러면 자신의 행복은 아무런 가치가 없는 것인지를 물었다. 솔론은 크로이소스가 대단한 부를 소유하고 있으며 많은 민족을 다스리는 통치자이지만 전 생애를 행복하게 마쳤다는 소식을 듣기 전까지는 그 질문에 답을 할 수가 없다고 대답했다. 솔론은 자신이 그렇게 대답하는 이유는 "큰 부를 소유한 자에게 부를 누리는 행운이 생애의 마지막까지 머물러주지 않는다면 삶을 위해 필요한 만큼을 소유한 자보다 결코 행복하지 못하기 때문이다"라고 대답했다. 크로이소스는 현재의 번영이 아니라 결말을 보라고 말하는 솔론을 어리석은 자라고 확신

하고 차갑게 대했다.[41]

솔론이 사데를 떠난 얼마 후 크로이소스와 페르시아의 고레스(Cyrus)가 중동의 패권을 두고 전쟁을 벌였다. 이 전쟁은 이후 소아시아뿐만 아니라 그리스와 유대 역사에도 중대한 영향을 끼쳤다. 고레스는 주전 538년 바벨론에 포로로 잡혀갔던 유대인들이 예루살렘으로 돌아가 성전을 재건하도록 조서를 내린 바로 그 왕이다(대하 36:22~23; 스 1:1~4). 바벨론으로 끌려간 유대인들이 예루살렘으로 귀환하도록 조서를 내리기 8년 전인 주전 546년, 고레스는 크로이소스와 일전을 벌였다. 이 전쟁으로 바벨론에 잡혀갔던 일부 유대인이 페르시아 군대와 함께 소아시아로 이주하였다(옵 1:20). 헤로도토스는 사데에서 벌어졌던 이 역사적인 전쟁을 상세하게 기록하고 있다. 헤로도토스의 이야기는 여기서부터 신화보다 역사가 주를 이룬다.

동쪽에서 페르시아가 날로 강대해 가는 것을 불안하게 지켜보던 크로이소스는 공격하기로 마음먹었다. 전쟁을 준비하면서 자신이 출병하면 승리를 거둘 수 있을 것인지 알아보기 위해 리비아에서 델피까지 용하다고 소문난 신전들에 신하들을 보내어 신탁을 받아 오도록 했다. 신전들을 찾아갔던 신하들이 돌아와 신탁을 전하자 크로이소스는 델피 신전에서 받은 신탁이 제일 마음에 들어 그것이 진짜라고 생각했다. 크로이소스는 신탁의 내용을 재확인하기 위해 엄청난 제물을 준비하여 델피 아폴로 신전으로 갔다. 헤로도토스는 리디아 왕이 10 달란톤(34kg)의 황금 사자상과 8.5 달란톤(29kg)의 황금 혼주기를 비롯한 엄청난 양의 제물을 아폴로 신전에 바쳤다고 전하고 있다. 그 제물을 받은 신전의 무녀는 "크로이소스가 페르시아에 출병하면 대제국을 멸망시키게 될 것이다"는 신탁을 주었다. 그러자 크로이소스는 자신의 왕권이 영구히 계속될 것인지를 묻는 신탁을 구했다. 이번에는 무녀가 "노새가 메디아의 왕이 된다면, 겁쟁이라는 이름을 두려워 말고 자갈이 많은 헤르무스 강을 따라 멈추지 말고 달려라"는 신탁을 주었다. 크로이소스는 이러한 신탁이 자신이 고레스를 무너뜨리게 될 것을 예언한 것으로 확신하고 페르시아 공격에 나섰다.

그러나 전쟁은 크로이소스가 원하는 대로 전개되지 않았다. 후퇴를 거듭하던 리디아군은 사데에서 멀지 않은 평원에서 페르시아군을 맞아 마지막 격전을 벌였다. 크로이소스는 막강한 리디아 기병대를 최전방에 포진시켰다. 그러자 고레스는 짐을 나르는 낙타들을 모두 모아 기병들을 그 낙타에 태워 최전방에 배치했다. 고레스가 낙타부대를 조직하여 전면에 내세운 것은 말이 낙타의 특이한 냄새와 흉한 모습을 아주 싫어하는 것을 알고 있었기 때문이었다. 전투가 시작되자 고레스의 예상대로 낙타 떼를 본 리디아 말들이 발길을 돌려 도주하는 바람에 기병대를 앞세운 리디아군은 제대로 싸워보지도 못하고 대패했다. 크로이소스는 남은 리디아 군사를 이끌고 아크로폴리스 성채로 들어가 공성전을 벌였다. 페르시아군은 가파르고 높은 절벽 위에 견고한 성벽으로 둘려있는 성채를 함락시킬 수 없었다. 아크로폴리스를 포위한 지 14일째 되는 날, 고레스는 성벽에 제일 먼저 올라가는 병사에게 큰 상을 내리겠다고 포고하고 전군을 동원해 공격했지만 성공하지 못했다. 양군의 대치 상태가 이어지던 중 히로이아데스(Hiroiades)라는 한 페르시아 병사가 성채를 지키던 한 리디아 병사가 실수로 성벽 아래로 투구를 떨어뜨리는 것을 보고 그의 행동을 주시했다. 투구를 떨어뜨린 리디아 병사를 주시하던 히로이아데스는 그가 야밤에 가파른 절벽을 타고 내려와 투구를 주워가는 것을 보고 지휘관에게 그 사실을 알렸다. 페르시아 지휘관은 소수의 페르시아 병사를 이끌고 야밤을 이용해 리디아 병사가 오르내렸던 절벽을 타고 올라가 기습 공격을 감행했다. 그곳은 아크로폴리스에서 가장 가파른 곳이라 리디아군이 경계병을 배치하지 않았기 때문에 페르시아 병사들은 기습에 성공하여 성문을 장악했다. 결국, 난공불락과 같았던 성채는 함락되고 크로이소스는 고레스의 포로가 되었다. 주전 546년, 왕위에 오른 지 14년 만에 크로이소스는 스스로 자신의 왕국을 무너뜨렸다.

전쟁에서 승리한 고레스는 크로이소스를 화형 시키려고 장작을 쌓아 불을 붙였다. 장작 위에서 비운을 맞이한 크로이소스는 "살아 있는 한 누구도 행복하다고 할 수 없다"고 말했던 솔론을 생각하고, 타오르는 불길 속에서 슬픈 목소리로 솔론의 이름을 세 번 불렀다. 크로이소스가 고함을 지르는 것을 이상하게 여긴 고레스는 화형을 중단시키고 그가 애절하게 부르는 솔론이 누구인지 물었다. 크로이소스는 솔론과 자기 사이에 오갔던 대화를 들려주었다. 그러자 고레스는 크로이소스를 장작 위에서 내려오게 한 뒤 정중하게 대하며 소원이 있으면 들어주겠다고 말했다. 크로이소스는 자신을 부추겨 고레스와 전쟁을 하도록 한 신에게 책임을 묻고 싶다고 말했다. 고레스가 승낙하자, 크로이소스는 델피 신전에 사신을 보내어 신이 그렇게 엄청난 재물을 받고도 배은망덕하게 거짓 신탁을 주어 자기를 파멸시켜도 되느냐고 물었다. 신전 무녀는 크로이소스가 4대 선조 기게스가 저지른 죗값을 치른 것뿐이라고 대답했다.[42] 아래의 사진은 주전 490년경 만들어진 그리스 화병으로, 화형당하는 크로이소스의 모습이 그려져 있다. 이 화병의 원본은 프랑스 루브르 박물관에 있다.

• 화형당하는 크로이소스

• 세계 최초의 리디아 금화

리디아 왕국을 정복한 이후 고레스는 사데를 페르시아 제국의 서쪽 수도로 삼았다. 1장에서 언급했듯이, 고레스는 리디아 제국을 점령한 후 이 지역을 통치하기 위해 페르시아의 수도 수사(Susa)에서 사데를 연결하는 길이 2,414km의 '왕의 길'을 건설했다.[43] 다리우스와 아하수에로(크세르크세스)가 이 길을 따라 그리스 원정에 나섰고, 주전 334년에는 알렉산더 대왕이 이 길을 따라가 페르시아를 정복했다.

알렉산더가 소아시아를 점령한 이후 약 100년 동안(주전 281~190), 사데는 셀레우코스 제국의 서부 지역 수도가 되었다. 셀레우코스 왕조가 소아시아를 통치하고 있던 주전 220년 이 지역 총독 아케우스(Achaeus)가 사데에서 반란을 일으켰다. 안티오코스 3세가 반란을 진압하기 위해 공격해오자, 아케우스는 아크로폴리스 성채를 방패로 삼아 2년 동안 농성을 벌였다. 그러나 300년 전 리디아군의 방심으로 성체가 함락되었던 것처럼, 이번에도 라고라스(Lagoras)라는 이름을 가진 한 크레타 출신 병사가 수비병의 방심을 틈타 15명의 동료를 이끌고 험준한 절벽을 기어 올라가 성문을 열었다. 아케우스의 반란을 진압한 안티오코스 3세는 주전 190년, 사데에서 멀지 않은 마그네시아에서 소아시아의 패권을 놓고 로마와 일전을 벌였지만 대패하고 사데를 로마의 동맹국인 버가모에 넘겨주었다. 이후 버가모의 지배 아래 있던 사데는 주전 133년, 로마의 아시아 속주에 편입되었다.

로마 시대 사데의 인구는 6만~10만 정도였고 상당한 규모의 유대인 디아스포라가 있었다. 사데는 리디아 지역의 도시들을 총괄하는 법률 중심지였으며, 양모로 천을 짜서 가운데 구멍을 내어 머리가 들어가도록 만든 '히마티온'(Himation)으로 불린 외투의 생산지로 명성이 높았다. 바울의 겨울 외투(딤후 4:13)도 어쩌면 이곳에서 만들어졌을 것이다. 주후 17년 사데를 강타한 대지진으로 도시가 폐허로 변하자 티베리우스는 지원금을 보내고 시민들에게는 5년간 로마에 바칠 세금도 면제해주었다. 사데는 티베리우스에게 감사를 표하기 위해 황제 신전을 세우게 해 달라고 청원했지만, 로마 원로원은 황제 신전을 유지할 능력이 되지 않는다는 이유로 황제 신전 건립을 허락하지 않았다. 사데는 비잔틴 제국 초기까지도 번성했지만, 716년 이슬람의 침략으로 완전히 폐허가 되었다.

바울이 에베소에서 사역하던 동안 사데에도 복음이 전해졌을 것이다. 이 도시에는 큰 규모의 유대 디아스포라가 있었기 때문에 유대인과 하나님을 경외하는 이방인들 가운데 주님을 믿고 따르는 자들이 빠르게 늘어갔을 것이다. 요한계시록이 기록될 당시 사데에는 주님의 말씀을 받을 만큼 성장한 교회가 있었다. 사데는 생동감이 넘치는 도시였지만, 사데 교회는 그렇지 못했다. 주님께서는 사데 교회가 "죽은 자"라고 불릴 만큼 무능하며 행위가 온전하지 못하다고 책망하시면서, 죽지 않도록 회개하고 깨어있으라고 명령하셨다(계 3:1~2).

사데 교회가 어떻게 해서 영적으로 무능하고 죽은 것과 다름없는 상태에 이르게 되었는지 알 수 없다. 하지만 "그 옷을 더럽히지 아니한 자 몇 명"(계 3:4)이라는 말씀은, 사데 교회도 이단의 영향을 받아 세상과 타협하며 영적, 육체적으로 부정한 일들을 저지르고 있었다는 것을 알려준다. 주님은 그런 상태에 있던 사데 교회에 처음 복음을 받았을 때 가졌던 순수한 믿음을 회복하여 회개하고 돌이키지 않으면 예기치 못한 순간 찾아와 심판하실 것이라고 경고하셨다(계 3:3). "만일 일깨지 아니하면 내가 도둑과 같이 이를 것이다"라는 주님의 경고는 난공불락의 요새라고 방심하다가 최후를 맞은 크로이소스와 아케우스의 이야기를 잘 알고 있었던 그리스도인들에게 경각심을 불러일으켰을 것이다. 주님은 믿음의 순결을 지키고 이기는 자에게는 생명책에 기록된 이름을 지우지 않고 하나님 아버지 앞에서 그 이름을 시인할 것이라고 약속하셨다(계 3:5).

주님의 말씀을 받은 사데 교회는 이후 회개하고 순수한 믿음을 회복했다. 주님의 말씀을 받고 난 두 세대 후 사데 교회는 멜리토(Molito)라는 신실한 지도자를 배출했다. 사데 교회의 감독이었던 멜리토는 성경학자와 탁월한 변증가로서 명성이 높았다. 그는 요한계시록을 주석한 『요한계시록』을 비롯한 여러 권의 저서를 남겼으며, 교회사에서 최초로 구약성경의 정경 목록을 제시했다. 멜리토가 정경으로 제시한 구약성경 목록에는 에스더와 느헤미야가 빠져 있지만, 외경은 단 한 권도 없다.[44] 멜리토는 170년경 복음과 교회를 옹호하는 『변론』(Apology)이라는 아주 귀중한 책을 써서 교회를 박해하던 아우렐리우스 황제에게 보냈다. 이 변증서는 교회가 로마의 박해에 어떻게 대응했는지를 보여주는 중요한 사료이다. 사데를 답사하는 그리스도인이라면 멜리토가 로마 황제에게 보낸 당당하고 기개 넘치는 변론의 한 부분 정도는 기억하고 있어야 할 것이다.

  만일 이런 일들이 폐하의 명령에 따라 행해지는 것이라면, 최소한 적법한 방법으로 행하게 해 주십시오. 의로운 통치자는 결코 불공정한 칙령을 만들지 않습니다. 우리는 기쁜 마음으로 죽음을 맞을 것입니다. 그러나 폐하에게 요구하는 것이 하나가 있으니, 곧 먼저 당신이 이 악한 음모자들(그리스도인들)을 심리하여 과연 그들이 죽음과 형벌을 받아야 하는지, 아니면 안전하고 무사하게 넘어가도 되는지 재판해 달라는 것입니다. 만일 이 칙령, 즉 야만적인 원수들에게 적용한다고 해도 묵인할 수 없는 이 전례 없는 명령이 폐하에게서 비롯된 것이 아니라면, 부디 우리를 이 민중들의 불법적인 약탈 속에 내버려 두지 마시기를 간청합니다.[45]

• 김나지움

사데 유적들

사데는 19세기 말에 발굴이 시작되어 지금도 미국 고고학회에서 발굴을 계속하고 있다. 트몰로스 산과 팍톨로스 강에 얽혀있는 신화의 땅이자 리디아부터 페르시아를 거쳐 셀레우코스에 이르기까지 여러 제국의 수도였으며, 아시아 일곱 교회 가운데 하나가 있었던 이 도시는 많은 유적을 간직하고 있다. 하지만 리디아, 페르시아 시대의 유적은 헬라–로마 시대 유적 아래 묻혀있어서 빛을 보지 못하고 있다. 이곳에서 발굴된 대리석 조각이나 도자기, 동전, 장식품과 같은 유물들은 자동차로 40분 정도 거리에 있는 마니사 박물관(Manisa Museum)에 소장되어 있고, 일부는 이스탄불 고고학 박물관에 있다.

• 김나지움 수영장

김나지움(Gymnasium): 웅장하면서 아름다운 2층 구조의 건물과 넓은 사각형 뜰을 가지고 있는 김나지움은 사데를 대표하는 유적이다. 1층 벽에 새겨져 있는 "이 건물을 로마 황제 카라칼라(Caracalla)와 게타(Geta)에게 바칩니다"라는 문구는, 이 건물이 주후 211~212년에 완성되었음을 알려준다. 건물 앞쪽에는 100개의 기둥으로 둘러싸인 팔라에스트라(Palaestra)라고 불린 정사각형의 넓은 연습장이 있다. 이곳에서는 육체 단련 교육이 행해졌다. 건물 벽에 사데의 유력한 가문 출신의 두 여인이 금으로 만든 잎으로 뜰 사면을 장식했다는 글이 새겨져 있고,

뜰의 사면이 화려한 조각 기둥과 벽으로 장식된 것을 볼 때 이곳은 황제 숭배 의식과도 연관이 있었을 것으로 추측된다.⁴⁶⁾ 건물 뒤쪽에는 큰 목욕탕과 수영장이 있다. 이 수영장은 여름에는 냉수로 채워졌고 겨울에는 목욕탕에서 공급되는 온수로 채워졌다. 2,000년 전에 온수를 공급한 수영장이 있었다는 것이 놀랍기만 하다.

회당(Synagogue): 김나지움 바로 옆에 1,000명의 회중이 예배를 드릴 수 있는 회당이 있다. 길이 80m에 폭이 20m나 되는 이 회당은 지금까지 발굴된 고대 회당 가운데 가장 규모가 크다. 주후 2세기에 건축된 이 회당은 이후 몇 번 증축되었다. 회당의 일반적인 구조는 동쪽을 향하여 예배할 수 있도록 출입구는 서쪽에 두고 단은 동쪽에 두는데, 사데의 회당은 입구와 단 모두가 동쪽에 있는 특이한 구조를 하고 있다. 회당이 이러한 구조로 되어있는 것은 건축 당시 서쪽에 김나지움이 있어서 그쪽으로는 출입구를 낼 수 없었기 때문이다.

회당은 바깥 뜰과 실내로 구분되어 있다. 뜰에는 대리석 기둥으로 장식된 문과 예배를 드리기 전 정결하게 씻을 수 있도록 물이 흘러나오던 화병 모양의 수조가 있다. 바닥은 돌로 만든 모자이크로 장식되어 있고 회당을 지을 때 기부한 사람들의 이름이 새겨져 있다. 1,000명을 수용할 수 있는 넓은 실내로 들어서면 입구에 성경을 두었던 두 단이 있고 가운데는 예배나 재판을 진행하던 사람이 올라갔던 단(Bema)이 있다. 회당 뒤쪽에 장로석과 독수리가 새겨진 대리석 단과 단 양쪽으로 사자상이 서 있다. 토라를 낭독할 때 사용된 대리석 단과 양편에 서 있는 두 사자상은 다른 신전에 있던 것들을 가져다 놓은 것이다. 양쪽에 독수리 부조가 있는 대리석 단은 1세기 만들어진 것으로 보이며, 두 사자상은 리디아의 대모신 키벨라(Cybela) 신당 측면에 있었던 것으로 추정된다. 회당에 사자상을 놓아둔 이유는 사자로 표현되는 유다를 상징적으로 보여주기 위해서였을 것이다(창 49:9).

회당 바닥은 돌로 만든 모자이크가 깔려있고 벽은 기하학적 문형을 한 대리석으로 장식되어 있다. 양쪽 벽 윗부분에 회당을 건축할 때 기부한 사람들의 이름이 새겨진 대리석 판이 일부 남아있다. 그 가운데 하나에 "저와 아내 레기나와 아이들은 이전에 서원했던 것을 이행하고자 전능하신 주님께 장식물을 바칩니다"라는 인상적인 문구가 새겨져 있다. 회당에 기부한 사람의 이름은 모두 헬라어로 되어있고, 이름 앞에는 "사데의 시민"이나 "시의원"과 같은 중요 직책이 붙어있다. 기부자들의 명단은 유대인들이 사데에 깊이 뿌리를 내리고 상당한 영향력을 행사하고 있었음을 보여준다. 회당 내부를 발굴하는 과정에서 촛대(menorah)가 새겨진 대리석과 도자기 그리고 유리잔 등 유물들이 출토되었다.

• 회당 뜰

• 회당 내부

● 소아시아의 유대인 디아스포라

성령이 강림하신 오순절에 예루살렘에 모였던 유대인들 가운데 아시아에서 온 사람들이 있었다(행 2:9). 유대인들이 언제부터 소아시아에 거주하고 있었는지 알 수 없지만, 오바댜서에 '스바랏'(Sephar), 즉 사데에 유대인들이 거주한다고 언급하고 있으므로(옵 1:20), 주전 6세기에 이곳에 유대인이 살고 있었다는 것을 알 수 있다. 이들은 고레스가 사데를 공격하기 위해 바벨론에서 동원했던 유대인들 가운데 전쟁이 끝난 후 돌아가지 않고 이곳에 남아 정착했던 자들일 것이다. 사데는 페르시아의 서쪽 지역 수도로 다리오와 아하수에로가 그리스를 공격하기 위해 원정본부로 삼은 곳이기도 했다. 하만이 모르드개와 유대인을 죽이기 위해 계략을 꾸미고 아하수에로의 허락을 받아내어 각 지방에 보냈던 조서가 사데에서도 공포되었을 것이다(에 3:7~15).

요세푸스는 리디아와 프리기아에서 반역이 빈번하게 발생하자, 안티오코스 3세가 인구를 뒤섞어 반역을 방지하려는 목적으로, 주전 210년 유대인 2천 가정을 메소포타미아에서 이 지방으로 이주시켰다고 말하고 있다.[47] 당시 한 가정은 3대로 구성되었으므로, 이때 유대인 수만 명이 메소포타미아에서 소아시아로 이주해왔을 것이다.

키케로와 요세푸스가 남긴 글들은 소아시아에서 유대인 디아스포라가 상당한 영향력을 가지고 있었음을 보여준다. 키케로는 주전 62년에 시리아 총독 플라쿠스(Flaccus)가 라오디게아 근처 프리기아 지역 유대인들이 매년 예루살렘으로 보내는 성전세를 빼앗아 공공기금으로 환원시켰는데, 이때 압수한 금의 양이 7.5kg이었다고 기록하고 있다. 금 7.5kg은 성인 남자 7,500명이 내는 성전세에 해당하므로, 여자와 아이까지 합하면 수만 명의 유대인이 라오디게아 근방의 도시들에 거주하고 있었을 것이다.

요세푸스는 아시아의 총독 푸블리우스 돌라벨라(Publius Dolabella)가 율리우스 카이사르의 칙령에 따라 에베소의 행정장관에게 명하여 안식일에 무기를 들 수 없고 여행을 할 수 없으며 또 조상 적부터 먹던 음식을 먹어야 하는 유대인들에게 병역의무를 면제하고 조상의 풍습을 지키도록 허락했으며,[48] 아시아의 부 행정장관 루시우스 안토니우스(Lucius Antonius)가 사데에 있는 유대인들에게 로마 시민으로의 권리와 유대인 자치법을 보장하는 칙령을 공포했다고 말하고 있다.[49] 그런데 이러한 법이 제대로 시행되지 않자, 주전 35년 아우구스투스가 소아시아에 도시 행정관들에게 1) 유대인이 회당과 같이 모임 장소를 소유할 수 있는 권리, 2) 안식일을 지킬 수 있는 권리, 3) 유대교의 규정에 따른 음식을 먹을 수 있는 권리, 4) 자신들의 종교적 규정과 관련된 일들을 자치적으로 처리할 수 있는 권리, 5) 성전세를 기부할 수 있는 권리를 인정하라는 서한을 보냈다.[50]

키케로와 요세푸스가 남긴 글들과 사대 회당은 소아시아 유대인 디아스포라가 상당한 힘을 가지고 있었음을 보여준다. 서머나와 빌라델비아 유대인들은 자신들이 가지고 있던 힘과 영향력을 사용하여 교회를 박해했을 것이다. 그래서 주님은 이들을 "사단의 회당"이라고 말씀하셨다(계 2:9; 3:9).

• 회당 입구에서 내부를 들여다 본 모습

상가(Shops)**와 왕의 길**(Royal Road): 김나지움과 회당 바로 옆으로 사데에서 페르시아의 수도 수사(Susa)까지 이어졌던 길이 2,414km의 왕의 길(Royal Road)이 지나고 있다. 고레스가 리디아를 정복하고 서쪽 영토의 지배권을 강화하기 위해 건설한 이 길은 헬라와 로마 시대에 확장되었다. 사진에서 보이는 도로는 도시의 중심부를 관통하던 부분으로, 로마 시대에 확장된 것이다. '왕의 길' 양쪽으로는 상가가 형성되어 있었다. 이 상가 가운데 김나지움과 회당 벽을 따라 늘어서 있는 34개 상점이 발굴되었다. 이 상점들은 아랍 군대가 침공했던 7세기까지 사용된 것으로 보인다. 발굴 과정에서 출토된 물품들과 건물에 새겨진 글들은, 이 상점들이 염료, 농기구, 유리 제품 등을 생산 판매했고 공문서를 대신 작성해주던 대서소와 식당도 있었다는 것을 알려준다. 이 상가들에 새겨진 '야곱'과 같은 이름과 메노라, 십자가와 같은 종교적 상징물들을 통해 가게의 소유주 가운데 6명은 유대인이었고 10명은 그리스도인이었다는 것을 알 수 있다. 회당 벽에 붙어있는 가게들은 모두 유대인 소유였고, 돼지 뼈와 바다에서 나는 갑각류 껍질이 담긴 항아리가 출토된 십자가 문양이 새겨져 있는 식당은 그리스도인이 운영했던 것으로 보인다.

• 대로변 상점들

• 왕의 길

아르테미스 신전(Artemis Temple): 김나지움에서 남쪽으로 1.5km 정도 떨어진 아크로폴리스 기슭에 아르테미스 신전이 있다. 이 신전은 터키에 현존하는 고대 신전 가운데 가장 규모가 크다. 길이 91m에 폭이 49m나 되는 이 거대한 신전은 대표적인 이오니아 양식의 건물이다. 이 신전은 키벨라(Cybela) 신전이 있었던 자리에 건설되었는데, 옛 신전 일부가 입구 쪽에 남아있다. 신전 대들보에 리디아어로 새겨진 기부자의 이름은, 이 신전이 주전 5세기경에 건설되기 시작했다는 것을 알려준다. 이 신전은 주전 499년 이오니아 도시들이 페르시아에 대항해 일으켰던 반란 때 파괴되었다가 알렉산더 대왕의 명령으로 현재와 같은 규모로 건축이 진행되었다. 그러나 건축 비용을 감당할 수 없어 공사가 진척되지 못하다가 주전 176년 다시 시작되었지만, 결국 완성되지 못했다. 신전 정면 쪽에 신전을 건축하기 위해 다듬다 만 거대한 대리석 기둥들이 지금도 방치된 상태로 남아있다.

흥미롭게도 이 신전에서 높이 8.5m의 제우스 신상과 비문이 발굴되었다. 이 비문에는 아르테미스 신전을 두 부분으로 나누어 한 부분에서는 아르테미스와 왕비 파우스티나(Faustina)를, 다른 부분에서는 제우스와 안토니우스 피우스

(Antonius Pius) 황제를 숭배했다고 기록되어 있다.⁵¹⁾ 신약시대 동안 아르테미스 신전에서 황제 숭배가 행해진 것은 로마 원로원이 주후 150년 이후에야 사데가 황제 신전을 세울 수 있도록 허락했기 때문이다.

• 아르테미스 신전

비잔틴 교회당(Byzantine Church): 아르테미스 신전 정면 오른쪽 모서리에 비교적 온전한 상태로 남아있는 작은 교회당이 있다. 내부에서 발굴된 동전들은, 이 교회당이 기독교가 로마의 국교로 선포된 직후인 4세기에 건축되었음을 알려준다. 교회당 앞부분에 있는 앱스는 6세기 증축된 것이다. 건물의 규모로 볼 때, 이 교회당은 기도처나 주위에 살고 있던 그리스도인들이 소규모로 예배를 드리는 데 사용된 것으로 추측된다. 이 교회당은 이슬람의 침공과 대지진으로 도시가 완전히 파괴된 7세기까지 사용되었다. 그리스도인들이 다른 장소를 두고 신전 모퉁이에 교회를 건축한 것은, 데살로니가의 로톤다와 아테네의 파르테논 신전 그리고 버가모의 세라피스 신전처럼 아르테미스 신전을 교회당으로 개조하려 했지만, 상황이 여의치 않았기 때문일 것이다. 이 교회당은 규모는 작지만, 소아시아에 현존하는 가장 오래된 교회당이자 이방 신전이 하나님을 예배하는 곳으로 바뀌었다는 것을 상징적으로 보여준다는 점에서 중요한 의미를 지니고 있다. 이 작은 교회당이 수많은 역사의 풍상을 겪고서도 살아남아 있을 수 있었던 것은 지진으로 언덕이 무너져 흘러내린 흙이 교회를 덮고 있었기 때문이다. 비잔틴 시대 사데의 주교좌가 있던 교회당은 김나지움 동쪽 1km 거리에 있다. 주교가 거주했던 이 교회당은 유스티아누스 황제가 통치하던 6세기에 건축되었다.

• 사데 교회당

• 주교좌 교회당

아크로폴리스(Acropolis): 마치 칼로 깎아 세운 듯한 가파른 절벽 위에 방어용 성벽을 쌓은 아크로폴리스는 세계 전쟁사에 두 번이나 등장하는 고대 최고의 요새들 가운데 하나였다. 수천 년 동안 반복된 지진과 풍화작용으로 많이 침식되긴 했지만, 아크로폴리스 정상에는 지금도 성채와 성벽 일부가 남아있다. 앞으로는 평야가 펼쳐져 있고 뒤로는 험준한 트몰로스 산맥에 둘러싸여 있는 아크로폴리스는 적의 공격으로부터 도시를 지켜주는 방패와 같았다. 페르시아의 고레스와 셀레우코스의 안티오코스가 소아시아를 정복하고 사데를 서쪽 지방의 수도로 삼은 것은 아크로폴리스라는 천혜의 요새가 있었기 때문이었다.

최초로 아크로폴리스를 요새화한 크로이소스는 석회암과 사암을 다듬어 성벽을 쌓고 정상에는 왕궁을 지었다. 물은 터널식 수로를 만들어 고지대에 있는 샘에서 끌어들였다. 아크로폴리스 북쪽 경사면에 주전 6세기에 만들어진 터널식 수로들이 지금도 남아있다. 리디아가 멸망한 후 페르시아와 셀레우코스 왕조의 통치자들도 아크로폴리스 정상에 있는 왕궁에 머물렀다. 전쟁이 없었던 로마 시대 이 왕궁은 도시의 원로원 건물로 사용되었다. 아크로폴리스 정상에는 비잔틴 시대 건축된 교회당이 하나 남아있다. 이 난공불락의 요새도 방심한 병사들로 인해, 주전 546년과 주전 213년 두 번 함락되었다.

아크로폴리스 북쪽 기슭에는 헬라-로마 시대 공공시설들이 집중해 있다. 이곳에는 주전 3세기에 건축된 20,000명을 수용할 수 있는 규모의 연극장을 비롯해 스타디움, 바실리카, 목욕탕이 있다. 헬라시대 건축된 연극장과 스타디움은 멀리서도 알아볼 수 있을 정도의 형태를 유지하고 있지만, 19세기 오스만 정부가 철도를 건설하면서 무대와 관중석에 있던 대리석을 공사 자재로 사용해 버려 복원하지 못하고 있다.

• 연극장과 스타디움

• 아크로 폴리스 왕궁터[52]

팍톨로스 강(Paktolos): 아르테미스 신전으로 들어가다 보면 입구 오른쪽에 작은 하천이 흐르고 있다. 이 하천이 미다스(Midas) 왕이 탐욕의 손을 씻자 흘러간 물이 강바닥에 있는 모래를 금으로 만들었다는, 신화의 강 팍톨로스(Paktolos)이다. 지금은 농업용수로 사용하기 위해 상류에서 물길을 돌려버려 수량이 적고 폭도 좁지만, 고대에는 2,000m 높이의 트몰로스 산에서 흘러내리는 물이 급류를 이룰 정도였다.

그리스 신화에 등장하는 미다스 왕과 팍톨로스 강의 이야기는 이렇다. 어느 날 술의 신 디오니소스의 스승이며 양부이자 반인반수인 실레노스(Silennus)가 술에 취해 트몰로스 산기슭에서 비틀거리고 있었다. 그곳에서 양을 치던 목동들이 그를 발견하고 프리기아 왕 미다스에게 데리고 갔다. 미다스 왕은 실레노스를 환대하고 열흘 동안 연회를 베풀어 극진히 대접한 후 돌려보냈다. 실레노스로부터 그 소식을 들은 디오니소스는 미다스에게 스승을 환대한 답례로 한 가지 소원을 들어주겠다고 약속했다. 탐욕이 많았던 미다스는 자기 손이 닿는 것은 모두 황금으로 변하게 해달라고 부탁했다. 디오니소스는 미다스의 탐욕이 마음에 들지 않았지만, 약속한 대로 그의 소원을 들어주었다. 미다스는 자신의 손이 닿기만 하면 무엇이든 황금으로 변하는 것을 보고 아주 기뻐했다. 그런데 기쁨도 잠시, 빵이나 과일을 먹으려고 손에 잡으면 황금으로 변했고 포도주를 마시러 잔을 잡으면 포도주도 금으로 변해버려 시중의 도움 없이는 음식을 먹을 수 없었다. 게다가 손에 닿는 것은 모두 금으로 변해버려 무엇을 함부로 만질 수조차 없었다. 금이 많으면 행복하리라 생각했지만, 오히려 불행해진 미다스는 결국 마음의 병을 얻어 몸져눕게 되었다. 아버지가 몸져누웠다는 소식을 들은 미다스의 외동딸이 그를 위로하기 위해 문병을 왔다. 딸을 보자 기쁨에 겨운 미다스는 손이 닿으면 금으로 변한다는 사실을 잊어버리고 그만 딸을 끌어 안아버렸다. 그러자 미다스의 외동딸이 황금으로 변해 버렸다. 자신의 탐욕 때문에 사랑하는 딸까지 금으로 변하자, 크게 뉘우친 미다스는 디오니소스를 찾아가 자신의 어리석음을 한탄하며 자신의 손을 원래의 상태로 되돌려달라고 간청했다. 디오니소스는 미다스의 간청을 받아들여 그에게 팍톨로스 강이 발원하는 샘에 가서 탐욕의 손을 씻으라고 일러 주었다. 미다스는 디오니소스가 일러준 대로 팍톨로스 강의 근원에 가서 손을 씻었다. 그러자 손은 원래대로 되돌아왔고, 그가 손을 씻은 물이 흘러간 곳의 강바닥의 모래가 금으로 변했다.

• 팍톨로스 강

고대 그리스에서 팍톨로스 강과 미다스의 손에 대한 신화가 생겨난 것은 두 가지 이유 때문이었을 것이다. 하나는 팍톨로스 강변에 신화로 설명할 수밖에 없을 정도로 많았던 사금이다. 트몰로스 산에는 많은 금이 매장되어 있는데, 그것이 강물에 실려 내려와 바닥에 쌓여 있었다. 아르테미스 신전 맞은편 언덕에는 지금도 금을 채취하는 광산이 있다.

신화가 생겨난 다른 한 이유는 미다스 왕이 비법으로 숨기고 있었던 도금술이다. 미다스는 침철석(goethite)을 사용하여 어떤 물건이든지 금처럼 보이게 만드는 도금술을 가지고 있었다. 신화에 등장하는 미다스 왕은 실제로 존재했던 인물이었다. 미다스는 주전 11세기부터 8세기까지 아나톨리아 중부를 지배했던 프리기아 왕국의 마지막 왕이었다. 헤로도토스는 미다스가 자신이 사용하던 옥좌를 델피에 있는 고린도의 보물창고에서 봉납했다고 말하고 있다.[53] 이를 통해 볼 때, 미다스는 에게해 건너편에 있던 그리스 도시들과 좋은 관계를 맺고 있었던 것 같다.

　1957년, 미국 펜실베이니아 대학 고고학 발굴단이 프리기아의 수도였던 고르디온(Gordion)에서 주전 740년 미다스가 사망한 부친 고르디아스(Gordias)를 위해 만든 거대한 왕릉을 찾아내었다. 이 왕릉은 높이 55m에 폭이 300m, 입구에서 관이 있는 묘실까지 이어지는 통로의 길이가 100m나 된다. 고르디아스의 왕릉을 발굴한 고고학자들은 묘실 부장품들 가운데 금실로 짠 것처럼 보이도록 침철석 가루로 도금한 천을 발견했다. 이 천은 미다스가 침철석 가루를 사용하여 어떤 물건이든지 금처럼 보이도록 만드는 도금술을 가지고 있었다는 것을 보여준다.[54] 사람들의 눈에는 미다스가 비밀리에 사용한 도금술이 무엇이든지 그의 손이 닿기만 하면 금으로 변하는 것처럼 보였을 것이다. 팍톨로스 강에 널려있었던 사금과 미다스 왕의 연금술은 신화를 만드는데 천부적인 재능을 가지고 있었던 그리스 사람들이 '미다스의 손'이라는 신화를 만들어 내는데 충분한 모티프가 되었을 것이다.

• 고르디아스 왕릉

6. 빌라델비아(Philadelphia)

빌라델비아(Philadelphia)는 사데에서 동쪽 48km 거리에 있다. 빌라델비아는 오늘날 알라셰히르(Alaşehir)로 불리며 인구 7만의 농업도시이다. 빌라델비아는 스트라보가 "지진의 도시"라고 부를 만큼 지진이 자주 발생하는 곳에 있지만,[55] 트몰로스 산맥에서 발원하는 코가무스 강(Cogamus)과 토질이 포도 농사에 적합해서 좋은 품질의 포도주 생산지로 유명했다.[56] 오늘날에도 빌라델비아 앞에 펼쳐져 있는 포도밭에서는 터키에서 가장 품질 좋은 포도가 생산된다.

빌라델비아는 사데에서 시작하여 페르시아 수사까지 이어지는 왕의 길이 둘로 나누어지는 갈림길에 있다. 빌라델비아에서 갈라진 왕의 길 가운데 하나는 라오디게아와 수리아를 거쳐 페르시아로 이어지고, 다른 하나는 프리기아와 갑바도기아를 지나 페르시아로 이어진다. 그래서 빌라델비아는 '동쪽으로 열린 문'이라고 불렸다. 지금도 라오디게아로 가는 국도와 터키 수도인 앙카라로 가는 국도가 빌라델비아에서 갈라진다. 빌라델비아는 소아시아 일곱 도시 가운데 가장 늦게 건설되었다. 이 도시에서 발굴된 동전에 마케도니아 방패가 그려져 있는 것으로 보아, 빌라델비아가 건설되기 전 이곳에 마케도니아군의 주둔지가 있었던 것으로 추측된다.[57]

이곳에 빌라델비아를 건설한 것은 버가모 왕 에우메네스 2세(주전 197~160)였다. 에우메네스 2세는 이곳에 새로운 도시를 건설하고 '필라델푸스'(Philadelphus, 형제를 사랑하는 자)라고 불릴 만큼 자신을 사랑한 동생 아탈로스 2세(주전 159~138)를 기념하기 위해 도시의 이름을 빌라델비아라고 지었다. 빌라델비아를 건설한 얼마 후, 그는 동생에게 왕위까지 물려주었다. 주전 129년 버가모 왕국이 로마에 편입되자 빌라델비아도 로마의 통치를 받게 되었다.

빌라델비아는 신흥 도시였기 때문에 이전부터 섬기는 신은 없었지만, 포도주 생산지에 걸맞게 디오니소스(Dionysos)를 주신으로 삼았다. 주전 1세기 만들어진 한 비문은 빌라델비아에 10개 이상의 신전이 있었으며, 로마 여신과 아우구스투스 황제 숭배를 담당하는 사제가 있었다는 것을 알려준다.

주후 17년, 소아시아를 강타한 대지진으로 빌라델비아는 도시 전체가 붕괴하였다. 티베리우스는 빌라델비아의 재건을 지원하기 위해 세금을 면제하고 거금을 희사했다. 티베리우스를 이어, 칼리굴라와 베스파시아누스 황제도 빌라델비아가 재난을 당할 때마다 도움을 베풀었다. 빌라델비아는 로마 황제들이 베풀어준 호의에 감사를 표하기 위해 도시의 이름을 '네오카에사레아'(Neocaesarea)와 '플라비아'(Flavia)로 두 번이나 개명했지만 사용되지는 않았다. 빌라델비아는 로마에 충성했지만, 주후 214년 카라칼라(Caracalla) 황제가 방문하여 황제 신전 건축을 허락하기까지 황제 신전은 없었다.[58]

빌라델비아는 동서를 잇는 두 개의 도로가 만나는 교통의 요지에 있었기 때문에, 많은 유대인이 거주하고 있었다. 아직 회당이 발견되지는 않았지만, 도시 근교에서 발견된 "히브리인의 회당"(synagogue of the Hebrew)이라는 글귀가 새겨진 주후 3세기 비문과 유대인 공동체에 수조를 기부한 사람들의 이름이 새겨진 비문은 이 도시에 유대인 공동체가 있었음을 알려준다. 서머나에서처럼 빌라델비아의 유대인들도 교회를 박해했기 때문에 주님은 이들을 "사탄의 회당"이라고 부르셨다(계 3:9).

바울이 에베소에서 사역하던 동안 빌라델비아에도 복음이 전해졌을 것이다. 요한계시록이 기록될 당시 이 도시에는 아주 신실한 교회가 있었다. 그리고 한 세대가 지난 110년경 이그나티우스가 빌라델비아 교회에 보낸 편지는, 이 교회에 감독과 집사가 있었으며 유대인들이 교회를 박해하고 있었음을 알려준다.[59] 하드리아누스 통치기에 암미아스(Ammias)와 쾨드라투스(Quadratus)라는 두 선지자가 이 도시에서 활동했으며,[60] 폴리갑이 순교할 때 11명의 빌라델비아 교회 성도들이 서머나까지 끌려와 함께 순교했다[61]. 2세기 초에는 빌라델비아에서 동쪽으로 10km 정도 거리에 있는 알다바브(Ardabav)에서 "프리기아의 이단" 몬타누스파가 발생하여 교회를 혼란에 빠뜨렸다. 몬타누스와 추종자들은 성령이 자신들을 통하여 새로운 계시를 주고 있으며 요한계시록 21장에 예언된 새 예루살렘이 페푸자(Pepouza)에 곧 임할 것이라고 주장하며 그곳에 모여 공동생활을 했다. 최근 빌라델비아에서 자동차로 1시간 정도 거리에 있는 우샥(Uşak) 주 카라야쿠플루(Karayakuplu) 근교에 있는 거대한 계곡에서 몬타누스주의자들이 집단으로 거주했던 동굴이 발견되었는데, 학자들은 이곳이 페푸자였을 것으로 추정하고 있다.[62]

1074년 셀축 왕조가 빌라델비아를 잠시 점령했지만, 1098년 비잔틴 황제 알렉시오스(Alexios)가 이 도시를 재탈환하여 이슬람 군주들의 공격을 막아내기 위한 군사 도시로 재건했다. 14세기 콘스탄티노플의 동방정교회 본부는 빌라델비아 교회의 지위를 높여 리디아 지방의 주교가 이곳에 상주하도록 했다. 그러나 1390년 오스만제국의 술탄 바예지드 1세(Sultan Bayezid I)가 빌라델비아를 점령한 이후 이 도시는 이슬람의 지배를 받게 되었다.

빌라델비아 교회는 서머나 교회와 더불어 주님으로부터 칭찬만 받은 신실한 교회였다. 주님은 빌라델비아 교회가 "적은 능력을 가지고도 내 말을 지키며 내 이름을 배반치 않았다"고 칭찬하셨다(계 3:8). 빌라델비아는 인구도 적고 포도 외에는 자랑할 만한 것이 없었다. 이곳에 사는 그리스도인들은 사회적 영향력이 없었을 뿐만 아니라 유대인들로부터 심한 박해를 받았다. 로마 당국도 황제 숭배를 거부한다는 이유로 교회를 핍박했을 것이다. 빌라델비아 교회는 그런 상황 가운데서도 주님을 배반하지 않았다.

"다윗의 열쇠를 가지시고 열면 닫을 사람이 없고 닫으면 열 사람이 없는" 권세를 가지신 주님은 빌라델비아 교회 앞에 그 누구도 닫을 수 없는 "열린 문"을 두었다고 말씀하셨다(계 3:7~8). 주님께서 두신 "열린 문"은 하나님께 나아가는 문으로, 빌라델비아 교회 성도들이 이 문으로 들어가서 하나님의 백성이 되었다는 것을 의미한다. 이그나티우스는 빌라델비아 교회에 보낸 편지에서 구약의 성도들과 신약의 교회가 하나님 아버지께 들어가는 "하나님의 문"이 예수 그리스도라고 말하고 있다.[63] 주님은 또한 빌라델비아 교회를 박해하던 "사단의 회당 곧 자칭 유대인"들 중에서 몇이 교회 앞에 절하게 할 것이라고 약속하셨다. 하나님의 은혜로 유대인들이 영적 이스라엘인 교회 앞에 무릎을 꿇게 될 것이라는 약속은, 유대인들에게 박해를 받고 있던 빌라델비아 성도들에게 큰 위로가 되었을 것이다(계 3:9).

주님은 또한 믿음을 굳게 잡고 이기는 자에게 "내 하나님 성전에 기둥이 되게 하며" 그 성전기둥 위에 "하나님의 이름과 하나님으로부터 내려오는 새 예루살렘의 이름과 나의 새 이름을 기록할 것"이라는 놀라운 약속을 하셨다(계 3:12). 이 말씀은 믿음을 굳게 잡고 이기는 자들은 확고한 주님의 소유가 된다는 것을 의미한다. 크고 작은 지진으로 끊임없이 건물이 흔들리고 무너졌던 "지진의 도시" 빌라델비아에 살던 그리스도인들은 어떠한 지진에도 흔들리거나 무너지지 않는 견고한 기둥이 의미하는 바가 무엇인지 잘 알고 있었을 것이다.

빌라델비아에는 고대 도시 위에 사람들이 거주하고 있어서 발굴된 유적이 거의 없다. 빌라델비아에서 볼 수 있는 고대 유적은 비잔틴 시대에 쌓은 성벽 일부와 6세기에 건축된 '성 요한 교회당' 그리고 '톱테페'(Toptepe, 대포 언덕)로 불리는 고대 아크로폴리스 정도이다. '성 요한 교회당' 남쪽 주택가들 사이에 큰 소나무들로 덮여 있는 동산이 있는데, 이곳이 빌라델비아 아크로폴리스이다. 아크로폴리스 정상 주위에 흩어져 있는 크고 작은 대리석 파편들은 이곳에 고대 신전들이 있었음을 알려준다. 아크로폴리스와 바로 뒤 언덕 사이에 스타디움이 있는데 관중석은 없어지고 형태만 유지하고 있다. 아크로폴리스 동쪽에 발굴하다가 방치된 연극장이 있다. 빌라델비아에서 출토된 고대 유물들은 마니사 박물관(Manisa museum)에 있다.

빌라델비아에서 볼 수 있는 유일한 교회 유적은 '성 요한 교회당'이다. 이 교회당에 대한 기록이 남아있지 않아 언제 건축되었는지 알 수 없지만, 건축양식을 볼 때 600년 이전에 세워진 것은 분명하다. 이 교회당은 에베소에 있는 사도 요한 교회당이 완공되고 난 후 건축되었을 것이다. 세 개의 큰 기둥만 남아있는 이 교회당이 '성 요한 교회'라고 불린 것은 최근의 일이다. 원래의 이름을 알 수 없어서, 밧모 섬에서 빌라델비아 교회에 주신 말씀을 받은 사도 요한을 기념하기 위해 그의 이름을 붙여 부르기 시작한 것이 교회당의 이름이 되었다. 규모와 위치, 건축된 시기, 내부에서 출토된 헬라어와 아르메니아어 비문들과 석관들을 통해 볼 때, 이 교회당에 빌라델비아 교회의 주교가 상주했을 것으로 추측된다. 교회당은 폐허가 되었지만, 교회당을 지탱하던 거대한 세 개의 기둥은 1,400년의 풍상을 이겨내고 지금도 굳건히 자리를 지키고 서 있다. 이 기둥들은 사도들의 발자취를 따라 이곳까지 찾아온 그리스도인들에게 "이기는 자는 내 하나님 성전에 기둥이 되게 하리라"(계 3:12)는 말씀을 되새겨 보도록 한다.

• 성 요한 교회당

7. 라오디게아(Laodicea)

라오디게아(Laodicea)는 아시아와 브루기아의 경계 지점에 있던 도시로, 메안더 강(Maeander)의 두 지류가 만나 흐르는 평야를 끼고 서쪽으로 아시아, 남쪽으로 밤빌리아 그리고 동쪽으로 갈라디아를 거쳐 페르시아의 페르세폴리스와 수산까지 이어지는 '왕의 길'이 지나는 요충지에 자리하고 있다. 라오디게아는 오늘날 데니즐리(Denizli)로 불리며, 20km 이내의 거리에 골로새와 히에라볼리가 있다.

고대 사료들에 의하면, 라오디게아가 건설되기 이전에 이곳에 제우스 신전을 관리하던 디오스폴리스(Diospolis)와 로아스(Rhoas) 라는 두 도시가 있었다. 안티오코스 2세는 이 도시들을 헐고 남쪽 8km 거리에 있는 샘에서 물을 끌어들여 아시아에서 가장 큰 규모의 스타디움과 연극장, 아고라, 신전 등을 갖춘 헬라 도시를 건설했다. 안티오코스 2세는 새로 건설한 도시를 아내 라오디케(Laodice)에 헌정하고 그녀의 이름을 따서 '라오디게아'(Laodicea)로 명명했다. 안티오코스 2세가 주전 261년 왕위에 올랐고 주전 253년 라오디케와 이혼했으므로, 라오디게아는 주전 260~253년 사이에 건설되었을 것이다.

안티오코스 2세가 라오디게아를 아내에게 헌정한 얼마 후, 그는 프톨레마이오스 왕조와 동맹을 맺어 자신의 영향력을 이집트까지 확대하려는 야망을 품고 프톨레마이오스 2세의 딸 베레니케(Berenice)와 정략적인 결혼을 하려고 했다. 자신의 딸을 아내로 삼게 해달라는 안티오코스 2세의 요구에 프톨레마이오스 2세는 라오디케와 이혼하고 베레니케를 정식 왕비로 삼는다면 결혼을 허락하겠다고 대답했다. 헬라 세계를 결집하여 알렉산더와 같이 되겠다는 야심을 품고 있던 안티오코스 2세는 주전 253년 라오디케와 이혼하고 이집트 공주와 결혼했다. 안티오코스 2세로부터 배신당한 라오디케는 아들 셀레우코스와 함께 에베소에 머물며 복수할 기회를 노렸다.

안티오코스 2세는 정치적 야망을 위해 조강지처를 버리고 베레니케와 결혼을 했지만, 원하는 것을 얻지 못했다. 그는 라오디케와 재결합하기 위해 에베소를 찾아갔지만, 라오디케는 자신에게 수치를 안겨주었던 안티오코스 2세를 용서할 수 없었다. 라오디케는 아들 셀레우코스를 사주하여 자신을 찾아온 안티오코스 2세를 독살하고 그가 갑작스럽게 병에 걸려 죽었다고 공포했다. 독살당한 안티오코스 2세는 에베소에 장사 되었는데, 앞에서 언급한 것처럼, 에베소 근교에 있는 '벨레비 영묘'(Belevi Mausoleum)가 그의 무덤으로 추정된다. 안티오코스 2세가 죽자 라오디케의 아들 셀레우코스가 왕위를 계승하였는데, 그가 셀레우코스 2세이다.

이 사건은 하나님께서 다니엘에게 말씀하신 예언의 성취였다. 다니엘서는 이 사건을 다음과 같이 예언하고 있다. "남방의 왕들은 강할 것이나 그 군주들 중 하나는 그보다 강하여 권세를 떨치리니 그의 권세가 심히 클 것이요 몇 해 후에 그들이 서로 단합하리니 곧 남방 왕의 딸이 북방 왕에게 가서 화친하리라. 그러나 그 공주의 힘이 쇠하고 그 왕은 서지도 못하며 권세가 없어질 뿐 아니라 그 공주와 그를 데리고 온 자와 그를 낳은 자와 그때 도와주던 자가 다 버림을 당하리라"(단 11:5~6).

주전 190년. 소아시아의 패권을 놓고 안티오코스 3세와 한니발을 이기고 카르타고를 정복한 로마의 명장 스키피오(Scipio)가 마그네시아에서 벌였던 격전 이후 라오디게아는 버가모 왕국의 통치 아래로 들어갔다. 아시아 지역이 버가모의 통치를 받게 된 것은, 주전 188년 안티오코스 3세에게 승리를 거둔 스키피오가 아시아의 모든 도시의 대표자들을 아파메아에 불러 로마의 통치를 받아들이겠다는 조약(the Treaty of Apamea)을 체결한 후 아시아의 통치권을 버가모에 넘겨주었기 때문이다. 주전 133년 아탈로스 3세가 버가모 왕국의 통치권을 로마에 이양함에 따라 라오디게아도 로마의 지배를 받게 되었다. 신약시대 라오디게아에는 5만의 주민이 살고 있었다.

• 시리아 문   • 북쪽 아고라

　주후 1세기, 라오디게아는 스스로 "나는 부자라, 부요하여 부족한 것이 없다"(계 3:17)라고 말할 만큼 부가 넘치던 도시였다. 로마에 편입된 후 라오디게아 시민들은 자신에게 번영과 안정을 가져다준 로마 황제에 충성을 바쳤다. 주전 51~50년, 길리기아 총독으로 재임 중이던 로마의 법률가이자 정치가인 키케로(Cicero)가 8주 동안 이 도시에 머물면서 법을 정비해 주었다. 주전 40년, 페르시아와 동맹을 맺은 라비에누스(Labienus)가 소아시아를 침공해 왔을 때 라오디게아는 마지막까지 로마 편에 서서 적의 공격을 막아내었다. 라비에누스에게 맞서 라오디게아가 보여준 충성심을 높이 평가한 로마 원로원은 도시 방어를 지휘했던 제논(Zenon)을 폰투스(Pontus) 총독으로 임명하고 라오디게아 시민들에게는 로마 시민권을 부여했다. 주후 60년 프리기아 지역을 강타한 대지진 때 파괴된 프리기아의 도시들은 로마의 원조를 받았지만 라오디게아는 로마의 도움 없이 자신의 힘으로 도시를 재건했다.[64]

　로마인들의 눈에는 이런 라오디게아도 황제 신전을 유지하기에는 부족하게 보였는지 주후 25년 라오디게아가 황제 신전을 세우게 해 달라는 청원을 하자 로마 원로원은 황제 신전을 유지하기에는 도시의 재원이 부족하다는 이유로 이를 거부했다. 화려하고 부유한 도시였던 만큼 여러 로마 황제들이 라오디게아를 방문했다. 129년 하드리아누스가 라오디게아에서 여름을 지냈다. 이후 215년에 카라칼라(Caracalla)가, 370년에는 발렌스(Valens) 황제가 이 도시를 방문했다.

라오디게아는 자체에서 생산한 특산물들을 팔아 부를 쌓고 번영을 누렸다. 라오디게아는 메안더 강의 본류와 지류가 흐르는 비옥한 평야와 양 떼를 칠 수 있는 좋은 목초지를 가지고 있었다. 윤이 나는 검은 양모로 만든 모직물은 세계적으로 유명했으며 양탄자를 만드는 기술도 뛰어났다. 스트라보는 라오디게아에서 사육되는 양들이 가장 좋은 양털로 알려졌던 밀레도의 양모보다 더 부드럽고 검은 윤기가 나는 털을 가지고 있어 많은 수입을 안겨주었다고 말하고 있다.[65] 주전 1세기 로마의 유명한 건축가이자 십여 권의 책을 남긴 작가이기도 했던 비트루비우스(Vitruvius)는 라오디게아 양들이 그러한 양질의 털을 가질 수 있었던 것은 양들이 마셨던 썩은 냄새가 나는 물 때문이었다고 말하고 있다.[66] 비트루비우스가 언급했던 썩은 물은 이 지역 곳곳에 솟아나는 미네랄 성분이 풍부한 온천수였을 것이다.

라오디게아는 품질이 좋은 면과 면제품 생산지로도 유명했다. 라오디게아산 면제품은 명성이 대단해서 수도 로마를 비롯한 제국의 전역으로 수출되었다. 라오디게아에서 생산된 천으로 만들어진 '트리미타'(Trimita)라고 불린 망토가 얼마나 유명했던지, 교회에 대박해를 가했던 디오클레티아누스 황제가 '트리미타'에 대해 언급하고 있으며, 451년 칼케돈 회의에 참석한 주교들의 명단에도 '라오디게아'가 아니라 '트리미타리아'(Trimitaria, 트리미타의 도시) 주교라고 기록되었을 정도였다.[67] 라오디게아의 면직산업의 명성은 비잔틴과 오스만제국을 거쳐 지금까지도 이어져 오고 있다. 라오디게아의 후예라고 할 수 있는 데니즐리(Denizli)는 메안더 강을 따라 밀레도까지 이어지는 넓은 목화밭에서 생산되는 양질의 면화를 가공하여 세계 유명 회사들의 제품을 생산하고 있다.

라오디게아에 복음이 전해졌을 주후 1세기 라오디게아에 의학교가 세워졌다. 이 의학교에서 눈과 관련된 의학서를 남긴 고대 최고의 안과 의사 데모스테네스 필라레테스(Demosthenes Philalethes)가 배출되었다.[68] 라오디게아 의학교가 당대 최고의 안과 의사를 배출할 수 있었던 것은 라오디게아가 제조했던 안약 때문이었다. 버가모 출신의 명의 갈레노스가 쓴 의학서에는 '프리기안'(Phrygian)으로 불리는 안약이 라오디게아에서만 생산된다고 기록되어 있다. 고대 최고의 명약으로 인정받았던 이 안약은 아연과 백반을 혼합하여 만들었던 것으로 보인다.[69] 라오디게아는 이러한 특산품들과 지리적 조건 덕분에 주위의 여러 도시를 아우르는 금융업의 중심지가 되었다.

라오디게아에서 발굴된 비문들과 유물들은 복음이 전해질 당시 이 도시에 헬라어를 공용으로 사용하던 시리아인, 로마인, 유대인, 로마화한 원주민들이 함께 살고 있었음을 알려준다. 앞서 사데를 설명할 때 소개한 바와 같이, 주전 62년에 라오디게아와 주변 프리기아 지역 유대인들이 성전세로 보내기 위해 모은 금이 7.5kg이나 될 만큼 이 도시에는 많은 유대인이 살고 있었다.

비잔틴 시대까지 번영을 누렸던 라오디게아는 주후 494년 발생한 대지진의 여파로 쇠퇴하기 시작했고 7세기 아랍 무슬림의 침공으로 도시는 폐허로 변해버렸다. 라오디게아가 도시의 기능을 상실하자 주민들은 이곳을 버리고 오늘날 데니즐리 칼레이치(Kaleiçi) 지역에 있었던 라딕(Ladik)이라는 도시로 이주했다.

• 라오디게아 전경

라오디게아에 언제 복음이 전해졌는지 분명하지 않다. 바울이 골로새, 히에라볼리, 라오디게아 교회를 함께 언급하고 있는 것을 보아(골 4:13), 같은 시기에 리쿠스(Lycus) 강을 사이에 두고 있었던 세 도시에 복음이 전해졌을 것이다. 바울이 라오디게아 교회에 편지를 보낼 계획을 하고 있었던 점과(골 4:15) 눔바(Nympha)라는 여인의 이름을 언급한 점(골 4:15) 그리고 골로새서와 빌레몬서에 기록된 정황을 고려해 보면, 바울이 3차 선교여행 때 비시디아 안디옥에서 에베소로 가는 길에 이 도시들을 방문했을 것으로 추측된다(행 19:1). 하지만 바울이 골로새와 라오디게아 교회 성도들이 "내 육신의 얼굴을 보지 못했다"(골 2:1)고 말하고 있으므로, 바울이 세 도시에 직접 복음을 전하지는 않았으며, 빌레몬과 눔바와는 어떤 계기를 통해 개인적인 친분을 맺었던 것으로 보인다.

라오디게아와 골로새, 히에라볼리에 복음을 전하고 교회를 세운 것은 에바브라(Epapras)였다. 바울이 "함께 종 된 자"(골 1:7)라고 부르는 에바브라는 바울이 에베소에서 사역하던 52~55년경 예수 그리스도를 믿고 바울의 동역자가 되었을 것이다. 바울은 신실한 믿음과 복음에 대한 열정을 가지고 있던 에바브라를 고향 골로새에 파송했고, 에바브라는 골로새뿐만 아니라 인접한 라오디게아와 히에라볼리에도 복음을 전해 교회를 세웠다(골 4:13).

바울이 골로새 교회에 "라오디게아에 있는 형제들과 눔바와 그 여자의 집에 있는 교회"에 안부를 전하라고 당부하고 있는 것으로 보아(골 4:15), 라오디게아에는 눔바의 집과 또 다른 집에서 모였던 최소 두 개 이상의 가택 교회가 있었을 것이다.[70] 바울은 골로새 교회에게 "라오디게아로부터 오는 편지를 너희도 읽으라"고 권하고 있다(골 4:16). 그런데 바울이 라오디게아 교회에 보냈다고 말하는 '라오디게아서'는 초대 교회 때부터 존재하지 않았다.

그래서 바울이 언급하고 있는 이 편지와 관련된 여러 주장이 제기되었다. 4세기 라틴어 '불가타'(Vulgata) 성경을 번역한 제롬(Jerome)은 익명의 저자가 쓴 것으로 보이는 한 서신을 '라오디게아서'라고 주장했다. 이 때문에, 이 정체불명의 서신이 6세기에 라틴어 신약 사본에 포함되기까지 했다. 그러나 787년 니케아 종교회의는 이 서신을 거룩한 사도의 이름으로 위조된, 교부들이 사도의 것으로 받아들이기를 거부했던 문서라고 결론을 내렸다. 일부 성경학자들은 에베소서에 개인적인 문안 인사가 없고, 고대 역본들 가운데서 "에베소에 있는"(엡 1:1)이라는 문구가 없는 사본이 있다는 점을 들어, 바울이 라오디게아 교회에 보낸 편지가 에베소서였을 것으로 추측하기도 한다.[71] 그럴 가능성이 없는 것은 아니지만, 바울이 라오디게아 교회에 보내는 편지를 썼고 그것이 후대에 전해지지 않았다고 보는 것이 더 옳을 것이다.

바울이 골로새서를 보내고 난 10년 정도 후, 사도 빌립이 딸들과 함께 히에라볼리에 와서 복음을 전하다 순교했다.[72] 사도 빌립은 가까운 곳에 있는 라오디게아와 골로새에서도 복음을 전했을 것이다. 라오디게아 교회는 에바브라와 사도 빌립의 사역과 가르침 덕분에 괄목할 만한 영적 성장을 이루었을 것이다.

하지만 그로부터 30년이 지난 뒤, 주님은 라오디게아 교회를 향하여 "네가 미지근하여 뜨겁지도 아니하고 차지도 아니하니 내 입에서 너를 토하여 버리리라"고 엄중히 책망하셨다(계 3:15). 라오디게아 지척에 있는 골로새는 2,528m 높이의 카드무스 산(Cadmus)에서 흘러내리는 차가운 강이 도시 바로 앞에 흐르고 있었고, 히에라볼리는 사방에서 온천수가 솟아났다. 그러나 나무 한 그루 없는 구릉지에 자리하고 있는 라오디게아는 8km 떨어진 샘에서 수도관을 통해 물을 끌어왔기 때문에 주민들은 항상 미지근한 물을 사용해야 했다. 에베소나 버가모 같은 도시도 먼 거리에서 수도관을 통해 공급된 미지근한 물을 사용했다. 하지만 뜨거운 온천물과 눈이 녹은 찬물이 흘러넘치는 도시를 목전에 두고 있던 라오디게아 주민들이 체감했던 물의 온도는 달랐을 것이다. 주님은 라오디게아 주민들이 일상에서 체감하고 있던 일을 사용하셔서 라오디게아 교회의 미지근한 신앙을 책망하셨던 것으로 보인다.

주님의 마음을 역겹게 만든 라오디게아 교회의 미지근한 신앙은 이곳 그리스도인들이 누리던 물질적 풍요함에서 비롯되었다. 라오디게아 교회는 "나는 부자라 부요하여 부족한 것이 없다"고 자만하고 있었다(계 3:17). 앞에서 설명했듯이, 라오디게아는 당시 사람들 사이에 명품으로 인기를 누리던 검은 양털과 '트리미타' 망토, '프리기안' 안약 그리고 금융업으로 부가 넘쳐났고, 그리스도인들도 그것들을 누리고 있었다. 부유한 그리스도인들이 쉽게 착각하듯이, 라오디게아 그리스도인들은 주님을 의지하지 않아도 자신들이 소유하고 있는 것을 가지고 잘 살아갈 수 있다고 생각했다. 그런 교만이 주님과의 친밀한 교제를 방해했고(계 3:20) 그들의 신앙을 미지근하게 만들었다.

라오디게아 교회는 세상이 주는 달콤함에 눈이 멀어 자신의 영적 상태를 보지 못하고 있었다. 라오디게아 그리스도인들은 최상의 품질의 옷을 입고, 명약이 있어 눈이 밝고, 쌓아둔 부가 있어 풍요하다고 자만하고 있었다. 하지만 주님이 보시기에 그들은 가련하고 가난하고 눈멀고 벌거벗은 자들이었다(계 3:17). 주님은 그런 라오디게아 교회도 사랑하셔서 "내게서 불로 연단한 금을 사서 부요하게 하고 흰옷을 사서 입어 벌거벗은 수치를 보이지 않게 하고 안약을 사서 눈에 발라 보게 하라"고 권고하시고 회개하고 주님과의 관계를 회복할 것을 촉구하셨다(계 3:18~20). 주님은 세속의 유혹을 물리치고 믿음의 싸움에서 승리하는 자에게 세상이 주는 것과는 비교할 수 없는 "내 보좌에 함께 앉게 하는" 영광을 주실 것을 약속하셨다(계 3:21).

라오디게아 교회는 주님의 말씀에 돌이켜 회개하여 교회사에 중요한 자취를 남겼다. 166년, 라오디게아 교회의 감독 사가리스(Sagaris)가 순교했으며[73] 325년 노우네키오스(Nounechios) 주교가 프리기아 지역의 교회들을 대표해 니케아 공의회에 참석했다. 363~364년에는 프리기아 교회들의 주교들이 라오디게아에서 지역 공의회(the Council of Laodicea)를 개최했다. 이 공의회는 60개 조항의 교회 규범(canons)을 채택하였는데, 이 조항들 대부분이 451년 칼케돈 공의회에서 인정되었다. 라오디게아 공의회가 채택한 교회 규범 가운데는, 그리스도인은 유대교의 안식일이 아니라 주일에 안식해야 한다는 조항(29항)과 교회 회원은 자녀를 분별없이 불신자와 결혼시켜서는 안 된다는 조항(10항)과 같은 중요한 사항들이 포함되어있다.[74]

라오디게아에서는 가택 교회, 신전이나 목욕탕을 개조한 교회당 그리고 예전에 따라 건축된 교회당 등, 초대 교회 때부터 비잔틴 시대에 이르기까지 서로 다른 형태로 건축된 7개의 교회당이 발굴되었다. 이 7개 교회당은 교회당이 어떻게 발전해 왔는지를 보여준다. 2010년 라오디게아를 남북으로 관통하는 중앙도로 북쪽 끝부분과 연극장이 만나는 지점에서 초대 그리스도인들이 가택 교회로 사용했던 로마 주택(Domus)이 발굴되었다. 발굴과 복원이 거의 끝나 곧 개방될 예정인 이 가택 교회는, 교회가 공적인 장소에 모습을 드러내기 전 약 300년 동안 그리스도인들이 가정집을 어떻게 예배당으로 사용했는지 보여줄 것이다.

발굴된 7개의 교회당 가운데는 목욕탕-교회당과 신전-교회당도 있다. 이런 형태의 개조된 교회당들은 데살로니가의 '로톤다'와 버가모의 '세라피스 신전'과 같이 그리스도인들이 신앙의 자유를 얻은 직후 만들어진 것이다. 2004년 발굴된 목욕탕-교회당에서 "주교의 도시"라는 문구가 새겨진 한 비문이 발견되었다. 이 비문은 예전에 따라 교회당이 건축되기 이전 라오디게아 교회의 주교가 이 교회당에서 봉사했다는 것을 알려준다.

중앙 아고라 북쪽 맞은편에 기독교가 공인된 4세기에 건축된, 세계에서 가장 오래된 교회당 가운데 하나가 있다. 전 세계에 현존하는 교회당 가운데 7번째 오래된 것으로 추정되는 이 교회당은 지붕은 없어져 버렸지만, 벽, 기둥, 바닥, 세례소 등 전체적인 구조는 비교적 잘 보존되어 있다.[75]

• 4세기 라오디게아 교회당

2010년 존재가 확인된 이 교회는 몇 년 동안의 발굴과 복원을 거쳐 최근 개방되었다. 이 교회당은 서쪽에서 들어와 동쪽 앱스를 향하여 예배를 드리는 전형적인 바실리카 형태를 하고 있다. 교회당 내벽은 프레스코화와 대리석으로 장식되어 있고 바닥에는 모자이크가 깔려있다. 모자이크의 한 부분에 교회당을 짓는 비용을 헌금했던 폴리갑(Polycarp)과 알렉산더(Alexander) 두 집사의 이름이 기록되어 있다. 이 교회당에서 가장 주목해 보아야 할 부분은 앱스 바로 맞은 편에 있는 '암보'(ambo)라고 불리는 단이다. 암보는 성경 낭독자와 찬양 인도자, 설교자가 올라가 예배를 인도하던 단으로, 오늘날 설교단과 같은 기능을 했다. 암보가 앱스에서 회중석 쪽으로 다소 거리를 두고 설치된 것은 예배를 드리는 모든 사람에게 성경 봉독과 설교가 들릴 수 있도록 하기 위해서였다.

교회사에서 암보는 363~364년 개최된 '라오디게아 공의회' 규범 제15항에서 처음 나타난다. 라오디게아 공의회 규범 제15항은 임명받은 성가대원만이 암보에 올라가 찬송가에 수록된 곡을 불러야 한다고 규정하고 있다.[76] 고고학자들은 라오디게아 공의회 이전에 건축된 이 교회당이 암보를 설치한 최초의 교회당일 것으로 추정한다. 이 교회당의 암보는 허물어져 형태를 알아보기 힘들지만, 이스

• 이스탄불 성 소피아 교회당 암보

탄불 성 소피아 교회당에 비교적 온전한 형태로 복원된 암보가 남아있다. 성 소피아 교회당 뜰 한편에 서 있는 붉은 대리석으로 만들어진 암보는 1453년 오스만 군대가 콘스탄티노플을 점령한 후 교회당을 모스크로 개조하면서 철거하여 버린 것을 발견하여 복원한 것이다. 암보는 중세 시대 더 높은 곳에 설치된 설교단으로 대체되었으며, 종교개혁 이후 개신교회는 앱스가 있던 장소에 설교단을 두고 있다.

• 에베소 사도 요한 교회당 세례소   • 라오디게아 교회 세례소

• 세례와 세례소

그리스도인들은 신앙의 자유를 얻고 난 후 교회당을 건축하면서 교회 내에 세례소도 만들었다. 4세기 중반에 건설된 라오디게아 교회당을 비롯해, 5세기 이후에 건축된 에베소 마리아 기념교회당, 사도 요한 기념교회당, 이스탄불 소피아 교회당, 히에라볼리 교회당에는 크기는 약간씩 다르지만 동일한 형태로 만들어진 세례소가 있다.

사도들은 예수님의 명령에 따라 누구든지 복음을 듣고 회개한 자들에게 바로 세례를 주었지만, 이후 세례받는 자들에게 요구되는 기준과 준비과정이 엄격해졌고 세례식 규정과 세례소가 만들어졌다. 사도 시대 이후 세례 규정이 만들어진 것은, 세례를 받고 난 후 박해를 이기지 못하고 믿음을 저버린 자들과 기독교가 국교화된 이후 참된 믿음 없이 형식적으로 세례를 받으려 한 자들의 영향 때문이었다. 이미 1세기 말, 교회는 세례를 받는 자들이 마땅히 알아야 할 교리와 삶의 윤리를 가르치기 위해 『디다케』라는 교회 규범을 만들었다. 그런데도 세례를 받은 후 하나님의 뜻을 저버리고 죄를 범하는 자들이 생겨났다. 2세기에 쓰인 『헤르마스의 목자』가 세례를 받은 자가 이후 다시 죄를 범하면 회개할 기회는 한 번밖에 없다고 경고하는 것은, 이러한 상황을 반영하고 있다.[77]

4세기 예전에 따라 교회당이 건축되고 세례소가 만들어지기 전, 세례는 물이 있는 곳이면 어디서든지 행해졌다. 『디다케』는 세례 공부를 한 사람에게 흐르는 물에서 세례를 주라고 권하면서, 만일 흐르는 물이 없으면 고여있는 물도 상관없으며, 흐르는 물과 고여있는 물이 없으면 성부와 성자와 성령의 이름으로 세 번 머리에 물을 부어도 된다고 가르치고 있다.[78] 오늘날 로마 가톨릭과 대부분의 개신 교회는 이러한 방식으로 세례를 준다. 터툴리안도 바다, 시내, 샘, 욕조 등 물이 있는 곳이면 어디서든지 세례를 줄 수 있다고 말하면서 그 이유를 성령이 하늘에서 내려와 세례를 받는 물에 임하기 때문이라고 설명하고 있다.

이처럼 세례는 형식에 상관없이 깨끗한 물만 있으면 되었지만, 세례받는 자는 반드시 금식과 기도로 준비해야 했다. 『디다케』는 세례를 받는 자만이 아니라 세례를 주는 자도 세례식 전 하루나 이틀을 금식하며 기도하라고 권고하고 있으며, 터툴리안은 세례를 받는 자는 금식하고 죄를 회개하면서 밤새워 기도해야 한다고 말하고 있다.

3세기 히폴리투스(Hippolytus, 170-235)가 쓴 『사도 전승』에는 교회가 행했던 세례에 관한 내용이 자세하게 설명되어 있다. 이 책에 의하면, 세례를 받으려는 자들은 엄격한 준비과정을 거쳐야 했다. 교회는 일차적으로 세례 지원자들의 가정생활과 직업을 살폈다. 가정생활이 건전하지 못하거나 성경이 금하는 일을 하는 사람들은 여기서 탈락하였다. 일차 과정을 통과한 자들은 삼 년 동안의 교리와 신앙교육을 받았다. 신앙교육이 끝나면 교회는 예비 세례자가 삼 년 동안 믿음의 진보가 있었는지를 다시 살폈다. 이 심사에 통과되어 선발된 사람들은 부활절에 행했던 세례식을 일주일을 앞두고 매일 기도로 준비했다. 목요일에 몸을 정결하게 씻고 금요일부터 주일 새벽까지 금식과 기도로 세례식을 준비했다.

세례식은 부활절 저녁에 거행되었다. 세례는 옷을 입지 않고 받았기 때문에 세례식에는 세례를 베푸는 사제들과 세례를 받는 사람만 참석했다. 3세기 후반에 기록된 『사도들의 교훈』은 여성이 세례를 받을 때는 여성 지도자가 도왔다고 알려준다. 세례를 받는 사람은 세상과 사망을 상징하는 서쪽에서 세례소 안으로 들어왔다. 세례를 베푸는 사제는 세례소 정면에 서고 두 부제가 세례소 양쪽에 섰다. 세례를 받을 자가 세례소에 들어오면 사제의 인도에 따라 사도 신경이 가르치는 대로 세 번에 나누어 성부와 성자와 성령에 대한 신앙고백을 했다. 각 신앙고백이 끝날 때마다 사제들은 세례를 받는 자가 물에 완전히 잠기도록 침례를 행했다. 세 번에 걸쳐 몸을 완전히 물에 잠그고 일어나는 것은 예수 그리스도와 함께 죽고 다시 사는 것을 상징했다.

세례를 받은 자가 세례소에서 올라오면 사제는 예수 그리스도의 이름으로 감사의 기름을 바른 후 옷을 입히고 교회당 안으로 인도했다. 사제는 교회당에 들어온 세례자의 머리에 성령의 임재를 상징하는 기름을 바르고 안수하며 성령의 충만을 위해 기도했다. 그러고 나면 세례자는 회중의 환영을 받으며 첫 성찬에 참여했다. 세례를 받고 처음 성찬에 참여하는 사람들은 떡과 포도주 외에 하나님 나라의 백성이 되었다는 것을 상징하는 표인 꿀과 우유를 받아 마셨다.[79]

392년 테오도시우스 황제가 기독교를 국교로 선포한 지 두 세기가 지난 후 건축된 교회당에 세례소가 건축된 것은 여전히 세례받는 사람이 많았기 때문이다. 초기 그리스도인들은 세례를 받은 후에 죄를 범하면 용서받지 못하거나, 딱 한 번 회개할 기회가 있다고 생각했기 때문에 죄에 대한 두려움으로 생의 말년까지 세례를 미루는 경우가 많았다.[80] 그리고 기독교가 국교가 되었다고 모든 사람이 예수를 믿은 것은 아니었다. 그리스도인 주위에는 예수를 믿지 않은 사람들이 여전히 많이 있었다. 교회는 주님의 명령에 따라 이들에게 복음을 전해 세례를 베풀고 가르쳐 제자 삼는 일을 계속했다.

라오디게아 유적들

라오디게아는 지진과 아랍의 침공으로 7세기 도시로서 기능을 상실하고 주민들은 다른 곳으로 옮겨 갔다. 그 덕분에 라오디게아는 사람들의 손을 많이 타지 않고 땅속에 묻혀있었다. 라오디게아는 2000년대에 들어와 본격적인 발굴이 시작되어 매년 새로운 유적이 발견되고 있다. 몇 년 후에 라오디게아를 방문하는 사람들은 이 책에서 소개하지 않은 새로운 유적들을 만날 수 있을 것이다. 교회와 관련된 유적은 설명했으므로, 복음이 전해지던 당시 이 도시의 면모를 이해하는 데 도움이 될 만한 몇 가지 유적을 소개하도록 하겠다.

수로, 물 공급 탑, 저수조(Castellum): 라오디게아를 답사하는 그리스도인들은 수도시설에 대한 관심이 많다. 이러한 관심은 어느 성경 주석가가 "네가 미지근하여 뜨겁지도 아니하고 차지도 아니하니 내 입에서 너를 토하여 버리리라"는 말씀을 해석하면서, 히에라볼리에서 수로를 통해 끌어들인 뜨거운 온천수가 이 도시에 도착하면 미지근해져서 라오디게아 사람들은 미지근한 물을 마셨다고 설명한 것에서 비롯된 것으로 보인다. 하지만 주석가의 설명과는 달리 히에라볼리의 온천수를 라오디게아로 끌어왔던 수로 같은 것은 존재하지 않았다. 헬라-로마 시대 히에라볼리와 라오디게아 사이에 호수가 있어 수로를 놓을 수 없었다. 더구나 온천수는 몸에 해로워 식수로 사용할 수 없다. 그래서 온천수가 사방에서 솟아나던 히에라볼리도 식수는 도시 북쪽 산에 있는 샘에서 끌어왔다. 앞에서 언급했듯이, 라오디게아는 남쪽 8km에 있는 샘물을 끌어와 사용했다. 이 샘은 수량이 풍부하고 물맛도 좋아 지금도 데니즐리시가 수돗물로 사용하고 있다. 라오디게아 남쪽 계곡 언덕에 샘에서 물을 끌어들이던 수도관이 남아있고, 스타디움 북동쪽 모퉁이에 수로를 통해 끌어들인 물을 낙차를 이용해 김나지움과 주위 주택가에 공급하던 5m 높이의 물 분배 탑이 있다. 수도관을 통해 끌어들인 물을 저장했다가 도시 전체에 분배하던 저수조(Castellum)는 중앙 아고라 동남쪽 도시에서 가장 높은 곳에 있다.

• 수도관

• 물 분배 탑

스타디움: 라오디게아 남서쪽에 소아시아에서 가장 큰 스타디움이 있다. 동서로 뻗어있는 언덕을 이용하여 만든 이 스타디움은 폭 70m에 길이가 285m나 되며 25,000명의 관중을 수용할 수 있었다. 출입문 위에 있는 비문에 주후 79년 니코스트라테(Nikostrate)라는 한 시민이 자비로 경기장을 건축하여 베스파시아누스 황제와 총독 마르쿠스 울피우스 트라이아누스(Marcus Ulpius Traianus)에게 헌정한다는 문구가 새겨져 있다. 마르쿠스 울피우스 트라이아누스는 도미티아누스가 살해되고 난 2년 후 로마의 황제가 된 트라이아누스의 아버지이다. 니코스트라테가 개인으로 이 거대한 스타디움을 건축한 것은, 헬라-로마인들은 '노블레스 오블리주'(누리는 특권이 많은 사람은 거기에 맞는 사회적 책임도 실천해야 한다)를 의무와 명예로 여겼기 때문이다. 우리가 여행하는 도시들에서 만나는 목욕탕, 도서관, 김나지움, 연극장, 스타디움과 같은 공용 시설은 그 도시의 유력 인사들이 '노블레스 오블리주'를 실천하기 위해 건축한 것들이다.

• 라오디게아 스타디움

연극장: 라오디게아에는 세 개의 아고라와 두 개의 극장이 있다. 이 도시가 아고라를 세 개나 가지고 있었다는 것은 그만큼 경제가 활발하였고 유동 인구가 많았다는 것을 보여준다. 연극장이 두 개였던 것은 로마에 편입된 후 도시가 번성하고 인구가 늘어나 헬라시대에 만든 연극장만으로는 연극을 보기 원하는 관중을 다 수용할 수 없었기 때문이다. 주전 3세기 안티오코스 2세가 라오디게아를 건설하면서 만든 8,000석 규모의 연극장은 멀리 맞은편에 히에랍볼리가 보이는 서북쪽에 있다. 로마 시대에 들어와 이 연극장이 수요를 충족시킬 수 없게 되자, 북쪽 언덕을 깎아 12,000명의 관중을 수용할 수 있는 그리스식 연극장을 새로 건설했다. 로마 시대 건설된 연극장 앞 좌석들에 라오디게아에서 유력했던 가문 사람들의 이름이 새겨져 있다. 좌석에 새겨진 이름들은 로마에서처럼, 라오디게아에서도 연극장 앞 좌석 15줄까지를 귀족들에게 지정석으로 배정했다는 것을 알려준다.

• 북쪽 연극장

8. 히에라볼리(Hierapolis), 파묵칼레(Pamukkale)

라오디게아에서 북서쪽으로 보면 평야가 끝나는 곳에 마치 하얀 눈에 덮여 있는 것 같은 언덕이 있다. 이 언덕이 터키인들이 파묵칼레(Pamukkale, 목화의 성)라고 부르는 곳이다. 지하에서 솟아난 탄산 성분의 온천수가 공기 중의 산소와 만나 언덕 전체를 하얀 석회암으로 변화시킨 모습이 마치 목화로 성을 쌓아 놓은 것처럼 보여서 붙여진 이름이다. 파묵칼레는 유네스코 세계문화유산에 등재되어있으며 한국인들이 즐겨 찾는 터키의 대표적 관광 명소 가운데 하나이다.

이 언덕 위에 '신성한 도시'(Hierapolis)라는 의미를 가진 히에라볼리가 있다. 히에라볼리는 골로새서에서 라오디게아, 골로새와 함께 언급되고 있다(골 4:13). 신약성경에는 한 번만 언급되고 있지만, 히에라볼리는 예수님의 제자 사도 빌립이 딸들과 함께 복음을 전하다 순교해 잠든 곳이며, 사도 요한의 제자 파피아스(Papias)가 사역했던 유서 깊은 도시이다.

이곳 연극장 한 모퉁이에 새겨진 Seleukis, Anthiochis, Laodikis, Eumenis, Attalis와 같은 이름들은 히에라볼리가 주전 3세기에 건설되었음을 알려준다. 히포다무스가 설계했던 바둑판 형태로 건설된 이 도시에 '신성한'(Hiera)이라는 이름이 붙여진 것은 헬라식 도시가 건설되기 이전부터 이곳에 아폴로, 하데스 신전과 신전을 관리하던 신전마을이 있었기 때문이었다. 셀레우코스 왕조가 건설했던 이 도시는 안티오코스 3세가 마그네시아에서 로마에 패배한 이후 버가모 왕국의 통치를 받다가 주전 133년 로마의 지배를 받게 되었다.

히에라볼리는 자주색 옷감 산지로 유명했다. 히에라볼리를 여행했던 스트라보는 이곳에서 생산되는 자주색 양모의 품질이 뛰어난 것은 다량의 광물질이 포함된 온천수를 식물의 뿌리와 혼합해서 만든 자주색 염료 덕분이라고 말하고 있다.81)

• 프론티누스 문과 제욱시스 가족묘

히에라볼리에서 생산된 자주색 옷감은 이탈리아에서도 인기가 높았다. 도시 서쪽 프론티누스 문(Frontinus Gate) 바로 옆에 있는 플라비우스 제욱시스(Flavius Zeuxis)라는 이름을 가진 한 상인의 무덤 입구에 새겨져 있는 비문은, 이 도시의 상인들이 로마까지 왕래하며 장사를 했다는 것을 알려준다. 주후 1세기에 만들어진 이 무덤의 입구 위쪽에 "제욱시스는 상인으로 말레아 곶(Cape Malea)을 72번이나 돌아 이탈리아까지 항해했다"는 글이 새겨져 있다. 고대 뱃사람들에게 공포의 대상이었던 그리스 펠로폰네소스 남단 말레아 곶을 무려 72번이나 돌아 이탈리아까지 왕래했던 제욱시스는 대단한 모험심과 배포를 가진 상인이었던 것으로 보인다.

히에라볼리에서 발굴되는 메노라(menorah)를 비롯한 상징들과 비문들은 이 도시에 상당한 규모의 유대인 공동체가 있었음을 알려준다. 유대인 디아스포라는 이 도시에 교회가 세워지는데 좋은 토양이 되었을 것이다. 히에라볼리에 복음을 전하고 교회를 세웠던 사람은 에바브라였다(골 4:13). 에바브라 이후, 사도 빌립이 딸들과 함께 히에라볼리에 와서 사역했다. 사도 요한의 제자이자 히에라볼리의 감독이었던 파피아스(Papias)는 사도 빌립이 딸들과 함께 히에라볼리에 와서 복음을 전하다 이곳에 잠들어 있다고 증언하고 있다.[82] 190년경 에베소 교회의 감독 폴리크라테스(Polycrates, 130~196)도 로마 교회의 감독 빅토르(Victor)에게 보낸 편지에서 "열두 사도 중 한 분인 빌립은 히에라폴리스에 잠들어 있다. 늙을 때까지 처녀로 지낸 그의 두 딸도 그곳에 묻혀있다. 성령 안에서 살았던 또 한 명의 딸은 에베소에 장사 되었다"고 전하고 있다.[83] 4~5세기경에 기록된 것으로 추정되는 『빌립 행전』(Acts of Philip)은 사도 빌립이 히에라볼리에서 복음을 전하다가 십자가에 거꾸로 달려 순교했다고 전하고 있다.

교회가 신앙의 자유를 얻은 지 얼마 후 사도 빌립의 무덤이 있던 곳에 그를 기념하는 작은 교회당이 세워졌다. 중세 시대, 사도 빌립 교회당은 에베소의 사도 요한 교회당과 더불어 예루살렘으로 향하던 순례자들이 반드시 방문하던 성지였다. 그러나 13세기 무슬림들이 이 지역을 점령한 후 도시가 폐허로 변하고 순례자들의 발길도 끊기면서 사도 빌립 교회당은 땅속에 묻혀 위치조차 알 수 없게 되었다. 19세기 히에랍볼리 발굴을 시작한 이탈리아 고고학자들의 최대 관심사는 사도 빌립 교회당을 찾아 내는 것이었다. 고고학자들은 고대 순례자들이 남긴 기록을 토대로 사도 빌립 교회당을 찾기 위해 시도했지만 별다른 성과를 거두지 못했다. 그동안 아폴론 신전에서 네크로폴리스(공동묘지)로 올라가는 포장된 길과 알파와 오메가 문형이 기록된 팔각형 무덤이 발굴되었지만, 8세기 만들어진 그 무덤의 주인은 사도 빌립이 아니었다. 발굴을 시작한 지 한 세기가 지난 2011년 8월, 마침내 이탈리아 살렌토 대학교(Salento University)의 프란체스코 안드리아(Francesco D'Andria) 교수가 이끄는 발굴팀이 사도 빌립의 무덤과 사도 빌립 교회당을 찾아내었다.

사도 빌립 교회당은 4~5세기에 건축되었다. 예수님의 사도라는 직분에 비해 그를 기념하는 교회당의 규모가 작은 것은 기존에 있던 공동묘지를 정리해서 교회당을 건축했기 때문일 것이다. 사도 빌립의 유해를 모셨던 1세기 로마식 무덤은 교회당 중간 부분 왼쪽에 있다. 사도 빌립의 무덤에 그의 유해는 없다. 사도 빌립의 유해는 6세기 말 이곳에서 콘스탄티노플로 옮겨진 이후 다시 로마로 이장되어 사도 야고보와 사도 빌립의 이름으로 봉헌된 '성사도 교회'(Santi Dodici Apostoli)에 안장되어 있다.

• 사도 빌립의 무덤

• 사도 빌립 교회당

갈릴리 벳세다 출신이었던 요한과 빌립 두 사도는 예루살렘을 떠난 후 아시아로 와서 에베소와 히에라볼리에서 사역했다. 사도 요한은 가까운 거리에 있었던 사도 빌립과 그의 딸들과 소식을 주고받았으며, 사도 빌립의 순교 소식도 들었을 것이다. 에베소 감독 폴리크라테스가 에베소에 묻혀있다고 말한 사도 빌립의 딸도 아버지가 순교한 이후 사도 요한 곁으로 왔을 것이다. 그래서 사도 빌립에 대한 사도 요한의 기억과 감정은 특별했을 것이다.

그래서였을까? 신약성경에 기록된 사도 빌립과 관련된 이야기는 모두 요한복음에만 나온다. 사도 요한은 빌립이 안드레와 베드로와 한 동네 벳세다 사람이라

밝히면서, 그가 나다나엘을 찾아 예수께 데리고 왔다고 말한다(요 1:44~46). 사도 요한은 예수님께서 오병이어의 기적을 행하기 전 빌립에게 "우리가 어디서 떡을 사서 이 사람을 먹이겠느냐"고 질문하셨고 빌립은 "각 사람에게 조금씩 받게 할지라도 이백 데나리온의 떡이 부족하리이다"라고 대답했다고 증언한다(요 6:5~7). 요한은 또 유월절에 예배를 위해 예루살렘에 올라온 헬라인 몇이 예수님을 뵙기를 원하자 빌립이 그들을 예수님께 데리고 갔으며(요 12:20~22), 예수님이 고별 강화를 하실 때 빌립이 "주여, 아버지를 우리에게 보여주옵소서 그리하면 족하겠나이다"라고 말하자 예수님은 "빌립아 내가 이렇게 오래 너희와 함께 있으되 네가 나를 알지 못하느냐 나를 본 자는 아버지를 보았거늘 어찌하여 아버지를 보이라 하느냐"라고 대답하셨다고 증언한다(요 14:8~9). 이처럼 예수님과 사도 빌립 사이에 오간 대화를 요한복음만 증언하는 것은, 사도 요한이 복음서를 기록할 때 성령께서 그의 기억과 감정을 사용하셨기 때문일 것이다.

사도 빌립이 순교한 후, 서머나 감독 폴리갑과 함께 사도 요한으로부터 직접 배웠던 파피아스(Papias)가 히에라볼리에 와서 사역했다.[84] 파피아스는 130년경 '주의 말씀의 강해'라는 다섯 권의 책을 저술했다고 하는데, 애석하게도 모두 유실되어 전해오지 않는다. 그러나 이레니우스나 유세비우스와 같은 교부들이 그의 책에서 인용한 것들을 모은 『파피아스의 단편들』이 전해온다. 『파피아스의 단편들』은 복음서들과 사도들과 관련된 중요한 정보들을 우리에게 알려준다.

● **파피아스 단편집이 전하는 정보**[85]

*마태는 히브리어로 성경을 기록하였고 각자가 할 수 있는 최선을 다해 그것을 번역하였다.

*마가는 베드로의 통역자가 되어 그리스도가 말했던 것이나 행한 것들에 대하여 순차적으로는 아니었지만, 그가 기억했던 모든 것들을 정확하게 기록했다.

*도미티아누스 황제 후에 네르바 황제가 일 년 동안 통치했다. 그는 요한을 섬으로부터 다시 불러서 에베소에 살도록 허락했다. 그 시기에 그는 12 사도 중의 유일한 생존자였으며, 그의 이름을 가지고 있는 복음서를 쓴 후에 순교와 함께 영광을 받았다.

*요한을 직접 보았던 히에라폴리스의 감독 파피아스는 『주의 말씀』 2권에서 요한이 유대인에 의해 살해되었다고 말한다.

*신학자이면서 사도인 요한은 트라이아누스 황제 때까지 살았다. 히에라폴리스의 파피아스와 서머나의 감독 폴리갑이 그에게서 가르침을 받았는데 유명하게 되었다.

*사도 빌립이 딸들과 함께 히에라폴리스에 거주했으며, 가룟 유다를 대신할 사도를 선출할 때 후보로 추천된 바사바 유스도(행 1:23)가 치명적인 독을 마셨지만, 주님의 은혜로 아무 일도 겪지 않았다는 것을 들었다고 회상하고 있다.

*파피아스는 그의 책 중의 하나에서 요한복음에 관하여 썼는데, 복음서 저자 요한의 책에 간음했던 여인에 대한 보고가 있다는 것을 그는 이야기한다.

히에라볼리는 교회가 신앙의 자유를 얻은 후, 프리기아 지역의 감독이 거주하는 대교구로 지정되었다. 히에라볼리 주교들은 주요 공의회에 프리기아 교회들을 대표해 참석했다. 1차 니케아 공의회(325년)에 플라쿠스(Flaccus)가, 3차 에베소 공의회(431년)에 베네아가스(Beneagas)가 그리고 4차 칼케돈 공의회(451년)에는 스테파노스(Stephanos)가 프리기아 교회를 대표했다. 히에라볼리가 주교가 거주하는 대교구로 지정된 것은, 이 도시에서 순교한 사도 빌립의 무덤과 그를 기념하는 교회당이 있었기 때문이다. 히에라볼리 주교가 거주했던 교회당은 도시를 동서로 지나가는 중심 도로의 중간 지점에 있다. 나르텍스와 세 개의 통로로 된 네이브 그리고 앱스로 구성된 전형적인 바실리카 형태의 이 교회당은 내부에 세례소를 가지고 있다.

돌무더기로 변했던 히에라볼리가 오늘날 세계적인 명소가 된 것은, 태곳적부터 솟아난 칼슘 성분의 온천수가 거대한 언덕 전체를 비경으로 만들어 놓았기 때문이다. 히에라볼리 남쪽 경사면 일대에 펼쳐져 있는 파묵칼레는 높이 100m

• 히에라볼리 주교좌 교회당

에 길이가 2km나 되며, 마치 만발한 목화송이로 성을 쌓은 것과 같은 모습을 하고 있다. 온천수가 언덕을 흘러내리면서 만들어 낸 크고 작은 웅덩이들은 파묵칼레의 웅장함에 아름다움을 더한다. 몇십 년 전까지만 하더라도 언덕 사방에서 솟아나는 온천수와 증기가 파묵칼레를 뒤덮었지만, 갑자기 수많은 관광객이 몰려오고 우후죽순처럼 들어선 호텔들이 온천수를 뽑아 써버려 지금은 이전의 신비한 모습을 찾아볼 수 없다. 그렇지만 만발한 목화송이를 쌓아 놓은 것 같기도 하고 눈이 덮고 있는 것 같기도 한 웅장한 순백의 언덕과 푸른 하늘을 담아 놓은 듯한 수많은 에메랄드빛 웅덩이들은 이곳을 찾는 이들의 감탄을 자아낸다.

413 ― 밧모섬과 소아시아 교회들

• 파묵칼레 전경

• 파묵칼레

히에라볼리 유적

'신성한 도시'(Hierapolis)라는 이름에 걸맞게 히에라볼리에는 아주 멋진 고대 연극장과 신전들, 아고라, 목욕탕, 사도 빌립 교회를 비롯한 여러 개의 교회당 그리고 터키에서 가장 규모가 큰 네크로폴리스(necropolis, 죽은 자의 도시)로 불리는 고대 공동묘지가 있다. 교회와 관련된 유적은 이미 소개했으므로, 사도들이 복음을 전하던 당시 이 도시의 모습을 상상해 보는 데 도움이 될 만한 몇 가지 유적을 살펴보도록 하겠다.

네크로폴리스(Necropolis, 죽은 자의 도시): 히에라볼리에는 터키에서 가장 큰 규모의 네크로폴리스가 있다. 의학이 발달하지 않았던 고대에 온천은 병을 치료하고 요양하던 중요한 수단이었기 때문에 이곳에서 생의 말년을 보낸 상류층 사람들이 많았다. 히에라볼리 성벽 바깥쪽에는 주전 2세기~주후 3세기에 만들어진 봉분 형태, 집이나 신전 형태 그리고 석관 형태로 만들어진 1,200개 이상의 무덤들이 있다. 이 무덤들은 모두 상류층 사람들의 것으로 300개 이상의 묘비가 해독되어 고대인들의 생활과 문화를 연구하는 중요한 자료로 사용되고 있다. 사진에서 볼 수 있는 것처럼, 석관이나 무덤들은 높게 쌓은 단 위에 두었는데, 이러한 방식으로 무덤을 만든 것은 망자를 잊지 않고 있다는 것을 표현하기 위해서였다.

• 네크로폴리스

연극장(Theater): 히에라볼리에는 소아시아에서 가장 멋지고 잘 보존된 연극장이 있다. 도시 위쪽에 건설된 연극장에서 아래를 보면 히에라볼리와 리쿠스 강이 흐르는 평야의 모습이 한눈에 들어온다. 10,000~12,500명의 관중을 수용할 수 있는 이 층 구조의 이 연극장은 주후 1세기에 건설된 후 150년 동안 여러 번의 증축을 거쳐 주후 3세기 현재의 모습을 갖추게 되었다. 처음 연극장을 건설할 때 관중석은 모두 석회암으로 만들어졌지만, 주후 3세기 아래층에 있는 관중석이 대리석으로 교체되어 아래층과 위층 관중석이 서로 다른 석재로 되어있다. 연극장 입구와 무대는 그리스 신화에 등장하는, 아폴로와 아르테미스의 출생, 디오니소스와 농업의 신 사투르누스(Saturnus)와 함께 즐기는 축제, 아폴로와 마르시아스(Marsyas)가 벌이는 음악 경연 그리고 신들과 거인들 사이의 전쟁을 묘사하는 아름다운 대리석 부조들로 장식되어 있다. 이 조각들 가운데 일부는 히에라볼리 박물관에 보관되어 있다.

• 히에라볼리 연극장

이오니아식 기둥 집(House of the Ionic Capitals): 연극장 무대 바로 아래 이오니아식 기둥들이 늘어서 있는 로마 저택(Domus)이 있다. 주전 2세기 건축된 이 저택은 규모와 장식을 볼 때 상당한 지위를 가진 사람이 살았던 것으로 추측된다. 이 저택의 기둥들이 이오니아식으로 만들어져서 '이오니아식 기둥 집'으로 불리는 이 건물이 우리의 관심을 끄는 것은, 한 방 안벽에 구약 외경 '므낫세의 기도'(Prayer of Manasseh) 가운데 "당신의 큰 자비하심으로 내 속에 당신의 선함을 보이시고 가치 없는 나를 구하소서"라는 구절이 새겨져 있기 때문이다. 그리스도인이나 유대인이었을 저택의 주인은 이 방을 개인 기도실로 사용했던 것으로 보인다.

므낫세는 히스기야의 아들이었지만, 하나님을 섬겼던 아버지와는 다르게 자기 아들들을 우상에게 제물로 바칠 만큼 악한 왕이었다(대하 33:6). 하나님이 앗수르 군대를 보내셔서 므낫세를 포로로 잡아가 환란을 당하도록 징계하시자, 그는 진심으로 회개의 기도를 드렸다. 하나님은 므낫세의 기도를 들으시고 그를 다시 예루살렘으로 귀환하게 하셔서 왕이 되게 하셨다(대하 33:11~13). 역대하에는 므낫세가 어떤 내용으로 하나님께 회개의 기도를 드렸는지 기록되어 있지 않다. 그런데 므낫세의 변화가 너무 극적이어서 바벨론 포로기 이후 한 익명의 저자가 '므낫세의 기도'라는 이름으로 기도문을 만들었다. '므낫세의 기도'는 구약성경 70인 역과 4세기 헬라어로 작성된 '사도 법령'(the Apostolic Constitutions)에 실려있으며, 시리아어, 에티오피아어, 라틴어 등으로 번역되었다. 이 기도문은 1611년 판 킹제임스성경(King James Bible) 외경에도 포함되어있다. 동방교회와 로마 가톨릭 그리고 성공회에서는 므낫세의 기도를 예전에 사용하고 있다.

• 이오니아식 기둥 집

아폴로 신전(Temple of Apollo): '이오니아식 기둥 집' 아래쪽에 히에라볼리의 주신이었던 아폴로 신전과 고대인들이 죽음과 지하세계를 관장한다고 믿었던 플루톤 신전(Plutonium)이 있다. 주전 3세기 말 건축된 아폴로 신전은 사람들이 신탁을 구하던 곳이었다. 고대에 가장 유명했던 아폴로 신전은 그리스 델피에 있었다. 그런데 주전 1세기를 전후해 델피에서 나오는 점괘가 신통치 않았던지, 그리스-로마 사람들은 용하다고 소문난 에베소 북쪽에 있는 클라로스(Claros) 아폴로 신전을 찾아가 신탁을 구했다.

아폴로 신상이 서 있었던 신전 칸막이 동쪽 면에 클라로스에서 받았다고 밝히고 새겨놓은 4개 조항의 신탁이 남아있다. 이 비문은 히에라폴리스 사람들도 결정해야 할 중요한 일들이 있으면, 클라로스에 있는 아폴로 신전까지 찾아가서 신탁을 받았다는 것을 보여준다. 히에라볼리 사람들은 아폴로를 주신으로 삼고 신전까지 건축했지만, 정작 이 신전에서 나오는 점괘는 신뢰하지 않았던 것 같다.

플루톤 신전(Plutonium): 아폴로 신전 바로 오른편에 그리스 신화에서 죽음과 지하세계를 관장하는 신으로 알려진 플루톤(Pluton)의 신전이 있다. 그리스인들은 플루톤을 하데스(Hades)라고 불렀다. 한국어 성경에는 '하데스'(ᾅδης)가 '음부,' '지옥' 등으로 번역되어 있다. 플루톤 신전은 땅속에서 증기와 이산화탄소가 혼합되어 분출되던 작은 동굴 위에 세워졌다. 주후 1세기 플루톤 신전을 방문했던 스트라보는 동굴 입구에 보호막이 설치되어 있어서 가까이 접근하는 사람들은 해를 입지 않았지만, 동굴로 들어가는 동물은 바로 죽었다고 전하고 있다. 스트라보는 자신이 비둘기 한 마리를 동굴에 빠뜨리자 즉시 죽었으나, 신전 사제들은 동굴 안 깊숙한 곳에 들어가도 죽지 않았다고 하면서, 사제들이 어떻게 그러한 능력을 소유하게 되었는지를 의아해하고 있다.[86] 현대에 와서 과학자들은 동굴에 들어간 동물이 즉시 죽은 것은 지하에서 증기와 함께 분출되는 이산화탄소 때문이었다는 것을 밝혀내었다. 사제들은 동굴 내 이산화탄소와 증기의 흐름을 잘 알고 있었기 때문에 유해가스를 흡입하지 않고 마치 특별한 능력을 소유한 것처럼 보이게 할 수 있었을 것이다.

고대 사람들은 이 신비한 곳이 하데스와 그의 아내 페르세포네(Persephone)가 다스리는 지하세계로 들어가는 '지옥의 문'이라고 믿었다. 그래서 주전 6세기 이곳에 신전을 만들었다. 히에라폴리스(신성한 도시)라는 도시의 이름도 이 신전에서 유래했을 것으로 추측된다. 고대 히에라볼리에 있는 이 '지옥의 문'은 아주 유명했기 때문에 키케로, 하드리아누스, 카라칼라 등과 같은 유명 인사들이 찾아와서 살아 있는 동물이나 새를 동굴 입구에 던지고 죽는 것을 확인했다.

2013년 고고학자들은 그동안 기록으로만 전해져 오던 '지옥의 문'을 찾아냈다. '지옥의 문' 앞 온천수가 솟아나는 웅덩이에서는 다양한 모양을 한 초들이 발견되었다. 이 초들은 동물을 희생제물로 바친 사람들이 불을 붙여 동굴 앞에 갖다 대어 꺼지면 신이 재물을 받아들인 것으로 생각하고 웅덩이에 던진 것들이다. 플루톤 신전은 최근 일부 복원되었다. 신전에 있는 하데스 상과 하데스의 충견으로 지옥의 문을 지키는 세 개의 머리를 가진 케르베로스(Kerberos) 상은 최근에 만들어진 모조품이며 원본은 히에라폴리스 고고학 박물관에 전시되어있다.

• 아폴로 신전

• 플루톤 신전과 지옥의 문

9. 골로새(Colossae)

골로새는 라오디게아 동쪽 16km 거리에 있다. 골로새의 남쪽에는 소아시아에서 가장 높은 해발 2,528m의 카드무스 산(Cadmus)이 자리하고 있고, 도시 바로 앞으로는 이 산에서 발원하는 리쿠스 강(Lycus)이 흐르고 있다. 골로새의 현재 지명은 호나즈(Honaz)이며, 카드무스 산도 호나즈 산(Honaz Dağı, 호나즈 다으)으로 불린다.

골로새는 에베소에서 페르시아로 이어지는 동서 무역로에 자리하고 있었기 때문에, 라오디게아가 건설되기 전에는 프리기아 지방에서 가장 크고 융성한 도시였다. 헤로도토스는 주전 481년 크세르크세스(아하수에로)가 그리스 정복을 위해 대군을 이끌고 수사에서 사데로 가는 길에 "프리기아의 대도시" 골로새를 지나갔다고 기록하고 있다.[87] 헤로도토스보다 한 세기 후, 고레스 2세(Cyrus II)가 페르시아 황제 아르타크세르크세스 2세(Artaxerxes II)와 벌였던 전쟁에 헬라 용병으로 참전했던 크세노폰(Xenophon)도 골로새를 "크고 부유한 성읍"이라고 소개하고 있다.[88]

신약시대에 골로새는 스트라보가 이름만 언급하고 지나갈 정도의 작은 도시로 변했다. 주전 3세기 골로새 인근에 "프리기아에서 가장 큰 도시"였던[89] 라오디게아와 히에라볼리가 건설되면서 지역의 중심이 이 도시들로 옮겨갔다. 신약시대 골로새는 도시 규모는 작았지만, 라오디게아 제품과 경쟁할 만큼 명성이 높았던 윤기가 흐르는 검은색 양모를 생산했으며,[90] 경제적으로도 부유했다. 골로새는 세간의 주목을 받지 못한 작은 도시였지만, 그리스도인들에게는 바울이 옥 중에서 두 편의 서신서(골로새서와 빌레몬서)를 보낸 중요하고 의미 있는 도시였다.

비시디아 안디옥에서 에베소로 이어지는 로마 가도가 골로새를 통과하기 때문에, 3차 선교여행 때 바울은 골로새를 지나 에베소로 갔을 것이다(행 19:1). 이때 바울은 골로새에 머물지 않고 곧장 에베소로 직행한 것 같다(골 2:1). 이후 이곳 출신인 에바브라가 에베소에서 바울을 만나 예수를 믿고 제자가 되어 고향인 골로새에 복음을 전하고 교회를 세웠다(골 1:7; 4:12). 골로새에는 가택에서 모이던 여러 교회가 있었을 것이다. 그 가택 교회 가운데 하나가 빌레몬(Philemon)의 집에서 모였으며, 빌레몬의 아들 아킵보(Archippus)가 목사로 섬겼던 것으로 보인다(골 4:17; 몬 1:1~2).

신약시대, 골로새에 이천이 넘는 유대인이 살고 있었을 것으로 추정하는 학자들이 있지만,[91] 주민의 수가 1만도 되지 않았던 골로새에 그렇게 많은 유대인이 거주하지는 않았을 것이다. 골로새 유대인들은 교회에 좋지 않은 영향을 끼쳤다. 유대인들이 그리스도인들을 직접적으로 공격하지는 않았지만, 유대교 내의 금욕주의적 신비주의에 영향을 받은 거짓 교사들이 교회를 어지럽혔다. 이들은 그리스도인들이 구약의 규정을 지키지 않으며(골 2:16), 천사들의 환상을 보지 못했다(골 2:18)고 비난하고 정죄하며 신비한 영적인 체험을 해야 한다고 가르쳤다.[92] 그리스도인들 가운데 이런 거짓 선생들의 가르침에 넘어가 구약의 의식법을 엄격히 지키는 자들이 생겨났다(골 2:20~22). 바울은 거짓 교사들이 그리스도를 붙들지 않는다고 엄중하게 비판하고(골 2:19), 그리스도인들에게는 아무 유익이 없는 거짓 가르침을 버리고 위에 계신 그리스도를 찾으라고 호소했다(골 2:22~3:1).

바울이 골로새 교회에 편지를 보내면서 빌레몬에게 개인적인 서신을 따로 보낸 것은, 그에게서 도망한 종 오네시모(Onesimus) 때문이었다(몬 1:10, 18). 바울은 빌레몬과 그의 가족을 개인적으로 잘 알고 있었다(몬 1:2). 바울이 빌레몬에게 쓰고 있는 "그대 자신까지 나에게 빚지고 있다"(몬 1:19)라는 표현은 빌레몬이 바울의 전도를 받아 예수님을 믿고 구원을 받았음을 알려준다.[93] 바울이 에베소에서 사역하고 있던 동안 빌레몬은 어떤 일 때문에 에베소에 갔다가 바울을 만나 전도를 받아 구원을 얻었을 것이다. 바울이 "갇힌 중에서 낳은 아들"이라 부르며, 빌레몬에게 "종"이 아니라 사랑받는 "형제"로 받아들이라고(몬 1:16) 호소하는 오네시모에 관한 내용은 박스글에 따로 소개하였다.

골로새는 고고학 발굴이 이루어지지 않아서 볼만한 유적이 거의 없다. 오스트레일리아 플린더스 대학(Flinders University of Australia)이 터키 정부로부터 발굴 허가를 받았지만, 터키 파트너가 적극적으로 나서지 않아 아직 발굴을 시작하지 못하고 있다. 2000년까지만 해도 방치된 상태로 있었던 라오디게아가 발굴이 이루어져 현재의 모습을 드러낸 것처럼, 골로새도 가까운 장래에 발굴이 시작될 수 있기를 기대해본다.

• 골로새 아크로폴리스   • 해발 2,528m의 카드무스 산

골로새에서 볼 수 있는 유적은 아크로폴리스였던 언덕과 아크로폴리스 북쪽 리쿠스 강 건너편에 있는 '성 미가엘 교회당'(Church of St. Michael) 잔해가 전부이다. 주후 5~7세기 건축된 이 교회당에 '천사장 미가엘'(유 1:9)의 이름이 붙여진 것은, 이곳에 살던 그리스도인들이 천사장 미가엘이 리쿠스 강이 범람해서 일어나는 홍수를 막아준다고 생각했기 때문이다.

헤로도토스가 "골로새에서 땅 틈으로 흘러 들어가 지상에서 자취를 감추었다가 5 스타디온(약 1km) 정도 떨어진 곳에서 다시 지상으로 솟구쳐 흐른다[94]"고 말한 리쿠스 강은 지금도 골로새에서 땅속으로 들어가 1km 정도 거리에서 다시 지상으로 솟구쳐 나온다. 하지만 강 상류에 댐을 만들어 농업이나 공업용수로 끌어가 버려, 리쿠스는 강이라고 부르기에는 폭이 좁고 흐르는 물의 양도 얼마 되지 않는다.

● 골로새와 오네시모(Onesimus)

오네시모는 골로새 교회의 지도자였던 빌레몬의 종이었다. 골로새 그리스도인들이 빌레몬의 집에서 예배를 드렸고, 그의 아들 아킵보가 교회를 섬기고 있었으므로 오네시모는 에바브라와 아킵보를 통해 복음을 들었고 예배에도 참석했을 것이다. 오네시모는 주인 가족을 통해 사도 바울에 대해서도 들었을 것이다. 그런데 어느 날 어떤 이유로, 오네시모는 주인에게서 벗어나 로마까지 도주한 것으로 보인다. 바울이 빌레몬에게 "그가 만일 네게 불의를 하였거나 네게 빚진 것이 있으면 그것을 내 앞으로 계산하라"(몬 1:18)고 말하고 있는 것으로 보아, 오네시모가 빌레몬의 돈을 훔쳐 달아났거나 아니면 어떤 손해를 끼치고 도망했을 것으로 추측된다. 도주한 노예 오네시모가 어떻게 골로새에서 그 먼 거리에 있는 로마까지 갈 수 있었는지는 알 수 없다.

하지만 히에라볼리의 상인 플라비우스 제욱시스(Flavius Zeuxis)의 무덤 비문은 골로새에서 로마까지 여행하는 것이 그렇게 어렵지 않았다는 것을 알려준다. 제욱시스가 생전에 말레아 곶(Cape Malea)을 72번이나 돌아 이탈리아까지 항해했다면, 오네시모도 이 지역에서 수시로 이탈리아를 오가던 상인들의 대열에 끼일 수 있었을 것이다. 당시 주인의 심부름을 하느라 여행을 하는 노예들이 있었으며, 로마 관리들은 주인의 진술이 아니면 그가 도주 노예인지 확인할 방법이 없었기 때문에 오네시모가 상인들 사이에 끼어 로마로 도망하는 것은 어렵지 않았을 것이다.[95]

로마에 도망했던 오네시모는 어떤 계기를 통해 바울을 만났다. 로마에 도착했지만 도망한 노예 신분으로 갈 곳을 찾지 못하던 오네시모가 그리스도인을 만나 자신의 처지를 이야기 했고, 누군가 그를 바울에게 데리고 갔을 것이다. 바울은 가택 연금 상태에 있었지만 찾아오는 사람들을 자유롭게 만날 수 있었으므로(행 28:30~31) 자신을 찾아온 오네시모를 만나 자초지종을 듣고 복음을 전했을 것이다. 바울의 전도로 회심한 오네시모는 믿음이 빠르게 성장하여 성심을 다해 감금 상태에 있던 바울을 섬겼던 것으로 보인다. 그래서 바울은 오네시모를 "갇힌 중에서 낳은 아들"(몬 1:10), "전에는 네게 무익하였으나 이제는 나와 네게 유익한 자"(몬 1:11), 그리고 더 나아가 "그는 내 심복" 혹은 "나의 심장"(몬 1:12)이라고까지 부르고 있다.

바울은 복음 사역을 위해 오네시모를 곁에 두고 싶어 했고 오네시모도 그것을 원했다(몬 1:13). 그러기 위해서는 이제 그리스도 안에서 한 형제가 된 오네시모가 빌레몬에게 돌아가 용서를 구하고 빌레몬은 그를 용서하고 노예 신분에서 해방해 주어야 했다. 바울은 이 일을 위해 빌레몬에게 편지를 써서 두기고에게 전달하도록 하고 오네시모도 동행하게 했다(골 4:7, 9). 바울은 또한 오네시모가 빌레몬에게 도망한 것을 알고 있는 골로새 그리스도인들이 그를 비난하지 않고 사랑으로 받아들일 수 있도록 다음과 같이 권고하는 것도 잊지 않았다. "신실하고 사랑을 받는 형제 오네시모를 함께 보내노니 그는 너희에게서 온 사람이라"(골 4:9). 바울이 쓴 두 편지에는 빌레몬과 골로새 교회 성도들이 오네시모를 노예가 아니라 "사랑받는 형제"로 받아들이기를 원하는 마음이 담겨있다(몬 1:16).

바울이 오네시모를 위해 쓴 빌레몬서는 이처럼 그리스도의 은혜가 지배하고 있다. 이 서신이 신약성경에 포함된 것은, 빌레몬과 골로새 성도들이 바울의 권고에 따라 오네시모를 형제로 받아들이고 노예 신분에서 그를 해방했기 때문일 것이다. 빌레몬은 당시에 법률이 규정하던 노예해방 의식에 따라 오네시모와 함께 치안판사를 찾아가 자신의 노예가 이제 자유인이 되었다고 공식적으로 선언했을 것이다.[96]

자유인이 된 오네시모는 로마에 있던 바울 곁으로 돌아갔을 것이다. 오네시모의 이후 행적에 대해 알려진 것은 없다. 하지만 빌레몬서가 기록되고 난 50년 후, 오네시모라는 이름을 가진 이가 에베소 교회의 감독으로 있었다. 에베소 교회의 감독 오네시모는 안디옥에서 체포되어 로마로 호송되어 가던 도중 서머나에 잠시 머물고 있던 이그나티우스를 방문해 위로했다.⁹⁷⁾ 이 방문 후, 이그나티우스는 에베소 교회가 보여주었던 사랑에 감사를 전하는 편지를 보냈다. 이 편지에서 이그나티우스는 바울이 빌레몬에게 당부했던 "나로 주 안에서 너로 말미암아 기쁨을 얻게 하라"(몬 1:20)는 구절을 인용하고 있다.⁹⁸⁾ 이그나티우스가 에베소 교회에 편지를 쓰면서 빌레몬서의 구절을 인용한 것은 그가 이 서신서를 잘 알고 있었다는 것을 보여준다. 그런데 이그나티우스가 에베소에 보내는 편지를 쓰면서 왜 이 구절을 인용한 것일까? 에베소 교회 감독의 이름이 오네시모였기 때문에 이 구절이 생각났을 수 있었겠지만, 어쩌면 두 오네시모가 동일인이었기 때문에 의도적으로 이 구절을 인용했던 것은 아닐까?

추측이기는 하지만, 오네시모가 골로새에서 도망가 바울을 만나 회심한 것이 10대 후반 또는 20대 초반이었다면 이그나티우스를 만났을 즈음에 그는 70대가 되었을 것이다. 녹스(J. Knox)를 비롯한 일군의 신학자들은 에베소 교회의 감독이 된 오네시모가 2세기 초 바울 서신서들을 하나로 모으면서 자신에게 중요한 의미를 지닌 빌레몬서를 바울 서신서의 목록에 포함했을 것으로 추측한다.⁹⁹⁾ 만일 오네시모가 늦은 나이에 에베소 감독이 되었다면, 바울을 곁에서 섬겼던 그가 바울 서신들을 하나로 모으는 일을 했으며, 빌레몬서도 거기에 포함되었을 것이다.

오네시모의 이야기는 상상력을 자극하는 매력적인 주제이기 때문에, 여러 역사 소설가가 오네시모를 주제로 한 소설을 썼으며 수년 전 기독교보에도 "오네시모"라는 소설이 연재되었다.

425 — 밧모섬과 소아시아 교회들

• 히에라볼리 전경

● 버가모 황제 신전

WITH 바울

사도바울의 삶과
사역의 여정을 따라

미주

1장

1. 아우구스티누스, 2.28.42.
2. 엘레판티네 유대인들에 대해서는 R. H. Pfeiffer, 115~117을 참조하라.
3. 요세푸스, 『유대고대사』, 12.1.1.
4. 앨버트 벨, 57.
5. 요세푸스, 『유대고대사』, 12.3.4.
6. 로버트 L. 레이먼드가 제시하는 이 숫자는 필로(Philo)를 인용한 것이다. 로버트 L. 레이먼드, 62.
7. 앨버트 벨, 58.
8. 로버트 L. 레이먼드, 152~155.
9. 요세푸스, 『유대고대사』, 12.2.7.
10. https://www.bibleodyssey.org/en/tools/image-gallery/e/emergence-judaism-lxx.
11. 이스탄불 고고학 박물관
12. https://sites.google.com/a/umich.edu/imladjov/maps
13. 요세푸스, 『유대고대사』, 12권 5~6장. 외경 마카비상 4:52-59; 마카비하 10:5.
14. http://readthegreekbible.tripod.com/
15. 플루타르코스, 270.
16. 헤로도토스, 『역사 상』, 118.
17. 헤로도토스는 '메탐나인' 아리온이 '디티람보스'를 창시하고 이름을 붙이고 고린도에서 상영했다고 말한다. 헤로도토스 『역사 상』, 34.

18. 클라우스 헬트, 123.

19. 로마 검투사들에 대한 자세한 이야기는 로버트 냅, 8장을 보라.

20. 앨버트 벨, 206~207에서 재인용.

21. https://www.spiegel.de/fotostrecke/unesco-welterbe-diese-kulturstaetten-sind-nominiert-fotostrecke-139254-5.html

22. 월뱅크, 222.

23. 클라우스 헬트, 286.

24. 요세푸스는 프톨레마이오스 왕이 무세이온 책임자 데메트리우스에게 책을 몇 권이나 모았느냐고 질문하자 곧 50만 권의 책을 소장하게 될 것이라고 대답했다고 말하고 있다. 요세푸스, 『유대고대사』, 12.2.1.

25. 월뱅크, 217.

26. 헤로도토스, 『역사 하』, 36.

27. 앨버트 벨, 199~201.

28. 앨버트 벨, 201~204.

29. 교부 제롬은 자신의 빌레몬서 주석에서 바울의 아버지가 마르쿠스 안토니우스를 오랫동안 섬겼고 헤롯 대왕이 유대 왕으로 등극하는 데 공헌하였으며 그로 인해 로마 시민권을 받았을 것으로 추측하고 있다.

30. https://readingacts.com.

31. 수에토니우스

32. 로마 바티칸 박물관

33. 요세푸스, 『유대 고대사』, 20.2.5.

34. 수에토니우스, 230.

35. 요세푸스, 『유대고대사』, 19.5.1.

36. 타키투스, 15.44.

37. 유세비우스, 2.25.

38. 타키투스, 13.4.

39. 유세비우스, 2.25.

40. 유세비우스, 3.17.

41. 헤로도토스, 『역사 하』, 34.

42. 헤로도토스, 『역사 하』, 342.

43. 시오노 나나미, 『로마인 이야기 10권』, 215에서 재인용.

44. https://en.wikipedia.org/

45. 라이오넬 카슨, 165에서 재인용.

46. 라이오넬 카슨, 178.

47. 요세푸스, 『요세푸스 자서전』, 3.

48. https://www.etstur.com/Assos-Nazlihan-Hotel

2장

1. 요세푸스, 『유대 고대사』, 20.8.7~9.

2. 플루타르코스, 261.

3. digitalcollections.archives.nysed.gov.

4. Strabo, 14.5.13.

5. 주전 2세기 백향목과 청동으로 만들어진 이 문은 다소의 한 신전 문으로 사용되었다. 2200년이나 된 이 문은 이후 이스탄불로 옮겨져 소피아 교회당 남쪽 문으로 사용되고 있다.

6. Rainer Riesner, 151~153.

7. 요세푸스, 『유대 고대사』, 1.6.4.

8. 존 스토트, 『땅끝까지 이르러』, 203.

9. 로버트 L. 레이먼드, 118~119.

10. 바벨론 포로에서 유대로 귀한 한 유대인들은 아람어를 일상어로 사용하였기 때문에 그들을 위해 히브리어 원문에서 아람어로 번역된 성경으로 주후 2세기경에

번역이 시작되어 7세기경에 번역이 끝난 것으로 보인다.

11. 요세푸스, 『유대 고대사』, 14.1.4.

12. 요세푸스, 『유대 고대사』, 19.9.2.

13. 요세푸스, 『유대 고대사』, 20.2.5.

14. 사도행전 11:27~30, 12:25에 기록된 예루살렘 방문이 갈라디아서 2:1~10의 예루살렘 방문과 동일하다는 견해는 로버트 L. 레이먼드, 130~148을 근거한 것이다.

15. Strabo, Geography, 16.2.5.

16. thehistoryofbyzantium.files.wordpress.com

17. 요세푸스, 『유대 고대사』, 12.3.1.

18. 이그나티우스의 7편의 편지와 폴리갑의 빌립보서, 폴리갑의 순교 사화, 그리고 디다케는 모두 한글 번역되어 있다. J. B. 라이트푸드· J. R. 하머 원문 공역, 『속사도 교부들』, 이은선 역, 서울: 기독교문서선교회, 1994.

19. J. L. 곤잘레스는 『기독교 사상사』에서 세 학파의 신학적 관심과 특징 그리고 그러한 흐름이 현대까지 어떻게 전개되어왔는지 잘 정리하고 있다.

20. Mark Wilson, 79.

21. 밀라노 칙령(313년)을 통해 기독교인들에게 종교적 자유를 허락한 콘스탄티누스 대제의 조카로 로마 황제의 자리에 올라 반기독교 정책을 펴 수많은 교회를 불태우고 기독교인을 박해했기 때문에 사후 '배교자 줄리안'으로 불리게 되었다.

22. 안디옥과 시리아, 이라크 국경에 인접한 터키 도시들에 아람어로 예배를 드리는 '수리아 교회'라고 불리는 교회들이 존재하고 있다. 수리아 교회와 함께 네스토리안 교회, 아르메니아 교회, 곱틱교회를 동방교회(Eastern Church)라고 부르는데 그리스, 러시아, 불가리아의 동방정교회(Eastern Orthodox Church)와 구분된다. 동방교회를 '단성론자'라고도 부르는데 예수님의 인성이 신성에 합쳐져 단일한 성질이 되었다고 주장하기 때문에 붙여진 이름이다.

23. 요한 크리소스톰, 하성수 역주, 『라자로에 관한 강해』.

24. 요한 크리소스톰, 최문희 역주, 『참회에 관한 설교』.

25. 요한 크리소스톰, 『크리소스톰 로마서 강해』, 10.

3장

1. 바나바의 이름을 사용하여 기록한 문서 가운데 하나로 사이프러스 교회가 사도적 토대 위에 세워졌다는 것을 주장하기 위해 5세기경 기록된 것으로 보인다. 신뢰할 수 없는 내용도 많이 있지만, 사도 바울과 헤어진 이후 바나바의 행적을 추적해 볼 수 있는 전승이 포함되어있을 것으로 추측된다.
2. 로버트 L. 레이먼드, 156.
3. 여러 신약학자가 고고학적인 자료를 근거로 이러한 주장을 하는데, 여기에 대해서는 Rainer Riesner, 275~276을 참조하라.
4. Strabo, 14.6.2.
5. https://commons.wikimedia.org/wiki/File:Perge_city_overview.jpg.
6. 로버트 L. 레이먼드를 비롯한 몇몇 학자들은 마가 요한이 사도 바울과 바나바를 떠나 예루살렘으로 돌아가 버린 것은 개인적인 문제 때문이 아니라, 유대인을 통하지 않고 직접 이방인에게 나아가려는 바울의 선교 전략에 대한 강한 이견 때문이라고 주장한다. 로버트 L. 레이먼드, 157~158.
7. 『파피아스의 단편들』, 15.
8. 윌리엄 람세이, 96.
9. 스트라보는 비시디아 안디옥을 "비시디아 근방의 안디옥"으로 기록하고 있다. 이 도시는 실제로 비시디아에 인근 한 브루기아 지역에 있기 때문이다. Strabo, 12.6.4.
10. 요세푸스, 『유대 고대사』, 12.3.4.
11. C. H. Dodd, 30.
12. 차탈효육(Çatalhöyük)으로 불리는 이 거주지는 2012년 세계문화유산으로 등재되었다.
13. 『바울과 테클라 행전』의 한글 번역은 김재현·전경미 역, 『초기 기독교 여성 지도자들』에 수록되어 있다.
14. 『바울과 테클라행전』 3장.

15. 이 성화는 1892년 에베소에서 발견된 '바울의 동굴'(the Cave of St. Paul) 안에 그려져 있다.
16. http://www.superaktif.net/gezi/konya-alaaddin-tepesi.
17. 브루스는 이방인을 향한 바울의 설교 언어와 스타일이 구약성경에서 이끌어온 것이라는 사실을 강조한다. 브루스, 『바울 신학』, 177.
18. 이 비석은 안토니우스 황제가 베푼 호의를 기념하기 위해 157년 세운 것인데 현재 콘야 박물관에 있다.
19. Strabo, 12.2.6.
20. 크세노폰, 1.2.19.
21. Mark Wilson, 173.
22. 에크하르트 슈나벨, 109.
23. 성경에는 "더베 사람 가이오" 외에 "마게도냐 사람 가이오"(행 19:29)와 바울이 "나와 온 교회를 돌보아 주는 가이오"(롬 16:23)라고 칭송한 고린도 사람 가이오(고전 1:14), 그리고 사도 요한이 "사랑하는 가이오"라고 부른(요삼 1:1) 여러 명의 '가이오'가 있다.
24. Strabo, 12.6.4.
25. Mark Wilson, 158.
26. 갈라디아의 기록 연대와 수신자에 대한 서로 다른 주장에 대해서는 로버트 L. 레이먼드, 136~148을 보라.
27. 버가에서 발견된 이 라틴어 비석은 주후 40~50년 초 밤빌리아 지방이 갈라디아에 편입되었다는 것을 알려준다. 사진은 https://www.baslibrary.org/biblical-archaeology-review/46/4/24에서 인용하였다.

4장

1. 실라는 '실루아노'(살전 1:1; 살후 1:1; 고후 1:19; 벧전 5:12)라고도 불리며 예루살렘의 그리스도인 형제들로부터 '인도자'(행 15:22), '선지자'(행 15:32)로 인정을 받았다.
2. 사도 바울이 디모데에게 할례를 받게 한 것과 관련된 논의는 브루스, 『바울 신학』, 224~226을 보라.
3. Strabo, 12.8.15.
4. 크세노폰, 1.2.7~8.
5. Cicero, Flaccus, Mark Wilson, 197에서 재인용.
6. 사도 바울 일행은 길이 없고 치안도 보장되지 않는 산맥을 넘어 다니지 않았을 것이다. 이 경로는 당시 사람들이 일반적으로 이용했던 로마 도로와 도시를 따라 필자가 구성해 본 것이다.
7. Mark Wilson, 382.
8. 신약성경 헬라어 성경은 동방교회가 보존하고 있는 비잔틴 사본과(동방 역본) 서방교회가 보존하고 있는 '알렉산드리아 사본'(서방 역본)이 있다. 종교개혁자들은 동방 역본에서 각 나라의 언어로 된 성경을 번역했다. 그 이유는 동방 역본이 원문에 더 충실한 것으로 인정되기 때문이다.
9. 브루스, 『바울 곁의 사람들』, 42.
10. 브루스, 『바울 곁의 사람들』, 44에서 재인용.
11. 모울(Moule)은 바울이 예루살렘으로 가는 길에 드로아 바보의 집에서 성만찬을 했으며, 다시 방문한 가보의 집에서 체포되어 소유물을 챙길 겨를도 없이 로마로 압송되었을 것이라고 추론한다. Handley C. G. Moule, The Second Epistle to Timothy(Rondon: Religious Tract Society, 1905), 157. 존 스토트, 『디모데후서 강의』, 156에서 재인용.
12. 이그나티우스, 『폴리갑에게』, 8.1.
13. 에크하르크 슈나벨, 116.
14. 존 스토트, 『땅끝까지 이르러』, 313.

15. https://en.wikipedia.org/wiki/Philippi#/media/File:Philippi_city_center.jpg.

16. 폴리갑, 『빌립보인들에게』.

17. 신약의 교회 형태와 성격에 대한 더 상세한 내용은 조병수, 2011을 참조하라.

18. Roger W. Gehring, House Church and Mission: The Importance of Household Structures in Early Christianity (Peabody, Mass: Hendrickson, 2004)를 보라.

19. Bruce W. Frier, Landlords and Tenants in Imperial Roma, (Princeton, N. J. : Princeton University Press, 1980).

20. http://classiquesdegemma.blogspot.com/2013/09/domus-romana.html.

21. Strabo, 7.7.4.

22. 존 스토트, 『땅끝까지 이르러』, 323.

23. 디오클레티아누스(Diocletianus) 황제가 303년 2월 24일 '기독교탄압칙령'을 공포함으로써 시작되어 309년까지 계속된 대박해 동안 로마제국 전역에 걸쳐 수많은 그리스도인이 장엄하게 순교했다. 유세비우스는 북아프리카 이집트에서 남녀노소를 막론하고 수천 명이 주님의 가르침을 위해 세상을 버리고 여러 형태의 죽임을 당하였고 테바이스(Thebais)에서 하루에 적게는 10명 많게는 100명의 그리스도인이 여러 가지 형벌로 처형되는 것을 직접 목격했다고 말하고 있다. 유세비우스, 440~442.

24. 유세비우스, 461.

25. Latourette, 155.

26. 유세비우스, 457~458.

27. 시오노 나나미, 『로마인 이야기 13』, 137~142.

28. Rainer Riesner, 361.

29. 브루스, 『바울 신학』, 249.

30. Conybeare, W. J. and J. S. Howson, The Life and Epistles of St Paul, (Longmans Green, 1880). 존 스토트, 『땅끝까지 이르러』, 329에서 재인용.

31. https://www.history.com/news/ancient-greece-architecture-photos.

32. 존 스토트, 『땅끝까지 이르러』, 333.

33. 윌리엄 람세이, 236.

34. 에크하르크 슈나벨, 124.

35. 요세푸스, 『아피온 반박문』, 2.38.

5장

1. 브루스, 『바울 곁의 사람들』, 61.

2. Strabon, 12.3.22.

3. Sabahattin Turkoglu, 13.

4. 헤라클레이토스의 사상은 플라톤의 글을 통해 전해온다. 그는 세계의 근원을 신에게서 찾았던 당시 철학자들과 달리, 세계는 신이 만든 것도 아니며, 세계의 근원은 언제나 살아 있는 불로서 만물이 끊임없이 변하며 유전(流轉)한다고 주장하였다. 그는 만물이 생성, 소멸하는 유전 원리가 '대립'이라고 주장하였다. 그의 철학은 유물론과 변증법에 기초하고 있으므로, 헤겔, 마르크스와 같은 현대 철학자들에게 영향을 끼쳤다. 그리고 헤라클레이토스는 만물이 대립을 통해 생성 소멸하지만, 그러한 반복은 일정한 원리에 따라 발생하는데, 그 원리가 '로고스'(logos)라고 했다. 헤라클레이토스가 '로고스'를 주장한 바로 그 언덕에서 사도 요한은 예수 그리스도를 logos(말씀)라고 선포했다.

5. Strabon, 16.1.21.

6. 마르쿠스 빕사니우스 아그리파(Marcus Vipsanius Agrippa)는 뛰어난 군인으로 로마의 첫 황제인 아우구스투스를 도와 로마의 제정 시대를 열었다. 카이사르 사후 혼란스러웠던 로마 정국을 수습했던 아우구스투스는 정치적으로 뛰어난 재능을 가지고 있었지만, 군사적 능력은 없었다. 아그리파는 그런 아우구스투스 옆에서 동료이자 공동 통치자로서 안토니우스와 클레오파트라 연합군을 제압하고 아우구스투스가 로마의 황제로 등극하는 데 결정적인 역할을 하였다. 아우구스투스가 악티움해전과 스페인, 일루리콘에서 거두었던 모든 군사적인 승리는 아그리파가 이끈 것이었다. 아우구스투스는 2인자로써 끝까지 자신에게 충성했던 아그리파에게 딸을 출가시키고 그에게 로마제국의 동쪽 지방의 통치권을 주었다.

7. 요세푸스, 『유대고대사』, 16.2.2~4.
8. 시오노 나나미, 『로마인 이야기 10권』, 317~320.
9. Colin j. Hemer, The Book of Acts in the setting of Hellenistic History, 에크하르트 슈나벨, 394에서 재인용.
10. 브루스, 『바울 신학』, 307~308.
11. 존 스토트, 『땅끝까지 이르러』, 366.
12. 요세푸스, 『아피온 반박문』, 2.5.
13. https://news.joins.com/article/4243533.
14. 플루타르코스, 244.
15. Irenaeus, 3.3.4.
16. Irenaeus, 3.11.1.
17. 유세비우스, 3.18.
18. 유세비우스, 3.1.
19. 『파피아스의 단편들』
20. 유세비우스, 3.17.
21. 유세비우스, 3.18.
22. 유세비우스, 3.18.
23. 수에토니우스, 468.
24. 시오노 나나미, 『로마인 이야기 8권』, 337~338.
25. 『파피아스의 단편들』, 6.
26. 요세푸스, 『유대고대사』, 18.3.3.
27. 요세푸스의 것으로 알려진 1세기에 만들어진 이 흉상의 원본은 코펜하겐 Ny Carlsberg Glyptotek 박물관이 소장하고 있다.
28. 유세비우스, 3.31.
29. Mark Wilson, 225에서 재인용.

30. https://turkisharchaeonews.net/object/house-virgin-mary-ephesus.
31. Irenaeus, 1.26.3.
32. 이그나티우스, 『에베소인들에게』, 1.1.
33. 시오노 나나미, 『로마인 이야기 6권』, 170.
34. 유세비우스, 3.28.
35. 시오노 나나미, 『로마인 이야기 9권』, 157.
36. 브루스, 『바울 신학』, 361.
37. 존 스토트, 『땅끝까지 이르러』, 384.
38. https://turkisharchaeonews.net/site/miletus.
39. 에베소 교회와 소아시아 교회들을 어지럽혔던 이단에 대해서는 4장 에베소와 7장 소아시아 일곱교회를 보라.
40. 클라우스 헬트, 25.
41. 클라우스 헬트, 93~104.
42. 헤로도토스, 『역사 상』, 128.
43. 헤로도토스, 『역사 하』, 78~92.
44. Mark Wilson, 272.
45. 요세푸스, 『유대고대사』, 15.11.5.
46. 요세푸스는 헤롯 대왕이 성전을 지키기 위해 원래 있던 성채를 요새화하고 자신의 친구이자 로마의 통치자인 안토니우스(Antonius)의 환심을 사기 위해 그 성채를 '안토니아 망대'라고 이름 붙였다고 말하고 있다. 요세푸스, 『유대고대사』, 15.11.4.
47. 요세푸스는 "자칭 선지자라고 하는 자"가 이집트에서 예루살렘에 나타나 감람산으로 가면 자신이 예루살렘 성벽이 무너지게 명령해 성으로 들어가는 통로를 만들어 주겠다고 사람들을 선동했지만, 이 정보를 사전에 입수한 벨릭스 총독의 공격을 받아 많은 추종자가 죽고 자신은 도망하여 다시는 모습을 드러내지 않았다고 전하고 있다. 요세푸스, 『유대고대사』, 20.8.6.

48. 요세푸스, 『유대고대사』, 20.9.2.

49. 요세푸스, 『유대고대사』, 207.8.2.

50. 요세푸스, 『유대 고대사』, 20.8.7~9.

51. 존 스토트, 『땅끝까지 이르러』, 441.6장

52. 라이오넬 카슨, 178.

53. 브루스, 『바울 신학』, 388.

54. https://www.mercuryholidays.ie/malta-holidays/the-story-of-st-paul-in-malta.

55. 브루스, 『바울 신학』, 395~396.

56. 『클레멘스 1서』, 5:6~7.

57. 로버트 L. 레이먼드, 306에서 재인용.

58. 타키투스, 5.11.

59. 로마 화재는 64년 7월 19일 발생해 9일 동안 계속됐다. 시오노 나나미, 『로마인 이야기 7권』, 555~560. 타키투스는 네로가 방화혐의를 씌워 기독교인들을 죽인 일에 대해 다음과 같이 말하고 있다. "이들이 더 무거운 죄를 지었다 해도, 처형 방식의 잔혹함은 그것을 보는 시민들의 마음을 동정심으로 가득 채웠다. 시민들은 알고 있었다. 기독교도라 불리는 그들에게 그토록 잔혹한 운명을 내린 것은 공공의 이익을 위해서가 아니라 단 한 사람의 잔인한 욕구를 충족시키기 위해서임을 알고 있었다." 수에토니우스는 네로가 방화혐의를 씌우기 전에도 새로운 신앙을 가르치는 그리스도인들을 처벌했다고 말하고 있다. 수에토니우스, 329.

60. 유세비우스, 2.25.

61. 브루스, 『바울 신학』, 458~459.

62. 『바울과 테클라행전』, 3장.

63. Donald Guthrie, Galatians.

64. Christopher Larson

7장

1. 수에토니우스, 81.
2. 『파피아스의 단편들』, 6.
3. 유세비우스, 3.18.
4. 앨버트 벨, 204.
5. 오비디우스가 아우구스투스에게 보낸 "유배의 고통"이라는 탄원서는 앨버트 벨, 37에 수록되어 있다.
6. 수에토니우스, 250.
7. 수에토니우스, 468.
8. 이덕형의 『이콘과 아방가르드』, 서울: 생각의 나무, 2008는 한국인이 연구한 이콘에 대한 광범위하고도 탁월한 책이다. 이콘에 대한 본서의 내용은 주로 이 책을 참고하였다.
9. 이덕형, 208.
10. 존 칼빈, 1.11.16.
11. 존 칼빈, 1.11.9.
12. Strabo, 14.1.37.
13. 헤로도토스, 『역사 상』, 31.
14. Strabo, 14.1.37.
15. Mark Wilson, 309.
16. 타키투스, 4.54.
17. 유세비우스는 폴리갑의 제자였던 이레니우스가 쓴 『이단 반박문』 3권을 인용하여 폴리갑이 "사도에 의해 아시아 서머나 교회의 감독으로 임명되었다."라고 기록하고 있다(유세비우스, 4.14). 터툴리안은 좀 더 구체적으로 사도 요한이 폴리갑을 서머나 감독으로 임명했다고 말한다.
18. 『폴리갑의 순교 사화』, 12.2; 13:1~2.
19. 이그나티우스, 『서머나인들에게』, 1.

20. 유세비우스, 4.15.

21. 폴리갑이 순교한 날짜는 『폴리갑 순교기』, 9.3과 21에 근거한다. 『폴리갑 순교기』는 폴리갑이 트랄레스의 필립푸스(Phillippus)가 대제사장이고 스타티우스 콰드라투스(Statius Quadratus)가 총독으로 재임하던 2월 23일 순교했다고 알려준다. 트랄레스의 필립푸스는 149년 9월 대제사장이 되었고, 스타티우스 콰드라투스는 155년 총독이 되었다.

22. 크세노폰, 7.8.23.

23. Strabon, 13.4.1.

24. https://www.goturkey.com/destinations/bergama

25. 월뱅크, 180.

26. Mounce, 95~96.

27. Mounce, 97.

28. 유세비우스, 4.15.

29. 유세비우스, 3.29.

30. Mounce, 99.

31. Mounce, 99.

32. 유세비우스, 3.33.

33. 헤로도토스, 『역사 하』, 36.

34. Mounce, 101.

35. Mark Wilson, 320.

36. Mark Wilson, 319.

37. Mounce, 102.

38. https://upload.wikimedia.org/wikipedia/commons/0/0d/Domitian_denarius_son.png

39. 헤로도토스, 『역사 상』, 83.

40. 헤로도토스, 『역사 상』, 26~30.

41. 헤로도토스, 『역사 상』, 26~30.36~41.

42. 헤로도토스, 『역사 상』, 52~84.

43. 헤로도토스, 『역사 하』, 34.

44. 유세비우스, 4.26.

45. 유세비우스, 4.26.

46. Mark Wilson, 302.

47. 요세푸스 『유대고대사』, 12.3.4.

48. 요세푸스 『유대고대사』, 14.10.11~12.

49. 요세푸스 『유대고대사』, 14.10.17.

50. 요세푸스 『유대고대사』, 16.6.1~3.

51. Mark Wilson, 298.

52. https://news.cornell.edu/stories/2020/04/new-lecture-series-introduces-research-ancient-sardis.

53. 헤로도토스, 『역사 상』, 31.

54. Mary Q. Ballard, 165~170.

55. Strabo, 13.4.10.

56. 스트라보는 빌라델비아 지방에서 생산되던 포도주의 품질이 아주 뛰어나다고 격찬한다(Strabo, 13.4.11).

57. Mark Wilson, 293.

58. Mark Wilson, 294.

59. 이그나티우스, 『빌라델비아인들에게』, 6~7.

60. 유세비우스, 5.19.

61. 『폴리갑의 순교 사화』, 19:11.

62. https://www.youtube.com/watch?v=2MY5bXSUlGk

63. 이그나티우스, 『빌라델비아인들에게』, 9. 요한복음 10:9.

64. 타키투스, 14.27.1.

65. Strabo, 12.8.16.

66. https://tarihvearkeoloji.blogspot.com/2015/02/laodikia-laodikeia-laodikya.html

67. https://tarihvearkeoloji.blogspot.com/2015/02/laodikia-laodikeia-laodikya.html

68. Strabo, 12.8.20

69. Mark Wilson, 247.

70. 가택 교회에 대해서는 박스글 "신약성경의 '가정 교회'(Family Church), '가택 교회'(House Church)"를 보라.

71. 존 스토트, 『하나님의 새로운 사회』, 28~32.

72. 유세비우스, 3.31.

73. 유세비우스, 4.26.

74. https://www.cepher.net/blog.aspx?post=3268

75. https://turkisharchaeonews.net/site/laodicea-lycus

76. https://www.cepher.net/blog.aspx?post=3268

77. 『헤르마스의 목자』, 계명, 4.3.

78. 『디다케』, 7장

79. 더 자세한 내용은 히폴리투스의 『사도 전승』을 참조하라.

80. 크리소스톰은 『참회』에서 이런 생각으로 참회를 주저하는 그리스도인이 많은 것에 탄식하며, 하나님은 자신에게 나아와 참회하는 자들을 언제든지 받아주시고 용서해 주신다고 설교하고 있다.

81. Strabo, 13.4.14.

82. 『파피아스의 단편들』 3.9. 유세비우스, 3.39.

83. 유세비우스, 3.31.

84. 유세비우스, 3.36.
85. 아래 소개하는 내용은 『파피아스의 단편들』에서 중요하다고 생각되는 부분을 인용한 것이다.
86. Strabo, 13.4.14.
87. 헤로도토스, 『역사 하』, 181.
88. 크세노폰, 『아나바시스』, 1.2.6.
89. Strabo, 12.8.13.
90. Strabo, 12.8.16.
91. James Dunn, 22
92. 길성남, 32.
93. 길성남, 428.
94. 헤로도토스, 『역사 하』, 181.
95. 로버트 냅, 252.
96. 로버트 냅, 251.
97. 이그나티우스, 『에베소인들에게』, 1.3.
98. 이그나티우스, 『에베소인들에게』, 2.2.
99. J. Knox, Philemon among the Letter of Paul, 브루스, 『바울 곁의 사람들』, 77에서 재인용.

참고문헌

1. 길성남. 『골로새서 빌레몬서』. 경기 고양: 이레서원, 2019.
2. J. L. 곤잘레스. 『기독교 사상사』. 이후정 역. 서울: 컬콜디아사, 1991.
3. 닛사의 그레고리우스 외. 『초기 기독교 여성 지도자들』. 김재현·전경미 역. 파주: 키아츠, 2019.
4. 『디다케』. J. B. 라이트푸트·J. R. 하머 원문 공역. 『속사도 교부들』. 이은선 역. 서울: 기독교문서선교회, 1994.
5. 라이오넬 카슨. 『고대의 여행 이야기』. 김향 역. 서울: 가람기획, 2001.
6. J. B. 라이트푸드·J. R. 하머 원문 공역. 『속사도 교부들』. 이은선 역. 서울: 기독교문서선교 회, 1994.
7. 로버트 냅. 『99%의 로마인은 어떻게 살았을까: 로마의 보통 사람들 이야기』. 김민수 역. 서울: 이론과 실천, 2012.
8. 로버트 L. 레이먼드. 『바울의 생애와 신학』. 원광연 역. 서울: 크리스챤다이제스트, 2003.
9. F.F. 브루스. 『바울 곁의 사람들』. 윤종석 역. 서울: 기독지혜사, 1992.
10. _____. 『바울 신학』. 정원태 역. 서울: 기독교문서선교회, 2004.
11. 수에토니우스. 『열두 명의 카이사르』. 조윤정 역. 서울: 다른세상, 2011.
12. 시오노 나나미. 『로마인 이야기 6권』. 김석희 역. 서울: 한길사, 1997.
13. _____. 『로마인 이야기 8권』. 김석희 역. 서울: 한길사, 1999.
14. _____. 『로마인 이야기 9권』. 김석희 역. 서울: 한길사, 2000.
15. _____. 『로마인 이야기 10권』. 김석희 역. 서울: 한길사, 2002.
16. _____. 『로마인 이야기 13권』. 김석희 역. 서울: 한길사, 2005.

17. 아우구스티누스. 『그리스도의 교양』. 성염 역주. 서울: 분도출판사, 2011.

18. 앨버트 벨. 『신약시대의 사회와 문화』. 오광만 역. 서울: 생명의 말씀사: 2008.

19. 에크하르크 슈나벨. 『선교사 바울』. 정옥배 역. 서울: 부흥과 개혁사, 2014.

20. 윌리엄 람세이. 『사도 바울』. 박우석 역. 서울: 생명의 말씀사, 1988.

21. 월뱅크. 『헬레니즘 세계』. 김경현 역. 서울:아카넷, 2002.

22. 요세푸스. 『유대고대사』. 김지찬 역. 서울: 생명의 말씀사, 1987.

23. _____. 『요세푸스 자서전』. 김지찬 역. 서울: 생명의 말씀사, 1987.

24. _____. 『아피온 반박문』. 김지찬 역. 서울: 생명의 말씀사, 1987.

25. 요한 크리소스톰. 『크리소스톰 로마서 강해』. 송종섭 역. 서울: 지평서원, 1990.

26. _____. 『라자로에 관한 강해』. 하성수 역주. 서울:분도출판사, 2019.

27. _____. 『참회에 관한 설교』. 최문희 역주. 서울:분도출판사, 2019.

28. 유세비우스 팜필루스. 『유세비우스의 교회사』. 엄성옥 역. 서울: 은성, 2008.

29. 이그나티우스. 『서머나인들에게』. J. B. 라이트푸트· J. R. 하머 원문 공역.『속사도 교부들』. 이은선 역. 서울: 기독교문서선교회, 1994.

30. _____.『빌라델비아인들에게』. J. B. 라이트푸트· J. R. 하머 원문 공역.『속사도 교부들』. 이은선 역. 서울: 기독교문서선교회, 1994.

31. _____.『에베소인들에게』. J. B. 라이트푸트· J. R. 하머 원문 공역.『속사도 교부들』.

32. 이은선 역. 서울: 기독교문서선교회, 1994.

33. 이덕형. 『이콘과 아방가르드』. 서울: 생각의 나무, 2008.

34. 조병수. 『신약의 교회』. 수원: 합신대학원 출판부, 2011.

35. 존 칼빈. 『기독교 강요』. 원광연 역. 고양: 크리스챤다이제스트, 2003.

36. 존 스토트. 『디모데후서 강의』. 서울: 엠마오, 1985.

37. _____. 『하나님의 새로운 사회』. 박상훈 역. 서울: 아가페출판사, 1988.

38. _____. 『땅끝까지 이르러』. 정옥배 역. 서울: IVP, 1992.

39. 크세노폰. 『아나바시스』. 천병희 역. 서울: 단국대학교출판부, 2001.

40. 클라우스 헬트. 『지중해 철학기행』. 이강서 역. 파주: 효형출판, 2007.

41. 클레멘스. 『클레멘스 1서』. J. B. 라이트푸트· J. R. 하머 원문 공역. 『속사도 교부들』. 이은선 역. 서울: 기독교문서선교회, 1994.

42. 타키투스. 『연대기』. 박광은 역. 서울: 범우사, 2005.

43. R. H. Pfeiffer. 『신약시대 역사와 외경 개론』. 류형기 역. 서울: 한국기독교문화원, 1977.

44. 『파피아스의 단편들』. J. B. 라이트푸트· J. R. 하머 원문 공역. 『속사도 교부들』. 이은선 역. 서울: 기독교문서선교회, 1994.

45. 폴리갑. 『빌립보인들에게』. J. B. 라이트푸트· J. R. 하머 원문 공역. 『속사도 교부들』. 이은선 역. 서울: 기독교문서선교회, 1994.

46. 『폴리갑의 순교 사화』. J. B. 라이트푸트· J. R. 하머 원문 공역. 『속사도 교부들』. 이은선 역. 서울: 기독교문서선교회, 1994.

47. 플루타르코스. 『영웅전 전집 II』. 이성규 역. 경기 파주: 현대지성, 2018.

48. 헤로도토스. 『역사』(상)(하). 박광순 역. 서울: 범우사, 2002.

49. 『헤르마스의 목자』. J. B. 라이트푸트· J. R. 하머 원문 공역. 『속사도 교부들』. 이은선 역. 서울: 기독교문서선교회, 1994.

50. 히폴리투스. 『사도 전승』. 이형우 역. 서울: 분도출판사, 1992.

51. Frier, Bruce W. Landlords and Tenants in Imperial Roma, Princeton, N. J. : Princeton University Press, 1980.

52. Wilson, Mark. Biblical Turkey. Istanbul: Ege Yayinlar, 2010.

53. Mounce, R. H. The Book of Revelation(The New International Commentary on the New Testament). Grand Rapids: Eerdmans, 1983.

54. Ballard, Mary Q. "King Midas' Textiles and His Golden Touch". Brian Rose ed. The Archaeology of Phrygian Gordion, Royal City Of Midas. University of Pennsylvania Press, 2012. 165~170.

55. Dunn James. The Epistles to the Colossian and Philemon, NIGTC. Grand

Rapids: Eerdmans, 1991.

56. Dodd, C. H. Apostolic Preaching and Its Development. Grand Rapids: Baker Book, 1980.

57. Engels, Donald. Roman Corinth: An Alternative Model for the Classic City. Chicago: University of Chicago Press, 1990.

58. Guthrie, Gonald. Galatians, New Century Bible. Grand Rapids: Eerdmans, 1980.

59. Irenaeus. Ancient Christian Writers: St. Irenaeus of Lyons Against The heresies. Trans. Mominic J. Umger. New Jersey: Paulist Press, 1992.

60. Latourette, Kenneth Scott. A History of The Expansion of Christanity: Vol 1 The First Five Centuries. Grand Rapids: Zondervan 1971.

61. Liversidge, J. Everyday Life in the Roman Empire. London: Bratsford, 1976.

62. Riesner, Rainer. Paul's Early Period: Chronology, Mission Strategy, Theology. Grand Rapiods: William B. Eerdman, 1998.

63. Roger, W. Gehring. House Church and Mission: The Importance of Household Structures in Early Christianity, Peabody, Mass: Hendrickson, 2004.

64. Strabo. The geography of Strabo. trans. Horace Leonard Janes. Lpndon: Harvard University Press, 1982.

65. Turkoglu, Sabahattin. Efes'in Oykusu. Istanbul: Arkeoloji ve Sanat Yayinlari, 1999.

온라인 자료

1. https://www.bibleodyssey.org/en/tools/image-gallery/e/emergence-judaism-lxx.

2. http://readthegreekbible.tripod.com/

3. https://www.spiegel.de/fotostrecke/unesco-welterbe-diese-kulturstaetten-sind-nominiert-fotostrecke-139254-5.html.
4. https://readingacts.com.
5. https://en.wikipedia.org/
6. https://www.etstur.com/Assos-Nazlihan-Hotel.
7. http://eglewis.blogspot.com/2012/05/roman-merchant-ships-warhorses-of.html.
8. http://digitalcollections.archives.nysed.gov.
9. http://thehistoryofbyzantium.files.wordpress.com.
10. https://en.wikipedia.org/wiki/Paphos.
11. https://commons.wikimedia.org/wiki/File:Perge_city_overview.jpg
12. https://en.wikipedia.org/wiki/Philippi#/media/File:Philippi_city_center.jpg
13. http://classiquesdegemma.blogspot.com/2013/09/domus-romana.html
14. https://www.greeka.com/macedonia/thessaloniki/architecture/
15. https://www.greeka.com/macedonia/thessaloniki/sightseeing/saint-demetrius-church
16. https://www.history.com/news/ancient-greece-architecture-photos
17. https://news.joins.com/article/4243533.
18. https://turkisharchaeonews.net/object/house-virgin-mary-ephesus.
19. https://turkisharchaeonews.net/site/miletus.
20. https://altmarius.ning.com/profiles/blogs/mormantul-sfantului-apostol-pavel-2
21. https://www.goturkey.com/destinations/bergama
22. https://upload.wikimedia.org/wikipedia/commons/0/0d/Domitian_denarius_son.png
23. http://sardisexpedition.org/tr/essays/about-byzshops.

24. https://news.cornell.edu/stories/2020/04/new-lecture-series-introduces-research-ancient-sardis
25. https://www.youtube.com/watch?v=2MY5bXSUlGk
26. https://tarihvearkeoloji.blogspot.com/2015/02/laodikia-laodikeia-laodikya.html
27. https://www.cepher.net/blog.aspx?post=3268
28. https://turkisharchaeonews.net/site/laodicea-lycus
29. https://sites.google.com/a/umich.edu/imladjov/maps

박스글 목록

1. 70인 역(Septuagint) 헬라어 성경
2. 사도 바울은 어떤 방법으로 여행했을까?
3. 사도 바울의 자기소개
4. 사도 바울과 아라비아
5. 안디옥의 요한 크리소스톰
6. 갈라디아서와 갈라디아 교회
7. 사랑받는 의사 누가
8. 가정 교회(Family Church)와 가택 교회(House Church)
9. 303년 디오클레티아누스가 공포한 네 번의 교회 탄압 칙령
10. 아레오바고(Areopagus)
11. 디올코스(Diolkos), 아크로고린도(Acrocorinth), 이스티미안 경기(Isthmian Games)
12. 바울의 일터와 사역
13. 두란노 서원(the lecture hall of Tyrannus)
14. 아르테미스 신전(The Temple of Artemis)

15. 플라비우스 왕조(69~96년)와 요세푸스
16. 동방교회의 교회당 구조
17. 황제 숭배와 소아시아
18. 이콘(Icon)과 이콘 논쟁
19. 폴리갑 순교기
20. 그리스도인들에 대한 로마의 정책과 박해
21. 소아시아의 유대인 디아스포라
22. 세례와 세례소
23. 파피아스 단편집이 전하는 정보
24. 골로새와 오네시모(Onesimus)